四書五經

下

陈戍国　点校

岳麓書社·长沙

文　公

元年经

元年：春，王正月，公即位。

二月癸亥，日有食之。

天王使叔服来会葬。

夏，四月丁巳，葬我君僖公。

天王使毛伯来锡公命。

晋侯伐卫。

叔孙得臣如京师。

卫人伐晋。

秋，公孙敖会晋侯于戚。

冬，十月丁未，楚世子商臣弑其君頵。

公孙敖如齐。

元年传

元年春，王使内史叔服来会葬。公孙敖闻其能相人也，见其二子焉。叔服曰："穀也食子，难也收子。穀也丰下，必有后于鲁国。"

于是闰三月，非礼也。先王之正时也，履端于始，举正于中，归余于终。履端于始，序则不愆。举正于中，民则不惑。归余于终，事则不悖。

夏，四月丁巳，葬僖公。

王使毛伯卫来赐公命。叔孙得臣如周拜。

晋文公之季年，诸侯朝晋。卫成公不朝，使孔达侵郑，伐绵、訾及匡。晋襄公既祥，使告于诸侯而伐卫。及南阳，先且居曰："效尤，祸也。请君朝王，臣从师。"晋侯朝王于温，先且居、胥臣伐卫。五月辛酉朔，晋师围戚。六月戊戌，取之，获孙昭子。

卫人使告于陈。陈共公曰："更伐之，我辞之。"卫孔达帅师伐晋。君子以为古，——古者越国而谋。

秋，晋侯疆戚田，故公孙敖会之。

初，楚子将以商臣为大子，访诸令尹子上。子上曰："君之齿未也，而又多爱。黜乃乱也。楚国之举，恒在少者。且是人也，蜂目而豺声，忍人也，不可立也！"弗听。

既，又欲立王子职而黜大子商臣。商臣闻之而未察，告其师潘崇曰："若之何而察之？"潘崇曰："享江芈而勿敬也。"从之。江芈怒，曰："呼，役夫！宜君王之欲杀女而立职也！"告潘崇，曰："信矣。"潘崇曰："能事诸乎？"曰："不能！""能行乎？"曰："不能！""能行大事乎？"曰："能！"

冬十月，以宫甲围成王。王请食熊蹯而死，弗听。丁未，王缢。谥之曰"灵"，不瞑；曰"成"，乃瞑。穆王立，以其为大子之室与潘崇，使为大师，且掌环列之尹。

穆伯如齐，始聘焉，礼也。凡君即位，卿出并聘，践修旧好，要结外援，好事邻国，以卫社稷，忠、信、卑让之道也。忠，德之正也。信，德之固也。卑让，德之基也。

殽之役，晋人既归秦帅，秦大夫及左右皆言于秦伯曰："是败也，孟明之罪也，必杀之！"秦伯曰："是孤之罪也。周芮良夫之诗曰：'大风有隧，贪人败类。听言则对，诵言如醉。匪用其良，覆俾我悖。'是贪故也，孤之谓也。孤实贪以祸夫子，夫子何罪？"复使为政。

二年经

二年：春，王二月甲子，晋侯及秦师战于彭衙。秦师败绩。

丁丑，作僖公主。

三月乙巳，及晋处父盟。

夏，六月，公孙敖会宋公、陈侯、郑伯、晋士縠，盟于垂陇。

自十有二月不雨，至于秋七月。

八月丁卯，大事于大庙，跻僖公。

冬，晋人、宋人、陈人、郑人伐秦。

公子遂如齐纳币。

二年传

二年春，秦孟明视帅师伐晋，以报殽之役。二月，晋侯御之。先且居将中军，赵衰佐之。王官无地御戎，狐鞫居为右。甲子，及秦师战于彭衙，秦师败绩。晋人谓秦"拜赐之师"。

战于殽也，晋梁弘御戎，莱驹为右。战之明日，晋襄公缚秦囚，使莱驹以戈斩之。囚呼，莱驹失戈，狼瞫取戈以斩囚，禽之以从公乘。遂以为右。箕之役，先轸黜之而立续简伯。狼瞫怒。其友曰："盍死之？"瞫曰："吾未获死所。"其友曰："吾与女为难。"瞫曰："《周志》有之：'勇则害上，不登于明堂。'死而不义，非勇也。共用之谓勇。吾以勇求右；无勇而黜，亦其所也。谓上不我知，黜而宜，乃知我矣。子姑待之。"及彭衙，既陈，以其属驰秦师，死焉。晋师从之，大败秦师。君子谓狼瞫于是乎君子。《诗》曰："君子如怒，乱庶遄沮。"又曰："王赫斯怒，爰整其旅。"怒不作乱而以从师，可谓君子矣！

秦伯犹用孟明。孟明增修国政，重施于民。赵成子言于诸大夫曰："秦师又至，将必辟之。惧而增德，不可当也。《诗》曰：'毋念尔祖，聿修厥德。'孟明念之矣。念德不怠，其可敌乎？"

"丁丑，作僖公主。"书，不时也。

晋人以公不朝来讨。公如晋。夏四月己巳，晋人使阳处父盟公以耻之。书曰"及晋处父盟"，以厌之也。适晋不书，讳之也。

公未至，六月，穆伯会诸侯及晋司空士縠"盟于垂陇"，晋讨卫故也。书"士縠"，堪其事也。

陈侯为卫请成于晋，执孔达以说。

秋八月丁卯，"大事于大庙，跻僖公"，逆祀也。于是夏父弗忌为宗伯，尊僖公。且明见曰："吾见新鬼大，故鬼小。先大后小，顺也。跻圣贤，明也。明、顺，礼也。"

君子以为失礼。礼无不顺。祀，国之大事也；而逆之，可谓礼乎？子虽齐圣，不先父食，久矣。故禹不先鲧，汤不先契，文、武不先不窋。宋祖帝乙，郑祖厉王，犹上祖也。是以《鲁颂》曰："春秋匪解，享祀不忒：皇皇后帝，皇祖后稷。"君子曰礼，谓其后稷亲而先帝也。《诗》曰："问我诸姑，遂及伯姊。"君子曰礼，谓其姊亲而先姑也。

仲尼曰：臧文仲，其不仁者三，不知者三。下展禽，废六关，妾织蒲，三不仁也。作虚器，纵逆祀，祀爰居，三不知也。

冬，晋先且居、宋公子成、陈辕选、郑公子归生伐秦，取汪及彭衙而还，以报彭衙之役。卿不书，为穆公故，尊秦也，谓之崇德。

襄仲如齐纳币，礼也。凡君即位，好舅甥，修昏姻，娶元妃以奉粢盛，孝也。孝，礼之始也。

三年经

三年：春，王正月，叔孙得臣会晋人、宋人、陈人、卫人、郑人伐沈，沈溃。

夏，五月，王子虎卒。

秦人伐晋。

秋，楚人围江。

雨螽于宋。

冬，公如晋。十有二月己巳，公及晋侯盟。

晋阳处父帅师伐楚以救江。

三年传

三年春，庄叔会诸侯之师伐沈，以其服于楚也。“沈溃”，凡民逃其上曰溃，在上曰逃。

卫侯如陈，拜晋成也。

夏四月乙亥，王叔文公卒。来赴，吊如同盟，礼也。

秦伯伐晋，济河焚舟，取王官及郊。晋人不出。遂自茅津济，封殽尸而还。遂霸西戎，用孟明也。

君子是以知秦穆（公）之为君也，举人之周也，与人之壹也；孟明之臣也，其不解也，能惧思也；子桑之忠也，其知人也，能举善也。《诗》曰：“于以采蘩？于沼于沚。于以用之？公侯之事。”秦穆有焉。“夙夜匪解，以事一人”，孟明有焉。“诒厥孙谋，以燕翼子”，子桑有焉。

“秋，雨螽于宋”，队而死也。

楚师围江，晋先仆伐楚以救江。冬，晋以江故告于周，王叔桓公、晋阳处父伐楚以救江。门于方城，遇息公子朱而还。

晋人惧其无礼于公也，请改盟。公如晋，及晋侯盟。晋侯飨公，赋《菁菁者莪》。庄叔以公降、拜，曰：“小国受命于大国，敢不慎仪？君贶之以大礼，何乐如之？抑小国之乐，大国之惠也。”晋侯降，辞。登，成拜。公赋《嘉乐》。

四年经

四年：春，公至自晋。

夏，逆妇姜于齐。

狄侵齐。

秋，楚人灭江。

晋侯伐秦。

卫侯使宁俞来聘。

冬，十有一月壬寅，夫人风氏薨。

四年传

四年春，晋人归孔达于卫，以为卫之良也，故免之。

夏，卫侯如晋，拜。曹伯如晋，会正。

逆妇姜于齐，卿不行，非礼也。君子是以知出姜之不允于鲁也，曰：贵聘而贱逆之，君而卑之，立而废之，弃信而坏其主，在国必乱，在家必亡。不允，宜哉！《诗》曰："畏天之威，于时保之。"敬主之谓也。

秋，晋侯伐秦，围邧、新城，以报王官之役。

楚人灭江，秦伯为之降服，出次，不举，过数。大夫谏，公曰："同盟灭，虽不能救，敢不矜乎？吾自惧也。"君子曰："《诗》云：'惟彼二国，其政不获。惟此四国，爰究爰度。'其秦穆之谓矣！"

卫宁武子来聘。公与之宴，为赋《湛露》及《彤弓》。不辞，又不答赋。使行人私焉，对曰："臣以为肄业及之也。昔诸侯朝正于王，王宴乐之，于是乎赋《湛露》，则天子当阳，诸侯用命也。诸侯敌王所忾而献其功，王于是乎赐之彤弓一、彤矢百、玈弓矢千，以觉报宴。今陪臣来继旧好，君辱贶之，其敢干大礼以自取戾？"

冬，成风薨。

五年经

五年：春，王正月，王使荣叔归含且赗。

三月辛亥，葬我小君成风。王使召伯来会葬。

夏，公孙敖如晋。

秦人入鄀。

秋，楚人灭六。

冬，十月甲申，许男业卒。

五年传

五年春，王使荣叔来含且赗，召昭公来会葬，礼也。

初，鄀叛楚即秦，又贰于楚。夏，秦人入鄀。

六人叛楚即东夷。秋，楚成大心、仲归帅师灭六。冬，楚公子燮灭蓼。臧文仲闻六与蓼灭，曰："皋陶、庭坚不祀忽诸。德之不建，民之无援，哀哉！"

晋阳处父聘于卫，反过宁。宁嬴从之，及温而还。其妻问之，嬴曰："以刚。《商书》曰：'沈渐刚克，高明柔克。'夫子壹之，其不没乎？天为刚德，犹不干时，况在人乎？且华而不实，怨之所聚也。犯而聚怨，不可以定身。余惧不获其利而离其难，是以去之。"

晋赵成子、栾贞子、霍伯、臼季皆卒。

六年经

六年：春，葬许僖公。

夏，季孙行父如陈。

秋，季孙行父如晋。

八月乙亥，晋侯驩卒。

冬，十月，公子遂如晋。葬晋襄公。

晋杀其大夫阳处父。

晋狐射姑出奔狄。

闰月不告月，犹朝于庙。

六年传

六年春，晋蒐于夷，舍二军。使狐射姑将中军，赵盾佐之。阳处父至自温，改蒐于董，易中军。阳子，成季之属也，故党于赵氏，且谓赵盾能，曰："使能，国之利也。"是以上之。宣子于是乎始为国政，制事典，正法罪，辟狱刑，董逋逃，由质要，治旧洿，本秩礼，续常职，出滞淹。既成，以授大傅阳子与大师贾佗，使行诸晋国，以为常法。

臧文仲以陈、卫之睦也，欲求好于陈。夏，季文子聘于陈，且娶焉。

秦伯任好卒，以子车氏之三子奄息、仲行、鍼虎为殉。皆秦之良也，国人哀之，为之赋《黄鸟》。

君子曰："秦穆之不为盟主也，宜哉！死而弃民。先王违世，犹诒之法。而况夺之善人乎！《诗》曰：'人之云亡，邦国殄瘁。'无善人之谓。若之何夺之！古之王者知命之不长，是以并建圣哲，树之风声，分之采物，著之话言，为之律度，陈之艺极，引之表仪，予之法制，告之训典，教之防利，委之常秩，道之（以）礼则，使毋失其土宜，众隶赖之，而后即命。圣王同之。今纵无法以遗后嗣，而又收其良以死，难以在上矣！"君子是以知秦之不复东征也。

秋，季文子将聘于晋，使求遭丧之礼以行。其人曰："将焉用之？"文子曰："'备豫不虞'，古之善教也。求而无之，实难。过求何害？"

八月乙亥，晋襄公卒。灵公少，晋人以难故，欲立长君。赵孟曰："立公子雍：好善而长，先君爱之，且近于秦。秦，旧好也。置善则固，事长则顺，立爱则孝，结旧则安。为难故，故欲立长君。有此四德者，难必抒矣！"贾季曰："不如立公子乐。辰嬴嬖于二君，立其子，民必安之。"赵孟曰："辰嬴贱，班在九人，其子何震之有？且为二君嬖，淫也。为先君子，不能求大而出在小国，辟也。母淫子辟，无威；陈小而远，无援：将何安焉？杜祁以君故，让偪姞而上之；以狄故，让季隗而己次之：故班在四，先君是以爱其子而仕诸秦，为亚卿焉。秦大而近，足以为援；母义子爱，足以威民：立之不亦可乎？”使先蔑、士会如秦，逆公子雍。贾季亦使召公子乐于陈，赵孟使杀诸郫。

贾季怨阳子之易其班也，而知其无援于晋也，九月，贾季使续鞫居杀阳处父。书曰“晋杀其大夫”，侵官也。

冬十月，襄仲如晋。葬襄公。

十一月丙寅，晋杀续简伯。贾季奔狄。宣子使臾骈送其帑。夷之蒐，贾季戮臾骈；臾骈之人欲尽杀贾氏以报焉。臾骈曰：“不可。吾闻《前志》有之曰：‘敌惠敌怨，不在后嗣。’忠之道也。夫子礼于贾季，我以其宠报私怨，无乃不可乎？介人之宠，非勇也。损怨益仇，非知也。以私害公，非忠也。释此三者，何以事夫子？”尽具其帑与其器用财贿，亲帅扞之，送致诸竟。

闰月不告朔，非礼也。闰以正时，时以作事，事以厚生，生民之道于是乎在矣。不告闰朔，弃时政也，何以为民？

七年经

七年：春，公伐邾。

三月甲戌，取须句。遂城部。

夏，四月，宋公王臣卒。宋人杀其大夫。

戊子，晋人及秦人战于令狐。

晋先蔑奔秦。

狄侵我西鄙。

秋，八月，公会诸侯、晋大夫，盟于扈。

冬，徐伐莒。

公孙敖如莒莅盟。

七年传

“七年春，公伐邾”，间晋难也。三月甲戌，取须句，置文公子焉，非礼也。

夏四月，宋成公卒。于是公子成为右师，公孙友为左师，乐豫为司马，鳞矔为司徒，公子荡为司城，华御事为司寇。

昭公将去群公子，乐豫曰：“不可！公族，公室之枝叶也；若去之，则本根无所庇荫矣。葛藟犹能庇其本根，故君子以为比，况国君乎？此谚所谓‘庇焉而纵寻斧焉’者也，必不可！君其图之。亲之以德，皆股肱也，谁敢携贰？若之何去之？”不听。

穆、襄之族率国人以攻公，杀公孙固、公孙郑于公宫。六卿和公室，乐豫舍司马以让公子卬。昭公即位而葬。书曰“宋人杀其大夫”，不称名，众也，且言非其罪也。

秦康公送公子雍于晋，曰：“文公之入也无卫，故有吕、郤之难。”乃多与之徒卫。

穆嬴日抱大子以啼于朝，曰：“先君何罪？其嗣亦何罪？舍適嗣不立而外求君，将焉置此？”出朝，则抱以适赵氏，顿首于宣子，曰：“先君奉此子也而属诸子，曰：‘此子也才，吾受子之赐；不才，吾唯子之怨。’今君虽终，言犹在耳，而弃之，若何？”宣子与诸大夫皆患穆嬴，且畏偪，乃背先蔑而立灵公，以御秦师。

箕郑居守。赵盾将中军，先克佐之。荀林父佐上军。先蔑将下军，先都佐之。步招御戎，戎津为右。及堇阴，宣子曰：“我若受秦，秦则宾也；不受，寇也。既不受矣，而复缓师，秦将生心。先人有夺人之心，军之善谋也。逐寇如追逃，军之善政也。”训卒利兵，秣马蓐食，潜师夜起。戊子，败秦师于令狐，至于刳首。

己丑，先蔑奔秦，士会从之。

先蔑之使也，荀林父止之，曰：“夫人、大子犹在，而外求君，此必不行。子以疾辞，若何？不然，将及。摄卿以往可也，何必子？同官为寮；吾尝同寮，敢不尽心乎？”弗听。为赋《板》之三章，又弗听。及亡，荀伯尽送其帑及其器用财贿于秦，曰：“为同寮故也。”

士会在秦三年，不见士伯。其人曰：“能亡人于国，不能见于此，焉用之？”士季曰：“吾与之同罪，非义之也，将何见焉？”及归，遂不见。

狄侵我西鄙，公使告于晋。赵宣子使因贾季问酆舒，且让之。酆舒问于贾季曰：“赵衰、赵盾孰贤？”对曰：“赵衰，冬日之日也。赵盾，夏日之日也。”

秋八月，齐侯、宋公、卫侯、〔陈侯、〕郑伯、许男、曹伯会晋赵盾，盟于扈，晋侯立故也。公后至，故不书所会。凡会诸侯，不书所会，后也。后至，不书其国，辟不敏也。

穆伯娶于莒，曰戴己，生文伯。其娣声己生惠叔。戴己卒，又聘于莒，莒人以声己辞，则为襄仲聘焉。

冬，徐伐莒。莒人来请盟，穆伯如莒莅盟，且为仲逆。及鄢陵，登城见之，美，自为娶之。仲请攻之，公将许之，叔仲惠伯谏曰：“臣闻之：‘兵作于内为乱，于外为寇。寇犹及人，乱自及也。’今臣作乱而君不禁，以启寇仇，若之何？”公止之。惠伯成之，使仲舍之，公孙敖反之，复为兄弟如初。从之。

晋郤缺言于赵宣子曰：“日卫不睦，故取其地。今已睦矣，可以归之。叛而不讨，何以示威？服而不柔，何以示怀？非威非怀，何以示德？无德，何以主盟？子为正卿，以主诸侯，而不务德，将若之何？《夏书》曰：‘戒之用休，董之用威，劝之以《九歌》，勿使坏。’九功之德皆可歌也，谓之《九歌》。六府、三事，谓之九功。水、火、金、木、土、谷谓之六府，正德、利用、厚生谓之三事。义而行之，谓之德、礼。无礼不乐，所由叛也。若吾子之德莫可歌也，其谁来之？盍使睦者歌吾子乎？”宣子说之。

八年经

八年：春，王正月。

夏，四月。

秋，八月戊申，天王崩。

冬，十月壬午，公子遂会晋赵盾，盟于衡雍。

乙酉，公子遂会雒戎，盟于暴。

公孙敖如京师，不至而复。丙戌，奔莒。

螽。

宋人杀其大夫司马。宋司城来奔。

八年传

八年春，晋侯使解扬归匡、戚之田于卫，且复致公婿池之封，自申至于虎牢之竟。

夏，秦人伐晋，取武城，以报令狐之役。

秋，襄王崩。

晋人以扈之盟来讨。

冬，襄仲会晋赵孟，盟于衡雍，报扈之盟也。遂会伊、雒之戎。书曰“公子遂”，珍之也。

穆伯如周吊丧，不至，以币奔莒，从己氏焉。

宋襄夫人，襄王之姊也，昭公不礼焉。夫人因戴氏之族，以杀襄公之孙孔叔、公孙钟离及大司马公子卬，皆昭公之党也。司马握节以死，故书以官。司城荡意诸来奔，效节于府人而出。公以其官逆之，皆复之。亦书以官，皆贵之也。

夷之蒐，晋侯将登箕郑父、先都，而使士縠、梁益耳将中军。先克曰：“狐、赵之勋，不可废也。”从之。先克夺蒯得田于堇阴，故箕郑父、先都、士縠、梁益耳、蒯得作乱。

九年经

九年：春，毛伯来求金。

夫人姜氏如齐。

二月，叔孙得臣如京师。辛丑，葬襄王。

晋人杀其大夫先都。

三月，夫人姜氏至自齐。

晋人杀其大夫士縠及箕郑父。

楚人伐郑。

公子遂会晋人、宋人、卫人、许人，救郑。

夏，狄侵齐。

秋，八月，曹伯襄卒。

九月癸酉，地震。

冬，楚子使椒来聘。

秦人来归僖公、成风之禭。

葬曹共公。

九年传

九年春，王正月己酉，使贼杀先克。乙丑，晋人杀先都、梁益耳。

毛伯卫来求金，非礼也。不书王命，未葬也。

二月，庄叔如周。葬襄王。

三月甲戌，晋人杀箕郑父、士縠、蒯得。

范山言于楚子曰：“晋君少，不在诸侯，北方可图也。”楚子师于狼渊以伐郑。囚公子坚、公子尨及乐耳。郑及楚平。

公子遂会晋赵盾、宋华耦、卫孔达、许大夫救郑，不及楚师。卿不书，缓也，以惩不恪。

夏，楚侵陈，克壶丘，以其服于晋也。

秋，楚公子朱自东夷伐陈。陈人败之，获公子茷。陈惧，乃及楚平。

冬，楚子越椒来聘，执币傲。叔仲惠伯曰：“是必灭若敖氏之宗。傲其先君，神弗福也。”

秦人来归僖公、成风之禭，礼也。诸侯相吊贺也，虽不当事，苟有礼焉，书也，以无忘旧好。

十年经

十年：春，王三月辛卯，臧孙辰卒。

夏，秦伐晋。

楚杀其大夫宜申。

自正月不雨，至于秋七月。

及苏子盟于女栗。

冬，狄侵宋。

楚子、蔡侯次于厥貉。

十年传

十年春，晋人伐秦，取少梁。

夏，秦伯伐晋，取北徵。

初，楚范巫矞似谓成王与子玉、子西曰：“三君皆将强死。”城濮之役，王思之，故使止子玉曰：“毋死！”不及。止子西，子西缢而县绝，王使适至，遂止之，使为商公。沿汉溯江，将入郢。王在渚宫；下，见之。惧而辞曰：“臣免于死，又有谗言谓臣将逃。臣归死于司败也。”王使为工尹。又与子家谋弑穆王。穆王闻之，五月，杀斗宜申及仲归。

“秋七月，及苏子盟于女栗”，顷王立故也。陈侯、郑伯会楚子于息。冬，遂及蔡侯次于厥貉，将以伐宋。

宋华御事曰：“楚欲弱我也，先为之弱乎？何必使诱我？我实不能，民何罪？”乃逆楚子，劳，且听命。遂道以田孟诸。宋公为右盂，郑伯为左盂。期思公复遂为右司马，子朱及文之无畏为左司马，命夙驾载燧。宋公违命，无畏抶其仆以徇。

或谓子舟曰：“国君不可戮也！”子舟曰：“当官而行，何强之有？《诗》曰：‘刚亦不吐，柔亦不茹。’‘毋纵诡随，以谨罔极。’是亦非辟强也。敢爱死以乱官乎？”

厥貉之会，麇子逃归。

十一年经

十有一年：春，楚子伐麇。

夏，叔（仲）[①] 彭生会晋郤缺于承匡。

秋，曹伯来朝。

公子遂如宋。

狄侵齐。

冬，十月甲午，叔孙得臣败狄于咸。

十一年传

十一年春，楚子伐麇。成大心败麇师于防渚。潘崇复伐麇，至于钖穴。

夏，叔仲惠伯会晋郤缺于承匡，谋诸侯之从于楚者。

秋，曹文公来朝，即位而来见也。

襄仲聘于宋，且言司城荡意诸而复之。因贺楚师之不害也。

鄋瞒侵齐，遂伐我。公卜使叔孙得臣追之，吉。侯叔夏御庄叔，绵房甥为右，富父终甥驷乘。冬十月甲午，败狄于咸，获长狄侨如。富父终甥摏其喉以戈，杀之，埋其首于子驹之门。以命

① 阮元《校勘记》以“仲”为衍字。今从之。

宣伯。

初，宋武公之世，鄋瞒伐宋。司徒皇父帅师御之。耏班御皇父充石，公子穀甥为右，司寇牛父驷乘，以败狄于长丘，获长狄缘斯。皇父之二子死焉。宋公于是以门赏耏班，使食其征，谓之耏门。

晋之灭潞也，获侨如之弟焚如。齐（襄）〔惠〕公之二年，鄋瞒伐齐；齐王子成父获其弟荣如，埋其首于周首之北门。卫人获其季弟简如。鄋瞒于是遂亡。

郕大子朱儒自安于夫钟，国人弗徇。

十二年经

十有二年：春，王正月，郕伯来奔。

杞伯来朝。

二月庚子，子叔姬卒。

夏，楚人围巢。

秋，滕子来朝。

秦伯使术来聘。

冬，十有二月戊午，晋人、秦人战于河曲。

季孙行父帅师城诸及郓。

十二年传

十二年春，郕伯卒。郕人立君。大子以夫钟与郕邽来奔。公以诸侯逆之，非礼也。故书曰“郕伯来奔”。不书地，尊诸侯也。

杞桓公来朝，始朝公也，且请绝叔姬而无绝昏，公许之。

二月，“叔姬卒”。不言“杞”，绝也。书“叔姬”，言非女也。

楚令尹大孙伯卒，成嘉为令尹。群舒叛楚。夏，子孔执舒子平及宗子，遂围巢。

秋，滕昭公来朝，亦始朝公也。

秦伯使西乞术来聘，且言将伐晋。襄仲辞玉，曰："君不忘先君之好，照临鲁国，镇抚其社稷，重之以大器，寡君敢辞玉！"对曰："不腆敝器，不足辞也。"主人三辞，宾（客）〔答〕[①]曰："寡君愿徼福于周公、鲁公以事君。不腆先君之敝器，使下臣致诸执事以为瑞节，要结好命，所以藉寡君之命，结二国之好，是以敢致之！"襄仲曰："不有君子，其能国乎？国无陋矣。"厚贿之。

秦为令狐之役故，冬，秦伯伐晋，取羁马。晋人御之，——赵盾将中军，荀林父佐之。郤缺将上军，臾骈佐之。栾盾将下军，胥甲佐之。范无恤御戎。——以从秦师于河曲。臾骈曰："秦不能久，请深垒固军以待之。"从之。

秦人欲战。秦伯谓士会曰："若何而战？"对曰："赵氏新出其属曰臾骈，必实为此谋，将以老我师也。赵有侧室曰穿，晋君之婿也，有宠而弱，不在军事；好勇而狂，且恶臾骈之佐上军也。若使轻者肆焉，其可。"

秦伯以璧祈战于河。

十二月戊午，秦军掩晋上军。赵穿追之，不及；反，怒曰："裹粮坐甲，固敌是求。敌至不击，将何俟焉？"军吏曰："将有待也。"穿曰："我不知谋，将独出。"乃以其属出。宣子曰："秦获穿也，获一卿矣。秦以胜归，我何以报？"乃皆出战，交绥。

秦行人夜戒晋师曰："两君之士皆未慭也，明日请相见也。"臾骈曰："使者目动而言肆，惧我也，将遁矣。薄诸河，必败之！"胥甲、赵穿当军门呼曰："死伤未收而弃之，不惠也。不待期而薄人于险，无勇也。"乃止。秦师夜遁。复侵晋，入瑕。

"城诸及郓"，书，时也。

---

① 依阮元《校勘记》改。

十三年经

十有三年：春，王正月。

夏，五月壬午，陈侯朔卒。

邾子蘧蒢卒。

自正月不雨，至于秋七月。

大室屋坏。

冬，公如晋。

卫侯会公于沓。

狄侵卫。

十有二月己丑，公及晋侯盟。公还自晋。

郑伯会公于棐。

十三年传

十三年春，晋侯使詹嘉处瑕，以守桃林之塞。

晋人患秦之用士会也，夏，六卿相见于诸浮。赵宣子曰："随会在秦，贾季在狄，难日至矣，若之何?"中行桓子曰："请复贾季，——能外事，且由旧勋。"郤成子曰："贾季乱，且罪大，不如随会，——能贱而有耻，柔而不犯；其知足使也；且无罪。"

乃使魏寿余伪以魏叛者以诱士会。执其帑于晋，使夜逸。请自归于秦，秦伯许之。履士会之足于朝。秦伯师于河西，魏人在东，寿余曰："请东人之能与夫二三有司言者，吾与之先。"使士会。士会辞曰："晋人，虎狼也。若背其言，臣死，妻子为戮，无益于君，不可悔也。"秦伯曰："若背其言，所不归尔帑者，有如河!"乃行。绕朝赠之以策，曰："子无谓秦无人，吾谋适不用也。"既济，魏人噪而还。秦人归其帑。其处者为刘氏。

邾文公卜迁于绎。史曰："利于民而不利于君。"邾子曰："苟利于民，孤之利也。天生民而树之君，以利之也。民既利矣，孤必与焉。”左右曰：“命可长也，君何弗为?”邾子曰：“命在养民。死之短长，时也。民苟利矣，迁也！吉莫如之!”遂迁于绎。五月，邾文公卒。君子曰：“知命!”

秋七月，大室之屋坏。书，不共也。

冬，公如晋；朝，且寻盟。卫侯会公于沓，请平于晋。公还，郑伯会公于棐，亦请平于晋。公皆成之。

郑伯与公宴于棐，子家赋《鸿雁》。季文子曰：“寡君未免于此。”文子赋《四月》。子家赋《载驰》之四章。文子赋《采薇》之四章。郑伯拜，公答拜。

十四年经

十有四年：春，王正月，公至自晋。

邾人伐我南鄙。叔彭生帅师伐邾。

夏，五月乙亥，齐侯潘卒。

六月，公会宋公、陈侯、卫侯、郑伯、许男、曹伯、晋赵盾。癸酉，同盟于新城。

秋，七月，有星孛入于北斗。

公至自会。

晋人纳捷菑于邾，弗克纳。

九月甲申，公孙敖卒于齐。

齐公子商人弑其君舍。

宋子哀来奔。

冬，单伯如齐。

齐人执单伯。

齐人执子叔姬。

十四年传

十四年春，顷王崩。周公阅与王孙苏争政，故不赴。凡崩、薨，不赴则不书；祸、福，不告亦不书：惩不敬也。

邾文公之卒也，公使吊焉，不敬。邾人来讨，伐我南鄙，故惠伯伐邾。

子叔姬〔妃〕齐昭公，生舍。叔姬无宠，舍无威。公子商人骤施于国，而多聚士；尽其家，贷于公有司以继之。夏五月，昭公卒，舍即位。

邾文公元妃齐姜生定公，二妃晋姬生捷菑。文公卒，邾人立定公。捷菑奔晋。

“六月，同盟于新城”，从于楚者服，且谋邾也。

秋七月乙卯夜，齐商人（弑）〔杀〕舍而让元。元曰：“尔求之久矣！我能事尔。尔不可使多蓄憾，将免我乎？尔为之!”

有星孛入于北斗。周内史叔服曰：“不出七年，宋、齐、晋之君皆将死乱。”

晋赵盾以诸侯之师八百乘纳捷菑于邾。邾人辞曰：“齐出貜且长。”宣子曰：“辞顺，而弗从，不祥。”乃还。

周公将与王孙苏讼于晋。王叛王孙苏，而使尹氏与聃启讼周公于晋。赵宣子平王室而复之。

楚庄王立。子孔、潘崇将袭群舒，使公子燮与子仪守，而伐舒蓼。二子作乱，城郢，而使贼杀子孔，不克而还。八月，二子以楚子出。将如商密，庐戢梨及叔麇诱之，遂杀斗克及公子燮。

初，斗克囚于秦。秦有殽之败，而使归求成；成而不得志。公子燮求令尹而不得。故二子作乱。

穆伯之从己氏也，鲁人立文伯。穆伯生二子于莒而求复。文伯以为请，襄仲使无朝。听命，复而不出，三年而尽室以复适莒。文伯疾，而请曰：“縠之子弱，请立难也。”许之。文伯卒，立惠叔。穆伯请重赂以求复。惠叔以为请，许之，将来。九月，卒于齐，告丧。请葬，弗许。

宋高哀为萧封人，以为卿；不义宋公而出，遂来奔。书曰“宋子哀来奔”，贵之也。

齐人定懿公，使来告难，故书以“九月”。齐公子元不顺懿公之为政也，终不曰“公”，曰“夫己氏”。

襄仲使告于王，请以王宠求昭姬于齐，曰：“杀其子，焉用其母？请受而罪之。”冬，单伯如齐请子叔姬，齐人执之；又执子叔姬。

十五年经

十有五年：春，季孙行父如晋。

三月，宋司马华孙来盟。

夏，曹伯来朝。

齐人归公孙敖之丧。

六月辛丑朔，日有食之。鼓、用牲于社。

单伯至自齐。

晋郤缺帅师伐蔡。戊申，入蔡。

秋，齐人侵我西鄙。

季孙行父如晋。

冬，十有一月，诸侯盟于扈。

十有二月，齐人来归子叔姬。

齐侯侵我西鄙，遂伐曹，入其郛。

十五年传

十五年春，季文子如晋，为单伯与子叔姬故也。

三月，宋华耦来盟。其官皆从之。书曰“宋司马华孙”，贵之也。公与之宴，辞曰：“君之先臣督，得罪于宋殇公，名在诸侯之策。臣承其祀，其敢辱君？请承命于亚旅。”鲁人以为敏。

夏，曹伯来朝，礼也。诸侯五年再相朝，以修王命，古之制也。

齐人或为孟氏谋，曰：“鲁，尔亲也。饰棺置诸堂阜，鲁必取之。”从之。卞人以告。惠叔犹毁以为请，立于朝以待命。许之。

取而殡之，齐人送之。书曰：“齐人归公孙敖之丧。”为孟氏，且国故也。

葬视共仲。声己不视，帷堂而哭。襄仲欲勿哭，惠伯曰：“丧，亲之终也。虽不能始，善终可也。史佚有言曰：‘兄弟致美。’救乏，贺善，吊灾，祭敬，丧哀，情虽不同，毋绝其爱，亲之道也。子无失道，何怨于人?”襄仲说，帅兄弟以哭之。

他年，其二子来。孟献子爱之，闻于国。或谮之曰：“将杀子!”献子以告季文子。二子曰：“夫子以爱我闻，我以将杀子闻，不亦远于礼乎？远礼不如死!”一人门于句鼆，一人门于戾丘，皆死。

“六月辛丑朔，日有食之。”“鼓、用牲于社”，非礼也。日有食之：天子不举，伐鼓于社；诸侯用币于社，伐鼓于朝。以昭事神、训民、事君，示有等威，古之道也。

齐人许单伯请而赦之，使来致命。书曰“单伯至自齐”，贵之也。

新城之盟，蔡人不与。晋郤缺以上军、下军伐蔡，曰：“君弱，不可以怠。”戊申入蔡，以城下之盟而还。凡胜国，曰“灭之”；获大城焉，曰“入之”。

秋，齐人侵我西鄙。故季文子告于晋。

冬十一月，晋侯、宋公、卫侯、蔡侯、〔陈侯、〕郑伯、许男、曹伯盟于扈，寻新城之盟，且谋伐齐也。齐人赂晋侯，故不克而还。于是有齐难，是以公不会。书曰“诸侯盟于扈”，无能为故也。凡诸侯会，公不与，不书，讳君恶也；与而不书，后也。

“齐人来归子叔姬”，王故也。

“齐侯侵我西鄙”，谓诸侯不能也。“遂伐曹，入其郛”，讨其来朝也。季文子曰：“齐侯其不免乎？己则无礼，而讨于有礼者，曰：‘女何故行礼?’礼以顺天，天之道也。己则反天，而又以讨人，难以免矣。《诗》曰：‘胡不相畏？不畏于天?’君子之不虐幼贱，畏于天也。在《周颂》曰：‘畏天之威，于时保之。’不畏于天，将何能保？以乱取国，奉礼以守，犹惧不终；多行无礼，弗能在矣！”

十六年经

十有六年：春，季孙行父会齐侯于阳穀。齐侯弗及盟。

夏，五月，公四不视朔。

六月戊辰，公子遂及齐侯盟于郪丘。

秋，八月辛未，夫人姜氏薨。

毁泉台。

楚人、秦人、巴人灭庸。

冬，十有一月，宋人弑其君杵臼。

十六年传

十六年春，王正月，及齐平。公有疾，使季文子会齐侯于阳穀。请盟，齐侯不肯，曰：“请俟君间。”

“夏五月，公四不视朔”，疾也。公使襄仲纳赂于齐侯，故盟于郪丘。

有蛇自泉宫出，入于国，如先君之数。

秋八月辛未，声姜薨。毁泉台。

楚大饥，戎伐其西南，至于阜山，师于大林。又伐其东南，至于阳丘，以侵訾枝。庸人帅群蛮以叛楚。麇人率百濮聚于选，将伐楚。于是申、息之北门不启。

楚人谋徙于阪高。蒍贾曰：“不可！我能往，寇亦能往，不如伐庸。夫麇与百濮谓我饥不能师，故伐我也；若我出师，必惧而归。百濮离居，将各走其邑，谁暇谋人？”乃出师。旬有五日，百濮乃罢。

自庐以往，振廪同食。次于句澨。使庐戢梨侵庸，及庸方城。庸人逐之，囚子扬窗。三宿而逸，曰：“庸师众，群蛮聚焉。不如复大师，且起王卒，合而后进。”师叔曰：“不可。姑又与之遇以骄之。彼骄我怒，而后可克：先君蚡冒所以服陉隰也。”又与之遇，七遇皆北，唯裨、儵、鱼人实逐之。庸人曰：“楚不足与战矣。”遂不设备。

楚子乘驲，会师于临品。分为二队：子越自石溪，子贝自仞，以伐庸。秦人、巴人从楚师。群蛮从楚子盟，遂灭庸。

宋公子鲍礼于国人。宋饥，竭其粟而贷之。年自七十以上，无不馈诒也，时加羞珍异。无日不数于六卿之门。国之材人，无不事也。亲自桓以下，无不恤也。

公子鲍美而艳。襄夫人欲通之，而不可；（夫人）〔乃〕助之施。昭公无道，国人奉公子鲍以因夫人。

于是华元为右师，公孙友为左师，华耦为司马，鳞矔为司徒，荡意诸为司城，公子朝为司寇。初，司城荡卒；公孙寿辞司城，请使意诸为之。既而告人曰：“君无道。吾官近，惧及焉。弃官则族无所庇。子，身之贰也，姑纾死焉。虽亡子，犹不亡族。”

既，夫人将使公田孟诸而杀之。公知之，尽以宝行。荡意诸曰：“盍适诸侯?”公曰：“不能其大夫，至于君祖母以及国人，诸侯谁纳我？且既为人君，而又为人臣，不如死！”尽以其宝赐左右（以）〔而〕使行。

夫人使谓司城去公。对曰：“臣之而逃其难，若后君何?”

冬十一月甲寅，宋昭公将田孟诸。未至，夫人王姬使帅甸攻而杀之。荡意诸死之。书曰：“宋人弑其君杵臼。”君无道也。

文公即位，使母弟须为司城。华耦卒，而使荡虺为司马。

十七年经

十有七年：春，晋人、卫人、陈人、郑人伐宋。

夏，四月癸亥，葬我小君声姜。

齐侯伐我（西）〔北〕① 鄙。六月癸未，公及齐侯盟于穀。

诸侯会于扈。

秋，公至自穀。冬，公子遂如齐。

十七年传

十七年春，晋荀林父、卫孔达、陈公孙宁、郑石楚伐宋，讨曰："何故弑君？"犹立文公而还。卿不书，失其所也。

夏四月癸亥，葬声姜。有齐难，是以缓。

齐侯伐我北鄙，襄仲请盟。六月，盟于穀。

晋侯蒐于黄父，遂复合诸侯于扈，平宋也。公不与会，齐难故也。书曰"诸侯"，无功也。

于是晋侯不见郑伯，以为贰于楚也。郑子家使执讯而与之书，以告赵宣子，曰：

寡君即位三年，召蔡侯而与之事君。九月，蔡侯入于敝邑以行。敝邑以侯宣多之难，寡君是以不得与蔡侯偕。十一月，克减侯宣多，而随蔡侯以朝于执事。十二年六月，归生佐寡君之嫡夷，以请陈侯于楚而朝诸君。十四年七月，寡君又朝以蒇陈事。十五年五月，陈侯自敝邑往朝于君。往年正月，烛之武往，朝夷也。八月，寡君又往朝。以陈、蔡之密迩于楚而不敢贰焉，则敝邑之故也。虽敝邑之事君，何以不免？在位之中，一朝于襄而再见于君，夷与孤之二三臣相及于绛。虽我小国，则蔑以过之矣。今大国曰："尔未逞吾志。"敝邑有亡，无以加焉。

古人有言曰："畏首畏尾，身其余几？"又曰："鹿死不择音。"小国之事大国也：德则其人也，不德则其鹿也。铤而走险，急何能择？命之罔极，亦知亡矣；将悉敝赋以待于儵。

① 依杜氏注、陆氏《音义》、孔氏疏改。

唯执事命之！

文公二年六月壬申，朝于齐。四年二月壬戌，为齐侵蔡，亦获成于楚。居大国之间而从于强令，岂其罪也？大国若弗图，无所逃命！

晋巩朔行成于郑，赵穿、公婿池为质焉。

秋，周甘歜败戎于邥垂，乘其饮酒也。

冬十月，郑大子夷、石楚为质于晋。

襄仲如齐，拜谷之盟。复曰："臣闻齐人将食鲁之麦。以臣观之，将不能。齐君之语偷。臧文仲有言曰：'民主偷，必死。'"

十八年经

十有八年：春，王二月丁丑，公薨于台下。

秦伯䓨卒。

夏，五月戊戌，齐人弑其君商人。

六月癸酉，葬我君文公。

秋，公子遂、叔孙得臣如齐。

冬，十月，子卒。

夫人姜氏归于齐。

季孙行父如齐。

莒弑其君庶其。

十八年传

十八年春，齐侯戒师期而有疾。医曰："不及秋，将死。"公闻之，卜，曰："尚无及期！"惠伯令龟，卜楚丘占之，曰："齐侯不及期，非疾也。君亦不闻。令龟有咎。"二月丁丑，公薨。

齐懿公之为公子也，与邴歜之父争田，弗胜。及即位，乃掘而刖之，而使歜仆。纳阎职之妻，而使职骖乘。夏五月，公游于申池。二人浴于池。歜以扑抶职，职怒。歜曰：“人夺女妻而不怒，一抶女庸何伤?”职曰：“与刖其父而弗能病者何如?”乃谋，弑懿公，纳诸竹中。归，舍爵而行。齐人立公子元。

六月，葬文公。

秋，襄仲、庄叔如齐。惠公立故，且拜葬也。

文公二妃。敬嬴生宣公。敬嬴嬖，而私事襄仲，宣公长而属诸襄仲。襄仲欲立之，叔仲不可。仲见于齐侯而请之。齐侯新立而欲亲鲁，许之。冬十月，仲杀恶及视而立宣公。书曰“子卒”，讳之也。

仲以君命召惠伯。其宰公冉务人止之，曰：“入必死。”叔仲曰：“死君命可也。”公冉务人曰：“若君命，可死。非君命，何听?”弗听，乃入。杀而埋之马矢之中。公冉务人奉其帑以奔蔡，既而复叔仲氏。

“夫人姜氏归于齐”，大归也。将行，哭而过市，曰：“天乎！仲为不道，杀嫡立庶。”市人皆哭。鲁人谓之“哀姜”。

莒纪公（子）生大子仆，又生季佗；爱季佗而黜仆，且多行无礼于国。仆因国人以弑纪公，以其宝玉来奔，纳诸宣公。公命与之邑，曰：“今日必授！”季文子使司寇出诸竟，曰：“今日必达！”公问其故。季文子使大史克对曰：

> 先大夫臧文仲教行父事君之礼，行父奉以周旋，弗敢失队，曰：“见有礼于其君者，事之如孝子之养父母也；见无礼于其君者，诛之如鹰鹯之逐鸟雀也。”先君周公制《周礼》曰：“则以观德，德以处事，事以度功，功以食民。”作《誓命》曰：“毁则为贼，掩贼为藏。窃贿为盗，盗器为奸。主藏之名，赖奸之用，为大凶德，有常无赦。在‘九刑’不忘！”
>
> 行父还观莒仆，莫可则也。孝敬忠信为吉德，盗贼藏奸为凶德。夫莒仆：则其孝敬，则弑君父矣；则其忠信，则窃宝玉矣。其人则盗贼也，其器则奸兆也。保而利之，则主藏也。以训则昏，民无则焉。不度于善而皆在于凶德，是以

去之。

昔高阳氏有才子八人，苍舒、隤敳、梼戭、大临、尨降、庭坚、仲容、叔达；齐，圣，广，渊，明，允，笃，诚，天下之民谓之“八恺”。高辛氏有才子八人，伯奋、仲堪、叔献、季仲、伯虎、仲熊、叔豹、季狸；忠，肃，共，懿，宣，慈，惠，和，天下之民谓之“八元”。此十六族也，世济其美，不陨其名。以至于尧，尧不能举。舜臣尧，举八恺，使主后土，以揆百事，莫不时序，地平天成；举八元，使布五教于四方，父义、母慈、兄友、弟共、子孝，内平外成。

昔帝鸿氏有不才子，掩义隐贼，好行凶德；丑类恶物，顽嚚不友，是与比周，天下之民谓之“浑敦”。少皞氏有不才子，毁信废忠，崇饰恶言，靖谮庸回，服谗蒐慝，以诬盛德，天下之民谓之“穷奇”。颛顼氏有不才子，不可教训，不知话言；告之则顽，舍之则嚚；傲很明德，以乱天常：天下之民谓之“梼杌”。此三族也，世济其凶，增其恶名。以至于尧，尧不能去。缙云氏有不才子，贪于饮食，冒于货贿；侵欲崇侈，不可盈厌；聚敛积实，不知纪极；不分孤寡，不恤穷匮：天下之民以比三凶，谓之“饕餮”。舜臣尧，宾于四门，流四凶族——浑敦、穷奇、梼杌、饕餮，投诸四裔，以御螭魅。

是以尧崩而天下如一，同心戴舜以为天子，以其举十六相、去四凶也。故《虞书》数舜之功，曰“慎徽五典，五典克从”，无违教也；曰“纳于百揆，百揆时序”，无废事也；曰“宾于四门，四门穆穆”，无凶人也。

舜有大功二十而为天子，今行父虽未获一吉人，去一凶矣。于舜之功，二十之一也，庶几免于戾乎！

宋武氏之族道昭公子，将奉司城须以作乱。十二月，宋公杀母弟须及昭公子，使戴、庄、桓之族攻武氏于司马子伯之馆，遂出武、穆之族。使公孙师为司城。公子朝卒，使乐吕为司寇，以靖国人。

宣　公

元年经

元年：春，王正月，公即位。

公子遂如齐逆女。三月，遂以夫人妇姜至自齐。

夏，季孙行父如齐。

晋放其大夫胥甲父于卫。

公会齐侯于平州。

公子遂如齐。

六月，齐人取济西田。

秋，邾子来朝。

楚子、郑人侵陈，遂侵宋。晋赵盾帅师救陈。宋公、陈侯、卫侯、曹伯会晋师于棐林，伐郑。

冬，晋赵穿帅师侵崇。

晋人、宋人伐郑。

元年传

元年春，王正月，“公子遂如齐逆女”，尊君命也。“三月，遂以夫人妇姜至自齐”，尊夫人也。

夏，季文子如齐，纳赂以请会。

晋人讨不用命者，放胥甲父于卫而立胥克。先辛奔齐。

会于平州，以定公位。

东门襄仲如齐拜成。

“六月，齐人取济西之田”，为立公故，以赂齐也。

宋人之弑昭公也，晋荀林父以诸侯之师伐宋。宋及晋平，宋文公受盟于晋。又会诸侯于扈，将为鲁讨齐，皆取赂而还。

郑穆公曰：“晋不足与也。”遂受盟于楚。陈共公之卒，楚人不礼焉。陈灵公受盟于晋。

秋，楚子侵陈，遂侵宋。晋赵盾帅师救陈、宋，会于棐林，以伐郑也。楚蒍贾救郑，遇于北林，囚晋解扬。晋人乃还。

晋欲求成于秦。赵穿曰：“我侵崇。秦急崇，必救之；吾以求成焉。”冬，赵穿侵崇。秦弗与成。

晋人伐郑，以报北林之役。

于是晋侯侈；赵宣子为政，骤谏而不入。故不竞于楚。

二年经

二年：春，王二月壬子，宋华元帅师及郑公子归生（帅师）[①]战于大棘。宋师败绩。获宋华元。

秦师伐晋。

夏，晋人、宋人、卫人、陈人侵郑。

秋，九月乙丑，晋赵盾弑其君夷皋。

冬，十月乙亥，天王崩。

二年传

二年春，郑公子归生（受）[②] 命于楚，伐宋。宋华元、乐吕御之。二月壬子，战于大棘，宋师败绩。囚华元，获乐吕，及甲

---

① 此“帅师”二字涉上文而衍，说见哀公二年《春秋公羊传》阮元《校勘记》。

② “受”字衍，阮元《校勘记》详之。

车四百六十乘，俘二百五十人，馘百（人）①。

狂狡辂郑人，郑人入于井。倒戟而出之，获狂狡。君子曰："失礼违命，宜其为禽也。戎，昭果毅以听之之谓礼。杀敌为果，致果为毅。易之，戮也。"

将战，华元杀羊食士，其御羊斟不与。及战，曰："畴昔之羊，子为政。今日之事，我为政。"与入郑师，故败。君子谓羊斟非人也，以其私憾败国殄民，于是刑孰大焉！《诗》所谓"人之无良"者，其羊斟之谓乎，残民以逞！

宋人以兵车百乘、文马百驷以赎华元于郑。半入，华元逃归。立于门外，告而入。见叔牂，曰："子之马然也？"对曰："非马也，其人也。"既合而来奔。

宋城，华元为植，巡功。城者讴曰："睅其目，皤其腹，弃甲而复。于思于思，弃甲复来！"使其骖乘谓之曰："牛则有皮，犀兕尚多，弃甲则那？"役人曰："从其有皮，丹漆若何？"华元曰："去之！夫其口众我寡。"

"秦师伐晋"，以报崇也。遂围焦。夏，晋赵盾救焦，遂自阴地，及诸侯之师侵郑，以报大棘之役。

楚斗椒救郑，曰："能欲诸侯而恶其难乎？"遂次于郑以待晋师。赵盾曰："彼宗竞于楚，殆将毙矣。姑益其疾。"乃去之。

晋灵公不君。厚敛以雕墙。从台上弹人而观其辟丸也。宰夫胹熊蹯不（熟）〔孰〕，杀之，置诸畚，使妇人载以过朝。赵盾、士季见其手，问其故而患之。将谏，士季曰："谏而不入，则莫之继也。会请先，不入，则子继之。"三进，及溜，而后视之，曰："吾知所过矣，将改之。"稽首而对曰："人谁无过？过而能改，善莫大焉。《诗》曰：'靡不有初，鲜克有终。'夫如是，则能补过者鲜矣。君能有终，则社稷之固也，岂唯群臣赖之？又曰：'衮职有阙，惟仲山甫补之。'能补过也。君能补过，衮不废矣。"

犹不改，宣子骤谏。公患之，使钼麑贼之。晨往，寝门辟矣，

---

① 陆氏《音义》："或'馘百'者，'人'衍字。"

盛服将朝。尚早，坐而假寐。麑退，叹而言曰：“不忘恭敬，民之主也。贼民之主，不忠；弃君之命，不信：有一于此，不如死也！”触槐而死。

秋九月，晋侯饮赵盾酒，伏甲将攻之。其右提弥明知之，趋登，曰：“臣侍君宴，过三爵，非礼也！”遂（扶）〔跣〕① 以下。公嗾夫獒焉，明搏而杀之。盾曰：“弃人用犬，虽猛何为！”斗且出。提弥明死之。

初，宣子田于首山，舍于翳桑；见灵辄饿，问其病。曰：“不食三日矣！”食之，舍其半。问之。曰：“宦三年矣，未知母之存否。今近焉，请以遗之。”使尽之，而为之箪食与肉，置诸橐以与之。既而与为公介，倒戟以御公徒而免之。问何故，对曰：“翳桑之饿人也。”问其名居，不告而退，遂自亡也。

乙丑，赵穿（攻）〔杀〕灵公于桃园。宣子未出山而复。太史书曰：“赵盾弑其君。”以示于朝。宣子曰：“不然。”对曰：“子为正卿，亡不越竟，反不讨贼，非子而谁？”宣子曰：“乌呼！‘我之怀矣，自诒伊慼。’其我之谓矣！”孔子曰：“董狐，古之良史也，书法不隐。赵宣子，古之良大夫也，为法受恶；惜也！越竟乃免。”

宣子使赵穿逆公子黑臀于周而立之。壬申，朝于武宫。

初，丽姬之乱，诅无畜群公子，自是晋无公族。及成公即位，乃宦卿之適（子）而为之田，以为公族；又宦其余子，亦为余子；其庶子为公行。晋于是有公族、余子、公行。

赵盾请以括为公族，曰：“君姬氏之爱子也。微君姬氏，则臣狄人也。”公许之。冬，赵盾为旄车之族，使屏季以其故族为公族大夫。

---

① 扶，陆氏《音义》云：“服虔注作跣。”揆之以礼及当时情状，自以“跣”字为切。

三年经

三年：春，王正月，郊牛之口伤，改卜牛；牛死，乃不郊。犹三望。

葬匡王。

楚子伐陆浑之戎。

夏，楚人侵郑。

秋，赤狄侵齐。

宋师围曹。

冬，十月丙戌，郑伯兰卒。

葬郑穆公。

三年传

三年春，不郊，而望，皆非礼也。望，郊之属也。不郊，亦无望可也。

晋侯伐郑，及郔。郑及晋平，士会入盟。

楚子伐陆浑之戎，遂至于雒，观兵于周疆。定王使王孙满劳楚子。楚子问鼎之大小、轻重焉，对曰："在德，不在鼎。昔夏之方有德也，远方图物，贡金九牧，铸鼎象物，百物而为之备，使民知神、奸。故民入川泽、山林，（不逢）〔禁御〕[①] 不若。螭魅罔两，莫能逢之。用能协于上下，以承天休。桀有昏德，鼎迁于商，载祀六百。商纣暴虐，鼎迁于周。德之休明，虽小，重也；其奸回昏乱，虽大，轻也。天祚明德，有所厎止。成王定鼎于郏鄏，卜世三十，卜年七百，天所命也。周德虽衰，天命未改。鼎之轻重，未可问也。"

---

① "不逢"当作"禁御"，说见惠栋《春秋左传补注》。

“夏，楚人侵郑”，郑即晋故也。

宋文公即位三年，杀母弟须及昭公子，武氏之谋也。使戴、桓之族攻武氏于司马子伯之馆，尽逐武、穆之族。武、穆之族以曹师伐宋。秋，宋师围曹，报武氏之乱也。

冬，郑穆公卒。

初，郑文公有贱妾曰燕姞，梦天使与己兰，曰：“余为伯儵。余，而祖也。以是为而子。以兰有国香，人服媚之如是。”既而文公见之，与之兰而御之。辞曰：“妾不才，幸而有子。将不信，敢徵兰乎？”公曰：“诺！”生穆公，名之曰“兰”。

文公报郑子之妃曰陈妫，生子华、子臧。子臧得罪而出。诱子华而杀之南里，使盗杀子臧于陈、宋之间。又娶于江，生公子士。朝于楚，楚人鸩之，及叶而死。又娶于苏，生子瑕、子俞弥。俞弥早卒。泄驾恶瑕，文公亦恶之，故不立也。公逐群公子。公子兰奔晋，从晋文公伐郑。

石癸曰：“吾闻姬、姞耦，其子孙必蕃。姞，吉人也，后稷之元妃也。今公子兰，姞甥也；天或启之，必将为君，其后必蕃。先纳之可以亢宠。”与孔将钼、侯宣多纳之，盟于大宫而立之，以与晋平。

穆公有疾，曰：“兰死，吾其死乎！吾所以生也。”刈兰而卒。

四年经

四年：春，王正月，公及齐侯平莒及郯。莒人不肯。公伐莒，取向。

秦伯稻卒。

夏，六月乙酉，郑公子归生弑其君夷。

赤狄侵齐。

秋，公如齐。公至自齐。

冬，楚子伐郑。

四年传

“四年春，公及齐侯平莒及郯。莒人不肯。”“公伐莒，取向”，非礼也。平国以礼不以乱。伐而不治，乱也。以乱平乱，何治之有？无治，何以行礼？

楚人献鼋于郑灵公。公子宋与子家将见。子公之食指动，以示子家，曰：“他日我如此，必尝异味。”及入，宰夫将解鼋。相视而笑。公问之，子家以告。及食大夫鼋，召子公而弗与也。子公怒，染指于鼎，尝之而出。公怒，欲杀子公。

子公与子家谋先。子家曰：“畜老犹惮杀之，而况君乎？”反谮子家。子家惧而从之。夏，弑灵公。书曰“郑公子归生弑其君夷”，权不足也。君子曰：“仁而不武，无能达也。”凡弑君：称君，君无道也；称臣，臣之罪也。

郑人立子良。辞曰：“以贤则去疾不足，以顺则公子坚长。”乃立襄公。

襄公将去穆氏而舍子良，子良不可，曰：“穆氏宜存，则固愿也。若将亡之，则亦皆亡，去疾何为？”乃舍之，皆为大夫。

初，楚司马子良生子越椒。子文曰：“必杀之！是子也，熊虎之状而豺狼之声；弗杀，必灭若敖氏矣。谚曰：‘狼子野心。’是乃狼也，其可畜乎！”子良不可。子文以为大慼；及将死，聚其族，曰：“椒也知政，乃速行矣，无及于难！”且泣曰：“鬼犹求食，若敖氏之鬼不其馁而！”

及令尹子文卒，斗般为令尹，子越为司马。蒍贾为工正，谮子扬而杀之。子越为令尹，己为司马。子越又恶之，乃以若敖氏之族圄伯嬴于轑阳而杀之。遂处烝野，将攻王。王以三王之子为质焉，弗受。

师于漳澨。秋七月戊戌，楚子与若敖氏战于皋浒。伯棼射王，汰辀，及鼓跗，著于丁宁；又射，汰辀，以贯笠毂。师惧，退。王使巡师曰：“吾先君文王克息，获三矢焉。伯棼窃其二，尽于是矣。”鼓而进之，遂灭若敖氏。

初，若敖娶于䢵，生斗伯比。若敖卒，从其母畜于䢵。淫于䢵子之女，生子文焉。䢵夫人使弃诸梦中，虎乳之。䢵子田，见之，惧而归。夫人以告，遂使收之。楚人谓乳穀，谓虎於菟，故命之曰斗穀於菟。以其女妻伯比。实为令尹子文。

其孙箴尹克黄使于齐。还，及宋，闻乱。其人曰：“不可以入矣！”箴尹曰：“弃君之命，独谁受之？君，天也；天可逃乎？”遂归，复命，而自拘于司败。王思子文之治楚国也，曰：“子文无后，何以劝善？”使复其所，改命曰“生”。

“冬，楚子伐郑”，郑未服也。

五年经

五年：春，公如齐。

夏，公至自齐。

秋，九月，齐高固来逆叔姬。

叔孙得臣卒。

冬，齐高固及子叔姬来。

楚人伐郑。

五年传

五年春，公如齐。高固使齐侯止公，请叔姬焉。

“夏，公至自齐。”书，过也。

秋九月，齐高固来逆女，自为也。故书曰“逆叔姬”，（即）〔卿〕自逆也。

冬“来”，反马也。

楚子伐郑。陈及楚平。晋荀林父救郑，伐陈。

六年经

六年：春，晋赵盾、卫孙免侵陈。

夏，四月。

秋，八月，螽。

冬，十月。

六年传

六年春，晋、卫侵陈，陈即楚故也。

夏，定王使子服求后于齐。

秋，赤狄伐晋，围怀，及邢丘。晋侯欲伐之，中行桓子曰：“使疾其民，以盈其贯，将可殪也。《周书》曰‘殪戎殷’，此类之谓也。”

冬，召桓公逆王后于齐。

楚人伐郑，取成而还。

郑公子曼、满与王子伯廖语：欲为卿。伯廖告人曰：“无德而贪，其在《周易》‘丰䷶’之‘离（䷝）’，弗过之矣。”间一岁，郑人杀之。

七年经

七年：春，卫侯使孙良夫来盟。

夏，公会齐侯伐莱。

秋，公至自伐莱。

大旱。

冬，公会晋侯、宋公、卫侯、郑伯、曹伯于黑壤。

七年传

七年春，卫孙桓子来盟。始通，且谋会晋也。

“夏，公会齐侯伐莱”，不与谋也。凡师出，与谋曰“及”，不与谋曰“会”。

赤狄侵晋，取向阴之禾。

郑及晋平，公子宋之谋也，故相郑伯以会。冬，盟于黑壤。王叔桓公临之，以谋不睦。

晋侯之立也，公不朝焉，又不使大夫聘。晋人止公于会，盟于黄父。公不与盟，以赂免。故黑壤之盟不书，讳之也。

八年经

八年：春，公至自会。

夏，六月，公子遂如齐，至黄乃复。

辛巳，有事于大庙，——仲遂卒于垂。壬午，犹绎。万入，去籥。

戊子，夫人嬴氏薨。

晋师、白狄伐秦。

楚人灭舒蓼。

秋，七月甲子，日有食之，既。

冬，十月己丑，葬我小君敬嬴。雨，不克葬。庚寅，日中而克葬。

城平阳。

楚师伐陈。

八年传

八年春，白狄及晋平。夏，会晋伐秦。晋人获秦谍，杀诸绛市，六日而苏。

“有事于大庙”，襄仲卒而绎，非礼也。

楚为众舒叛故，伐舒蓼，灭之。楚子疆之，及滑汭，盟吴、越而还。

晋胥克有蛊疾，郤缺为政。秋，废胥克，使赵朔佐下军。

冬，葬敬嬴。旱，无麻，始用葛茀。“雨，不克葬”，礼也。礼：卜葬先远日，辟不怀也。

“城平阳”，书，时也。

陈及晋平。楚师伐陈，取成而还。

九年经

九年：春，王正月，公如齐。

公至自齐。

夏，仲孙蔑如京师。

齐侯伐莱。

秋，取根牟。

八月，滕子卒。

九月，晋侯、宋公、卫侯、郑伯、曹伯会于扈。

晋荀林父帅师伐陈。

辛酉，晋侯黑臀卒于扈。

冬，十月癸酉，卫侯郑卒。

宋人围滕。

楚子伐郑。晋郤缺帅师救郑。

陈杀其大夫泄冶。

九年传

九年春，王使来徵聘。夏，孟献子聘于周，王以为有礼，厚贿之。

"秋，取根牟"，言易也。

滕昭公卒。

"会于扈"，讨不睦也。陈侯不会，晋荀林父以诸侯之师伐陈。晋侯卒于扈，乃还。

冬，"宋人围滕"，因其丧也。

陈灵公与孔宁、仪行父通于夏姬，皆衷其衵服以戏于朝。泄冶谏曰："公卿宣淫，民无效焉。且闻不令。君其纳之！"公曰："吾能改矣。"公告二子，二子请杀之。公弗禁，遂杀泄冶。孔子曰："《诗》云：'民之多辟，无自立辟。'其泄冶之谓乎！"

楚子为厉之役故，伐郑。

晋郤缺救郑。郑伯败楚师于柳棼。国人皆喜，唯子良忧曰："是国之灾也。吾死无日矣！"

十年经

十年：春，公如齐。

公至自齐。

齐人归我济西田。

夏，四月丙辰，日有食之。

己巳，齐侯元卒。

齐崔氏出奔卫。

公如齐。

五月，公至自齐。

癸巳，陈夏征舒弑其君平国。

六月，宋师伐滕。

公孙归父如齐。葬齐惠公。

晋人、宋人、卫人、曹人伐郑。

秋，天王使王季子来聘。

公孙归父帅师伐邾，取绎。

大水。

季孙行父如齐。

冬，公孙归父如齐。齐侯使国佐来聘。

饥。

楚子伐郑。

十年传

十年春，公如齐。齐侯以我服故，归济西之田。

夏，齐惠公卒。崔杼有宠于惠公；高、国畏其逼也，公卒而逐之。奔卫。书曰“崔氏”，非其罪也；且告以族，不以名。凡诸侯之大夫违，告于诸侯曰：“某氏之守臣某失守宗庙，敢告。”所有玉帛之使者，则告；不然，则否。

公如齐奔丧。

陈灵公与孔宁、仪行父饮酒于夏氏。公谓行父曰：“征舒似女。”对曰：“亦似君。”征舒病之。公出，自其厩射而杀之。二子奔楚。

滕人恃晋而不事宋。六月，宋师伐滕。

郑及楚平。诸侯之师伐郑，取成而还。

秋，刘康公来报聘。

师伐邾，取绎。

季文子初聘于齐。

冬，子家如齐，伐邾故也。

国武子来报聘。

楚子伐郑。晋士会救郑，逐楚师于颍北。诸侯之师戍郑。

郑子家卒。郑人讨幽公之乱，斫子家之棺而逐其族。改葬幽公，谥之曰“灵”。

十一年经

十有一年：春，王正月。

夏，楚子、陈侯、郑伯盟于辰陵。

公孙归父会齐人伐莒。

秋，晋侯会狄于欑函。

冬，十月，楚人杀陈夏征舒。

丁亥，楚子入陈。

纳公孙宁、仪行父于陈。

十一年传

十一年春，楚子伐郑，及栎。子良曰："晋、楚不务德而兵争，与其来者可也。晋、楚无信，我焉得有信！"乃从楚。夏，楚"盟于辰陵"，陈、郑服也。

楚左尹子重侵宋，王待诸郔。

令尹蔿艾猎城沂，使封人虑事，以授司徒。量功命日，分财用，平板榦，称畚筑，程土物，议远迩，略基趾，具糇粮，度有司。事三旬而成，不愆于素。

晋郤成子求成于众狄。众狄疾赤狄之役，遂服于晋。"秋，会于欑函"，众狄服也。

是行也，诸大夫欲召狄。郤成子曰："吾闻之：非德，莫如勤；非勤，何以求人？能勤，有继。其从之也！《诗》曰：'文王既勤止。'文王犹勤，况寡德乎？"

冬，楚子为陈夏氏乱故，伐陈；谓陈人："无动！将讨于少西氏。"遂入陈，杀夏征舒，轘诸栗门。因县陈。陈侯在晋。

申叔时使于齐，反，复命而退。王使让之，曰："夏征舒为不道，弑其君，寡人以诸侯讨而戮之。诸侯、县公皆庆寡人。女独不庆寡人，何故？"对曰："犹可辞乎？"王曰："可哉！"曰："夏征舒弑其君，其罪大矣。讨而戮之，君之义也。抑人亦有言曰：'牵牛以蹊人之田，而夺之牛。'牵牛以蹊者，信有罪矣；而夺之牛，罚已重矣。诸侯之从也，曰讨有罪也。今县陈，贪其富也。以讨召诸侯，而以贪归之，无乃不可乎？"王曰："善哉！吾未之闻也。反之，可乎？”对曰：“〔可哉！〕[①] 吾侪小人所谓取诸其怀而与之也。”乃复封陈；乡取一人焉以归，谓之夏州。故书曰：“楚子入陈。纳公孙宁、仪行父于陈。”书有礼也。

厉之役，郑伯逃归，自是楚未得志焉。郑既受盟于辰陵，又徼事于晋。

十二年经

十有二年：春，葬陈灵公。

楚子围郑。

夏，六月乙卯，晋荀林父帅师及楚子战于邲。晋师败绩。

秋，七月。

冬，十有二月戊寅，楚子灭萧。

晋人、宋人、卫人、曹人同盟于清丘。

宋师伐陈。卫人救陈。

十二年传

十二年春，楚子围郑。旬有七日，郑人卜行成，不吉；卜临于大宫且巷出车，吉。国人大临，守陴者皆哭。楚子退师。郑人修城，进复围之三月，克之。入自皇门，至于逵路。郑伯肉袒牵羊以逆，曰：“孤不天，不能事君，使君怀怒以及敝邑，孤之罪也。敢不唯命是听？其俘诸江南以实海滨，亦唯命；其剪以赐诸侯，使臣妾之，亦唯命。若惠顾前好，徼福于厉、宣、桓、武，不泯其社稷，使改事君，夷于九县：君之惠也，孤之愿也，非所敢望也！敢布腹心，君实图之！”左右曰：“不可许也，得国无

---

① 此“可哉”二字，阮刻本无，杨伯峻先生《春秋左传注》亦无。今按：揆之文意当有。四部丛刊本正有此二字，洪亮吉《春秋左传诂》亦有，宋元人注《春秋三传》亦有，当据补。

赦!”王曰:“其君能下人,必能信用其民矣,庸可几乎?”退三十里而许之平。潘尪入盟。子良出质。

夏六月,晋师救郑。荀林父将中军,先縠佐之。士会将上军,郤克佐之。赵朔将下军,栾书佐之。赵括、赵婴齐为中军大夫,巩朔、韩穿为上军大夫,荀首、赵同为下军大夫,韩厥为司马。

及河,闻郑既及楚平,桓子欲还,曰:“无及于郑而剿民,焉用之?楚归而动,不后。”

随武子曰:“善!会闻用师,观衅而动。德,刑,政,事,典,礼:不易,不可敌也,不为是征。楚(军)〔君〕[①] 讨郑,怒其贰而哀其卑,叛而伐之,服而舍之,德刑成矣。伐叛,刑也;柔服,德也:二者立矣。昔岁入陈,今兹入郑,民不罢劳,君无怨讟,政有经矣。荆尸而举,商农工贾不败其业而卒乘辑睦,事不奸矣。蒍敖为宰,择楚国之令典。军行:右辕,左追蓐,前茅虑无,中权,后劲。百官象物而动,军政不戒而备,能用典矣。其君之举也:内姓选于亲,外姓选于旧;举不失德,赏不失劳。老有加惠,旅有施舍;君子小人,物有服章;贵有常尊,贱有等威:礼不逆矣。德立、刑行;政成、事时;典从、礼顺:若之何敌之?见可而进,知难而退,军之善政也。兼弱攻昧,武之善经也。子姑整军而经武乎,犹有弱而昧者,何必楚?仲虺有言曰:‘取乱侮亡’,兼弱也。《汋》曰:‘於铄王师,遵养时晦。’耆昧也。《武》曰:‘无竞惟烈。’抚弱耆昧以务烈所,可也。”

彘子曰:“不可!晋所以霸,师武臣力也。今失诸侯,不可谓力;有敌而不从,不可谓武。由我失霸,不如死!且成师以出,闻敌强而退,非夫也。命(有)〔以〕军(师)〔帅〕[②],而卒以非夫,唯群子能,我弗为也!”以中军佐济。

知庄子曰:“此师殆哉!《周易》有之,在‘师䷆’之‘临䷒’,曰:‘师出以律。否臧,凶。’执事顺成为臧,逆为否;众

---

① 依阮元《校勘记》改。

② 依阮元《校勘记》改。“有”,《正义》作“为”,亦通。

散为弱，川壅为泽，有律以如己也：故曰律否臧，且律竭也。盈而以竭，夭且不整，所以凶也。不行谓之‘临’。有帅而不从，临孰甚焉！此之谓矣。果遇，必败，彘子尸之。虽免而归，必有大咎！”

韩献子谓桓子曰：“彘子以偏师陷，子罪大矣！子为元帅，师不用命，谁之罪也？失属亡师，为罪已重，不如进也。事之不捷，恶有所分。与其专罪，六人同之不犹愈乎？”师遂济。

楚子北，师次于郔。沈尹将中军，子重将左，子反将右，将饮马于河而归。闻晋师既济，王欲还。嬖人伍参欲战。令尹孙叔敖弗欲，曰：“昔岁入陈，今兹入郑，不无事矣。战而不捷，参之肉其足食乎！”参曰：“若事之捷，孙叔为无谋矣。不捷，参之肉将在晋军，可得食乎？”令尹南辕反旆，伍参言于王曰：“晋之从政者新，未能行令。其佐先縠刚愎不仁，未肯用命。其三帅者专行不获。听而无上，众谁适从？此行也，晋师必败！且君而逃臣，若社稷何？”王病之，告令尹：改乘辕而北之，次于管以待之。

晋师在敖、鄗之间，郑皇（成）〔戌〕使如晋师，曰：“郑之从楚，社稷之故也，未有贰心。楚师骤胜而骄，其师老矣而不设备。子击之，郑师为承，楚师必败！”彘子曰：“败楚，服郑，于此在矣。必许之！”栾武子曰：“楚自克庸以来，其君无日不讨国人而训之于民生之不易、祸至之无日、戒惧之不可以怠，在军无日不讨军实而申儆之于胜之不可保、纣之百克而卒无后，训之以若敖、蚡冒筚路蓝缕以启山林，箴之曰‘民生在勤，勤则不匮’：不可谓‘骄’。先大夫子犯有言曰：‘师直为壮，曲为老。’我则不德，而徼怨于楚。我曲楚直，不可谓‘老’。其君之戎分为二广，广有一卒，卒偏之两。右广初驾，数及日中；左则受之，以至于昏。内官序当其夜，以待不虞。不可谓‘无备’。子良，郑之良也。师叔，楚之崇也。师叔入盟，子良在楚，楚、郑亲矣。来劝我战，我克则来，不克遂往：以我卜也。郑不可从！”赵括、赵同曰：“率师以来，唯敌是求。克敌，得属，又何俟？必从彘子！”知季曰：“原、屏，咎之徒也。”赵庄子曰：“栾伯善哉？实其言，必长晋国！”

楚少宰如晋师，曰：“寡君少遭闵凶，不能文。闻二先君之出入此行也，将郑是训定，岂敢求罪于晋？二三子无淹久！”随季对曰：“昔平王命我先君文侯曰：‘与郑夹辅周室，毋废王命！’今郑不率，寡君使群臣问诸郑，岂敢辱候人？敢拜君命之辱！”彘子以为谄，使赵括从而更之，曰：“行人失辞。寡君使群臣迁大国之迹于郑，曰：‘无辟敌！’群臣无所逃命！”

楚子又使求成于晋，晋人许之，盟有日矣。楚许伯御乐伯，摄叔为右，以致晋师。许伯曰：“吾闻：致师者御靡旌摩垒而还。”乐伯曰：“吾闻：致师者左射以菆，代御执辔，御下两马，掉鞅而还。”摄叔曰：“吾闻：致师者右入垒，折馘、执俘而还。”皆行其所闻而复。晋人逐之，左右角之。乐伯左射马而右射人，角不能进；矢一而已。麋兴于前，射麋丽龟。晋鲍癸当其后，使摄叔奉麋献焉，曰：“以岁之非时，献禽之未至，敢膳诸从者。”鲍癸止之，曰：“其左善射，其右有辞，君子也！”既免。

晋魏锜求公族未得而怒，欲败晋师。请致师，弗许。请使，许之。遂往，请战而还。楚潘党逐之。及荧泽，见六麋，射一麋以顾献，曰：“子有军事，兽人无乃不给于鲜？敢献于从者。”叔党命去之。

赵旃求卿未得，且怒于失楚之致师者，请挑战。弗许。请召盟，许之；与魏锜皆命而往。郤献子曰：“二憾往矣。弗备，必败。”彘子曰：“郑人劝战，弗敢从也；楚人求成，弗能好也：师无成命，多备何为？”士季曰：“备之善。若二子怒楚，楚人乘我，丧师无日矣。不如备之。楚之无恶，除备而盟，何损于好？若以恶来，有备，不败。且虽诸侯相见，军卫不彻，警也。”彘子不可。

士季使巩朔、韩穿帅七覆于敖前，故上军不败。赵婴齐使其徒先具舟于河，故败而先济。

潘党既逐魏锜。赵旃夜至于楚军，席于军门之外，使其徒入之。楚子为乘广三十乘，分为左右：右广鸡鸣而驾，日中而说；

左则受之，日入而说。许偃御右广，养由基为右；彭名御左广，屈荡为右。乙卯，王乘左广以逐赵旃。赵旃弃车而走林；屈荡搏之，得其甲裳。晋人惧二子之怒楚师也，使軘车逆之。潘党望其尘，使骋而告曰：“晋师至矣！”楚人亦惧王之入晋军也，遂出陈。孙叔曰：“进之！宁我薄人，无人薄我。《诗》云：‘元戎十乘，以先启行。’先人也。《军志》曰：‘先人有夺人之心。’薄之也。”遂疾进师，车驰，卒奔，乘晋军。

桓子不知所为，鼓于军中，曰：“先济者有赏！”中军、下军争舟，舟中之指可掬也。晋师右移，上军未动。

工尹齐将右拒卒以逐下军。楚子使唐狡与蔡鸠居告唐惠侯曰：“不穀不德而贪，以遇大敌，不穀之罪也。然楚不克，君之羞也。敢藉君灵以济楚师！”使潘党率游阙四十乘，从唐侯以为左拒，以从上军。

驹伯曰：“待诸乎？”随季曰：“楚师方壮，若萃于我，吾师必尽。不如收而去之。分谤，生民，不亦可乎？”殿其卒而退，不败。

王见右广，将从之乘。屈荡（尸）〔户〕[①] 之，曰：“君以此始，亦必以终。”自是楚之乘广先左。

晋人或以广队不能进，楚人惎之脱扃。少进，马还，又惎之拔旆投衡，乃出。顾曰：“吾不如大国之数奔也。”

赵旃以其良马二济其兄与叔父，以他马反。遇敌不能去，弃车而走林。逢大夫与其二子乘，谓其二子：“无顾！”顾，曰：“赵傁在后。”怒之，使下，指木曰：“尸女于是！”授赵旃绥，以免。明日，以表尸之，皆重获在木下。

楚熊负羁囚知罃。知庄子以其族反之，厨武子御，下军之士多从之。每射抽矢，菆纳诸厨子之房。厨子怒曰：“非子之求而蒲之爱，董泽之蒲可胜既乎？”知季曰：“不以人子，吾子其可得

① 依阮元《校勘记》改正。

乎？吾不可以苟射故也。”射连尹襄老，获之，遂载其尸；射公子縠臣，囚之。以二者还。

及昏，楚师军于邲。晋之余师不能军，宵济，亦终夜有声。

丙辰，楚重至于邲，遂次于衡雍。潘党曰：“君盍筑武军而收晋师以为京观？臣闻克敌必示子孙，以无忘武功。”楚子曰：“非尔所知也。夫文，止戈为武。武王克商，作《颂》曰：‘载戢干戈，载櫜弓矢。我求懿德，肆于时夏。允王保之！’又作《武》，其卒章曰：‘耆定尔功。’其三曰：‘铺时绎思，我徂维求定。’其六曰：‘绥万邦，（屡）〔娄〕丰年。’夫武，禁暴、戢兵、保大、定功、安民、和众、丰财者也，故使子孙无忘其章。今我使二国暴骨，暴矣；观兵以威诸侯，兵不戢矣；暴而不戢，安能保大？犹有晋在，焉得定功？所违民欲犹多，民何安焉？无德而强争诸侯，何以和众？利人之几而安人之乱以为己荣，何以丰财？武有七德，我无一焉，何以示子孙？其为先君宫，告成事而已；武非吾功也。古者明王伐不敬，取其鲸鲵而封之，以为大戮；于是乎有京观，以惩淫慝。今罪无所，而民皆尽忠以死君命，又可以为京观乎？”祀于河，作先君宫，告成事而还。

是役也，郑石制实入楚师，将以分郑而立公子鱼臣。辛未，郑杀仆叔及子服。君子曰：“史佚所谓‘毋怙乱’者，谓是类也。《诗》曰：‘乱离瘼矣，爰其适归？’归于怙乱者也夫！”

郑伯、许男如楚。

秋，晋师归。桓子请死，晋侯欲许之，士贞子谏曰：“不可！城濮之役，晋师三日谷，文公犹有忧色。左右曰：‘有喜而忧，如有忧而喜乎？’公曰：‘得臣犹在，忧未歇也。困兽犹斗，况国相乎！’及楚杀子玉，公喜而后可知也，曰：‘莫余毒也已！’是晋再克而楚再败也，楚是以再世不竞。今天或者大警晋也，而又杀林父以重楚胜，其无乃久不竞乎？林父之事君也，进思尽忠，退思补过，社稷之卫也，若之何杀之？夫其败也，如日月之食焉，何损于明？”晋侯使复其位。

冬，楚子伐萧，宋华椒以蔡人救萧。萧人囚熊相宜僚及公子丙。王曰："勿杀！吾退。"萧人杀之。王怒，遂围萧。萧溃。

申公巫臣曰："师人多寒。"王巡三军，拊而勉之，三军之士皆如挟纩。遂傅于萧。

还无社与司马卯言，号申叔展。叔展曰："有麦曲乎？"曰："无。""有山鞠穷乎？"曰："无。""河鱼腹疾奈何？"曰："目于眢井而拯之。""若为茅绖，哭井则己。"明日萧溃，申叔视其井，则茅绖存焉，号而出之。

晋原縠、宋华椒、卫孔达、曹人同盟于清丘，曰："恤病，讨贰。"于是卿不书，不实其言也。

宋为盟故，伐陈。卫人救之。孔达曰："先君有约言焉。若大国讨，我则死之。"

十三年经

十有三年：春，齐师伐莒。

夏，楚子伐宋。

秋，螽。

冬，晋杀其大夫先縠。

十三年传

十三年春，"齐师伐莒"，莒恃晋而不事齐故也。

"夏，楚子伐宋"，以其救萧也。君子曰："清丘之盟，惟宋可以免焉。"

秋，赤狄伐晋，及清，先縠召之也。

冬，晋人讨邲之败与清之师，归罪于先縠而杀之，尽灭其族。君子曰："'恶之来也，己则取之。'其先縠之谓乎！"

清丘之盟，晋以卫之救陈也，讨焉。使人弗去，曰："罪无所归，将加而师。"孔达曰："苟利社稷，请以我说，罪我之由。我则为政，而亢大国之讨，将以谁任？我则死之！"

十四年经

十有四年：春，卫杀其大夫孔达。夏，五月壬申，曹伯寿卒。

晋侯伐郑。

秋，九月，楚子围宋。

葬曹文公。

冬，公孙归父会齐侯于穀。

十四年传

十四年春，孔达缢而死，卫人以说于晋而免。遂告于诸侯曰："寡君有不令之臣达，构我敝邑于大国，既伏其罪矣，敢告！"卫人以为成劳，复室其子，使复其位。

夏，晋侯伐郑，为邲故也。告于诸侯，蒐焉而还。中行桓子之谋也，曰："示之以整，使谋而来。"郑人惧，使子张代子良于楚。郑伯如楚，谋晋故也。郑以子良为有礼，故召之。

楚子使申舟聘于齐，曰："无假道于宋。"亦使公子冯聘于晋，不假道于郑。申舟以孟诸之役恶宋，曰："郑昭，宋聋，晋使不害，我则必死！"王曰："杀女，我伐之！"见犀而行。及宋，宋人止之。华元曰："过我而不假道，鄙我也；鄙我，亡也。杀其使者，必伐我；伐我，亦亡也。亡，一也。"乃杀之。楚子闻之，投袂而起，屦及于窒皇，剑及于寝门之外，车及于蒲胥之市。

秋，九月，楚子围宋。

冬，公孙归父会齐侯于穀，见晏桓子，与之言鲁，乐。桓子告高宣子曰："子家其亡乎？怀于鲁矣。怀必贪，贪必谋人。谋人，人亦谋己。一国谋之，何以不亡！"

孟献子言于公曰："臣闻小国之免于大国也，聘而献物，于是有庭实旅百；朝而献功，于是有容貌采章，嘉淑而有加货：谋其不免也。诛而荐贿，则无及也。今楚在宋，君其图之！"公说。

十五年经

十有五年：春，公孙归父会楚子于宋。

夏，五月，宋人及楚人平。

六月癸卯，晋师灭赤狄潞氏，以潞子婴儿归。

秦人伐晋。

王札子杀召伯、毛伯。

秋，螽。

仲孙蔑会齐高固于无娄。

初税亩。

冬，蝝生。

饥。

十五年传

十五年春，公孙归父会楚子于宋。

宋人使乐婴齐告急于晋。晋侯欲救之，伯宗曰："不可。古人有言曰：'虽鞭之长，不及马腹。'天方授楚，未可与争。虽晋之强，能违天乎？谚曰：'高下在心。'川泽纳污，山薮藏疾，瑾瑜匿瑕，国君含垢，天之道也。君其待之！"乃止。

使解扬如宋，使无降楚，曰："晋师悉起，将至矣。"郑人囚而献诸楚。楚子厚赂之，使反其言；不许。三而许之。登诸楼车，使呼宋人而告之，遂致其君命。楚子将杀之，使与之言曰："尔既许不穀而反之，何故？非我无信，女则弃之。速即尔刑！"对曰："臣闻之：君能制命为义，臣能承命为信，信载义而行之为利。谋不失利，以卫社稷，民之主也。义无二信，信无二命。君之赂臣，不知命也。受命以出，有死无陨，又可赂乎？臣之许君，以成命也。死而成命，臣之禄也。寡君有信臣，下臣获考死，又何求？"楚子舍之以归。

夏五月，楚师将去宋，申犀稽首于王之马前，曰：“毋畏知死而不敢废王命。王弃言焉？”王不能答。申叔时仆，曰：“筑室，反耕者，宋必听命！”从之。

宋人惧，使华元夜入楚师，登子反之床，起之，曰：“寡君使元以病告，曰：‘敝邑易子而食，析骸以爨；虽然，城下之盟，有以国毙，不能从也。去我三十里，唯命是听。’”子反惧，与之盟而告王。退三十里，宋及楚平。华元为质。盟曰：“我无尔诈，尔无我虞！”

潞子婴儿之夫人，晋景公之姊也。酆舒为政而杀之，又伤潞子之目。晋侯将伐之，诸大夫皆曰：“不可！酆舒有三俊才，不如待后之人。”伯宗曰：“必伐之！狄有五罪，俊才虽多，何补焉？不祀，一也；耆酒，二也；弃仲章而夺黎氏地，三也；虐我伯姬，四也；伤其君目，五也。怙其俊才，而不以茂德，兹益罪也。后之人或者将敬奉德义以事神人，而申固其命，若之何待之？不讨有罪，曰‘将待后，后有辞而讨焉’，毋乃不可乎？夫恃才与众，亡之道也。商纣由之，故灭。天反时为灾，地反物为妖，民反德为乱。乱则妖灾生。故文反正为乏。尽在狄矣！”晋侯从之。六月癸卯，晋荀林父败赤狄于曲梁；辛亥，灭潞。酆舒奔卫，卫人归诸晋，晋人杀之。

王孙苏与召氏、毛氏争政，使王子捷杀召戴公及毛伯卫，卒立召襄。

秋七月，秦桓公伐晋，次于辅氏。壬午，晋侯治兵于稷，以略狄土，立黎侯而还。及雒，魏颗败秦师于辅氏，获杜回——秦之力人也。

初，魏武子有嬖妾，无子。武子疾，命颗曰：“必嫁是！”疾病，则曰：“必以为殉！”及卒，颗嫁之，曰：“疾病则乱。吾从其治也。”及辅氏之役，颗见老人结草以亢杜回。杜回踬而颠，故获之。夜梦之曰：“余，而所嫁妇人之父也。尔用先人之治命，余是以报。”

晋侯赏桓子狄臣千室，亦赏士伯以瓜衍之县，曰：“吾获狄土，子之功也。微子，吾丧伯氏矣。”羊舌职说是赏也，曰：“《周书》所谓‘庸庸祗祗’者，谓此物也夫！士伯庸中行伯，君信之，亦庸士伯，此之谓明德矣。文王所以造周，不是过也。故《诗》曰‘陈锡载周’，能施也。率是道也，其何不济！”

晋侯使赵同献狄俘于周，不敬。刘康公曰：“不及十年，原叔必有大咎。天夺之魄矣！”

“初税亩”，非礼也。谷出不过藉，以丰财也。

“冬，蝝生。饥。”幸之也。

十六年经

十有六年：春，王正月，晋人灭赤狄甲氏及留吁。

夏，成周宣榭火。

秋，郯伯姬来归。

冬，大有年。

十六年传

十六年春，晋士会帅师灭赤狄甲氏及留吁、铎辰。

三月，献狄俘。晋侯请于王，戊申，以黻冕命士会将中军，且为大傅。于是晋国之盗逃奔于秦，羊舌职曰：“吾闻之：‘禹称善人，不善人远’，此之谓也夫。《诗》曰：‘战战兢兢，如临深渊，如履薄冰’，善人在上也。善人在上，则国无幸民。谚曰：‘民之多幸，国之不幸也。’是无善人之谓也。”

“夏，成周宣榭火”，人火之也。凡火，人火曰“火”，天火曰“灾”。

“秋，郯伯姬来归”，出也。

为毛、召之难故，王室复乱，王孙苏奔晋。晋人复之。

冬，晋侯使士会平王室。定王享之，原襄公相礼。殽烝，武子私问其故。王闻之，召武子曰：“季氏，而弗闻乎？王享有体荐，宴有折俎；公当享，卿当宴：王室之礼也。”武子归而讲求典礼，以修晋国之法。

十七年经

十有七年：春，王正月庚子，许男锡我卒。

丁未，蔡侯申卒。

夏，葬许昭公。葬蔡文公。

六月癸卯，日有食之。

己未，公会晋侯、卫侯、曹伯、邾子，同盟于断道。

秋，公至自会。

冬，十有一月壬午，公弟叔肸卒。

十七年传

十七年春，晋侯使郤克徵会于齐。齐顷公帷妇人，使观之。郤子登，妇人笑于房。献子怒，出而誓曰：“所不此报，无能涉河！”献子先归，使栾京庐待命于齐，曰：“不得齐事，无复命矣。”

郤子至，请伐齐，晋侯弗许。请以其私属，又弗许。

齐侯使高固、晏弱、蔡朝、南郭偃会。及敛盂，高固逃归。夏，会于断道，讨贰也。盟于卷楚，辞齐人。晋人执晏弱于野王，执蔡朝于原，执南郭偃于温。

苗贲皇使，见晏桓子。归，言于晋侯曰：“夫晏子何罪？昔者诸侯事吾先君，皆如不逮。举言群臣不信，诸侯皆有贰志；齐君恐不得礼，故不出，而使四子来。左右或沮之，曰：‘君不出，必执吾使。’故高子及敛盂而逃。夫三子者曰：‘若绝君好，宁归死焉！’为是犯难而来。吾若善逆彼，以怀来者；吾又执之，以信齐沮，吾不既过矣乎？过而不改，而又久之以成其悔，何利之有焉？使反者得辞，而害来者，以惧诸侯，将焉用之？”晋人缓之，逸。

秋八月，晋师还。

范武子将老，召文子曰："燮乎！吾闻之：喜怒以类者鲜，易者实多。《诗》曰：'君子如怒，乱庶遄沮。君子如祉，乱庶遄已。'君子之喜怒，以已乱也；弗已者，必益之。郤子其或者欲已乱于齐乎？不然，余惧其益之也。余将老，使郤子逞其志，庶有豸乎！尔从二三子，唯敬！"乃请老。郤献子为政。

"冬，公弟叔肸卒"，公母弟也。凡大子之母弟，公在曰"公子"，不在曰"弟"。凡称"弟"，皆母弟也。

十八年经

十有八年：春，晋侯、卫世子臧伐齐。

公伐杞。

夏，四月。

秋，七月，邾人戕鄫子于鄫。

甲戌，楚子旅卒。

公孙归父如晋。

冬，十月壬戌，公薨于路寝。

归父还自晋，至笙，遂奔齐。

十八年传

十八年春，晋侯、卫大子臧伐齐，至于阳穀。齐侯会晋侯，盟于缯；以公子强为质于晋。晋师还。蔡朝、南郭偃逃归。

夏，公使如楚乞师，欲以伐齐。

"秋，邾人戕鄫子于鄫。"凡自〔内〕虐其君曰"弑"，自外曰"戕"。

楚庄王卒，楚师不出。既而用晋师，楚于是乎有蜀之役。

公孙归父以襄仲之立公也，有宠；欲去三桓以张公室。与公谋，而聘于晋，欲以晋人去之。

冬，公薨。季文子言于朝曰：“使我杀適立庶以失大援者，仲也夫！”臧宣叔怒曰：“当其时不能治也，后之人何罪？子欲去之，许请去之！”遂逐东门氏。

子家还，及笙，坛帷，复命于介。既复命，袒，括发，即位哭，三踊而出，遂奔齐。书曰“归父还自晋”，善之也。

成　公

元年经

元年：春，王正月，公即位。

二月辛酉，葬我君宣公。

无冰。

三月，作丘甲。

夏，臧孙许及晋侯盟于赤棘。

秋，王师败绩于茅戎。

冬，十月。

元年传

元年春，晋侯使瑕嘉平戎于王，单襄公如晋拜成。刘康公徼戎，将遂伐之；叔服曰：“背盟而欺大国，此必败！背盟不祥。欺大国，不义。神人弗助，将何以胜?”不听，遂伐茅戎。三月癸未，败绩于徐吾氏。

为齐难故，作丘甲。

闻齐将出楚师，夏，盟于赤棘。

秋，王人来告败。

冬，臧宣叔令修赋、缮完、具守备，曰：“齐、楚结好，我新与晋盟。晋、楚争盟，齐师必至。虽晋人伐齐，楚必救之，是齐、楚同我也。知难而有备，乃可以逞。”

二年经

二年：春，齐侯伐我北鄙。

夏，四月丙戌，卫孙良夫帅师及齐师战于新筑，卫师败绩。

六月癸酉，季孙行父、臧孙许、叔孙侨如、公孙婴齐帅师会晋郤克、卫孙良夫、曹公子首及齐侯战于鞌，齐师败绩。

秋，七月，齐侯使国佐如师。己酉，及国佐盟于袁娄。

八月壬午，宋公鲍卒。

庚寅，卫侯速卒。

取汶阳田。

冬，楚师、郑师侵卫。

十有一月，公会楚公子婴齐于蜀。

丙申，公及楚人、秦人、宋人、陈人、卫人、郑人、齐人、曹人、邾人、薛人、鄫人盟于蜀。

二年传

二年春，齐侯伐我北鄙，围龙。顷公之嬖人卢蒲就魁门焉。龙人囚之。齐侯曰："勿杀！吾与而盟，无入而封。"弗听，杀而膊诸城上。齐侯亲鼓，士陵城。三日，取龙。遂南侵，及巢丘。

卫侯使孙良夫、石稷、宁相、向禽将侵齐。与齐师遇，石子欲还。孙子曰："不可！以师伐人，遇其师而还，将谓君何？若知不能，则如无出。今既遇矣，不如战也！"

夏，有……①

石成子曰："师败矣。子不少须，众惧尽。子丧师徒，何以复命？"皆不对。又曰："子，国卿也。陨子，辱矣。子以众退，我

① 杜注："阙文。失新筑战事。"

此乃止。”且告车来甚众。齐师乃止，次于鞫居。新筑人仲叔于奚救孙桓子，桓子是以免。

既，卫人赏之以邑。辞，请曲县、繁缨以朝。许之。

仲尼闻之，曰：“惜也！不如多与之邑。惟器与名，不可以假人：君之所司也。名以出信，信以守器，器以藏礼，礼以行义，义以生利，利以平民：政之大节也。若以假人，与人政也。政亡则国家从之，弗可止也已。”

孙桓子还于新筑，不入，遂如晋乞师。臧宣叔亦如晋乞师。皆主郤献子。晋侯许之七百乘。郤子曰：“此城濮之赋也。有先君之明与先大夫之肃，故捷。克于先大夫，无能为役；请八百乘。”许之。郤克将中军，士燮（将）〔佐〕[①] 上军，栾书将下军，韩厥为司马，以救鲁、卫。臧宣叔逆晋师，且道之。季文子帅师会之。

及卫地，韩献子将斩人；郤献子驰，将救之。至，则既斩之矣。郤子使速以徇，告其仆曰：“吾以分谤也。”

师从齐师于莘。六月壬申，师至于靡笄之下。齐侯使请战，曰：“子以君师辱于敝邑，不腆敝赋，诘朝请见。”对曰：“晋与鲁、卫，兄弟也；来告曰：‘大国朝夕释憾于敝邑之地。’寡君不忍，使群臣请于大国，无令舆师淹于君地。能进不能退，君无所辱命。”齐侯曰：“大夫之许，寡人之愿也。若其不许，亦将见也。”

齐高固入晋师，桀石以投人，禽之；而乘其车，系桑本焉，以徇齐垒，曰：“欲勇者，贾余余勇！”

癸酉，师陈于鞌。

邴夏御齐侯，逢丑父为右。晋解张御郤克，郑丘缓为右。

齐侯曰：“余姑翦灭此而朝食！”不介马而驰之。

郤克伤于矢，流血及屦，未绝鼓音，曰：“余病矣！”张侯曰：“自始合，而矢贯余手及肘，余折以御；左轮朱殷，岂敢言

---

① 阮元《校勘记》以为“将”当作“佐”，是也。今从之。

病？吾子忍之！”缓曰：“自始合，苟有险，余必下推车，子岂识之？然子病矣！”张侯曰：“师之耳目，在吾旗鼓，进退从之。此车一人殿之，可以集事，若之何其以病败君之大事也？擐甲执兵，固即死也。病未及死，吾子勉之！”左并辔，右援枹而鼓。马逸不能止，师从之。齐师败绩。逐之，三周华不注。

韩厥梦子舆谓己曰：“（且）〔旦〕辟左右！”故中御而从齐侯。邴夏曰：“射其御者，君子也。”公曰：“谓之君子而射之，非礼也。”射其左，越于车下。射其右，毙于车中。綦毋张丧车，从韩厥，曰：“请寓乘。”从左右，皆肘之，使立于后。韩厥俛，定其右。逢丑父与公易位。将及华泉，骖絓于木而止。丑父寝于轏中；蛇出于其下，以肱击之，伤，而匿之，故不能推车而及。韩厥执絷马前，再拜稽首，奉觞加璧以进，曰：“寡君使群臣为鲁、卫请曰：‘无令舆师陷入君地。’下臣不幸，属当戎行，无所逃隐。且惧奔辟而忝两君，臣辱戎士，敢告不敏，摄官承乏。”丑父使公下，如华泉取饮。郑周父御佐车，宛茷为右，载齐侯以免。

韩厥献丑父，郤献子将戮之，呼曰：“自今无有代其君任患者。有一于此，将为戮乎！”郤子曰：“人不难以死免其君，我戮之，不祥！赦之以劝事君者。”乃免之。

齐侯免，求丑父，三入三出。每出，齐师以帅退。入于狄卒，狄卒皆抽戈楯冒之。以入于卫师，卫师免之。遂自徐关入，齐侯见保者，曰：“勉之！齐师败矣！”辟女子，女子曰：“君免乎？”曰：“免矣！”曰：“锐司徒免乎？”曰：“免矣。”曰：“苟君与吾父免矣，可若何！”乃奔。齐侯以为有礼。既而问之，辟司徒之妻也。予之石窌。

晋师从齐师，入自丘舆，击马陉。

齐侯使宾媚人赂以纪甗、玉磬与地，“不可，则听客之所为”。宾媚人致赂。晋人不可，曰：“必以萧同叔子为质，而使齐之封内尽东其亩！”对曰：“萧同叔子非他，寡君之母也。若以匹敌，则亦晋君之母也。吾子布大命于诸侯，而曰必质其母以为信，其若王命何？且是以不孝令也。《诗》曰：‘孝子不匮，永锡尔类。'若以不孝令于诸侯，其无乃非德类也乎！先王疆理天下，物土之宜而布其利，故《诗》曰：'我疆我理，南东其亩。'今吾子疆理诸侯，而曰'尽东其亩'而已，唯吾子戎车是利，无顾土宜，其无乃非先王之命也乎！反先王则不义，何以为盟主？其晋实有阙！四王之王也，树德而济同欲焉。五伯之霸也，勤而抚之，以役王命。今吾子求合诸侯，以逞无疆之欲。《诗》曰：'布政优优，百禄是遒。'子实不优，而弃百禄，诸侯何害焉？不然，寡君之命使臣，则有辞矣，曰：'子以君师辱于敝邑。不腆敝赋，以犒从者。畏君之震，师徒桡败。吾子惠徼齐国之福，不泯其社稷，使继旧好；唯是先君之敝器、土地不敢爱。子又不许，请收合余烬，背城借一。敝邑之幸，亦云从也。况其不幸，敢不唯命是听！'"鲁、卫谏曰："齐疾我矣！其死亡者，皆亲昵也。子若不许，仇我必甚。唯子则又何求？子得其国宝，我亦得地，而纾于难，其荣多矣。齐、晋亦唯天所授，岂必晋？"晋人许之，对曰："群臣帅赋舆以为鲁、卫请，若苟有以借口而复于寡君，君之惠也，敢不唯命是听？"

禽郑自师逆公。

秋七月，晋师及齐国佐盟于爰娄。使齐人归我汶阳之田。公会晋师于上鄍，赐三帅先路三命之服，司马、司空、舆帅、候正、亚旅皆受一命之服。

八月，宋文公卒。始厚葬，用蜃、炭，益车、马。始用殉，重器备。椁有四阿，棺有翰、桧。

君子谓华元、乐举于是乎不臣。臣，治烦去惑者也，是以伏死而争。今二子者，君生则纵其惑，死又益其侈，是弃君于恶也，何臣之为？

九月，卫穆公卒。晋（二）〔三〕[①] 子自役吊焉，哭于大门之外。卫人逆之，妇人哭于门内。送亦如之。遂常以葬。

① 二当作三，见阮元《校勘记》、杨伯峻先生《春秋左传注》。

楚之讨陈夏氏也，庄王欲纳夏姬。申公巫臣曰："不可！君召诸侯，以讨罪也。今纳夏姬，贪其色也。贪色为淫，淫为大罚。《周书》曰：'明德慎罚'，文王所以造周也。明德，务崇之之谓也；慎罚，务去之之谓也。若兴诸侯以取大罚，非慎之也。君其图之！"王乃止。

子反欲取之，巫臣曰："是不祥人也！是夭子蛮，杀御叔，弑灵侯，戮夏南，出孔、仪，丧陈国，何不祥如是！人生实难，其有不获死乎？天下多美妇人，何必是？"子反乃止。

王以予连尹襄老。襄老死于邲，不获其尸。其子黑要烝焉。巫臣使道焉，曰："归，吾聘女。"又使自郑召之，曰："尸可得也，必来逆之！"姬以告王。王问诸屈巫，对曰："其信。知罃之父，成公之嬖也，而中行伯之季弟也，新佐中军，而善郑皇戌，甚爱此子。其必因郑而归王子与襄老之尸以求之。郑人惧于邲之役而欲求媚于晋，其必许之。"王遣夏姬归。将行，谓送者曰："不得尸，吾不反矣。"巫臣聘诸郑，郑伯许之。

及共王即位，将为阳桥之役，使屈巫聘于齐，且告师期。巫臣尽室以行。申侯跪从其父，将适郢，遇之，曰："异哉！夫子有三军之惧，而又有《桑中》之喜，宜将窃妻以逃者也。"及郑，使介反币；而以夏姬行，将奔齐。齐师新败，曰："吾不处不胜之国。"遂奔晋，而因郤至以臣于晋。晋人使为邢大夫。

子反请以重币锢之。王曰："止！其自为谋也，则过矣；其为吾先君谋也，则忠。忠，社稷之固也，所盖多矣。且彼若能利国家，虽重币，晋将可乎？若无益于晋，晋将弃之，何劳锢焉！"

晋师归，范文子后入。武子曰："无为吾望尔也乎？"对曰："师有功，国人喜以逆之；先入，必属耳目焉：是代帅受名也，故不敢。"武子曰："吾知免矣！"

郤伯见，公曰："子之力也夫！"对曰："君之训也，二三子之力也。臣何力之有焉？"范叔见，劳之如郤伯；对曰："庚所命也，克之制也。燮何力之有焉？"栾伯见，公亦如之；对曰："燮之诏也，士用命也。书何力之有焉？"

宣公使求好于楚。庄王卒，宣公薨，不克作好。公即位，受盟于晋，会晋伐齐。卫人不行使于楚，而亦受盟于晋，从于伐齐。故楚令尹子重为阳桥之役以救齐。将起师，子重曰："君弱，群臣不如先大夫，师众而后可。《诗》曰：'济济多士，文王以宁。'夫文王犹用众，况吾侪乎？且先君庄王属之曰：'无德以及远方，莫如惠恤其民而善用之。'"乃大户，已责，逮鳏，救乏，赦罪。悉师，王卒尽行。彭名御戎，蔡景公为左，许灵公为右。二君弱，皆强冠之。

冬，楚师侵卫；遂侵我，师于蜀。使臧孙往，辞曰："楚远而久，固将退矣。无功而受名，臣不敢。"楚侵及阳桥，孟孙请往，赂之以执斫、执针、织纴，皆百人，公衡为质，以请盟。楚人许平。

十一月，公及楚公子婴齐、蔡侯、许男、秦右大夫说、宋华元、陈公孙宁、卫孙良夫、郑公子去疾及齐国之大夫盟于蜀。卿不书，匮盟也。于是乎畏晋而窃与楚盟，故曰"匮盟"。蔡侯、许男不书，乘楚车也，谓之失位。

君子曰："位其不可不慎也乎！蔡、许之君一失其位，不得列于诸侯，况其下乎？《诗》曰：'不解于位，民之攸塈。'其是之谓矣。"

楚师及宋，公衡逃归。臧宣叔曰："衡父不忍数年之不宴，以弃鲁国，国将若之何？谁居？后之人必有任是夫！国弃矣！"

是行也，晋辟楚，畏其众也。君子曰："众之不可〔以〕已也。大夫为政犹以众克，况明君而善用其众乎？《大誓》所谓商兆民离、周十人同者，众也。"

晋侯使巩朔献齐捷于周。王弗见，使单襄公辞焉，曰："蛮夷戎狄不式王命，淫湎毁常；王命伐之，则有献捷，王亲受而劳之，所以惩不敬、劝有功也。兄弟甥舅侵败王略，王命伐之，告事而已，不献其功，所以敬亲昵、禁淫慝也。今叔父克遂，有功于齐，而不使命卿镇抚王室，所使来抚余一人；而巩伯实来，未有职司于王室，又奸先王之礼；余虽欲于巩伯，其敢废旧典以忝叔父？

夫齐，甥舅之国也，而大师之后也，宁不亦淫从其欲以怒叔父，抑岂不可谏诲?”士庄伯不能对。王使委于三吏，礼之如侯伯克敌使大夫告庆之礼，降于卿礼一等。王以巩伯宴，而私贿之。使相告之曰：“非礼也，勿籍!”

三年经

三年：春，王正月，公会晋侯、宋公、卫侯、曹伯伐郑。

辛亥，葬卫穆公。

二月，公至自伐郑。

甲子，新宫灾。三日哭。

乙亥，葬宋文公。

夏，公如晋。

郑公子去疾帅师伐许。

公至自晋。

秋，叔孙侨如帅师围棘。

大雩。

晋郤克、卫孙良夫伐廧咎如。

冬，十有一月，晋侯使荀庚来聘。

卫侯使孙良夫来聘。

丙午，及荀庚盟。丁未，及孙良夫盟。

郑伐许。

三年传

三年春，诸侯伐郑，次于伯牛，讨邲之役也。遂东侵郑。郑公子偃帅师御之，使东鄙覆诸鄤，败诸丘舆。皇戌如楚献捷。

夏，公如晋，拜汶阳之田。

许恃楚而不事郑。郑子良伐许。

晋人归楚公子縠臣与连尹襄老之尸于楚，以求知罃。于是荀首佐中军矣，故楚人许之。王送知罃，曰："子其怨我乎？"对曰："二国治戎，臣不才，不胜其任，以为俘馘；执事不以衅鼓，使归即戮，君之惠也。臣实不才，又谁敢怨？"王曰："然则德我乎？"对曰："二国图其社稷而求纾其民，各惩其忿以相宥也，两释累囚以成其好。二国有好，臣不与及，其谁敢德？"王曰："子归，何以报我？"对曰："臣不任受怨，君亦不任受德，无怨无德，不知所报。"王曰："虽然，必告不穀！"对曰："以君之灵，累臣得归骨于晋，寡君之以为戮，死且不朽。若从君之惠而免之，以赐君之外臣首，首其请于寡君而以戮于宗，亦死且不朽。若不获命，而使嗣宗职，次及于事，而帅偏师以修封疆；虽遇执事，其弗敢违，其竭力致死，无有二心，以尽臣礼：所以报也。"王曰："晋未可与争。"重为之礼而归之。

秋，叔孙乔如围棘，取汶阳之田。棘不服，故围之。

晋郤克、卫孙良夫伐廧咎如，讨赤狄之余焉。廧咎如溃，上失民也。

冬十一月，晋侯使荀庚来聘，且寻盟。卫侯使孙良夫来聘，且寻盟。公问诸臧宣叔曰："中行伯之于晋也，其位在三。孙子之于卫也，位为上卿。将谁先？"对曰："次国之上卿当大国之中，中当其下，下当其上大夫。小国之上卿当大国之下卿，中当其上大夫，下当其下大夫。上下如是，古之制也。卫在晋，不得为次国。晋为盟主，其将先之。"丙午盟晋，丁未盟卫，礼也。

十二月甲戌，晋作六军。韩厥、赵括、巩朔、韩穿、荀骓、赵旃皆为卿，赏鞌之功也。

齐侯朝于晋，将授玉，郤克趋进，曰："此行也，君为妇人之笑辱也，寡君未之敢任。"

晋侯享齐侯。齐侯视韩厥。韩厥曰："君知厥也乎？"齐侯曰："服改矣。"韩厥登，举爵，曰："臣之不敢爱死，为两君之在此堂也！"

荀罃之在楚也，郑贾人有将置诸褚中以出。既谋之，未行，而楚人归之。贾人如晋，荀罃善视之，如实出己。贾人曰："吾无其功，敢有其实乎？吾小人，不可以厚诬君子。”遂适齐。

四年经

四年：春，宋公使华元来聘。

三月壬申，郑伯坚卒。

杞伯来朝。

夏，四月甲寅，臧孙许卒。

公如晋。

葬郑襄公。

秋，公至自晋。

冬，城郓。

郑伯伐许。

四年传

四年春，宋华元来聘，通嗣君也。

“杞伯来朝”，归叔姬故也。

夏，公如晋。晋侯见公，不敬。季文子曰：“晋侯必不免。《诗》曰：‘敬之敬之！天惟显思，命不易哉！’夫晋侯之命在诸侯矣，可不敬乎？”

秋，公至自晋，欲求成于楚而叛晋。季文子曰：“不可。晋虽无道，未可叛也。国大臣睦而迩于我，诸侯听焉，未可以贰。《史佚之志》有之，曰：‘非我族类，其心必异。’楚虽大，非吾族也，其肯字我乎？”公乃止。

冬十一月，郑公孙申帅师疆许田，许人败诸展陂。郑伯伐许，取钼任、泠敦之田。

晋栾书将中军，荀首佐之，士燮佐上军，以救许伐郑。取(氾)〔汜〕、祭。

楚子反救郑。郑伯与许男讼焉，皇戌摄郑伯之辞。子反不能决也，曰："君若辱在寡君，寡君与其二三臣共听两君之所欲，成其可知也。不然，侧不足以知二国之成。"

晋赵婴通于赵庄姬。

五年经

五年：春，王正月，杞叔姬来归。

仲孙蔑如宋。

夏，叔孙侨如会晋荀首于穀。

梁山崩。

秋，大水。

冬，十有一月己酉，天王崩。

十有二月己丑，公会晋侯、齐侯、宋公、卫侯、郑伯、曹伯、邾子、杞伯，同盟于虫牢。

五年传

五年春，原、屏放诸齐。婴曰："我在，故栾氏不作。我亡，吾二昆其忧哉！且人各有能有不能，舍我何害？"弗听。

婴梦天使谓己："祭余！余福女。"使问诸士贞伯，贞伯曰："不识也。"既而告其人曰："神福仁而祸淫。淫而无罚，福也。祭，其得亡乎？"祭之之明日而亡。

孟献子如宋，报华元也。

夏，晋荀首如齐逆女，故宣伯饫诸穀。

梁山崩，晋侯以传召伯宗。伯宗辟重，曰："辟传！"重人曰："待我，不如捷之速也。"问其所，曰："绛人也。"问绛事焉，曰："梁山崩，将召伯宗谋之。"问："将若之何？"曰："山有朽壤而崩，可若何？国主山川，故山崩川竭，君为之不举、降服、乘缦、彻乐、出次；祝币，史辞，以礼焉。其如此而已。虽伯宗，若之何？"伯宗请见之，不可。遂以告，而从之。

许灵公愬郑伯于楚。六月，郑悼公如楚，讼，不胜。楚人执皇戌及子国。故郑伯归，使公子偃请成于晋。秋八月，郑伯及晋赵同盟于垂棘。

宋公子围龟为质于楚而归。华元享之，请鼓噪以出，鼓噪以复入，曰："习攻华氏。"宋公杀之。

冬，"同盟于虫牢"，郑服也。

诸侯谋复会，宋公使向为人辞以子灵之难。

十一月己酉，定王崩。

六年经

六年：春，王正月，公至自会。

二月辛巳，立武宫。

取鄟。

卫孙良夫帅师侵宋。

夏，六月，邾子来朝。

公孙婴齐如晋。

壬申，郑伯费卒。

秋，仲孙蔑、叔孙侨如帅师侵宋。

楚公子婴齐帅师伐郑。

冬，季孙行父如晋。

晋栾书帅师救郑。

六年传

六年春，郑伯如晋拜成，子游相。授玉于东楹之东。士贞伯曰："郑伯其死乎！自弃也已。视流而行速，不安其位，宜不能久。"

二月，季文子以鞌之功立武宫，非礼也。听于人以救其难，不可以立武。立武由己，非由人也。

“取邿”，言易也。

三月，晋伯宗、夏阳说、卫孙良夫、宁湘、郑人、伊雒之戎、陆浑、蛮氏侵宋，以其辞会也。师于鍼。卫人不保。说欲袭卫，曰：“虽不可入，多俘而归，有罪不及死。”伯宗曰：“不可！卫唯信晋，故师在其郊而不设备。若袭之，是弃信也。虽多卫俘，而晋无信，何以求诸侯？”乃止。师还，卫人登陴。

晋人谋去故绛，诸大夫皆曰：“必居郇、瑕氏之地！沃饶而近盬，国利君乐，不可失也。”韩献子将新中军，且为仆大夫。公揖而入，献子从。公立于寝庭，谓献子曰：“何如？”对曰：“不可！郇、瑕氏土薄水浅，其恶易觏。易觏则民愁，民愁则垫隘，于是乎有沉溺重腿之疾。不如新田：土厚水深，居之不疾，有汾、浍以流其恶，且民从教，十世之利也。夫山、泽、林、盬，国之宝也。国饶，则民骄佚；近宝，公室乃贫：不可谓乐。”公说，从之。夏四月丁丑，晋迁于新田。

六月，郑悼公卒。

子叔声伯如晋，命伐宋。

秋，孟献子、叔孙宣伯侵宋，晋命也。

楚子重伐郑，郑从晋故也。

冬，季文子如晋，贺迁也。

晋栾书救郑，与楚师遇于绕角。楚师还，晋师遂侵蔡。楚公子申、公子成以申、息之师救蔡，御诸桑隧。赵同、赵括欲战，请于武子，武子将许之。知庄子、范文子、韩献子谏曰：“不可。吾来救郑，楚师去我，吾遂至于此，是迁戮也。戮而不已，又怒楚师，战必不克。虽克，不令。成师以出，而败楚之二县，何荣之有焉？若不能败，为辱已甚。不如还也！”乃遂还。

于是军帅之欲战者众。或谓栾武子曰：“圣人与众同欲，是以济事。子盍从众？子为大政，将酌于民者也。子之佐十一人，其不欲战者三人而已，欲战者可谓众矣。《商书》曰：‘三人占，从二人’，众故也。”武子曰：“善钧，从众。夫善，众之主也。三卿为主，可谓众矣。从之，不亦可乎？”

七年经

七年：春，王正月，鼷鼠食郊牛角，改卜牛。鼷鼠又食其角，乃免牛。

吴伐郯。

夏，五月，曹伯来朝。

不郊，犹三望。

秋，楚公子婴齐帅师伐郑。

公会晋侯、齐侯、宋公、卫侯、曹伯、莒子、邾子、杞伯救郑。八月戊辰，同盟于马陵。

公至自会。

吴入州来。

冬，大雩。

卫孙林父出奔晋。

七年传

七年春，吴伐郯。郯成。

季文子曰："中国不振旅，蛮夷入伐，而莫之或恤。无吊者也夫！《诗》曰：'不吊昊天，乱靡有定。'其此之谓乎！有上不吊，其谁不受乱？吾亡无日矣！"君子曰："知惧如是，斯不亡矣！"

郑子良相成公以如晋，见，且拜师。

夏，曹宣公来朝。

秋，楚子重伐郑，师于氾。诸侯救郑。郑共仲、侯羽军楚师，囚郧公钟仪，献诸晋。

"八月，同盟于马陵"，寻虫牢之盟，且莒服故也。

晋人以钟仪归，囚诸军府。

楚围宋之役，师还，子重请取于申、吕以为赏田；王许之。申公巫臣曰："不可。此申、吕所以邑也，是以为赋，以御北方。

若取之，是无申、吕也，晋、郑必至于汉。”王乃止。子重是以怨巫臣。子反欲取夏姬，巫臣止之，遂取以行。子反亦怨之。及共王即位，子重、子反杀巫臣之族子阎、子荡及清尹弗忌及襄老之子黑要，而分其室。子重取子阎之室，使沈尹与王子罢分子荡之室，子反取黑要与清尹之室。巫臣自晋遗二子书，曰：“尔以谗慝贪婪事君，而多杀不辜，余必使尔罢于奔命以死！”

巫臣请使于吴，晋侯许之。吴子寿梦说之。乃通吴于晋，以两之一卒适吴，舍偏两之一焉。与其射御，教吴乘车，教之战陈，教之叛楚。置其子狐庸焉，使为行人于吴。吴始伐楚、伐巢、伐徐，子重奔命。马陵之会，吴入州来，子重自郑奔命。子重、子反于是乎一岁七奔命。蛮夷属于楚者，吴尽取之，是以始大，通吴于上国。

卫定公恶孙林父。冬，孙林父出奔晋。卫侯如晋，晋反戚焉。

八年经

八年：春，晋侯使韩穿来言汶阳之田，归之于齐。

晋栾书帅师侵蔡。

公孙婴齐如莒。

宋公使华元来聘。

夏，宋公使公孙寿来纳币。

晋杀其大夫赵同、赵括。

秋，七月，天子使召伯来（赐）〔锡〕公命。

冬，十月癸卯，杞叔姬卒。

晋侯使士燮来聘。

叔孙侨如会晋士燮、齐人、邾人伐郯。

卫人来媵。

八年传

八年春，晋侯使韩穿来言汶阳之田，归之于齐。季文子饯之，私焉，曰：“大国制义，以为盟主，是以诸侯怀德畏讨，无有贰心。谓汶阳之田，敝邑之旧也；而用师于齐，使归诸敝邑。今有二命曰‘归诸齐’。信以行义，义以成命，小国所望而怀也。信不可知，义无所立；四方诸侯，其谁不解体？《诗》曰：‘女也不爽，士贰其行。士也罔极，二三其德。’七年之中，一与一夺，二三孰甚焉？士之二三，犹丧妃耦，而况霸主？霸主将德是以，而二三之，其何以长有诸侯乎？《诗》曰：‘犹之未远，是用大简。’行父惧晋之不远犹而失诸侯也，是以敢私言之。”

晋栾书侵蔡，遂侵楚，获申骊。

楚师之还也，晋侵沈，获沈子揖初，从知、范、韩也。君子曰：“从善如流，宜哉！《诗》曰：‘恺悌君子，遐不作人？’求善也夫！作人，斯有功绩矣。”

是行也，郑伯将会晋师，门于许东门，大获焉。

声伯如莒，逆也。

宋华元来聘，聘共姬也。

夏，宋公使公孙寿来纳币，礼也。

晋赵庄姬为赵婴之亡故，谮之于晋侯，曰：“原、屏将为乱。”栾、郤为徵。六月，晋讨赵同、赵括。武从姬氏畜于公宫。以其田与祁奚。韩厥言于晋侯曰：“成季之勋、宣孟之忠而无后，为善者其惧矣。三代之令王，皆数百年保天之禄。夫岂无辟王？赖前哲以免也。《周书》曰：‘不敢侮鳏寡。’所以明德也。”乃立武，而反其田焉。

秋，召桓公来赐公命。

晋侯使申公巫臣如吴，假道于莒。与渠丘公立于池上，曰：“城已恶。”莒子曰：“辟陋在夷，其孰以我为虞？”对曰：“夫狡焉思启封疆以利社稷者，何国蔑有？唯然，故多大国矣。唯或思或纵也。勇夫重闭，况国乎？”

“冬，杞叔姬卒。”来归自杞，故书。

晋士燮来聘，言伐郯也。以其事吴故。公赂之，请缓师。文子不可，曰：“君命无贰，失信不立。礼无加货，事无二成。君后诸侯，是寡君不得事君也。燮将复之。”季孙惧，使宣伯帅师会伐郯。

卫人来媵共姬，礼也。凡诸侯嫁女，同姓媵之，异姓则否。

九年经

九年：春，王正月，杞伯来逆叔姬之丧以归。

公会晋侯、齐侯、宋公、卫侯、郑伯、曹伯、莒子、杞伯，同盟于蒲。

公至自会。

二月，伯姬归于宋。

夏，季孙行父如宋致女。

晋人来媵。

秋，七月丙子，齐侯无野卒。

晋人执郑伯。

晋栾书帅师伐郑。

冬，十有一月，葬齐顷公。

楚公子婴齐帅师伐莒。庚申，莒溃。

楚人入郓。

秦人、白狄伐晋。

郑人围许。

城中城。

九年传

九年春，杞桓公来逆叔姬之丧，请之也。杞叔姬卒，为杞故也。逆叔姬，为我也。

为归汶阳之田故，诸侯贰于晋。晋人惧，会于蒲，以寻马陵之盟。季文子谓范文子曰："德则不竞，寻盟何为?"范文子曰："勤以抚之，宽以待之，坚（疆）〔强〕以御之，明神以要之，柔服而伐贰，德之次也。"

是行也，将始会吴，吴人不至。

二月，伯姬归于宋。

楚人以重赂求郑，郑伯会楚公子成于邓。

夏，季文子如宋致女。复命，公享之。赋《韩奕》之五章。穆姜出于房，再拜，曰："大夫勤辱，不忘先君以及嗣君，施及未亡人，先君犹有望也。敢拜大夫之重勤!"又赋《绿衣》之卒章而入。

晋人来媵，礼也。

秋，郑伯如晋。晋人讨其贰于楚也，执诸铜鞮。

栾书伐郑，郑人使伯蠲行成。晋人杀之，非礼也。兵交，使在其间可也。

楚子重侵陈以救郑。

晋侯观于军府，见钟仪。问之曰："南冠而絷者，谁也?"有司对曰："郑人所献楚囚也。"使税之，召而吊之。再拜稽首。问其族，对曰："泠人也。"公曰："能乐乎?"对曰："先父之职官也，敢有二事?"使与之琴。操南音。公曰："君王何如?"对曰："非小人之所得知也。"固问之，对曰："其为大子也，师、保奉之，以朝于婴齐而夕于侧也。不知其他。"

公语范文子。文子曰："楚囚，君子也：言称先职，不背本也；乐操土风，不忘旧也；称大子，抑无私也；名其二卿，尊君也。不背本，仁也；不忘旧，信也；无私，忠也；尊君，敏也。仁以接事，信以守之，忠以成之，敏以行之。事虽大，必济。君盍归之，使合晋楚之成?"公从之，重为之礼，使归求成。

冬，十一月，楚子重自陈伐莒，围渠丘。渠丘城恶，众溃，奔莒。戊申，楚入渠丘。莒人囚楚公子平，楚人曰："勿杀！吾归而俘。”莒人杀之。楚师围莒。莒城亦恶，庚申，莒溃。楚遂入郓，莒无备故也。

君子曰：“恃陋而不备，罪之大者也。备豫不虞，善之大者也。莒恃其陋而不修城郭，浃辰之间而楚克其三都，无备也夫！《诗》曰：‘虽有丝、麻，无弃菅、蒯；虽有姬、姜，无弃蕉萃。凡百君子，莫不代匮。’言备之不可以已也。”

“秦人、白狄伐晋”，诸侯贰故也。

“郑人围许”，示晋不急君也。是则公孙申谋之，曰：“我出师以围许，为将改立君者，而纾晋使，晋必归君。”

“城中城”，书，时也。

十二月，楚子使公子辰如晋，报钟仪之使，请修好结成。

十年经

十年：春，卫侯之弟黑背帅师侵郑。

夏，四月，五卜郊，不从，乃不郊。

五月，公会晋侯、齐侯、宋公、卫侯、曹伯伐郑。

齐人来媵。

丙午，晋侯獳卒。

秋，七月，公如晋。

（冬，十月。）①

十年传

十年春，晋侯使籴茷如楚，报大宰子商之使也。

卫子叔黑背侵郑，晋命也。

郑公子班闻叔申之谋。三月，子如立公子繻。夏四月，郑人

---

① 前修时贤据《礼记·中庸》疏说此三字为后人妄增，今从之。

杀繻，立髡顽。子如奔许。

栾武子曰：“郑人立君，我执一人焉，何益？不如伐郑而归其君，以求成焉。”晋侯有疾，五月，晋立大子州（蒲）〔满〕[①] 以为君，而会诸侯伐郑。郑子罕赂以襄钟，子然盟于修泽，子驷为质。辛巳，郑伯归。

晋侯梦大厉被发及地，搏膺而踊曰：“杀余孙，不义！余得请于帝矣！”坏大门及寝门而入。公惧，入于室。又坏户。公觉，召桑田巫。巫言如梦，公曰：“何如？”曰：“不食新矣。”

公疾病，求医于秦。秦伯使医缓为之。未至，公梦疾为二竖子，曰：“彼良医也。惧伤我，焉逃之？”其一曰：“居肓之上、膏之下，若我何？”医至，曰：“疾不可为也。在肓之上、膏之下，攻之不可，达之不及。药不至焉，不可为也！”公曰：“良医也！”厚为之礼而归之。

六月丙午，晋侯欲麦，使甸人献麦，馈人为之。召桑田巫，示而杀之。将食，张；如厕，陷而卒。小臣有晨梦负公以登天，及日中，负晋侯出诸厕，遂以为殉。

郑伯讨立君者，戊申，杀叔申、叔禽。君子曰：“忠为令德，非其人犹不可；况不令乎？”

秋，公如晋。晋人止公，使送葬。于是籴茷未反。

冬，葬晋景公。公送葬，诸侯莫在。鲁人辱之，故不书，讳之也。

十一年经

十有一年：春，王三月，公至自晋。

晋侯使郤犨来聘。己丑，及郤犨盟。

夏，季孙行父如晋。

---

① 蒲当为满，字之讹也。孔疏、阮元《校勘记》已详之。

秋，叔孙侨如如齐。

冬，十月。

十一年传

十一年春，王三月，公至自晋。晋人以公为贰于楚，故止公。公请受盟，而后使归。

郤犨来聘，且莅盟。

声伯之母不聘。穆姜曰："吾不以妾为姒。"生声伯而出之。嫁于齐管于奚，生二子而寡，以归声伯。声伯以其外弟为大夫，而嫁其外妹于施孝叔。郤犨来聘，求妇于声伯。声伯夺施氏妇以与之。妇人曰："鸟兽犹不失俪，子将若何？"曰："吾不能死亡。"妇人遂行。生二子于郤氏。郤氏亡，晋人归之施氏。施氏逆诸河，沈其二子。妇人怒，曰："己不能庇其伉俪而亡之，又不能字人之孤而杀之，将何以终？"遂誓施氏。

夏，季文子如晋报聘，且莅盟也。

周公楚恶惠、襄之逼也，且与伯与争政，不胜，怒而出。及阳樊，王使刘子复之，盟于鄄而入。三日，复出奔晋。

秋，宣伯聘于齐，以修前好。

晋郤至与周争鄇田，王命刘康公、单襄公讼诸晋。郤至曰："温，吾故也，故不敢失。"刘子、单子曰："昔周克商，使诸侯抚封。苏忿生以温为司寇，与檀伯达封于河。苏氏即狄，又不能于狄而奔卫。襄王劳文公而赐之温，狐氏、阳氏先处之，而后及子。若治其故，则王官之邑也，子安得之？"晋侯使郤至勿敢争。

宋华元善于令尹子重，又善于栾武子。闻楚人既许晋籴茷成，而使归复命矣。冬，华元如楚，遂如晋，合晋、楚之成。

秦、晋为成，将会于令狐。晋侯先至焉。秦伯不肯涉河，次于王城，使史颗盟晋侯于河东。晋郤犨盟秦伯于河西。范文子曰："是盟也何益？齐盟，所以质信也。会所，信之始也。始之不从，其何质乎？"秦伯归而背晋成。

十二年经

十有二年：春，周公出奔晋。

夏，公会晋侯、卫侯于琐泽。

秋，晋人败狄于交刚。

冬，十月。

十二年传

十二年春，王使以周公之难来告。书曰“周公出奔晋”，凡自周无出，周公自出故也。

宋华元克合晋、楚之成。夏五月，晋士燮会楚公子罢、许偃。癸亥，盟于宋西门之外，曰：“凡晋、楚无相加戎，好恶同之。同恤灾危，备救凶患。若有害楚，则晋伐之；在晋，楚亦如之。交贽往来，道路无壅；谋其不协，而讨不庭。有渝此盟，明神殛之，俾队其师，无克胙国！”郑伯如晋听成，会于琐泽，成故也。

狄人间宋之盟，以侵晋而不设备。秋，晋人败狄于交刚。

晋郤至如楚聘，且莅盟。楚子享之，子反相。为地室而县焉；郤至将登，金奏作于下，惊而走出。子反曰：“日云莫矣，寡君须矣，吾子其入也！”宾曰：“君不忘先君之好，施及下臣，贶之以大礼，重之以备乐。如天之福，两君相见，何以代此？下臣不敢！”子反曰：“如天之福，两君相见，无亦唯是一矢以相加遗，焉用乐？寡君须矣，吾子其入也！”宾曰：“若郤之以一矢，祸之大者，其何福之为？世之治也：诸侯闲于天子之事，则相朝也，于是乎有享宴之礼。享以训共俭，宴以示慈惠。共俭以行礼，而慈惠以布政。政以礼成，民是以息。百官承事，朝而不夕，此公侯之所以扞城其民也，故《诗》曰：‘赳赳武夫，公侯干城。’及其乱也：诸侯贪冒，侵欲不忌，争寻常以尽其民；略其武夫，以为己腹心、股肱、爪牙，故《诗》曰：‘赳赳武夫，公侯腹心。’

天下有道，则公侯能为民干城，而制其腹心；乱则反之。今吾子之言，乱之道也，不可以为法。然吾子主也，至敢不从？”遂入，卒事。归以语范文子，文子曰：“无礼必食言，吾死无日矣夫！”

冬，楚公子罢如晋聘，且莅盟。十二月，晋侯及楚公子罢盟于赤棘。

十三年经

十有三年：春，晋侯使郤锜来乞师。

三月，公如京师。

夏，五月，公自京师，遂会晋侯、齐侯、宋公、卫侯、郑伯、曹伯、邾人、滕人伐秦。

曹伯卢卒于师。

秋，七月，公至自伐秦。

冬，葬曹宣公。

十三年传

十三年春，晋侯使郤锜来乞师，将事不敬。孟献子曰：“郤氏其亡乎！礼，身之干也。敬，身之基也。郤子无基。且先君之嗣卿也，受命以求师，将社稷是卫；而惰，弃君命也，不亡何为？”

三月，公如京师。宣伯欲赐，请先使；王以行人之礼礼焉。孟献子从，王以为介而重贿之。公及诸侯朝王，遂从刘康公、成肃公会晋侯伐秦。

成子受脤于社，不敬。刘子曰：“吾闻之：民受天地之中以生，所谓命也。是以有动作礼义威仪之则以定命也。能者养（之）以〔之〕[1] 福，不能者败以取祸。是故君子勤礼，小人尽

① “之以”当乙正为“以之”，阮元《校勘记》详之。

力。勤礼莫如致敬，尽力莫如敦笃。敬在养神，笃在守业。国之大事，在祀与戎。祀有执膰，戎有受脤，神之大节也。今成子惰，弃其命矣，其不反乎？”

夏四月戊午，晋侯使吕相绝秦，曰：

昔逮我献公及穆公相好，戮力同心，申之以盟誓，重之以昏姻。天祸晋国，文公如齐，惠公如秦。无禄，献公即世。穆公不忘旧德，俾我惠公用能奉祀于晋；又不能成大勋，而为韩之师；亦悔于厥心，用集我文公：是穆之成也。

文公躬擐甲胄，跋履山川，逾越险阻，征东之诸侯，虞、夏、商、周之胤而朝诸秦，则亦既报旧德矣。郑人怒君之疆埸，我文公帅诸侯及秦围郑。秦大夫不询于我寡君，擅及郑盟。诸侯疾之，将致命于秦。文公恐惧，绥静诸侯；秦师克还无害，则是我有大造于西也。

无禄，文公即世。穆为不吊，蔑死我君，寡我襄公，迭我殽地，奸绝我好，伐我保城，殄灭我费滑，散离我兄弟，挠乱我同盟，倾覆我国家。我襄公未忘君之旧勋，而惧社稷之陨，是以有殽之师；犹愿赦罪于穆公。穆公弗听，而即楚谋我。天诱其衷，成王陨命，穆公是以不克逞志于我。

穆、襄即世，康、灵即位。康公，我之自出；又欲阙剪我公室、倾覆我社稷，帅我蝥贼以来荡摇我边疆。我是以有令狐之役。康犹不悛，入我河曲，伐我涑川，俘我王官，剪我羁马。我是以有河曲之战。东道之不通，则是康公绝我好也。

及君之嗣也，我君景公引领西望，曰：“庶抚我乎！”君亦不惠称盟，利吾有狄难，入我河县，焚我箕、郜，芟夷我农功，虔刘我边（陲）〔垂〕。我是以有辅氏之聚。君亦悔祸之延，而欲徼福于先君献、穆，使伯车来命我景公曰：“吾与女同好弃恶，复修旧德，以追念前勋。”言誓未就，景公即世，我寡君是以有令狐之会。

君又不祥，背弃盟誓。白狄及君同州，君之仇雠而我

（之）昏姻也。君来赐命曰：“吾与女伐狄。”寡君不敢顾昏姻，畏君之威而受命于吏。君有二心于狄，曰：“晋将伐女。”狄应且憎，是用告我。楚人恶君之二三其德也，亦来告我曰：“秦背令狐之盟，而来求盟于我：‘昭告昊天上帝、秦三公、楚三王，曰：“余虽与晋出入，余唯利是视。”’不穀恶其无成德，是用宣之，以惩不壹。”诸侯备闻此言，斯是用痛心疾首，昵就寡人。

寡人帅以听命，唯好是求。君若惠顾诸侯、矜哀寡人而赐之盟，则寡人之愿也，其承宁诸侯以退，岂敢徼乱？君若不施大惠，寡人不佞，其不能〔以〕诸侯退矣！敢尽布之执事，俾执事实图利之。

秦桓公既与晋厉公为令狐之盟，而又召狄与楚，欲道以伐晋，诸侯是以睦于晋。

晋栾书将中军，荀庚佐之；士燮将上军，郤锜佐之；韩厥将下军，荀罃佐之；赵旃将新军，郤至佐之。郤毅御戎，栾鍼为右。孟献子曰：“晋师乘和，师必有大功。”五月丁亥，晋师以诸侯之师及秦师战于麻隧，秦师败绩。获秦成差及不更女父。

曹宣公卒于师。师遂济泾，及侯丽而还。迓晋侯于新楚。

成肃公卒于瑕。

六月丁卯夜，郑公子班自訾求入于大宫，不能；杀子印、子羽，反军于市。己巳，子驷帅国人盟于大宫，遂从而尽焚之，杀子如、子駹、孙叔、孙知。

曹人使公子负刍守，使公子欣时逆曹伯之丧。秋，负刍杀其大子而自立也，诸侯乃请讨之。晋人以其役之劳，请俟他年。

冬，葬曹宣公。既葬，子臧将亡，国人皆将从之。成公乃惧，告罪，且请焉。乃反，而致其邑。

十四年经

十有四年：春，王正月，莒子朱卒。

夏，卫孙林父自晋归于卫。

秋，叔孙侨如如齐逆女。

郑公子喜帅师伐许。

九月，侨如以夫人妇姜氏至自齐。

冬，十月庚寅，卫侯臧卒。

秦伯卒。

十四年传

十四年春，卫侯如晋。晋侯强见孙林父焉，定公不可。夏，卫侯既归，晋侯使郤犨送孙林父而见之。卫侯欲辞，定姜曰："不可！是先君宗卿之嗣也，大国又以为请；不许，将亡。虽恶之，不犹愈于亡乎？君其忍之！安民而宥宗卿，不亦可乎？"卫侯见而复之。

卫侯飨苦成叔，宁惠子相。苦成叔傲。宁子曰："苦成〔叔〕家其亡乎！古之为享食也，以观威仪、省祸福也，故《诗》曰：'兕觥其觩，旨酒思柔。彼交匪傲，万福来求。'今夫子傲，取祸之道也。"

秋，宣伯如齐逆女。称族，尊君命也。

八月，郑子罕伐许，败焉。戊戌，郑伯复伐许。庚子，入其郛。许人平以叔申之封。

"九月，侨如以夫人妇姜氏至自齐。"舍族，尊夫人也。故君子曰："《春秋》之称，微而显，志而晦，婉而成章，尽而不汙，惩恶而劝善。非圣人，谁能修之？"

卫侯有疾，使孔成子、宁惠子立敬姒之子衎以为大子。冬十月，卫定公卒。夫人姜氏既哭而息，见大子之不哀也，不内酌饮，叹曰："是夫也，将不唯卫国之败，其必始于未亡人。乌呼！天祸卫国也夫！吾不获鱄也使主社稷。"大夫闻之，无不耸惧。孙文子自是不敢舍其重器于卫，尽置诸戚，而甚善晋大夫。

十五年经

十有五年：春，王二月，葬卫定公。

三月乙巳，仲婴齐卒。

癸丑，公会晋侯、卫侯、郑伯、曹伯、宋世子成、齐国佐、邾人，同盟于戚。

晋侯执曹伯归于京师。

公至自会。

夏，六月，宋公固卒。

楚子伐郑。

秋，八月庚辰，葬宋共公。

宋华元出奔晋。宋华元自晋归于宋。

宋杀其大夫山。

宋鱼石出奔楚。

冬，十有一月，叔孙侨如会晋士燮、齐高无咎、宋华元、卫孙林父、郑公子鳝、邾人，会吴于钟离。

许迁于叶。

十五年传

十五年春，会于戚，讨曹成公也。执而归诸京师。书曰“晋侯执曹伯”，不及其民也。凡君不道于其民，诸侯讨而执之，则曰“某人执某侯”，不然则否。

诸侯将见子臧于王而立之。子臧辞，曰：“前《志》有之，曰：‘圣达节，次守节，下失节。’为君非吾节也。虽不能圣，敢失守乎？”遂逃，奔宋。

夏，六月，宋共公卒。

楚将北师，子囊曰：“新与晋盟而背之，无乃不可乎？”子反曰：“敌利则进，何盟之有？”申叔时老矣，在申，闻之，曰：

"子反必不免！信以守礼，礼以庇身。信、礼之亡，欲免，得乎？"

楚子侵郑，及暴隧。遂侵卫，及首止。郑子罕侵楚，取新石。

栾武子欲报楚，韩献子曰："无庸。使重其罪，民将叛之。无民，孰战？"

秋八月，葬宋共公。于是华元为右师，鱼石为左师，荡泽为司马，华喜为司徒，公孙师为司城，向为人为大司寇，鳞朱为少司寇，向带为大宰，鱼府为少宰。荡泽弱公室，杀公子肥。华元曰："我为右师。君臣之训，师所司也。今公室卑而不能正，吾罪大矣！不能治官，敢赖宠乎？"乃出，奔晋。

二华，戴族也。司城，庄族也。六官者，皆桓族也。鱼石将止华元，鱼府曰："右师反，必讨，是无桓氏也。"鱼石曰："右师苟获反，虽许之讨，必不敢。且多大功，国人与之；不反，惧桓氏之无祀于宋也。右师讨，犹有戌在；桓氏虽亡，必偏。"鱼石自止华元于河上。请讨，许之，乃反。使华喜、公孙师帅国人攻荡氏，杀子山。书曰"宋杀〔其〕大夫山"，言背其族也。

鱼石、向为人、鳞朱、向带、鱼府出舍于睢上。华元使止之，不可。冬，十月，华元自止之，不可，乃反。鱼府曰："今不从，不得人矣。右师视速而言疾，有异志焉。若不我纳，今将驰矣！"登丘而望之，则驰。骋而从之，则决睢澨，闭门登陴矣。左师、二司寇、二宰遂出奔楚。华元使向戌为左师，老佐为司马，乐裔为司寇，以靖国人。

晋三郤害伯宗，谮而杀之，及栾弗忌。伯州犁奔楚。韩献子曰："郤氏其不免乎！善人，天地之纪也；而骤绝之，不亡何待？"

初，伯宗每朝，其妻必戒之曰："'盗憎主人，民恶其上。'子好直言，必及于难！"

十一月，"会吴于钟离"，始通吴也。

许灵公畏偪于郑，请迁于楚。辛丑，楚公子申迁许于叶。

十六年经

十有六年：春，王正月，雨，木冰。

夏，四月辛未，滕子卒。

郑公子喜帅师侵宋。

六月丙寅朔，日有食之。

晋侯使栾黡来乞师。

甲午晦，晋侯及楚子、郑伯战于鄢陵。楚子、郑师败绩。

楚杀其大夫公子侧。

秋，公会晋侯、齐侯、卫侯、宋华元、邾人于沙随。不见公。

公至自会。

公会尹子、晋侯、齐国佐、邾人伐郑。

曹伯归自京师。

九月，晋人执季孙行父，舍之于苕丘。

冬，十月乙亥，叔孙侨如出奔齐。

十有二月乙丑，季孙行父及晋郤犨盟于扈。

公至自会。

乙酉，刺公子偃。

十六年传

十六年春，楚子自武城使公子成以汝阴之田求成于郑。郑叛晋，子驷从楚子盟于武城。

夏，四月，滕文公卒。

郑子罕伐宋。宋将钽、乐惧败诸汋陂；退舍于夫渠，不儆。郑人覆之，败诸汋陵，获将钽、乐惧，宋恃胜也。

卫侯伐郑，至于鸣雁，为晋故也。

晋侯将伐郑。范文子曰："若逞吾愿，诸侯皆叛，晋可以逞。若惟郑叛，晋国之忧可立俟也。"栾武子曰："不可以当吾世而失诸侯，必伐郑！”乃兴师。栾书将中军，士燮佐之。郤锜将上军，荀偃佐之。韩厥将下军。郤至佐新军。荀罃居守。

郤犨如卫，遂如齐，皆乞师焉。栾黡来乞师，孟献子曰：“〔晋〕有胜矣。”

戊寅，晋师起。郑人闻有晋师，使告于楚，姚句耳与往。

楚子救郑，司马将中军，令尹将左，右尹子辛将右。过申，子反入见申叔时，曰：“师其何如？”对曰：“德、刑、详、义、礼、信，战之器也。德以施惠，刑以正邪，详以事神，义以建利，礼以顺时，信以守物。民生厚而德正，用利而事节，时顺而物成，上下和睦，周旋不逆，求无不具，各知其极。故《诗》曰：‘立我烝民，莫匪尔极。’是以神降之福，时无灾害，民生敦厖，和同以听，莫不尽力以从上命，致死以补其阙。此战之所由克也。今楚内弃其民而外绝其好，渎齐盟而食话言，奸时以动而疲民以逞。民不知信，进退罪也。人恤所（底）〔厎〕，其谁致死？子其勉之，吾不复见子矣！”

姚句耳先归。子驷问焉，对曰：“其行速，过险而不整。速则失志。不整，丧列。志失列丧，将何以战？楚惧不可用也。”

五月，晋师济河。闻楚师将至，范文子欲反，曰：“我（伪）〔为〕[①] 逃楚，可以纾忧。夫合诸侯，非吾所能也，以遗能者。我若群臣辑睦以事君，多矣。”武子曰：“不可！”

六月，晋、楚遇于鄢陵。范文子不欲战，郤至曰：“韩之战，惠公不振旅。箕之役，先轸不反命。邲之师，荀伯不复从。皆晋之耻也。子亦见先君之事矣。今我辟楚，又益耻也！”文子曰：“吾先君之亟战也，有故。秦、狄、齐、楚皆强，不尽力，子孙将弱。今三强服矣；敌，楚而已。惟圣人能外内无患；自非圣人，外宁必有内忧。盍释楚以为外惧乎？”

甲午晦，楚晨压晋军而陈。军吏患之。范匄趋进，曰：“塞井

① 俞樾《群经平议》说“伪”当作“为”，今从之。

夷灶，陈于军中，而疏行首。晋、楚惟天所授，何患焉？”文子执戈逐之，曰：“国之存亡，天也，童子何知焉！”栾书曰：“楚师轻窕，固垒而待之，三日必退。退而击之，必获胜焉。”郤至曰：“楚有六间，不可失也。其二卿相恶，王卒以旧，郑陈而不整，蛮军而不陈，陈不违晦，在陈而嚣，合而加嚣。各顾其后，莫有斗心。旧不必良，以犯天忌。我必克之！”

楚子登巢车以望晋军，子重使大宰伯州犁侍于王后。王曰：“骋而左右何也？”曰：“召军吏也。”“皆聚于中军矣。”曰：“合谋也。”“张幕矣。”曰：“虔卜于先君也。”“彻幕矣。”曰：“将发命也。”“甚嚣，且尘上矣！”曰：“将塞井夷灶而为行也。”“皆乘矣，左右执兵而下矣。”曰：“听誓也。”“战乎？”曰：“未可知也。”“乘而左右皆下矣。”曰：“战祷也。”伯州犁以公卒告王。

苗贲皇在晋侯之侧，亦以王卒告。皆曰：“国士在，且厚，不可当也。”苗贲皇言于晋侯曰：“楚之良在其中军王族而已。请分良以击其左、右，而三军萃于王卒，必大败之！”公筮之。史曰：“吉！其卦遇‘复䷗’，曰：‘南国蹙，射其元王，中厥目。’国蹙王伤，不败何待？”公从之。

有淖于前，乃皆左右相违于淖。步毅御晋厉公，栾鍼为右。彭名御楚共王，潘党为右。石首御郑成公，唐苟为右。

栾、范以其族夹公行，陷于淖。栾书将载晋侯，鍼曰：“书退！国有大任，焉得专之？且侵官，冒也；失官，慢也；离局，奸也；有三罪焉，不可犯也！”乃掀公以出于淖。

癸巳，潘尪之党与养由基蹲甲而射之，彻七札焉；以示王，曰：“君有二臣如此，何忧于战！”王怒曰：“大辱国！诘朝尔射，死艺！”吕锜梦射月，中之，退入于泥。占之，曰：“姬姓，日也。异姓，月也，必楚王也。射而中之，退入于泥，亦必死矣！”及战，射共王，中目。王召养由基，与之两矢，使射吕锜。中项，伏弢；以一矢复命。

郤至三遇楚子之卒，见楚子，必下，免胄而趋风。楚子使工尹襄问之以弓，曰：“方事之殷也，有韎韦之跗注，君子也。识见不縠而趋，无乃伤乎？”郤至见客，免胄承命，曰：“君之外臣至，从寡君之戎事。以君之灵，间蒙甲胄，不敢拜命，敢告不宁，君命之辱。为事之故，敢肃使者！”三肃使者而退。

晋韩厥从郑伯，其御杜溷罗曰：“速从之！其御屡顾，不在马，可及也。”韩厥曰：“不可以再辱国君。”乃止。郤至从郑伯，其右茀翰胡曰：“谍辂之，余从之乘而俘以下。”郤至曰：“伤国君有刑！”亦止。

石首曰：“卫懿公唯不去其旗，是以败于荧。”乃内旌于韬中。唐苟谓石首曰：“子在君侧，败者壹大。我不如子。子以君免，我请止。”乃死。

楚师薄于险。叔山冉谓养由基曰：“虽君有命，为国故，子必射！”乃射。再发，尽殪。叔山冉搏人以投，中车，折轼。晋师乃止。囚楚公子茷。

栾鍼见子重之旌，请曰：“楚人谓夫旌，子重之麾也，彼其子重也。日臣之使于楚也，子重问晋国之勇，臣对曰：‘好以众整。’曰：‘又何如？’臣对曰：‘好以暇。’今两国治戎，行人不使，不可谓整；临事而食言，不可谓暇。请摄饮焉。”公许之。使行人执榼承饮，造于子重，曰：“寡君乏使，使鍼御持矛，是以不得犒从者，使某摄饮。”子重曰：“夫子尝与吾言于楚，必是故也。不亦识乎？”受而饮之，免使者而复鼓。

旦而战，见星未已。子反命军吏察夷伤，补卒乘，缮甲兵，展车马，鸡鸣而食，唯命是听。晋人患之。苗贲皇徇曰：“蒐乘补卒，秣马利兵，修陈固列，蓐食申祷，明日复战！”乃逸楚囚。王闻之，召子反谋。縠阳竖献饮于子反，子反醉而不能见。王曰：“天败楚也夫！余不可以待。”乃宵遁。

晋入楚军，三日縠。范文子立于戎马之前，曰：“君幼，诸臣不佞，何以及此？君其戒之！《周书》曰：‘惟命不于常。’有德之谓。”

楚师还，及瑕，王使谓子反曰：“先大夫之覆师徒者，君不在。子无以为过，不縠之罪也。”子反再拜稽首，曰：“君赐臣死，死且不朽。臣之卒实奔，臣之罪也！”子重使谓子反曰：“初陨师徒者，而亦闻之矣。盍图之？”对曰：“虽微先大夫有之，大夫命侧，侧敢不义？侧亡君师，敢忘其死！”王使止之，弗及而卒。

战之日，齐国佐、高无咎至于师，卫侯出于卫，公出于坏隤。

宣伯通于穆姜，欲去季、孟而取其室。将行，穆姜送公，而使逐二子。公以晋难告，曰：“请反而听命。”姜怒，——公子偃、公子钼趋过，——指之曰：“女不可，是皆君也。”公待于坏隤，申宫、儆备、设守而后行，是以后。使孟献子守于公宫。

秋，会于沙随，谋伐郑也。

宣伯使告郤犨曰：“鲁侯待于坏隤，以待胜者。”郤犨将新军，且为公族大夫，以主东诸侯。取货于宣伯而诉公于晋侯，晋侯不见公。

曹人请于晋曰：“自我先君宣公即世，国人曰：‘若之何？’忧犹未弭，而又讨我寡君，以亡曹国社稷之镇公子，是大泯曹也。先君无乃有罪乎？若有罪，则君列诸会矣。君唯不遗德刑以伯诸侯，岂独遗诸敝邑？敢私布之！”

七月，公会尹武公及诸侯伐郑。将行，姜又命公如初。公又申守而行。诸侯之师次于郑西。我师次于督扬，不敢过郑。子叔声伯使叔孙豹请逆于晋师，为食于郑郊。师逆以至。声伯四日不食以待之，食使者而后食。

诸侯迁于制田。知武子佐下军，以诸侯之师侵陈；至于鸣鹿，遂侵蔡。未反，诸侯迁于颍上。戊午，郑子罕宵军之，宋、齐、卫皆失军。

曹人复请于晋。晋侯谓子臧：“反！吾归而君。”子臧反，曹伯归。子臧尽致其邑与卿而不出。

宣伯使告郤犨曰：“鲁之有季、孟，犹晋之有栾、范也，政令于是乎成。今其谋曰：‘晋政多门，不可从也。宁事齐、楚，有亡而已，蔑从晋矣！’若欲得志于鲁，请止行父而杀之，我毙蔑也，而事晋蔑有贰矣。鲁不贰，小国必睦。不然，归必叛矣。”

九月，晋人执季文子于苕丘。公还，待于郓，使子叔声伯请季孙于晋。郤犨曰：“苟去仲孙蔑而止季孙行父，吾与子国，亲于公室。”对曰：“侨如之情，子必闻之矣。若去蔑与行父，是大弃鲁国而罪寡君也。若犹不弃，而惠徼周公之福，使寡君得事晋君；则夫二人者鲁国社稷之臣也，若朝亡之，鲁必夕亡。以鲁之密迩仇雠，亡而为雠，治之何及？”郤犨曰：“吾为子请邑。”对曰：“婴齐，鲁之常隶也，敢介大国以求厚焉？承寡君之命以请；若得所请，吾子之赐多矣！又何求？”

范文子谓栾武子曰：“季孙于鲁，相二君矣。妾不衣帛，马不食粟，可不谓忠乎？信谗慝而弃忠良，若诸侯何？子叔婴齐奉君命无私，谋国家不贰，图其身不忘其君。若虚其请，是弃善人也。子其图之！”乃许鲁平，赦季孙。

冬十月，出叔孙侨如而盟之。侨如奔齐。

十二月，季孙及郤犨盟于扈。归，刺公子偃。召叔孙豹于齐而立之。

齐声孟子通侨如，使立于高、国之间。侨如曰：“不可以再罪。”奔卫，亦间于卿。

晋侯使郤至献楚捷于周。与单襄公语，骤称其伐。单子语诸大夫曰：“温季其亡乎！位于七人之下，而求掩其上；怨之所聚，乱之本也。多怨而阶乱，何以在位？《夏书》曰：‘怨岂在明？不见是图。’将慎其细也。今而明之，其可乎？”

十七年经

十有七年：春，卫北宫括帅师侵郑。

夏，公会尹子、单子、晋侯、齐侯、宋公、卫侯、曹伯、邾人伐郑。

六月乙酉，同盟于柯陵。

秋，公至自会。

齐高无咎出奔莒。

九月辛丑，用郊。

晋侯使荀罃来乞师。

冬，公会单子、晋侯、宋公、卫侯、曹伯、齐人、邾人伐郑。

十有一月，公至自伐郑。

壬申，公孙婴齐卒于狸脤。

十有二月丁巳朔，日有食之。

邾子貜且卒。

晋杀其大夫郤锜、郤犫、郤至。

楚人灭舒庸。

十七年传

十七年春，王正月，郑子驷侵晋虚、滑。卫北宫括救晋，侵郑，至于高氏。

夏五月，郑大子髡顽、侯獳为质于楚，楚公子成、公子寅戍郑。公会尹武公、单襄公及诸侯伐郑，自戏童至于曲洧。

晋范文子反自鄢陵，使其祝宗祈死，曰："君骄侈而克敌，是天益其疾也，难将作矣。爱我者惟祝我，使我速死，无及于难，范氏之福也。"六月戊辰，士燮卒。

乙酉，同盟于柯陵，寻戚之盟也。

楚子重救郑，师于首止。诸侯还。

齐庆克通于声孟子，与妇人蒙衣乘辇而入于闳。鲍牵见之，以告国武子。武子召庆克而谓之。庆克久不出，而告夫人曰："国子谪我。"夫人怒。

国子相灵公以会，高、鲍处守。及还，将至，闭门而索客。孟子诉之曰："高、鲍将不纳君而立公子角，国子知之。"秋七月壬寅，刖鲍牵而逐高无咎。无咎奔莒。高弱以卢叛。齐人来召鲍国而立之。

初，鲍国去鲍氏而来为施孝叔臣。施氏卜宰，匡句须吉。施氏之宰有百室之邑。与匡句须邑，使为宰，以让鲍国而致邑焉。

施孝叔曰："子实吉。"对曰："能与忠良，吉孰大焉！"鲍国相施氏忠，故齐人取以为鲍氏后。

仲尼曰："鲍庄子之知不如葵，葵犹能卫其足。"

冬，诸侯伐郑。十月庚午，围郑。楚公子申救郑，师于汝上。十一月，诸侯还。

初，声伯梦涉洹，或与己琼瑰，食之；泣而为琼瑰盈其怀，从而歌之曰："济洹之水，赠我以琼瑰。归乎归乎，琼瑰盈吾怀乎！"惧，不敢占也，还自郑。壬申，至于狸脤而占之，曰："余恐死，故不敢占也。今众繁而从余三年矣，无伤也。"言之，之莫而卒。

齐侯使崔杼为大夫，使庆克佐之，帅师围卢。国佐从诸侯围郑，以难请而归；遂如卢师杀庆克，以穀叛。齐侯与之盟于徐关而复之。十二月，卢降。使国胜告难于晋，待命于清。

晋厉公侈，多外嬖。反自鄢陵，欲尽去群大夫，而立其左右。胥童以胥克之废也，怨郤氏，而嬖于厉公。郤锜夺夷阳五田，五亦嬖于厉公。郤犨与长鱼矫争田，执而梏之，与其父母妻子同一辕。既、矫亦嬖于厉公。

栾书怨郤至，以其不从己而败楚师也，欲废之，使楚公子茷告公曰："此战也，郤至实召寡君，以东师之未至也，与军帅之不具也，曰：'此必败，吾因奉孙周以事君。'"公告栾书，书曰："其有焉！不然，岂其死之不恤而受敌使乎？君盍尝使诸周而察之？"郤至聘于周。栾书使孙周见之。公使觇之，信；遂怨郤至。

厉公田，与妇人先杀而饮酒，后使大夫杀。郤至奉豕，寺人孟张夺之，郤至射而杀之。公曰："季子欺余！"

厉公将作难，胥童曰："必先三郤，族大多怨。去大族，不逼。敌多怨，有庸。"公曰："然！"郤氏闻之。郤锜欲攻公，曰："虽死，君必危。"郤至曰："人所以立，信、知、勇也。信，不叛君；知，不害民；勇，不作乱。失兹三者，其谁与我？死而多怨，将安用之？君实有臣而杀之，其谓君何？我之有罪，吾死后矣。若杀不辜，将失其民；欲安，得乎？待命而已。受君之禄，是以聚党。有党而争命，罪孰大焉?”

壬午，胥童、夷羊五帅甲八百，将攻郤氏。长鱼矫请无用众，公使清沸魋助之。抽戈结衽，而（伪）〔为〕讼者。三郤将谋于榭，矫以戈杀驹伯、苦成叔于其位。温季曰：“逃威也。”遂趋。矫及诸其车，以戈杀之。皆尸诸朝。

胥童以甲劫栾书、中行偃于朝。矫曰：“不杀二子，忧必及君!”公曰：“一朝而尸三卿，余不忍益也!”对曰：“人将忍君。臣闻乱在外为奸，在内为轨。御奸以德，御轨以刑。不施而杀，不可谓德；臣逼而不讨，不可谓刑。德刑不立，奸轨并至，臣请行!”遂出，奔狄。公使辞于二子，曰：“寡人有讨于郤氏，郤氏既伏其辜矣。大夫无辱，其复职位!”皆再拜稽首，曰：“君讨有罪，而免臣于死，君之惠也。二臣虽死，敢忘君德?”乃皆归。公使胥童为卿。

公游于匠丽氏，栾书、中行偃遂执公焉。召士匄，士匄辞。召韩厥，韩厥辞，曰：“昔吾畜于赵氏。孟姬之谗，吾能违兵。古人有言曰：‘杀老牛，莫之敢尸。’而况君乎？二三子不能事君，焉用厥也?”

舒庸人以楚师之败也，道吴人围巢，伐驾，围厘、虺，遂恃吴而不设备。楚公子橐师袭舒庸，灭之。

闰月乙卯晦，栾书、中行偃杀胥童。民不与郤氏，胥童道君为乱，故皆书曰：“晋杀其大夫。”

十八年经

十有八年：春，王正月，晋杀其大夫胥童。

庚申，晋弑其君州（蒲）〔满〕。

齐杀其大夫国佐。

公如晋。

夏，楚子、郑伯伐宋。宋鱼石复入于彭城。

公至自晋。

晋侯使士匄来聘。

秋，杞伯来朝。

八月，邾子来朝。

筑鹿囿。

己丑，公薨于路寝。

冬，楚人、郑人侵宋。

晋侯使士鲂来乞师。

十有二月，仲孙蔑会晋侯、宋公、卫侯、邾子、齐崔杼，同盟于虚朾。

丁未，葬我君成公。

十八年传

十八年春，王正月庚申，晋栾书、中行偃使程滑弑厉公，葬之于翼东门之外，以车一乘。使荀罃、士鲂逆周子于京师而立之，生十四年矣。

大夫逆于清原。周子曰："孤始愿不及此。虽及此，岂非天乎！抑人之求君，使出命也。立而不从，将安用君？二三子用我今日，否亦今日。共而从君，神之所福也！"对曰："群臣之愿也。敢不唯命是听！"庚午，盟而入，馆于伯子同氏。辛巳，朝于武宫。逐不臣者七人。周子有兄而无慧，不能辨菽麦，故不可立。

齐为庆氏之难故，甲申晦，齐侯使士华免以戈杀国佐于内宫之朝。师逃于夫人之宫。书曰"齐杀其大夫国佐"，弃命、专杀，以縠叛故也。使清人杀国胜。国弱来奔。王湫奔莱。庆封为大夫，庆佐为司寇。既，齐侯反国弱，使嗣国氏，礼也。

二月乙酉朔，晋（侯）[①] 悼公即位于朝。始命百官，施舍，已责，逮鳏寡，振废滞，匡乏困，救灾患，禁淫慝，薄赋敛，宥

① "侯"字衍，此杨伯峻先生说。

罪戾，节器用，时用民，欲无犯时。使魏相、士鲂、魏颉、赵武为卿。荀家、荀会、栾黡、韩无忌为公族大夫，使训卿之子弟共俭孝弟。使士渥浊为大傅，使修范武子之法。右行辛为司空，使修士蒍之法。弁纠御戎，校正属焉，使训诸御知义。荀宾为右，司士属焉，使训勇力之士时使。卿无共御，立军尉以摄之。祁奚为中军尉，羊舌职佐之；魏绛为司马，张老为候奄。铎遏寇为上军尉，籍偃为之司马，使训卒乘亲以听命。程郑为乘马御，六驺属焉，使训群驺知礼。凡六官之长，皆民誉也。举不失职，官不易方，爵不逾德，师不陵正，旅不逼师：民无谤言，所以复霸也。

公如晋，朝嗣君也。

夏六月，郑伯侵宋。及曹门外，遂会楚子伐宋，取朝郏。楚子辛、郑皇辰侵城郜，取幽丘。同伐彭城，纳宋鱼石、向为人、鳞朱、向带、鱼府焉，以三百乘戍之，而还。书曰“复入”。凡去其国，国逆而立之，曰“入”；复其位，曰“复归”；诸侯纳之，曰“归”；以恶曰“复入”。

宋人患之，西钽吾曰：“何也！若楚人与吾同恶，以德于我，吾固事之也，不敢贰矣。大国无厌，鄙我犹憾；不然而收吾憎，使赞其政，以间吾衅，亦吾患也。今将崇诸侯之奸而披其地，以塞夷庚，逞奸而携服，毒诸侯而惧吴、晋，吾庸多矣，非吾忧也。且事晋何为？晋必恤之。”

“公至自晋。”晋范宣子来聘，且拜朝也。君子谓“晋于是乎有礼”。

秋，杞桓公来朝，劳公，且问晋故。公以晋君语之。杞伯于是骤朝于晋而请为昏。

七月，宋老佐、华喜围彭城，老佐卒焉。

八月，邾宣公来朝。即位而来见也。

“筑鹿囿。”书，不时也。

“己丑，公薨于路寝。”言道也。

冬十一月，楚子重救彭城，伐宋。宋华元如晋告急。韩献子为政，曰：“欲求得人，必先勤之。成霸安强，自宋始矣。”晋侯师于台谷以救宋，遇楚师于靡角之谷。楚师还。

晋士鲂来乞师。季文子问师数于臧武仲，对曰："伐郑之役，知伯实来，下军之佐也。今彘季亦佐下军，如伐郑可也。事大国，无失班爵而加敬焉，礼也。"从之。

十二月，孟献子会于虚朾，谋救宋也。宋人辞诸侯而请师以围彭城。

孟献子请于诸侯，而先归会葬。"丁未，葬我君成公"，书，顺也。

襄　公

元年经

元年：春，王正月，公即位。

仲孙蔑会晋栾黡、宋华元、卫宁殖、曹人、莒人、邾人、滕人、薛人，围宋彭城。

夏，晋韩厥帅师伐郑。

仲孙蔑会齐崔杼、曹人、邾人、杞人，次于鄫。

秋，楚公子壬夫帅师侵宋。

九月辛酉，天王崩。

邾子来朝。

冬，卫侯使公孙剽来聘。

晋侯使荀罃来聘。

元年传

元年春己亥，“围宋彭城”。非宋地，追书也。于是为宋讨鱼石，故称宋，且不登叛人也，谓之宋志。

彭城降晋，晋人以宋五大夫在彭城者归，置诸瓠丘。

齐人不会彭城，晋人以为讨。二月，齐大子光为质于晋。

夏五月，晋韩厥、荀偃帅诸侯之师伐郑，入其郛，败其徒兵于洧上。于是东诸侯之师次于鄫，以待晋师。晋师自郑以鄫之师侵楚焦、夷及陈。晋侯、卫侯次于戚，以为之援。

秋，楚子辛救郑，侵宋吕、留。郑子然侵宋，取犬丘。

九月，邾子来朝，礼也。

冬，卫子叔、晋知武子来聘，礼也。凡诸侯即位，小国朝之，大国聘焉，以继好、结信、谋事、补阙，礼之大者也。

二年经

二年：春，王正月，葬简王。

郑师伐宋。

夏，五月庚寅，夫人姜氏薨。

六月庚辰，郑伯睔卒。

晋师、宋师、卫宁殖侵郑。

秋，七月，仲孙蔑会晋荀罃、宋华元、卫孙林父、曹人、邾人于戚。

己丑，葬我小君齐姜。

叔孙豹如宋。

冬，仲孙蔑会晋荀罃、齐崔杼、宋华元、卫孙林父、曹人、邾人、滕人、薛人、小邾人于戚，遂城虎牢。

楚杀其大夫公子申。

二年传

二年春，郑师侵宋，楚令也。

齐侯伐莱。莱人使正舆子赂夙沙卫以索马、牛，皆百匹，齐师乃还。君子是以知齐灵公之为“灵”也。

夏，齐姜薨。初，穆姜使择美槚，以自为榇与颂琴，季文子取以葬。

君子曰：“非礼也。礼无所逆。妇，养姑者也。亏姑以成妇，逆莫大焉。《诗》曰：‘其惟哲人，告之话言，顺德之行。’季孙于是为不哲矣。且姜氏，君之妣也。《诗》曰：‘为酒为醴，烝畀祖妣，以洽百礼，降福孔偕。'"

齐侯使诸姜、宗妇来送葬，召莱子。莱子不会，故晏弱城东阳以逼之。

郑成公疾，子驷请息肩于晋。公曰："楚君以郑故，亲集矢于其目，非异人任，寡人也。若背之，是弃力与言，其谁昵我？免寡人，唯二三子！"

秋七月庚辰，郑伯睔卒。于是子罕当国，子驷为政，子国为司马。晋师侵郑，诸大夫欲从晋。子驷曰："官命未改。"

会于戚，谋郑故也。孟献子曰："请城虎牢以逼郑。"知武子曰："善！鄫之会，吾子闻崔子之言，今不来矣。滕、薛、小邾之不至，皆齐故也。寡君之忧不唯郑。罃将复于寡君，而请于齐。得请而告，吾子之功也。若不得请，事将在齐。吾子之请，诸侯之福也，岂唯寡君赖之！"

穆叔聘于宋，通嗣君也。

冬，复会于戚。齐崔武子及滕、薛、小邾之大夫皆会，知武子之言故也。"遂城虎牢"，郑人乃成。

楚公子申为右司马，多受小国之赂，以逼子重、子辛。楚人杀之，故书曰"楚杀其大夫公子申"。

三年经

三年：春，楚公子婴齐帅师伐吴。

公如晋。

夏，四月壬戌，公及晋侯盟于长樗。

公至自晋。

六月，公会单子、晋侯、宋公、卫侯、郑伯、莒子、邾子、齐世子光。己未，同盟于鸡泽。

陈侯使袁侨如会。

戊寅，叔孙豹及诸侯之大夫及陈袁侨盟。

秋，公至自会。

冬，晋荀䓨帅师伐许。

三年传

三年春，楚子重伐吴，为简之师。克鸠兹，至于衡山，使邓廖帅组甲三百、被练三千以侵吴。吴人要而击之，获邓廖；其能免者，组甲八十、被练三百而已。

子重归，既饮至，三日；吴人伐楚，取驾。驾，良邑也；邓廖，亦楚之良也。君子谓子重于是役也，所获不如所亡。楚人以是咎子重。子重病之，遂遇心疾而卒。

公如晋，始朝也。

夏，盟于长樗。孟献子相，公稽首。知武子曰："天子在而君辱稽首，寡君惧矣！"孟献子曰："以敝邑介在东表，密迩仇雠，寡君将君是望，敢不稽首？"

晋为郑服故，且欲修吴好，将合诸侯。使士匄告于齐曰："寡君使匄以岁之不易，不虞之不戒，寡君愿与一二兄弟相见，以谋不协。请君临之，使匄乞盟。"齐侯欲勿许，而难为不协，乃盟于耏外。

祁奚请老，晋侯问嗣焉。称解狐，其仇也，将立之而卒。又问焉，对曰："午也可。"于是羊舌职死矣，晋侯曰："孰可以代之？"对曰："赤也可。"于是使祁午为中军尉，羊舌赤佐之。

君子谓祁奚于是能举善矣：称其仇，不为谄；立其子，不为比；举其偏，不为党。《商书》曰："无偏无党，王道荡荡。"其祁奚之谓矣。解狐得举，祁午得位，伯华得官，建一官而三物成，能举善也夫！唯善，故能举其类。《诗》云："惟其有之，是以似之。"祁奚有焉！

六月，公会单顷公及诸侯。己未，同盟于鸡泽。

晋侯使荀会逆吴子于淮上，吴子不至。

楚子辛为令尹，欲侵于小国，陈成公使袁侨如会求成。晋侯使和组父告于诸侯。秋，"叔孙豹及诸侯之大夫及陈袁侨盟"，陈请服也。

晋侯之弟扬干乱行于曲梁，魏绛戮其仆。晋侯怒，谓羊舌赤曰："合诸侯以为荣也。扬干为戮，何辱如之？必杀魏绛，无失也！"对曰："绛无贰志，事君不辟难，有罪不逃刑。其将来辞，何辱命焉？"言终，魏绛至，授仆人书，将伏剑。士鲂、张老止之。公读其书，曰：

> 日君乏使，使臣斯司马。臣闻："师众，以顺为武。军事，有死无犯为敬。"君合诸侯，臣敢不敬？君师不武，执事不敬，罪莫大焉。臣惧其死，以及扬干，无所逃罪。不能致训，至于用钺；臣之罪重，敢有不从以怒君心？请归死于司寇。

公跣而出，曰："寡人之言，亲爱也。吾子之讨，军礼也。寡人有弟，弗能教训，使干大命，寡人之过也。子无重寡人之过，敢以为请！"

晋侯以魏绛为能以刑佐民矣，反役与之礼食，使佐新军。张老为中军司马，士富为候奄。

楚司马公子何忌侵陈，陈叛故也。

许灵公事楚，不会于鸡泽。冬，晋知武子帅师伐许。

四年经

四年：春，王三月己酉，陈侯午卒。

夏，叔孙豹如晋。

秋，七月戊子，夫人姒氏薨。

葬陈成公。

八月辛亥，葬我小君定姒。

冬，公如晋。

陈人围顿。

四年传

四年春，楚师为陈叛故，犹在繁阳。韩献子患之，言于朝曰："文王帅殷之叛国以事纣，唯知时也。今我易之，难哉！"

三月，陈成公卒。楚人将伐陈，闻丧乃止。陈人不听命。臧武仲闻之，曰："陈不服于楚，必亡。大国行礼焉而不服，在大犹有咎，而况小乎？"

夏，楚彭名侵陈，陈无礼故也。

穆叔如晋，报知武子之聘也。晋侯享之。金奏《肆夏》之三，不拜。工歌《文王》之三，又不拜。歌《鹿鸣》之三，三拜。

韩献子使行人子员问之，曰："子以君命辱于敝邑。先君之礼，藉之以乐，以辱吾子。吾子舍其大，而重拜其细，敢问何礼也？"对曰："三《夏》，天子所以享元侯也，使臣弗敢与闻。《文王》，两君相见之乐也，〔使〕[①] 臣不敢及。《鹿鸣》，君所以嘉寡君也，敢不拜嘉？《四牡》，君所以劳使臣也，敢不重拜？《皇皇者华》，君教使臣曰：'必谘于周。'臣闻之：'访问于善为咨，咨亲为询，咨礼为度，咨事为诹，咨难为谋。'臣获五善，敢不重拜？"

秋，定姒薨。不殡于庙，无榇，不虞。匠庆谓季文子曰："子为正卿，而小君之丧不成，不终君也。君长，谁受其咎？"

初，季孙为己树六槚于蒲圃东门之外。匠庆请木，季孙曰："略。"匠庆用蒲圃之槚，季孙不御。

君子曰："《志》所谓'多行无礼，必自及也'，其是之谓乎！"

冬，公如晋听政。晋侯享公。公请属鄫，晋侯不许。孟献子

① 此处脱"使"字，王氏《经义述闻》详之。今据补。

曰："以寡君之密迩于仇雠，而愿固事君，无失官命。鄫无赋于司马。为执事朝夕之命敝邑，敝邑褊小，阙而为罪，寡君是以愿借助焉。"晋侯许之。

楚人使顿间陈而侵伐之，故陈人围顿。

无终子嘉父使孟乐如晋，因魏庄子纳虎豹之皮，以请和诸戎。晋侯曰："戎狄无亲而贪，不如伐之。"魏绛曰："诸侯新服，陈新来和，将观于我：我德则睦，否则携贰。劳师于戎，而楚伐陈，必弗能救，是弃陈也；诸华必叛。戎，禽兽也。获戎失华，无乃不可乎？《夏训》有之曰：'有穷后羿'。"公曰："后羿何如？"

对曰："昔有夏之方衰也，后羿自鉏迁于穷石，因夏民以代夏政。恃其射也，不修民事，而淫于原兽，弃武罗、伯（困）〔因〕①、熊髡、龙圉而用寒浞。寒浞，伯明氏之谗子弟也，伯明后寒弃之；夷羿收之，信而使之，以为己相。浞行媚于内而施赂于外，愚弄其民而虞羿于田，树之诈慝以取其国家，外内咸服。羿犹不悛，将归自田，家众杀而亨之。以食其子；其子不忍食诸，死于穷门。靡奔有鬲氏。浞因羿室，生浇及豷。恃其谗慝诈伪而不德于民，使浇用师，灭斟灌及斟寻氏。处浇于过，处豷于戈。靡自有鬲氏收二国之烬，以灭浞而立少康。少康灭浇于过，后杼灭豷于戈，有穷由是遂亡，失人故也。昔周辛甲之为大史也，命百官，官箴王阙。于《虞人之箴》曰：'芒芒禹迹，画为九州，经启九道。民有寝庙，兽有茂草；各有攸处，德用不扰。在帝夷羿，冒于原兽，忘其国恤，而思其麀牡。武不可重，用不恢于夏家。兽臣司原，敢告仆夫！'《虞箴》如是，可不惩乎？"于是晋侯好田，故魏绛及之。

公曰："然则莫如和戎乎？"对曰："和戎有五利焉。戎狄荐居，贵货易土，土可贾焉，一也。边鄙不耸，民狎其野，穑人成功，二也。戎狄事晋，四邻振动，诸侯威怀，三也。以德绥戎，

---

① 据阮元《校勘记》改。

师徒不勤，甲兵不顿，四也。鉴于后羿，而用德度，远至迩安，五也。君其图之！”

公说，使魏绛盟诸戎；修民事，田以时。

冬十月，邾人、莒人伐鄫，臧纥救鄫、侵邾，败于狐骀。国人逆丧者皆髽，鲁于是乎始髽。国人诵之曰：“臧之狐裘，败我于狐骀。我君小子，朱儒是使。朱儒朱儒，使我败于邾。”

五年经

五年：春，公至自晋。

夏，郑伯使公子发来聘。

叔孙豹、鄫世子巫如晋。

仲孙蔑、卫孙林父会吴于善道。

秋，大雩。

楚杀其大夫公子壬夫。

公会晋侯、宋公、陈侯、卫侯、郑伯、曹伯、莒子、邾子、滕子、薛伯、齐世子光、吴人、鄫人于戚。

公至自会。

冬，戍陈。

楚公子贞帅师伐陈。

公会晋侯、宋公、卫侯、郑伯、曹伯、莒子、邾子、滕子、薛伯、齐世子光救陈。

十有二月，公至自救陈。

辛未，季孙行父卒。

五年传

五年春，公至自晋。

王使王叔陈生愬戎于晋，晋人执之。士鲂如京师，言王叔之贰于戎也。

夏，郑子国来聘，通嗣君也。

穆叔觌鄫大子于晋，以成属鄫。书曰："叔孙豹、鄫大子巫如晋"，言比诸鲁大夫也。

吴子使寿越如晋，辞不会于鸡泽之故，且请听诸侯之好。晋人将为之合诸侯，使鲁、卫先会吴，且告会期。故孟献子、孙文子会吴于善道。

"秋，大雩"，旱也。

楚人讨陈叛故，曰："由令尹子辛实侵欲焉。"乃杀之。书曰"楚杀其大夫公子壬夫"，贪也。

君子谓楚共王于是不刑。《诗》曰："'周道挺挺，我心扃扃。讲事不令，集人来定。'已则无信，而杀人以逞，不亦难乎？《夏书》曰：'成允成功。'"

九月丙午，盟于戚，会吴，且命戍陈也。

穆叔以属鄫为不利，使鄫大夫听命于会。

楚子囊为令尹。范宣子曰："我丧陈矣！楚人讨贰而立子囊，必改行而疾讨陈。陈近于楚，民朝夕急，能无往乎？有陈非吾事也，无之而后可。"

冬，诸侯戍陈。子囊伐陈。十一月甲午，会于城棣以救之。

季文子卒。大夫入敛，公在位。宰庀家器为葬备，无衣帛之妾，无食粟之马，无藏金玉，无重器备。君子是以知季文子之忠于公室也：相三君矣，而无私积，可不谓忠乎？

六年经

六年：春，王三月壬午，杞伯姑容卒。

夏，宋华弱来奔。

秋，葬杞桓公。

滕子来朝。

莒人灭鄫。

冬，叔孙豹如邾。

季孙宿如晋。

十有二月，齐侯灭莱。

六年传

六年春，杞桓公卒。始赴以名，同盟故也。

宋华弱与乐辔少相狎，长相优，又相谤也。子荡怒，以弓梏华弱于朝。平公见之，曰："司武而梏于朝，难以胜矣。"遂逐之。夏，宋华弱来奔。

司城子罕曰："同罪异罚，非刑也。专戮于朝，罪孰大焉？"亦逐子荡。子荡射子罕之门，曰："几日而不我从？"子罕善之如初。

秋，滕成公来朝，始朝公也。

"莒人灭鄫"，鄫恃赂也。

冬，穆叔如邾，聘，且修平。

晋人以鄫故来讨，曰："何故亡鄫？"季武子如晋见，且听命。

十一月，"齐侯灭莱"，莱恃谋也。

于郑子国之来聘也，四月，晏弱城东阳，而遂围莱。甲寅，堙之环城，傅于堞。及杞桓公卒之月，乙未，王湫帅师及正舆子、棠人军齐师，齐师大败之。丁未，入莱。莱共公浮柔奔棠。正舆子、王湫奔莒，莒人杀之。四月，陈无宇献莱宗器于襄宫。晏弱围棠，十一月丙辰而灭之。迁莱于郳，高厚、崔杼定其田。

七年经

七年：春，郯子来朝。

夏，四月，三卜郊；不从，乃免牲。

小邾子来朝。

城费。

秋，季孙宿如卫。

八月，螽。

冬，十月，卫侯使孙林父来聘。壬戌，及孙林父盟。

楚公子贞帅师围陈。

十有二月，公会晋侯、宋公、陈侯、卫侯、曹伯、莒子、邾子于鄬。郑伯髡顽如会，未见诸侯；丙戌，卒于鄵。

陈侯逃归。

七年传

"七年春，郯子来朝"，始朝公也。

"夏四月，三卜郊；不从，乃免牲。"孟献子曰："吾乃今而后知有卜、筮。夫郊祀后稷，以祈农事也，是故启蛰而郊，郊而后耕。今既耕而卜郊，宜其不从也。"

南遗为费宰。叔仲昭伯为隧正，欲善季氏，而求媚于南遗；谓遗："请城费，吾多与而役。"故季氏城费。

小邾穆公来朝，亦始朝公也。

秋，季武子如卫，报子叔之聘，且辞缓报："非贰也。"

冬十月，晋韩献子告老。公族穆子有废疾，将立之，辞曰："《诗》曰：'岂不夙夜？谓行多露。'又曰：'弗躬弗亲，庶民无信。'无忌不才，让其可乎？请立起也：与田苏游，而曰'好仁'。《诗》曰：'靖共尔位，好是正直。神之听之，介尔景福！'恤民为德，正直为正，正曲为直，参和为仁。如是，则神听之，介福降之。立之，不亦可乎！"

庚戌，使宣子朝，遂老。晋侯谓韩无忌仁，使掌公族大夫。

卫孙文子来聘，且拜武子之言，而寻孙桓子之盟。公登亦登。叔孙穆子相，趋进，曰："诸侯之会，寡君未尝后卫君。今吾子不后寡君，寡君未知所过。吾子其少安！"孙子无辞，亦无悛容。

穆叔曰："孙子必亡！为臣而君，过而不悛，亡之本也。《诗》曰：'退食自公，委蛇委蛇。'谓从者也。衡而委蛇，必折。"

楚子囊围陈，会于鄬以救之。

郑僖公之为大子也，于成之十六年与子罕适晋，不礼焉。又与子丰适楚，亦不礼焉。及其元年朝于晋，子丰欲愬诸晋而废之，子罕止之。及将会于鄬，子驷相，又不礼焉。侍者谏，不听；又谏，杀之。及鄵，子驷使贼夜弑僖公，而以疟疾赴于诸侯。简公生五年，奉而立之。

陈人患楚。庆虎、庆寅谓楚人曰："吾使公子黄往，而执之。"楚人从之。二庆使告陈侯于会，曰："楚人执公子黄矣！君若不来，群臣不忍社稷宗庙，惧有二图。"陈侯逃归。

八年经

八年：春，王正月，公如晋。

夏，葬郑僖公。

郑人侵蔡，获蔡公子燮。

季孙宿会晋侯、郑伯、齐人、宋人、卫人、邾人于邢丘。

公至自晋。

莒人伐我东鄙。

秋，九月，大雩。

冬，楚公子贞帅师伐郑。

晋侯使士匄来聘。

八年传

八年春，公如晋，朝，且听朝聘之数。

郑群公子以僖公之死也，谋子驷。子驷先之。夏四月庚辰，辟杀子狐、子熙、子侯、子丁。孙击、孙恶出奔卫。

庚寅，郑子国、子耳侵蔡，获蔡司马公子燮。郑人皆喜。唯子产不顺，曰："小国无文德而有武功，祸莫大焉。楚人来讨，能勿从乎？从之，晋师必至。晋、楚伐郑，自今郑国不四五年弗得宁矣！”子国怒之，曰：“尔何知！国有大命，而有正卿；童子言焉，将为戮矣！”

五月甲辰，会于邢丘；以命朝聘之数，使诸侯之大夫听命。季孙宿、齐高厚、宋向戌、卫宁殖、邾大夫会之。郑伯献捷于会，故亲听命。大夫不书，尊晋侯也。

莒人伐我东鄙，以疆鄫田。

“秋九月，大雩”，旱也。

冬，楚子囊伐郑，讨其侵蔡也。子驷、子国、子耳欲从楚，子孔、子蟜、子展欲待晋。

子驷曰：“《周诗》有之曰：‘俟河之清，人寿几何？兆云询多，职竞作罗。’谋之多族，民之多违，事滋无成。民急矣！姑从楚以纾吾民。晋师至，吾又从之。敬共币帛以待来者，小国之道也。牺牲玉帛，待于二竟，以待强者而庇民焉。寇不为害，民不罢病，不亦可乎？”

子展曰：“小所以事大，信也。小国无信，兵乱日至，亡无日矣。五会之信，今将背之；虽楚救我，将安用之？亲我无成，鄙我是欲，不可从也。不如待晋。晋君方明，四军无阙，八卿和睦，必不弃郑。楚师辽远，粮食将尽，必将速归，何患焉！舍之闻之：‘杖莫如信。’完守以老楚，杖信以待晋，不亦可乎？”

子驷曰：“《诗》云：‘谋夫孔多，是用不集。发言盈庭，谁敢执其咎？如匪行迈谋，是用不得于道。’请从楚，骓也受其咎！”乃及楚平。

使王子伯骈告于晋，曰：“君命敝邑：‘修而车赋，儆而师徒，以讨乱略。’蔡人不从，敝邑之人不敢宁处，悉索敝赋以讨于蔡，获司马燮，献于邢丘。今楚来讨，曰：‘女何故称兵于蔡？’焚我郊保，冯陵我城郭。敝邑之众，夫妇男女，不皇启处，以相救也。剪焉倾覆，无所控告。民死亡者，非其父兄，即其子弟。夫人愁痛，不知所庇。民知穷困，而受盟于楚。孤也与其二三臣不能禁止，不敢不告！”

知武子使行人子员对之，曰：“君有楚命，亦不使一介行李告于寡君，而即安于楚。君之所欲也，谁敢违君？寡君将帅诸侯以见于城下，唯君图之！”

晋范宣子来聘，且拜公之辱，告将用师于郑。公享之。宣子赋《摽有梅》，季武子曰：“谁敢哉？今譬于草木，寡君在君，君之臭味也。欢以承命，何时之有？”武子赋《角弓》。宾将出，武子赋《彤弓》。宣子曰：“城濮之役，我先君文公献功于衡雍，受彤弓于襄王，以为子孙藏。匄也，先君守官之嗣也，敢不承命？”君子以为知礼。

九年经

九年：春，宋灾。

夏，季孙宿如晋。

五月辛酉，夫人姜氏薨。

秋，八月癸未，葬我小君穆姜。

冬，公会晋侯、宋公、卫侯、曹伯、莒子、邾子、滕子、薛伯、杞伯、小邾子、齐世子光伐郑。十有（二）〔一〕[①] 月己亥，同盟于戏。

楚子伐郑。

九年传

九年春，宋灾。乐喜为司城以为政，使伯氏司里：火所未至，彻小屋，涂大屋。陈畚挶，具绠缶，备水器；量轻重，蓄水潦，积土涂；巡丈城，缮守备，表火道。使华臣具正徒，令隧正纳郊保，奔火所。使华阅讨右官，官庀其司；向戌讨左，亦如之。使乐遄庀刑器，亦如之。使皇郧命校正出马，工正出车，备甲兵，

---

① 据杜注改。

庀武守。使西鉏吾庀府守，令司宫、巷伯儆宫。二师令四乡正敬享，祝宗用马于四墉，祀盘庚于西门之外。

晋侯问于士弱曰："吾闻之：宋灾，于是乎知有天道。何故？"对曰："古之火正，或食于心，或食于咮，以出内火。是故咮为鹑火，心为大火。陶唐氏之火正阏伯居商丘，祀大火而火纪时焉。相土因之，故商主大火。商人阅其祸败之衅，必始于火，是以日知其有天道也。"公曰："可必乎？"对曰："在道。国乱无象，不可知也。"

夏，季武子如晋，报宣子之聘也。

穆姜薨于东宫。始往而筮之，遇"艮〔䷳〕"之八。史曰："是谓'艮'之'随䷐'。'随'，其出也。君必速出！"姜曰："亡！是于《周易》曰：'随，元，亨，利，贞，无咎。'元，体之长也。亨，嘉之会也。利，义之和也。贞，事之干也。体仁足以长人，嘉德足以合礼，利物足以和义，贞固足以干事。然，故不可诬也。是以虽'随'无咎。今我妇人而与于乱，固在下位而有不仁，不可谓元；不靖国家，不可谓亨；作而害身，不可谓利；弃位而姣，不可谓贞。有四德者，'随'而无咎。我皆无之，岂'随'也哉？我则取恶，能无咎乎？必死于此，弗得出矣！"

秦景公使士雅乞师于楚，将以伐晋，楚子许之。子囊曰："不可。当今吾不能与晋争。晋君类能而使之，举不失选，官不易方。其卿让于善，其大夫不失守，其士竞于教，其庶人力于农穑，商工皂隶不知迁业。韩厥老矣，知䓨禀焉以为政。范匄少于中行偃而上之，使佐中军。韩起少于栾黡，而栾黡、士鲂上之，使佐上军。魏绛多功，以赵武为贤而为之佐。君明臣忠，上让下竞。当是时也，晋不可敌，事之而后可。君其图之！"王曰："吾既许之矣。虽不及晋，必将出师。"

秋，楚子师于武城以为秦援。

秦人侵晋。晋饥，弗能报也。

冬十月，诸侯伐郑。庚午，季武子、齐崔杼、宋皇郧从荀䓨、士匄门于鄟门，卫北宫括、曹人、邾人从荀偃、韩起门于师之梁，滕人、薛人从栾黡、士鲂门于北门，杞人、郳人从赵武、魏绛斩行栗。甲戌，师于汜，令于诸侯曰："修器备，盛糇粮，归老幼，居疾于虎牢，肆眚，围郑！"

郑人恐，乃行成。中行献子曰："遂围之，以待楚人之救也而与之战。不然，无成。"知武子曰："许之盟而还师，以敝楚人。吾三分四军，与诸侯之锐以逆来者，于我未病，楚不能矣。犹愈于战。暴骨以逞，不可以争。大劳未艾。君子劳心，小人劳力，先王之制也。"诸侯皆不欲战，乃许郑成。

十一月己亥，同盟于戏，郑服也。将盟，郑六卿公子骈、公子发、公子嘉、公孙辄、公孙虿、公孙舍之及其大夫、门子，皆从郑伯。晋士庄子为载书，曰："自今日既盟之后，郑国而不唯晋命是听，而或有异志者，有如此盟！"公子骈趋进，曰："天祸郑国，使介居二大国之间。大国不加德音而乱以要之，使其鬼神不获歆其禋祀，其民人不获享其土利，夫妇辛苦垫隘，无所（底）〔厎〕告。自今日既盟之后，郑国而不唯有礼与强可以庇民者是从，而敢有异志者，亦如之！"荀偃曰："改载书！"公孙舍之曰："昭大神要言焉。若可改也，大国亦可叛也。"知武子谓献子曰："我实不德而要人以盟，岂礼也哉？非礼，何以主盟？姑盟而退，修德息师而来，终必获郑，何必今日？我之不德，民将弃我，岂唯郑？若能休和，远人将至，何恃于郑？"乃盟而还。

晋人不得志于郑，以诸侯复伐之。十二月癸亥，门其三门。闰月戊寅，济于阴阪，侵郑，次于阴口而还。子孔曰："晋师可击也，师老而劳，且有归志。必大克之！"子展曰："不可。"

公送晋侯。晋侯以公宴于河上，问公年。季武子对曰："会于沙随之岁，寡君以生。"晋侯曰："十二年矣。是谓一终，一星终也。国君十五而生子：冠而生子，礼也。君可以冠矣。大夫盍为冠具？"武子对曰："君冠，必以祼享之礼行之，以金石之乐节之，以先君之祧处之。今寡君在行，未可具也。请及兄弟之国而假备焉。"晋侯曰："诺。"公还及卫，冠于成公之庙，假钟磬焉，礼也。

楚子伐郑。子驷将及楚平，子孔、子蟜曰：“与大国盟，口血未干而背之，可乎？”子驷、子展曰：“吾盟固云‘唯强是从’。今楚师至，晋不我救，则楚强矣。盟誓之言，岂敢背之？且要盟无质，神弗临也。所临唯信。信者言之瑞也，善之主也，是故临之。明神不蠲要盟，背之可也。”乃及楚平。公子罢戎入盟，同盟于中分。

楚庄夫人卒，王未能定郑而归。

晋侯归，谋所以息民。魏绛请施舍，输积聚以贷。自公以下，苟有积者，尽出之。国无滞积，亦无困人；公无禁利，亦无贪民。祈以币更，宾以特牲，器用不作，车服从给。行之期年，国乃有节，三驾而楚不能与争。

十年经

十年：春，公会晋侯、宋公、卫侯、曹伯、莒子、邾子、滕子、薛伯、杞伯、小邾子、齐世子光，会吴于柤。

夏，五月甲午，遂灭偪阳。

公至自会。

楚公子贞、郑公孙辄帅师伐宋。

晋师伐秦。

秋，莒人伐我东鄙。

公会晋侯、宋公、卫侯、曹伯、莒子、邾子、齐世子光、滕子、薛伯、杞伯、小邾子，伐郑。

冬，盗杀郑公子騑、公子发、公孙辄。

戍郑虎牢。

楚公子贞帅师救郑。

公至自伐郑。

十年传

“十年春，会于柤”，会吴子寿梦也。

三月癸丑，齐高厚相大子光，以先会诸侯于钟离，不敬。士庄子曰：“高子相大子以会诸侯，将社稷是卫；而皆不敬，弃社稷也，其将不免乎？”

夏四月戊午，会于柤。

晋荀偃、士匄请伐偪阳，而封宋向戌焉。荀罃曰：“城小而固，胜之不武，弗胜为笑。”固请。丙寅，围之，弗克。孟氏之臣秦堇父辇重如役，偪阳人启门；诸侯之士门焉。县门发，郰人纥抉之以出门者。狄虒弥建大车之轮，而蒙之以甲以为橹，左执之，右拔戟，以成一队。孟献子曰：“《诗》所谓‘有力如虎’者也。”主人县布，堇父登之，及堞而绝之，队；则又县之。苏而复上者三。主人辞焉，乃退。带其断以徇于军三日。

诸侯之师久于偪阳，荀偃、士匄请于荀罃曰：“水潦将降，惧不能归，请班师。”知伯怒，投之以机，出于其间，曰：“女成二事而后告余！余恐乱命，以不女违。女既勤君而兴诸侯，牵帅老夫以至于此，既无武守，而又欲易余罪，曰：‘是实班师。不然，克矣。’余羸老也，可重任乎？七日不克，必尔乎取之！”

五月庚寅，荀偃、士匄帅卒攻偪阳，亲受矢石。甲午，灭之。书曰“遂灭偪阳”，言自会也。

以与向戌，向戌辞曰：“君若犹辱镇抚宋国，而以偪阳光启寡君，群臣安矣，其何贶如之！若专赐臣，是臣兴诸侯以自封也，其何罪大焉？敢以死请！”乃予宋公。

宋公享晋侯于楚丘，请以《桑林》，荀罃辞。荀偃、士匄曰：“诸侯宋、鲁，于是观礼。鲁有禘乐，宾、祭用之。宋以《桑林》享君，不亦可乎？”舞，师题以旌夏，晋侯惧而退入于房。去旌，卒享而还。及著雍，疾。卜，桑林见。荀偃、士匄欲奔请祷焉，荀罃不可，曰：“我辞礼矣，彼则以之。犹有鬼神，于彼加之。”

晋侯有间。以偪阳子归，献于武宫，谓之夷俘。偪阳，妘姓也。使周内史选其族嗣，纳诸霍人，礼也。

师归，孟献子以秦堇父为右。生秦丕兹，事仲尼。

六月，楚子囊、郑子耳伐宋，师于訾毋。庚午围宋，门于桐门。

晋荀罃伐秦，报其侵也。

卫侯救宋，师于襄牛。郑子展曰："必伐卫！不然，是不与楚也。得罪于晋，又得罪于楚，国将若之何？"子驷曰："国病矣！"子展曰："得罪于二大国，必亡。病，不犹愈于亡乎？"诸大夫皆以为然。故郑皇耳帅师侵卫，楚令也。

孙文子卜追之，献兆于定姜。姜氏问繇。曰："兆如山陵，有夫出征，而丧其雄。"姜氏曰："征者丧雄，御寇之利也。大夫图之！"卫人追之，孙蒯获郑皇耳于犬丘。

秋七月，楚子囊、郑子耳（伐）〔侵〕[①] 我西鄙。还，围萧。八月丙寅，克之。九月，子耳侵宋北鄙。

孟献子曰："郑其有灾乎！师竞已甚。周犹不堪竞，况郑乎？有灾，其执政之三士乎？"

莒人间诸侯之有事也，故伐我东鄙。

诸侯伐郑。齐崔杼使大子光先至于师，故长于滕。己酉，师于牛首。

初，子驷与尉止有争。将御诸侯之师，而黜其车。尉止获，又与之争。子驷抑尉止曰："尔车非礼也。"遂弗使献。初，子驷为田洫，司氏、堵氏、侯氏、子师氏皆丧田焉。故五族聚群不逞之人，因公子之徒以作乱。

于是子驷当国，子国为司马，子耳为司空，子孔为司徒。冬十月戊辰，尉止、司臣、侯晋、堵女父、子师仆帅贼以入，晨攻执政于西宫之朝，杀子驷、子国、子耳，劫郑伯以如北宫。子孔

① 依阮元《校勘记》改。

知之，故不死。书曰“盗”，言无大夫焉。

子西闻盗，不儆而出，尸而追盗。盗入于北宫。乃归授甲，臣妾多逃，器用多丧。子产闻盗，为门者，庀群司，闭府库，慎闭藏，完守备，成列而后出，兵车十七乘；尸而攻盗于北宫，子蟜帅国人助之；杀尉止、子师仆，盗众尽死。侯晋奔晋，堵女父、司臣、尉翩、司齐奔宋。

子孔当国，为载书，以位序、听政辟。大夫、诸司、门子弗顺。将诛之；子产止之，请为之焚书。子孔不可，曰：“为书以定国。众怒而焚之，是众为政也，国不亦难乎？”子产曰：“众怒难犯，专欲难成。合二难以安国，危之道也。不如焚书以安众，子得所欲，众亦得安，不亦可乎？专欲无成，犯众兴祸。子必从之！”乃焚书于仓门之外，众而后定。

诸侯之师城虎牢而戍之。晋师城梧及制，士魴、魏绛戍之。书曰“戍郑虎牢”，非郑地也，言将归焉。郑及晋平。

楚子囊救郑。十一月，诸侯之师还郑而南，至于阳陵。楚师不退。知武子欲退，曰：“今我逃楚，楚必骄。骄则可与战矣。”栾黡曰：“逃楚，晋之耻也。合诸侯以益耻，不如死！我将独进！”师遂进。

己亥，与楚师夹颍而军。子（矫）〔蟜〕曰：“诸侯既有成行，必不战矣。从之将退，不从亦退。退，楚必围我。犹将退也，不如从楚，亦以退之。”（霄）〔宵〕涉颍，与楚人盟。栾黡欲伐郑师，荀罃不可，曰：“我实不能御楚，又不能（庀）〔庇〕郑，郑何罪？不如致怨焉而还。今伐其师，楚必救之。战而不克，为诸侯笑。克不可命，不如还也！”

丁未，诸侯之师还，侵郑北鄙而归。楚人亦还。

王叔陈生与伯舆争政。王右伯舆。王叔陈生怒而出奔，及河；王复之，杀史狡以说焉。不入，遂处之。晋侯使士匄平王室，王叔与伯舆讼焉。王叔之宰与伯舆之大夫瑕禽坐狱于王庭，士匄听之。王叔之宰曰：“筚门闺窦之人而皆陵其上，其难为上矣！”瑕禽曰：“昔平王东迁，吾七姓从王，牲用备具；王赖之，而赐之骍旄之盟，曰：‘世世无失职！’若筚门闺窦，其能来东（底）〔厎〕乎？且王何赖焉？今自王叔之相也，政以贿成，而刑放于宠，官之师旅不胜其富，吾能无筚门闺窦乎？唯大国图之！下而无直，则何谓正矣？”范宣子曰：“天子所右，寡君亦右之；所左，亦左之。”使王叔氏与伯舆合要，王叔氏不能举其契。王叔奔晋。不书，不告也。单靖公为卿士，以相王室。

十一年经

十有一年：春，王正月，作三军。

夏，四月，四卜郊；不从，乃不郊。

郑公孙舍之帅师侵宋。

公会晋侯、宋公、卫侯、曹伯、齐世子光、莒子、邾子、滕子、薛伯、杞伯、小邾子，伐郑。

秋，七月己未，同盟于亳城北。

公至自伐郑。

楚子、郑伯伐宋。

公会晋侯、宋公、卫侯、曹伯、齐世子光、莒子、邾子、滕子、薛伯、杞伯、小邾子，伐郑。会于萧鱼。

公至自会。

楚人执郑行人良霄。

冬，秦人伐晋。

十一年传

十一年春，季武子将作三军，告叔孙穆子曰：“请为三军，各征其军。”穆子曰：“政将及子，子必不能。”武子固请之。穆子曰：“然则盟诸？”乃盟诸僖闳，诅诸五父之衢。

正月，作三军，三分公室而各有其一。三子各毁其乘。季氏使其乘之人，以其役邑入者无征，不入者倍征。孟氏使半为臣，若子若弟。叔孙氏使尽为臣，不然不舍。

郑人患晋、楚之故，诸大夫曰："不从晋，国几亡。楚弱于晋，晋不吾疾也。晋疾，楚将辟之。何为而使晋师致死于我？楚弗敢敌，而后可固与也。"子展曰："与宋为恶，诸侯必至，吾从之盟。楚师至，吾又从之，则晋怒甚矣。晋能骤来。楚将不能，吾乃固与晋。"大夫说之。

使疆埸之司恶于宋。宋向戌侵郑，大获。子展曰："师而伐宋可矣。若我伐宋，诸侯之伐我必疾；吾乃听命焉，且告于楚。楚师至，吾（乃）〔又〕与之盟，而重赂晋师，乃免矣。"

夏，郑子展侵宋。四月，诸侯伐郑。己亥，齐大子光、宋向戌先至于郑，门于东门。其莫，晋荀罃至于西郊，东侵旧许。卫孙林父侵其北鄙。六月，诸侯会于北林，师于向。右还，次于琐。围郑，观兵于南门，西济于济隧。郑人惧，乃行成。

秋七月，同盟于亳。范宣子曰："不慎，必失诸侯。诸侯道敝而无成，能无贰乎？"乃盟。载书曰："凡我同盟，毋蕴年，毋壅利，毋保奸，毋留慝，救灾患，恤祸乱，同好恶，奖王室。或间兹命，司慎司盟、名山名川、群神群祀、先王先公、七姓十二国之祖，明神殛之！俾失其民，队命亡氏，踣其国家。"

楚子囊乞旅于秦。秦右大夫詹帅师从楚子，将以伐郑。郑伯逆之。丙子，伐宋。

九月，诸侯悉师以复伐郑。郑人使良霄、大宰石㚟如楚，告将服于晋，曰："孤以社稷之故，不能怀君。君若能以玉帛绥晋；不然则武震以摄威之，孤之愿也。"楚人执之。书曰"行人"，言使人也。

诸侯之师观兵于郑东门，郑人使王子伯骈行成。甲戌，晋赵武入盟郑伯。冬十月丁亥，郑子展出盟晋侯。十二月戊寅，会于萧鱼。庚辰，赦郑囚，皆礼而归之；纳斥侯，禁侵掠。晋侯使叔肸告于诸侯，公使臧孙纥对曰："凡我同盟，小国有罪，大国致讨；苟有以藉手，鲜不赦宥：寡君闻命矣。"

郑人赂晋侯以师悝、师触、师蠲；广车、軘车淳十五乘，甲兵备，凡兵车百乘；歌钟二肆，及其镈磬；女乐二八。

晋侯以乐之半赐魏绛，曰：“子教寡人和诸戎狄以正诸华，八年之中九合诸侯，如乐之和，无所不谐。请与子乐之。”辞曰：“夫和戎狄，国之福也。八年之中九合诸侯，诸侯无慝，君之灵也，二三子之劳也。臣何力之有焉？抑臣愿君安其乐而思其终也。《诗》曰：‘乐只君子，殿天子之邦。乐只君子，福禄攸同。便蕃左右，亦是帅从。’夫乐以安德，义以处之，礼以行之，信以守之，仁以厉之，而后可以殿邦国、同福禄、来远人，所谓乐也。《书》曰：‘居安思危。’思则有备，有备无患。敢以此规！”公曰：“子之教，敢不承命？抑微子，寡人无以待戎，不能济河。夫赏，国之典也；藏在盟府，不可废也。子其受之！”魏绛于是乎始有金石之乐，礼也。

秦庶长鲍、庶长武帅师伐晋以救郑。鲍先入晋地。士鲂御之，少秦师而弗设备。壬午，武济自辅氏，与鲍交伐晋师。己丑，秦、晋战于栎，晋师败绩，易秦故也。

十二年经

十有二年：春，王二月，莒人伐我东鄙，围台。

季孙宿帅师救台，遂入郓。

夏，晋侯使士鲂来聘。

秋，九月，吴子乘卒。

冬，楚公子贞帅师侵宋。

公如晋。

十二年传

十二年春，莒人伐我东鄙，围台。季武子救台，遂入郓，取其钟以为公盘。

夏，晋士鲂来聘，且拜师。

秋，吴子寿梦卒。临于周庙，礼也。凡诸侯之丧，异姓临于外，同姓于宗庙，同宗于祖庙，同族于祢庙。是故鲁为诸姬临于周庙，为邢、凡、蒋、茅、胙、祭临于周公之庙。

冬，楚子囊、秦庶长无地伐宋，师于扬梁，以报晋之取郑也。

灵王求后于齐。齐侯问对于晏桓子，桓子对曰："先王之礼辞有之。天子求后于诸侯，诸侯对曰：'夫妇所生若而人，妾妇之子若而人。'无女而有姊妹及姑姊妹，则曰：'先守某公之遗女若而人。'"齐侯许昏。王使阴里结之。

公如晋，朝，且拜士鲂之辱，礼也。

秦嬴归于楚。楚司马子庚聘于秦，为夫人宁，礼也。

十三年经

十有三年：春，公至自晋。

夏，取邿。

秋，九月庚辰，楚子审卒。

冬，城防。

十三年传

十三年春，公至自晋。孟献子书劳于庙，礼也。

夏，邿乱，分为三。师救邿，遂取之。凡书"取"，言易也；用大师焉曰"灭"，弗地曰"入"。

荀罃、士鲂卒。晋侯蒐于绵上以治兵，使士匄将中军，辞曰："伯游长。昔臣习于知伯，是以佐之，非能贤也。请从伯游。"荀偃将中军，士匄佐之。使韩起将上军，辞以赵武。又使栾黡，辞曰："臣不如韩起。韩起愿上赵武，君其听之。"使赵武将上军，韩起佐之。栾黡将下军，魏绛佐之。新军无帅，晋侯难其人，使其什吏率其卒乘官属以从于下军，礼也。晋国之民是以大和，诸侯遂睦。

君子曰："让，礼之主也。范宣子让，其下皆让。栾黡为汏，弗敢违也。晋国以平，数世赖之，刑善也夫！一人刑善，百姓休和，可不务乎？《书》曰：'一人有庆，兆民赖之，其宁惟永'，其是之谓乎！周之兴也，其诗曰：'仪刑文王，万邦作孚'，言刑善也。及其衰也，其诗曰：'大夫不均，我从事独贤。'言不让也。世之治也，君子尚能而让其下，小人农力以事其上，是以上下有礼而谗慝黜远，由不争也，谓之懿德。及其乱也，君子称其功以加小人，小人伐其技以冯君子，是以上下无礼，乱虐并生，由争善也，谓之昏德。国家之敝，恒必由之。"

楚子疾，告大夫曰："不穀不德，少主社稷。生十年而丧先君，未及习师保之教训而应受多福，是以不德，而亡师于鄢以辱社稷，为大夫忧，其弘多矣。若以大夫之灵，获保首领以殁于地，唯是春秋窀穸之事、所以从先君于祢庙者，请为'灵'若'厉'。大夫择焉！"莫对。及五命乃许。

秋，楚共王卒。子囊谋谥。大夫曰："君有命矣。"子囊曰："君命以共，若之何毁之？赫赫楚国而君临之，抚有蛮夷、奄征南海以属诸夏，而知其过，可不谓共乎？请谥之'共'！"大夫从之。

吴侵楚。养由基奔命，子庚以师继之。养叔曰："吴乘我丧，谓我不能师也，必易我而不戒。子为三覆以待我，我请诱之。"子庚从之。战于庸浦，大败吴师，获公子党。

君子以吴为不吊。《诗》曰："不吊昊天，乱靡有定。"

"冬，城防。"书事，时也。于是将早城，臧武仲请俟毕农事，礼也。

郑良霄、大宰石臭犹在楚。石臭言于子囊曰："先王卜征五年而岁习其祥，祥习则行，不习则增修德而改卜。今楚实不竞，行人何罪？止郑一卿以除其逼，使睦而疾楚，以固于晋，焉用之？使归而废其使，怨其君以疾其大夫，而相牵引也，不犹愈乎？"楚人归之。

十四年经

十有四年：春，王正月，季孙宿、叔老会晋士匄、齐人、宋人、卫人、郑公孙虿、曹人、莒人、邾人、滕人、薛人、杞人、小邾人，会吴于向。

二月乙未朔，日有食之。

夏，四月，叔孙豹会晋荀偃、齐人、宋人、卫北宫括、郑公孙虿、曹人、莒人、邾人、滕人、薛人、杞人、小邾人，伐秦。

己未，卫侯出奔齐。

莒人侵我东鄙。

秋，楚公子贞帅师伐吴。

冬，季孙宿会晋士匄、宋华阅、卫孙林父、郑公孙虿、莒人、邾人于戚。

十四年传

十四年春，吴告败于晋。会于向，为吴谋楚故也。范宣子数吴之不德也，以退吴人。执莒公子务娄，以其通楚使也。

将执戎子驹支，范宣子亲数诸朝，曰："来，姜戎氏！昔秦人迫逐乃祖吾离于瓜州，乃祖吾离被苫盖、蒙荆棘以来归我先君。我先君惠公有不腆之田，与女剖分而食之。今诸侯之事我寡君不如昔者，盖言语漏泄，则职女之由。诘朝之事，尔无与焉。与，将执女！"对曰："昔秦人负恃其众，贪于土地，逐我诸戎。惠公蠲其大德，谓我诸戎：'是四岳之裔胄也，毋是剪弃。'赐我南鄙之田，狐狸所居，豺狼所嗥。我诸戎除剪其荆棘，驱其狐狸豺狼，以为先君不侵不叛之臣，至于今不贰。昔文公与秦伐郑，秦人窃与郑盟而舍戍焉，于是乎有殽之师：晋御其上，戎亢其下，秦师不复，我诸戎实然。譬如捕鹿，晋人角之，诸戎掎之，与晋踣之。戎何以不免？自是以来，晋之百役与我诸戎相继于时，以从执政，犹殽志也，岂敢离逷？今官之师旅无乃实有所阙，以携诸侯，而罪我诸戎！我诸戎饮食衣服不与华同，贽币不通，言语不达，何恶之能为？不与于会，亦无瞢焉！”赋《青蝇》而退。宣子辞焉，使即事于会，成恺悌也。

于是子叔齐子为季武子介以会，自是晋人轻鲁币而益敬其使。

吴子诸樊既除丧，将立季札。季札辞曰：“曹宣公之卒也，诸侯与曹人不义曹君，将立子臧。子臧去之，遂弗为也，以成曹君，君子曰‘能守节’。君，义嗣也，谁敢奸君？有国非吾节也。札虽不才，愿附于子臧，以无失节。”固立之，弃其室而耕，乃舍之。

夏，诸侯之大夫从晋侯伐秦，以报栎之役也。晋侯待于竟，使六卿帅诸侯之师以进。及泾，不济。叔向见叔孙穆子，穆子赋《匏有苦叶》，叔向退而具舟。鲁人、莒人先济。郑子蟜见卫北宫懿子曰：“与人而不固，取恶莫甚焉，若社稷何？”懿子说。二子见诸侯之师而劝之济。济泾而次。秦人毒泾上流，师人多死。郑司马子蟜帅郑师以进，师皆从之。至于棫林，不获成焉，荀偃令曰：“鸡鸣而驾，塞井夷灶，唯余马首是瞻！”栾黡曰：“晋国之命，未是有也。余马首欲东。”乃归，下军从之。左史谓魏庄子曰：“不待中行伯乎？”庄子曰：“夫子命从帅，栾伯吾帅也，吾将从之。从帅，所以待夫子也。”伯游曰：“吾（今）〔令〕实过，悔之何及，多遗秦禽。”乃命大还。晋人谓之“迁延之役”。

栾鍼曰：“此役也，报栎之败也。役又无功，晋之耻也。吾有二位于戎路，敢不耻乎？”与士鞅驰秦师，死焉。士鞅反。栾黡谓士匄曰：“余弟不欲往，而子召之。余弟死，而子来，是而子杀余之弟也。弗逐，余亦将杀之。”士鞅奔秦。

于是齐崔杼、宋华阅、仲江会伐秦。不书，惰也。向之会亦如之。卫北宫括不书于向，书于伐秦，摄也。

秦伯问于士鞅曰：“晋大夫其谁先亡？”对曰：“其栾氏乎！”秦伯曰：“以其（汰）〔汏〕乎？”对曰：“然。栾黡（汰）〔汏〕虐已甚，犹可以免。其在盈乎？”秦伯曰：“何故？”对曰：“武子之德在民，如周人之思召公焉，爱其甘棠，况其子乎？栾黡死，盈之善未能及人；武子所施没矣，而黡之怨实章：将于是乎在。”秦伯以为知言，为之请于晋而复之。

卫献公戒孙文子、宁惠子食。皆服而朝。日旰不召，而射鸿于囿。二子从之。不释皮冠而与之言，二子怒。

孙文子如戚，孙蒯入使。公饮之酒，使大师歌《巧言》之卒章，大师辞；师曹请为之。初，公有嬖妾，使师曹诲之琴，师曹鞭之；公怒，鞭师曹三百。故师曹欲歌之以怒孙子，以报公。公使歌之，遂诵之。

蒯惧，告文子。文子曰：“君忌我矣。弗先，必死！”并帑于戚而入。见蘧伯玉，曰：“君之暴虐，子所知也。大惧社稷之倾覆，将若之何？”对曰：“君制其国，臣敢奸之？虽奸之，庸知愈乎？”遂行，从近关出。

公使子蟜、子伯、子皮与孙子盟于丘宫，孙子皆杀之。四月己未，子展奔齐，公如鄄。使子行〔请〕于孙子，孙子又杀之。公出奔齐，孙氏追之，败公徒于河泽，鄄人执之。

初，尹公佗学射于庾公差，庾公差学射于公孙丁。二子追公，公孙丁御公。子鱼曰：“射为背师，不射为戮，射为礼乎？”射两軥而还。尹公佗曰：“子为师，我则远矣。”乃反之。公孙丁授公辔而射之，贯臂。

子鲜从公。及竟，公使祝宗告亡，且告无罪。定姜曰：“无神，何告？若有，不可诬也。有罪，若何告无？舍大臣而与小臣谋，一罪也；先君有冢卿以为师保，而蔑之，二罪也。余以巾栉事先君，而暴妾使余，三罪也。告亡而已，无告无罪！”

公使厚成叔吊于卫，曰：“寡君使瘠，闻君不抚社稷而越在他竟，若之何不吊？以同盟之故，使瘠敢私于执事曰：‘有君不吊，有臣不敏；君不赦宥，臣亦不帅职：增淫发泄，其若之何？’”卫人使大叔仪对曰：“群臣不佞，得罪于寡君。寡君不以即刑而悼弃之，以为君忧。君不忘先君之好，辱吊群臣，又重恤之。敢拜君命之辱，重拜大贶！”厚孙归复命，语臧武仲曰：“卫君其必归乎！有大叔仪以守，有母弟鱄以出，或抚其内，或营其外，能无归乎？”

齐人以郲寄卫侯。及其复也，以郲粮归。

右宰穀从而逃归，卫人将杀之。辞曰：“余不说初矣。余狐裘而羔袖。”乃赦之。

卫人立公孙剽，孙林父、宁殖相之，以听命于诸侯。

卫侯在郲，臧纥如齐唁卫侯。〔卫侯〕与之言，虐。退而告其人曰：“卫侯其不得入矣。其言，粪土也。亡而不变，何以复国？”子展、子鲜闻之，见臧纥；与之言，道。臧孙说，谓其人曰：“卫君必入！夫二子者，或挽之，或推之；欲无入，得乎？”

师归自伐秦，晋侯舍新军，礼也。成国不过半天子之军。周为六军，诸侯之大者三军可也。

于是知朔生盈而死，盈生六年而武子卒。彘裘亦幼。皆未可立也。新军无帅，故舍之。

师旷侍于晋侯。晋侯曰：“卫人出其君，不亦甚乎？”对曰：“或者其君实甚。良君将赏善而刑淫，养民如子，盖之如天，容之如地；民奉其君，爱之如父母，仰之如日月，敬之如神明，畏之如雷霆：其可出乎？夫君，神之主（也）〔而〕民之望也。若困民之（主）〔生〕[①]，匮神乏祀，百姓绝望，社稷无主，将安用之？弗去何为？天生民而立之君，使司牧之，勿使失性；有君而为之贰，使师保之，勿使过度。是故天子有公，诸侯有卿，卿置侧室，大夫有贰宗，士有朋友，庶人、工、商、皂、隶、牧、圉皆有亲昵，以相辅佐也。善则赏之，过则匡之，患则救之，失则革之。自王以下，各有父兄子弟以补察其政。史为书，瞽为诗，工诵箴谏，大夫规诲，士传言，庶人谤，商旅于市，百工献艺。故《夏书》曰：‘遒人以木铎徇于路，官师相规，工执艺事以谏。’正月孟春，于是乎有之，谏失常也。天之爱民甚矣！岂其使一人肆于

① 依沈彤《春秋左传小疏》、杨伯峻先生《春秋左传注》改正。

民上，以从其淫而弃天地之性？必不然矣！”

秋，楚子为庸浦之役故，子囊师于棠以伐吴。吴不出而还，子囊殿，以吴为不能而弗儆。吴人自皋舟之隘要而击之，楚人不能相救。吴人败之，获楚公子宜穀。

王使刘定公赐齐侯命，曰：“昔伯舅大公右我先王，股肱周室，师保万民。世胙大师，以表东海。王室之不坏，繄伯舅是赖。今余命女环，兹率舅氏之典，纂乃祖考，无忝乃旧。敬之哉，无废朕命！”

晋侯问卫故于中行献子。对曰：“不如因而定之。卫有君矣，伐之，未可以得志，而勤诸侯。史佚有言曰：‘因重而抚之。’仲虺有言曰：‘亡者侮之，乱者取之。推亡，固存，国之道也。’君其定卫以待时乎！”冬，会于戚，谋定卫也。

范宣子假羽、毛于齐而弗归，齐人始贰。

楚子囊还自伐吴，卒。将死，遗言谓子庚：“必城郢！”君子谓子囊忠：君薨不忘增其名，将死不忘卫社稷，可不谓忠乎？忠，民之望也。《诗》曰“行归于周，万民所望”，忠也。

十五年经

十有五年：春，宋公使向戌来聘。二月己亥，及向戌盟于刘。

刘夏逆王后于齐。

夏，齐侯伐我北鄙，围成。公救成，至遇。

季孙宿、叔孙豹帅师城成郛。

秋，八月丁巳，日有食之。

邾人伐我南鄙。

冬，十一月癸亥，晋侯周卒。

十五年传

十五年春，宋向戌来聘，且寻盟。见孟献子，尤其室，曰：

"子有令闻；而美其室，非所望也。"对曰："我在晋，吾兄为之。毁之重劳，且不敢间。"

官师从单靖公逆王后于齐。卿不行，非礼也。

楚公子午为令尹，公子罢戎为右尹，蒍子冯为大司马，公子櫜师为右司马，公子成为左司马，屈到为莫敖，公子追舒为箴尹，屈荡为连尹，养由基为宫厩尹，以靖国人。君子谓楚于是乎能官人。官人，国之急也。能官人，则民无觎心。《诗》云："嗟我怀人，置彼周行。"能官人也。王及公、侯、伯、子、男、甸、采、卫、大夫，各居其列，所谓周行也。

郑尉氏、司氏之乱，其余盗在宋。郑人以子西、伯有、子产之故，纳赂于宋，以马四十乘与师筏、师慧。三月，公孙黑为质焉。司城子罕以堵女父、尉翩、司齐与之；良司臣而逸之，托诸季武子，武子置诸卞。郑人醢之三人也。

师慧过宋朝，将私焉。其相曰："朝也。"慧曰："无人焉。"相曰："朝也，何故无人？"慧曰："必无人焉！若犹有人，岂其以千乘之相易淫乐之矇？必无人焉故也。"子罕闻之，固请而归之。

夏，齐侯围成，贰于晋故也。于是乎城成郛。

秋，邾人伐我南鄙，使告于晋。晋将为会以讨邾、莒，晋侯有疾，乃止。冬，晋悼公卒，遂不克会。

郑公孙夏如晋奔丧，子蟜送葬。

宋人或得玉，献诸子罕。子罕弗受。献玉者曰："以示玉人，玉人以为宝也，故敢献之。"子罕曰："我以不贪为宝，尔以玉为宝。若以与我，皆丧宝也；不若人有其宝。"稽首而告曰："小人怀璧，不可以越乡，纳此以请死也。"子罕置诸其里，使玉人为之攻之，富而后使复其所。

十二月，郑人夺堵狗之妻而归诸范氏。

十六年经

十有六年：春，王正月，葬晋悼公。

三月，公会晋侯、宋公、卫侯、郑伯、曹伯、莒子、邾子、薛伯、杞伯、小邾子于（溴）〔湨〕梁。戊寅，大夫盟。

晋人执莒子、邾子以归。

齐侯伐我北鄙。

夏，公至自会。

五月甲子，地震。

叔老会郑伯、晋荀偃、卫宁殖、宋人伐许。

秋，齐侯伐我北鄙，围郕。

大雩。

冬，叔孙豹如晋。

十六年传

十六年春，葬晋悼公。平公即位，羊舌肸为傅，张君臣为中军司马，祁奚、韩襄、栾盈、士鞅为公族大夫，虞丘书为乘马御。改服，修官。烝于曲沃。警守而下，会于（溴）〔湨〕梁，命归侵田。以我故，执邾宣公、莒犁比公，且曰“通齐楚之使”。

晋侯与诸侯宴于温，使诸大夫舞，曰：“歌诗必类！”齐高厚之诗不类，荀偃怒，且曰：“诸侯有异志矣！”使诸大夫盟高厚，高厚逃归。于是叔孙豹、晋荀偃、宋向戌、卫宁殖、郑公孙虿、小邾之大夫盟曰：“同讨不庭！”

许男请迁于晋。诸侯遂迁许，许大夫不可。晋人归诸侯。

郑子蟜闻将伐许，遂相郑伯以从诸侯之师。穆叔从公。齐子帅师会晋荀偃。书曰“会郑伯”，为夷故也。

夏六月，次于棫林。庚寅，伐许，次于函氏。

晋荀偃、栾黡帅师伐楚，以报宋扬梁之役。楚公子格帅师及晋师战于湛阪，楚师败绩。晋师遂侵方城之外，复伐许而还。

秋，齐侯围郕，孟孺子速徼之。齐侯曰："是好勇，去之以为之名。"速遂塞海陉而还。

冬，穆叔如晋，聘，且言齐故。晋人曰："以寡君之未禘祀，与民之未息；不然，不敢忘。"穆叔曰："以齐人之朝夕释憾于敝邑之地，是以大请。敝邑之急，朝不及夕，引领西望曰：'庶几乎！'比执事之间，恐无及也！"见中行献子，赋《圻父》。献子曰："偃知罪矣。敢不从执事以同恤社稷，而使鲁及此！"见范宣子，赋《鸿雁》之卒章。宣子曰："匄在此，敢使鲁无鸠乎？"

十七年经

十有七年：春，王二月庚午，邾子轻卒。

宋人伐陈。

夏，卫石买帅师伐曹。

秋，齐侯伐我北鄙，围桃。高厚帅师伐我北鄙，围防。

九月，大雩。

宋华臣出奔陈。

冬，邾人伐我南鄙。

十七年传

十七年春，宋庄朝伐陈，获司徒卬，卑宋也。

卫孙蒯田于曹隧，饮马于重丘，毁其瓶。重丘人闭门而诟之，曰："亲逐而君，尔父为厉。是之不忧，而何以田为？"夏，卫石买、孙蒯伐曹，取重丘。曹人愬于晋。

齐人以其未得志于我故，秋，齐侯伐我北鄙，围桃；高厚围臧纥于防。师自阳关逆臧孙，至于旅松。郰叔纥、臧畴、臧贾帅甲三百，宵犯齐师，送之而复。齐师去之。

齐人获臧坚。齐侯使夙沙卫唁之，且曰："无死！"坚稽首，曰："拜命之辱。抑君赐不终，姑又使其刑臣礼于士！"以杙抉其伤而死。

"冬，邾人伐我南鄙"，为齐故也。

宋华阅卒。华臣弱皋比之室，使贼杀其宰华吴，贼六人以铍杀诸卢门合左师之后。左师惧，曰："老夫无罪！"贼曰："皋比私有讨于吴。"遂幽其妻，曰："畀余而大璧！"宋公闻之，曰："臣也，不唯其宗室是暴，大乱宋国之政，必逐之！"左师曰："臣也，亦卿也。大臣不顺，国之耻也。不如盖之。"乃舍之。

左师为己短策，苟过华臣之门，必骋。

十一月甲午，国人逐瘈狗。瘈狗入于华臣氏，国人从之。华臣惧，遂奔陈。

宋皇国父为大宰，为平公筑台，妨于农（功）〔收〕①。子罕请俟农功之毕，公弗许。筑者讴曰："泽门之晳，实兴我役。邑中之黔，实慰我心。"子罕闻之，亲执扑以行筑者，而抶其不勉者，曰："吾侪小人，皆有阖庐以辟燥湿寒暑；今君为一台而不速成，何以为役？"讴者乃止。或问其故，子罕曰："宋国区区而有诅有祝，祸之本也！"

齐晏桓子卒。晏婴粗缞斩，苴绖、带、杖，菅屦，食鬻，居倚庐，寝苫，枕草。其老曰："非大夫之礼也。"曰："唯卿为大夫。"

十八年经

十有八年：春，白狄来。

夏，晋人执卫行人石买。

秋，齐师伐我北鄙。

冬，十月，公会晋侯、宋公、卫侯、郑伯、曹伯、莒子、邾

① 据陆德明《春秋左氏传音义》、阮元《校勘记》改。

子、滕子、薛伯、杞伯、小邾子，同围齐。

曹伯负刍卒于师。

楚公子午帅师伐郑。

十八年传

十八年春，白狄始来。

夏，晋人执卫行人石买于长子，执孙蒯于纯留，为曹故也。

秋，齐侯伐我北鄙。中行献子将伐齐，梦与厉公讼，弗胜；公以戈击之，首队于前，跪而戴之，奉之以走，见梗阳之巫皋。他日，见诸道，与之言，同。巫曰：“今兹主必死；若有事于东方，则可以逞。”献子许诺。

晋侯伐齐。将济河，献子以朱丝系玉二瑴而祷曰：“齐环怙恃其险，负其众庶，弃好背盟，陵虐神主。曾臣彪将率诸侯以讨焉，其官臣偃实先后之。苟捷有功，无作神羞，官臣偃无敢复济。唯尔有神裁之！”沈玉而济。

冬十月，会于鲁济，寻（溴）〔湨〕梁之言，同伐齐。齐侯御诸平阴，堑防门而守之，广里。夙沙卫曰：“不能战，莫如守险。”弗听。诸侯之士门焉，齐人多死。

范宣子告析文子，曰：“吾知子，敢匿情乎？鲁人、莒人皆请以车千乘自其乡入，既许之矣。若入，君必失国。子盍图之？”子家以告公，公恐。晏婴闻之，曰：“君固无勇，而又闻是，弗能久矣！”

齐侯登巫山以望晋师。晋人使司马斥山泽之险，虽所不至，必旆而疏陈之。使乘车者左实右伪，以旆先，舆曳柴而从之。齐侯见之，畏其众也，乃脱归。

丙寅晦，齐师夜遁。师旷告晋侯曰：“鸟乌之声乐，齐师其遁。”邢伯告中行伯曰：“有班马之声，齐师其遁。”叔向告晋侯曰：“城上有乌，齐师其遁！”十一月丁卯朔，入平阴，遂从齐师。

夙沙卫连大车以塞隧而殿。殖绰、郭最曰：“子殿国师，齐之辱也。子姑先乎！”乃代之殿。卫杀马于隘以塞道。晋州绰及之，射殖绰，中肩，两矢夹脰，曰：“止，将为三军获。不止，将取其衷！”顾曰：“为私誓。”州绰曰：“有如日！”乃弛弓而自后缚之。其右具丙亦舍兵而缚郭最。皆衿甲面缚，坐于中军之鼓下。

晋人欲逐归者，鲁、卫请攻险。己卯，荀偃、士匄以中军克京兹。乙酉，魏绛、栾盈以下军克邿；赵武、韩起以上军围卢，弗克。十二月戊戌，及秦周，伐雍门之萩。范鞅门于雍门，其御追喜以戈杀犬于门中，孟庄子斩其椅以为公琴。己亥，焚雍门及西郭、南郭。刘难、士弱率诸侯之师焚申池之竹木。壬寅，焚东郭、北郭，范鞅门于扬门；州绰门于东闾，左骖迫，还于（东）[①]门中，以枚数阖。

齐侯驾，将走邮棠。大子与郭荣扣马，曰：“师速而疾，略也；将退矣，君何惧焉？且社稷之主不可以轻，轻则失众。君必待之！”将犯之。大子抽剑断鞅，乃止。

甲辰，东侵及潍，南及沂。

郑子孔欲去诸大夫，将叛晋而起楚师以去之，使告子庚。子庚弗许。楚子闻之，使杨豚尹宜告子庚曰：“国人谓不穀主社稷而不出师，死不从礼。不穀即位，于今五年，师徒不出，人其以不穀为自逸而忘先君之业矣。大夫图之，其若之何？”子庚叹曰：“君王其谓午怀安乎？吾以利社稷也。”见使者，稽首而对曰：“诸侯方睦于晋，臣请尝之。若可，君而继之。不可，收师而退，可以无害，君亦无辱。”

子庚帅师治兵于汾。于是子蟜、伯有、子张从郑伯伐齐，子孔、子展、子西守。二子知子孔之谋，完守入保。子孔不敢会楚师。

楚师伐郑，次于鱼陵。右师城上棘，遂涉颍，次于旃然。𫇭子冯、公子格率锐师侵费滑、胥靡、献于、雍梁，右回梅山，侵

---

① 据阮元《校勘记》删。

郑东北，至于虫牢而反。子庚门于纯门，信于城下而还，涉于鱼齿之下。甚雨及之。楚师多冻，役徒几尽。

晋人闻有楚师。师旷曰："不害。吾骤歌北风，又歌南风。南风不竞，多死声，楚必无功！"董叔曰："天道多在西北。南师不时，必无功。"叔向曰："在其君之德也。"

十九年经

十有九年：春，王正月，诸侯盟于祝柯。晋人执邾子。

公至自伐齐。

取邾田，自漷水。

季孙宿如晋。

葬曹成公。

夏，卫孙林父率师伐齐。

秋，七月辛卯，齐侯环卒。

晋士匄帅师侵齐。至穀，闻齐侯卒，乃还。

八月丙辰，仲孙蔑卒。

齐杀其大夫高厚。

郑杀其大夫公子嘉。

冬，葬齐灵公。

城丁郛。

叔孙豹会晋士匄于柯。

城武城。

十九年传

十九年春，诸侯还自沂上，盟于督扬，曰："大毋侵小！"

执邾悼公，以其伐我故。遂次于泗上，疆我田。取邾田，自漷水归之于我。

晋侯先归。公享晋六卿于蒲圃，赐之三命之服。军尉、司马、司空、舆尉、候奄，皆受一命之服。贿荀偃束锦、加璧、乘马，先吴寿梦之鼎。

荀偃瘅疽，生疡于头。济河，及著雍，病，目出。大夫先归者皆反。士匄请见，弗内。请后，曰："郑甥可。"二月甲寅，卒，而视，不可含。宣子盥而抚之，曰："事吴敢不如事主！"犹视。栾怀子曰："其为未卒事于齐故也乎？"乃复抚之，曰："主苟终，所不嗣事于齐者，有如河！"乃瞑，受含。宣子出，曰："吾浅之为丈夫也！"

晋栾鲂帅师从卫孙文子伐齐。

季武子如晋拜师，晋侯享之。范宣子为政，赋《黍苗》。季武子兴，再拜稽首，曰："小国之仰大国也，如百谷之仰膏雨焉。若常膏之，其天下辑睦，岂唯敝邑？"赋《六月》。

季武子以所得于齐之兵，作林钟而铭鲁功焉。臧武仲谓季孙曰："非礼也！夫铭，天子令德，诸侯言时计功，大夫称伐。今称伐则下等也，计功则借人也，言时则妨民多矣，何以为铭？且夫大伐小，取其所得以作彝器，铭其功烈以示子孙，昭明德而惩无礼也。今将借人之力以救其死，若之何铭之？小国幸于大国，而昭所获焉以怒之，亡之道也。"

齐侯娶于鲁，曰颜懿姬，无子。其侄鬷声姬生光，以为大子。诸子仲子、戎子，戎子嬖。仲子生牙，属诸戎子。戎子请以为大子，许之。仲子曰："不可！废常，不祥。间诸侯，难。光之立也，列于诸侯矣。今无故而废之，是专黜诸侯而以难犯，不祥也。君必悔之！"公曰："在我而已。"遂东大子光。使高厚傅牙以为大子，夙沙卫为少傅。

齐侯疾，崔杼微逆光。疾病，而立之。光杀戎子，尸诸朝，非礼也。妇人无刑；虽有刑，不在朝市。夏五月壬辰晦，齐灵公卒。庄公即位，执公子牙于句渎之丘。以夙沙卫易己，卫奔高唐以叛。

晋士匄侵齐，及穀，闻丧而还，礼也。

于四月丁未，郑公孙虿卒，赴于晋大夫。范宣子言于晋侯，以其善于伐秦也。六月，晋侯请于王，王追赐之大路，使以行，礼也。

秋八月，齐崔杼杀高厚于洒蓝而兼其室。书曰“齐杀其大夫”，从君于昏也。

郑子孔之为政也专，国人患之，乃讨西宫之难与纯门之师。子孔当罪，以其甲及子革、子良氏之甲守。甲辰，子展、子西率国人伐之，杀子孔而分其室。书曰“郑杀其大夫”，专也。

子然、子孔，宋子之子也。士子孔，圭妫之子也。圭妫之班亚宋子而相亲也。（士）〔二〕子孔亦相亲也。僖之四年，子然卒。简之元年，士子孔卒。司徒孔实相子革、子良之室，三室如一，故及于难。子革、子良出奔楚。子革为右尹。郑人使子展当国，子西听政，立子产为卿。

齐庆封围高唐，弗克。冬十一月，齐侯围之。见卫在城上，号之，乃下。问守备焉，以无备告。揖之，乃登。闻师将傅，食高唐人。殖绰、工偻会夜缒纳师，醢卫于军。

“城西郛”，惧齐也。

齐及晋平，盟于大隧。故穆叔会范宣子于柯。穆叔见叔向，赋《载驰》之四章。叔向曰：“肸敢不承命！”穆叔〔归〕①，曰：“齐犹未也，不可以不惧。”乃城武城。

卫石共子卒，悼子不哀。孔成子曰：“是谓蹷其本，必不有其宗！”

二十年经

二十年：春，王正月辛亥，仲孙速会莒人，盟于向。

夏，六月庚申，公会晋侯、齐侯、宋公、卫侯、郑伯、曹伯、莒子、邾子、滕子、薛伯、杞伯、小邾子，盟于澶渊。

---

① 据阮元《校勘记》补入。

秋，公至自会。

仲孙速帅师伐邾。

蔡杀其大夫公子燮。蔡公子履出奔楚。

陈侯之弟黄出奔楚。

叔老如齐。

冬，十月丙辰朔，日有食之。

季孙宿如宋。

二十年传

二十年春，及莒平。孟庄子会莒人，盟于向，督扬之盟故也。

夏，盟于澶渊，齐成故也。

邾人骤至，以诸侯之事弗能报也。秋，孟庄子伐邾以报之。

蔡公子燮欲以蔡之晋，蔡人杀之。公子履，其母弟也，故出奔楚。

陈庆虎、庆寅畏公子黄之逼，愬诸楚曰："与蔡司马同谋。"楚人以为讨，公子黄出奔楚。

初，蔡文侯欲事晋，曰："先君与于践土之盟。晋不可弃，且兄弟也。"畏楚，不能行而卒。楚人使蔡无常，公子燮求从先君以利蔡，不能而死。书曰"蔡杀其大夫公子燮"，言不与民同欲也；"陈侯之弟黄出奔楚"，言非其罪也。公子黄将出奔，呼于国曰："庆氏无道，求专陈国，暴蔑其君而去其亲；五年不灭，是无天也！"

齐子初聘于齐，礼也。

冬，季武子如宋，报向戌之聘也。褚师段逆之以受享，赋《常棣》之七章以卒。宋人重贿之。归复命，公享之，赋《鱼丽》之卒章。公赋《南山有台》，武子去所，曰："臣不堪也！"

卫宁惠子疾，召悼子曰："吾得罪于君，悔而无及也。名藏在诸侯之策，曰：'孙林父、宁殖出其君。'君入，则掩之。若能掩之，则吾子也。若不能，犹有鬼神，吾有馁而已，不来食矣！"悼子许诺，惠子遂卒。

二十一年经

二十有一年：春，王正月，公如晋。

邾庶其以漆、闾丘来奔。

夏，公至自晋。

秋，晋栾盈出奔楚。

九月庚戌朔，日有食之。

冬，十月庚辰朔，日有食之。

曹伯来朝。

公会晋侯、齐侯、宋公、卫侯、郑伯、曹伯、莒子、邾子于商任。

二十一年传

二十一年春，公如晋，拜师及取邾田也。

邾庶其以漆、闾丘来奔。季武子以公姑姊妻之，皆有赐于其从者。

于是鲁多盗。季孙谓臧武仲曰："子盍诘盗？"武仲曰："不可诘也。纥又不能。"季孙曰："我有四封而诘其盗，何故不可？子为司寇，将盗是务去，若之何不能？"武仲曰："子召外盗而大礼焉，何以止吾盗？子为正卿而来外盗，使纥去之，将何以能？庶其窃邑于邾以来，子以姬氏妻之而与之邑，其从者皆有赐焉。若大盗，礼焉以君之姑姊与其大邑；其次皁牧舆马，其小者衣裳剑带：是赏盗也。赏而去之，其或难焉。纥也闻之：在上位者洒濯其心，壹以待人，轨度其信，可明徵也，而后可以治人。夫上之所为，民之归也。上所不为而民或为之，是以加刑罚焉，而莫敢不惩。若上之所为而民亦为之，乃其所也，又可禁乎？《夏书》曰：'念兹在兹，释兹在兹，名言兹在兹，允出兹在兹，惟帝念功。'将谓由己壹也。信由己壹，而后功可念也。"

庶其非卿也，以地来，虽贱必书，重地也。

齐侯使庆佐为大夫，复讨公子牙之党，执公子买于句渎之丘。公子鉏来奔。叔孙还奔燕。

夏，楚子庚卒。楚子使薳子冯为令尹，访于申叔豫。叔豫曰："国多宠而王弱，国不可为也。"遂以疾辞。方暑，阙地，下冰而床焉；重茧，衣裘，鲜食而寝。楚子使医视之，复曰："瘠则甚矣，而血气未动。"乃使子南为令尹。

栾桓子娶于范宣子，生怀子。范鞅以其亡也，怨栾氏，故与栾盈为公族大夫而不相能。桓子卒，栾祁与其老州宾通，几亡室矣。怀子患之。祁惧其讨也，愬诸宣子曰："盈将为乱，以范氏为死桓主而专政矣，曰：'吾父逐鞅也，不怒而以宠报之，又与吾同官而专之；吾父死而益富，死吾父而专于国。有死而已，吾蔑从之矣！'其谋如是。惧害于主，吾不敢不言。"范鞅为之徵：怀子好施，士多归之。宣子畏其多士也，信之。怀子为下卿，宣子使城著而遂逐之。

秋，栾盈出奔楚。宣子杀箕遗、黄渊、嘉父、司空靖、邴豫、董叔、邴师、申书、羊舌虎、叔罴，囚伯华、叔向、籍偃。

人谓叔向曰："子离于罪，其为不知乎？"叔向曰："与其死亡若何？《诗》曰：'优哉游哉，聊以卒岁。'知也。"乐王鲋见叔向，曰：'吾为子请。'叔向弗应。出。不拜。其人皆咎叔向。叔向曰："必祁大夫！"室老闻之，曰："乐王鲋言于君无不行，求赦吾子，吾子不许。祁大夫所不能也，而曰'必由之'，何也？"叔向曰："乐王鲋，从君者也，何能行？祁大夫外举不弃仇，内举不失亲，其独遗我乎？《诗》曰：'有觉德行，四国顺之。'夫子，觉者也。"

晋侯问叔向之罪于乐王鲋，对曰："不弃其亲，其有焉。"于是祁奚老矣，闻之，乘驲而见宣子，曰："《诗》曰：'惠我无疆，子孙保之。'《书》曰：'圣有谟勋，明徵定保。'夫谋而鲜过、惠训不倦者，叔向有焉。社稷之固也，犹将十世宥之，以劝能者。

今壹不免其身，以弃社稷，不亦惑乎？鲧殛而禹兴。伊尹放大甲而相之，卒无怨色。管、蔡为戮，周公右王。若之何其以虎也弃社稷？子为善，谁敢不勉？多杀何为？”宣子说，与之乘，以言诸公而免之。不见叔向而归。叔向亦不告免焉而朝。

初，叔向之母妒叔虎之母美而不使，其子皆谏其母。其母曰：“深山大泽，实生龙蛇。彼美，余惧其生龙蛇以祸女。女，敝族也。国多大宠，不仁人间之，不亦难乎？余何爱焉？”使往视寝。生叔虎，美而有勇力；栾怀子嬖之，故羊舌氏之族及于难。

栾盈过于周，周西鄙掠之。辞于行人曰：“天子陪臣盈，得罪于王之守臣，将逃罪。罪重于郊甸，无所伏窜，敢布其死：昔陪臣书能输力于王室，王施惠焉。其子黡，不能保任其父之劳。大君若不弃书之力，亡臣犹有所逃。若弃书之力而思黡之罪；臣，戮余也，将归死于尉氏，不敢还矣。敢布四体，唯大君命焉。”王曰：“尤而效之，其又甚焉。”使司徒禁掠栾氏者归所取焉，使候出诸轘辕。

冬，曹武公来朝，始见也。

会于商任，锢栾氏也。齐侯、卫侯不敬。叔向曰：“二君者必不免。会朝，礼之经也。礼，政之舆也。政，身之守也。怠礼，失政。失政，不立，是以乱也。”

知起、中行喜、州绰、邢蒯出奔齐，皆栾氏之党也。乐王鲋谓范宣子曰：“盍反州绰、邢蒯？勇士也。”宣子曰：“彼栾氏之勇也，余何获焉？”王鲋曰：“子为彼栾氏，乃亦子之勇也。”

齐庄公朝，指殖绰、郭最曰：“是寡人之雄也!”州绰曰：“君以为雄，谁敢不雄？然臣不敏，平阴之役先二子鸣。”庄公为勇爵，殖绰、郭最欲与焉。州绰曰：“东闾之役，臣左骖迫，还于门中，识其枚数，其可以与于此乎？”公曰：“子为晋君也。”对曰：“臣为隶新。然二子者譬于禽兽，臣食其肉而寝处其皮矣。”

二十二年经

二十有二年：春，王正月，公至自会。

夏，四月。

秋，七月辛酉，叔老卒。

冬，公会晋侯、齐侯、宋公、卫侯、郑伯、曹伯、莒子、邾子、薛伯、杞伯、小邾子于沙随。

公至自会。

楚杀其大夫公子追舒。

二十二年传

二十二年春，臧武仲如晋。雨，过御叔。御叔在其邑将饮酒，曰："焉用圣人？我将饮酒，而己雨行，何以圣为？"穆叔闻之，曰："不可使也而傲使人，国之蠹也。"令倍其赋。

夏，晋人徵朝于郑。郑人使少正公孙侨对曰：

在晋先君悼公九年，我寡君于是即位。即位八月，而我先大夫子驷从寡君以朝于执事。执事不礼于寡君，寡君惧。因是行也，我二年六月朝于楚，晋是以有戏之役。楚人犹竞，而申礼于敝邑。敝邑欲从执事而惧为大尤，曰'晋其谓我不共有礼'，是以不敢携贰于楚。我四年三月，先大夫子蟜又从寡君以观衅于楚，晋于是乎有萧鱼之役。谓我敝邑迩在晋国，譬诸草木，吾臭味也，而何敢差池？楚亦不竞，寡君尽其土实，重之以宗器，以受齐盟；遂帅群臣随于执事，以会岁终。贰于楚者子侯、石盂，归而讨之。(湨)〔溴〕梁之明年，子蟜老矣，公孙夏从寡君以朝于君，见于尝酎，与执燔焉。间二年，闻君将靖东夏，四月又朝，以听事期。不朝之间，无岁不聘，无役不从。以大国政令之无常，国家罢病，不虞荐至，无日不惕，岂敢忘职？

大国若安定之，其朝夕在庭，何辱命焉？若不恤其患而以为口实，其无乃不堪任命而剪为仇雠？敝邑是惧，其敢忘君命？委诸执事，执事实重图之！

秋，栾盈自楚适齐。晏平仲言于齐侯曰："商任之会，受命于晋。今纳栾氏，将安用之？小所以事大，信也。失信，不立。君其图之！"弗听。退告陈文子曰："君人执信，臣人执共。忠信笃敬，上下同之，天之道也。君自弃也，弗能久矣！"

九月，郑公孙黑肱有疾，归邑于公，召室老、宗人立段，而使黜官、薄祭："祭以特羊，殷以少牢，足以共祀。"尽归其余邑，曰："吾闻之：生于乱世，贵而能贫，民无求焉，可以后亡。敬共事君与二三子。生在敬戒，不在富也。"己巳，伯张卒。君子曰："善戒！《诗》曰：'慎尔侯度，用戒不虞。'郑子张其有焉。"

冬，会于沙随，复锢栾氏也。栾盈犹在齐。晏子曰："祸将作矣！齐将伐晋，不可以不惧。"

楚观起有宠于令尹子南，未益禄而有马数十乘。楚人患之，王将讨焉。子南之子弃疾为王御士，王每见之，必泣。弃疾曰："君三泣臣矣，敢问谁之罪也？"王曰："令尹之不能，尔所知也。国将讨焉，尔其居乎？"对曰："父戮子居，君焉用之？泄命重刑，臣亦不为。"王遂杀子南于朝，轘观起于四竟。

子南之臣谓弃疾："请徙子尸于朝。"曰："君臣有礼，唯二三子。"三日，弃疾请尸，王许之。既葬，其徒曰："行乎？"曰："吾与杀吾父，行将焉入？"曰："然则臣王乎？"曰："弃父事仇，吾弗忍也！"遂缢而死。

复使薳子冯为令尹，公子齮为司马，屈建为莫敖。有宠于薳子者八人，皆无禄而多马。他日朝，与申叔豫言，弗应而退；从之，入于人中；又从之，遂归。退朝，见之，曰："子三困我于朝，吾惧，不敢不见。吾过，子姑告我，何疾我也？"对曰："吾不免是惧，何敢告子！"曰："何故？"对曰："昔观起有宠于子南，子南得罪，观起车裂，何故不惧？"自御而归，不能当道。至，谓八人者曰："吾见申叔，夫子所谓生死而肉骨也。知我者如夫子则可，不然，请止。”辞八人者，而后王安之。

十二月，郑游眅将归晋，未出竟；遭逆妻者，夺之，以馆于邑。丁巳，其夫攻子明，杀之，以其妻行。子展废良而立大叔，曰：“国卿，君之贰也，民之主也，不可以苟。请舍子明之类。”求亡妻者，使复其所。使游氏勿怨，曰：“无昭恶也。”

二十三年经

二十有三年：春，王二月癸酉朔，日有食之。

三月己巳，杞伯匄卒。

夏，邾畀我来奔。

葬杞孝公。

陈杀其大夫庆虎及庆寅。

陈侯之弟黄自楚归于陈。

晋栾盈复入于晋，入于曲沃。

秋，齐侯伐卫，遂伐晋。

八月，叔孙豹帅师救晋，次于雍榆。

己卯，仲孙速卒。

冬，十月乙亥，臧孙纥出奔邾。

晋人杀栾盈。

齐侯袭莒。

二十三年传

二十三年春，杞孝公卒。晋悼夫人丧之。平公不彻乐，非礼也。礼：为邻国，阙。

陈侯如楚。公子黄愬二庆于楚，楚人召之。使庆乐往，杀之。庆氏以陈叛。夏，屈建从陈侯围陈。陈人城，板队而杀人。役人相命：各杀其长。遂杀庆虎、庆寅。楚人纳公子黄。君子谓庆氏不义，不可肆也，故《书》曰“惟命不于常”。

晋将嫁女于吴。齐侯使析归父媵之，以藩载栾盈及其士，纳诸曲沃。栾盈夜见胥午而告之，对曰："不可！天之所废，谁能兴之？子必不免！吾非爱死也，知不集也。"盈曰："虽然，因子而死，吾无悔矣。我实不天，子无咎焉。"许诺，伏之。而觞曲沃人，乐作，午言曰："今也得栾孺子何如？"对曰："得主而为之死，犹不死也！"皆叹，有泣者。爵行，又言；皆曰："得主，何贰之有！"盈出，遍拜之。

四月，栾盈帅曲沃之甲，因魏献子以昼入绛。初，栾盈佐魏庄子于下军，献子私焉，故因之。赵氏以原、屏之难怨栾氏。韩、赵方睦。中行氏以伐秦之役怨栾氏，而固与范氏和亲。知悼子少，而听于中行氏。程郑嬖于公。唯魏氏及七舆大夫与之。

乐王鲋侍坐于范宣子。或告曰："栾氏至矣。"宣子惧。桓子曰："奉君以走固宫，必无害也。且栾氏多怨，子为政，栾氏自外，子在位，其利多矣。既有利权，又执民柄，将何惧焉！栾氏所得，其唯魏氏乎？而可强取也。夫克乱在权，子无懈矣。"

公有姻丧。王鲋使宣子墨缞冒绖，二妇人辇以如公；奉公以如固宫。

范鞅逆魏舒，则成列既乘，将逆栾氏矣。趋进，曰："栾氏帅贼以入。鞅之父与二三子在君所矣，使鞅逆吾子。鞅请骖乘。"持带，遂超乘，右抚剑，左援带，命驱之出。仆请，鞅曰："之公！"宣子逆诸阶，执其手，赂之以曲沃。

初，斐豹隶也，著于丹书。栾氏之力臣曰督戎，国人惧之。斐豹谓宣子曰："苟焚丹书，我杀督戎。"宣子喜，曰："而杀之，所不请于君焚丹书者，有如日！"乃出豹而闭之。督戎从之。逾隐而待之。督戎逾入，豹自后击而杀之。

范氏之徒在台后。栾氏乘公门。宣子谓鞅曰："矢及君屋，死之！"鞅用剑以帅卒，栾氏退；摄车从之。遇栾乐，曰："乐免之！死将讼女于天！"乐射之，不中；又注，则乘槐本而覆。或以戟钩之，断肘而死。栾鲂伤。栾盈奔曲沃，晋人围之。

秋，齐侯伐卫。先驱：榖荣御王孙挥，召扬为右。申驱：成秩御莒恒，申鲜虞之傅挚为右。曹开御戎，晏父戎为右。贰广：上之登御邢公，卢蒲癸为右。启：牢成御襄罢师，狼蘧疏为右。胠：商子车御侯朝，桓跳为右。大殿：商子游御夏之御寇，崔如为右；烛庸之越驷乘。

自卫将遂伐晋。晏平仲曰："君恃勇力以伐盟主，若不济，国之福也；不德而有功，忧必及君。"崔杼谏曰："不可。臣闻之：小国间大国之败而毁焉，必受其咎。君其图之！"弗听。

陈文子见崔武子，曰："将如君何？"武子曰："吾言于君，君弗听也。以为盟主而利其难，群臣若急，君于何有？子姑止之。"文子退，告其人曰："崔子将死乎？谓君甚而又过之，不得其死。过君以义，犹自抑也，况以恶乎？"

齐侯遂伐晋，取朝歌。为二队，入孟门，登大行。张武军于荧庭，戍郫邵，封少水，以报平阴之役，乃还。赵胜帅东阳之师以追之，获晏氂。八月，叔孙豹帅师救晋，次于雍榆，礼也。

季武子无適子。公弥长。而爱悼子，欲立之。访于申丰，曰："弥与纥，吾皆爱之。欲择才焉而立之。"申丰趋退，归，尽室将行。他日，又访焉。对曰："其然，将具敝车而行。"乃止。访于臧纥，臧纥曰："饮我酒，吾为子立之。"季氏饮大夫酒，臧纥为客。既献，臧孙命北面重席，新尊絜之；召悼子，降，逆之。大夫皆起。及旅，而召公鉏，使与之齿。季孙失色。

季氏以公鉏为马正。愠而不出。闵子马见之，曰："子无然！祸福无门，唯人所召。为人子者患不孝，不患无所。敬共父命，何常之有？若能孝敬，富倍季氏可也。奸回不轨，祸倍下民可也。"公鉏然之，敬共朝夕，恪居官次。季孙喜，使饮己酒，而以具往，尽舍旃。故公鉏氏富，又出为公左宰。

孟孙恶臧孙，季孙爱之。孟氏之御驺丰点好羯也，曰："从余言，必为孟孙。"再三云，羯从之。孟庄子疾，丰点谓公鉏："苟立羯，请仇臧氏。"公鉏谓季孙曰："孺子秩，固其所也。若羯立，则季氏信有力于臧氏矣。"弗应。己卯，孟孙卒。公鉏奉羯立于户侧。季孙至，入，哭；而出，曰："秩焉在？"公鉏曰："羯在此矣。”季孙曰：“孺子长。”公钼曰：“何长之有？唯其才也。且夫子之命也。”遂立羯。秩奔邾。

臧孙入，哭，甚哀，多涕。出，其御曰：“孟孙之恶子也，而哀如是！季孙若死，其若之何？”臧孙曰：“季孙之爱我，疾疢也。孟孙之恶我，药石也。美疢不如恶石。夫石犹生我；疢之美，其毒滋多。孟孙死，吾亡无日矣！”

孟氏闭门，告于季孙曰：“臧氏将为乱，不使我葬。”季孙不信。臧孙闻之，戒。冬十月，孟氏将辟，藉除于臧氏。臧孙使正夫助之，除于东门，甲从己而视之。孟氏又告季孙。季孙怒，命攻臧氏。乙亥，臧纥斩鹿门之关以出奔邾。

初，臧宣叔娶于铸，生贾及为而死。继室以其侄，穆姜之姨子也，生纥，长于公宫。姜氏爱之，故立之。臧贾、臧为出在铸。臧武仲自邾使告臧贾，且致大蔡焉，曰：“纥不佞，失守宗祧，敢告不吊。纥之罪，不及不祀。子以大蔡纳请，其可。”贾曰：“是家之祸也，非子之过也。贾闻命矣！”再拜受龟，使为以纳请，遂自为也。臧孙如防，使来告曰：“纥非能害也，知不足也。非敢私请。苟守先祀，无废二勋，敢不辟邑！”乃立臧为。

臧纥致防而奔齐。其人曰：“其盟我乎？”臧孙曰：“无辞。”将盟臧氏，季孙召外史掌恶臣，而问盟首焉。对曰：“盟东门氏也，曰：‘毋或如东门遂不听公命、杀適立庶！’盟叔孙氏也，曰：‘毋或如叔孙侨如欲废国常、荡覆公室！’”季孙曰：“臧孙之罪，皆不及此。”孟椒曰：“盍以其犯门斩关？”季孙用之，乃盟臧氏曰：“（无）〔毋〕或如臧孙纥干国之纪、犯门斩关！”臧孙闻之，曰：“国有人焉，谁居？其孟椒乎！”

晋人克栾盈于曲沃，尽杀栾氏之族党。栾鲂出奔宋。书曰“晋人杀栾盈”，不言大夫，言自外也。

齐侯还自晋，不入，遂袭莒。门于且于，伤股而退。明日，将复战，期于寿舒。杞殖、华还载甲，夜入且于之隧，宿于莒郊。明日，先遇莒子于蒲侯氏。莒子重赂之，使无死，曰：“请有盟。”华周对曰：“贪货弃命，亦君所恶也。昏而受命，日未中而弃之，何以事君？”莒子亲鼓之，从而伐之，获杞梁。莒人行成。齐侯归，遇杞梁之妻于郊，使吊之。辞曰：“殖之有罪，何辱命焉？若免于罪，犹有先人之敝庐在，下妾不得与郊吊。”齐侯吊诸其室。

齐侯将为臧纥田；臧孙闻之，见。齐侯与之言伐晋，对曰：“多则多矣，抑君似鼠。夫鼠昼伏夜动，不穴于寝庙，畏人故也。今君闻晋之乱而后作焉，宁将事之，非鼠如何？”乃弗与田。仲尼曰：“知之难也！有臧武仲之知，而不容于鲁国，抑有由也，作不顺而施不恕也。《夏书》曰：‘念兹在兹。’顺事、恕施也。”

二十四年经

二十有四年：春，叔孙豹如晋。

仲孙羯帅师侵齐。

夏，楚子伐吴。

秋，七月甲子朔，日有食之，既。

齐崔杼帅师伐莒。

大水。

八月癸巳朔，日有食之。

公会晋侯、宋公、卫侯、郑伯、曹伯、莒子、邾子、滕子、薛伯、杞伯、小邾子于夷仪。

冬，楚子、蔡侯、陈侯、许男伐郑。

公至自会。

陈鍼宜咎出奔楚。

叔孙豹如京师。

大饥。

二十四年传

二十四年春，穆叔如晋。范宣子逆之，问焉，曰：“古人有言，曰‘死而不朽’。何谓也？”穆叔未对。宣子曰：“昔匄之祖，自虞以上为陶唐氏，在夏为御龙氏，在商为豕韦氏，在周为唐杜氏，晋主夏盟为范氏，其是之谓乎！”穆叔曰：“以豹所闻，此之谓世禄，非不朽也。鲁有先大夫曰臧文仲，既没，其言立，其是之谓乎！豹闻之：‘大上有立德，其次有立功，其次有立言。’虽久不废，此之谓三不朽。若夫保姓受氏以守宗祊，世不绝祀，无国无之。禄之大者，不可谓不朽。”

范宣子为政，诸侯之币重，郑人病之。二月，郑伯如晋，子产寓书于子西以告宣子，曰：

子为晋国，四邻诸侯不闻令德，而闻重币，侨也惑之。

侨闻君子长国家者，非无贿之患，而无令名之难。

夫诸侯之贿聚于公室，则诸侯贰；若吾子赖之，则晋国贰。诸侯贰，则晋国坏；晋国贰，则子之家坏。何没没也！将焉用贿！

夫令名，德之舆也。德，国家之基也。有基无坏，无亦是务乎！有德则乐，乐则能久。《诗》云：“乐只君子，邦家之基。”有令德也夫！“上帝临女，无贰尔心”，有令名也夫！

恕思以明德，则令名载而行之，是以远至迩安。

毋宁使人谓子：“子实生我。”而谓“子浚我以生”乎？象有齿以焚其身，贿也。

宣子说，乃轻币。

是行也，郑伯朝晋，为重币故，且请伐陈也。郑伯稽首，宣子辞。子西相，曰：“以陈国之介恃大国而陵虐于敝邑，寡君是以〔请〕[①] 请罪焉，敢不稽首？”

孟孝伯侵齐，晋故也。

夏，楚子为舟师以伐吴，不为军政，无功而还。

齐侯既伐晋而惧，将欲见楚子。楚子使薳启（彊）〔疆〕[②] 如

① “请”字当重，据陆德明《音义》、阮元《校勘记》补入。

② 彊当作疆，杨伯峻先生《春秋左传注》校出，今从之。

齐聘，且请期。齐社，蒐军实，使客观之。陈文子曰："齐将有寇。吾闻之：兵不戢，必取其族。"

秋，齐侯闻将有晋师，使陈无宇从薳启（彊）〔疆〕如楚，辞，且乞师。崔杼帅师送之，遂伐莒，侵介根。

会于夷仪，将以伐齐。水，不克。

冬，楚子伐郑以救齐，门于东门，次于棘泽，诸侯还救郑。

晋侯使张骼、辅跞致楚师，求御于郑。郑人卜：宛射犬吉。子大叔戒之曰："大国之人，不可与也。"对曰："无有众寡，其上一也。"大叔曰："不然。部娄无松柏。"二子在幄，坐射犬于外；既食而后食之。使御广车而行，已皆乘乘车。将及楚师，而后从之乘，皆踞转而鼓琴。近，不告而驰之。皆取胄于橐而胄，入垒，皆下，搏人以投，收禽挟囚。弗待而出。皆超乘，抽弓而射。既免，复踞转而鼓琴，曰："公孙！同乘，兄弟也，（故）〔胡〕[①] 再不谋？"对曰："曩者志入而已，今则怯也。"皆笑，曰："公孙之亟也！"

楚子自棘泽还，使薳启（彊）〔疆〕帅师送陈无宇。

吴人为楚舟师之役故，召舒鸠人。舒鸠人叛楚。楚子师于荒浦，使沈尹寿与师祁犁让之。舒鸠子敬逆二子而告"无之"，且请受盟。二子复命，王欲伐之。薳子曰："不可。彼告不叛，且请受盟；而又伐之，伐无罪也。姑归息民，以待其卒。卒而不贰，吾又何求？若犹叛我，无辞，有庸。"乃还。

陈人复讨庆氏之党，鍼宜咎出奔楚。

齐人城郏。穆叔如周聘，且贺城。王嘉其有礼也，赐之大路。

晋侯嬖程郑，使佐下军。郑行人公孙挥如晋聘；程郑问焉，曰："敢问降阶何由？"子羽不能对，归以语然明。然明曰："是将死矣，不然将亡。贵而知惧，惧而思降，乃得其阶。下人而已，又何问焉？且夫既登而求降阶者，知人也，不在程郑。其有亡衅

---

① "故"为"胡"之讹，阮元《校勘记》详之。

乎？不然，其有惑疾，将死而忧也。”

二十五年经

二十有五年：春，齐崔杼帅师伐我北鄙。

夏，五月乙亥，齐崔杼弑其君光。

公会晋侯、宋公、卫侯、郑伯、曹伯、莒子、邾子、滕子、薛伯、杞伯、小邾子于夷仪。

六月壬子，郑公孙舍之帅师入陈。

秋，（八）〔七〕[1] 月己巳，诸侯同盟于重丘。

公至自会。

卫侯入于夷仪。

楚屈建帅师灭舒鸠。

冬，郑公孙夏帅师伐陈。

十有二月，吴子遏伐楚，门于巢，卒。

二十五年传

二十五年春，齐崔杼帅师伐我北鄙，以报孝伯之师也。公患之，使告于晋。孟公绰曰：“崔子将有大志，不在病我，必速归。何患焉？其来也不寇，使民不严，异于他日。”齐师徒归。

齐棠公之妻，东郭偃之姊也。东郭偃臣崔武子。棠公死，偃御武子以吊焉。见棠姜而美之，使偃取之。偃曰：“男女辨姓。今君出自丁，臣出自桓，不可。”武子筮之，遇“困䷮”之“大过䷛”。史皆曰：“吉！”示陈文子，文子曰：“夫从风，风陨妻，不可娶也。且其繇曰：‘困于石，据于蒺藜。入于其宫，不见其妻。凶。’‘困于石’，往不济也；‘据于蒺藜’，所恃伤也。‘入于其

① 据本年《左传》、本年经杜注改。

宫，不见其妻，凶'，无所归也。”崔子曰：“嫠也何害？先夫当之矣。”遂取之。

庄公通焉，骤如崔氏，以崔子之冠赐人。侍者曰：“不可。”公曰：“不为崔子，其无冠乎？”崔子因是，又以其间伐晋也，曰：“晋必将报。”欲（弑）〔杀〕公以说于晋，而不获间。公鞭侍人贾举而又近之，乃为崔子间公。

夏五月，莒为且于之役故，莒子朝于齐。甲戌，飨诸北郭。崔子称疾不视事。

乙亥，公问崔子，遂从姜氏。姜入于室，与崔子自侧户出。公拊楹而歌。侍人贾举止众从者，而入闭门。甲兴，公登台而请，弗许；请盟，弗许；请自刃于庙，弗许。皆曰：“君之臣杼疾病，不能听命。近于公宫，陪臣干掫有淫者，不知二命。”公逾墙，又射之；中股，反队；遂弑之。

贾举、州绰、邴师、公孙敖、封具、铎父、襄伊、偻堙皆死。祝佗父祭于高唐，至，复命，不说弁而死于崔氏。申蒯侍渔者，退谓其宰曰：“尔以帑免，我将死。”其宰曰：“免，是反之子义也。”与之皆死。崔氏杀鬷钟蔑于平阴。

晏子立于崔氏之门外。其人曰：“死乎？”曰：“独吾君也乎哉，吾死也？”曰：“行乎？”曰：“吾罪也乎哉，吾亡也？”曰：“归乎？”曰：“君死，安归？君民者，岂以陵民？社稷是主。臣君者，岂为其口实？社稷是养。故君为社稷死则死之，为社稷亡则亡之；若为己死而为己亡，非其私昵，谁敢任之？且人有君而弑之，吾焉得死之，而焉得亡之？将庸何归？”门启而入，枕尸股而哭，兴，三踊而出。人谓崔子：“必杀之！”崔子曰：“民之望也。舍之，得民。”

卢蒲癸奔晋，王何奔莒。

叔孙宣伯之在齐也，叔孙还纳其女于灵公。嬖，生景公。丁丑，崔杼立而相之，庆封为左相。盟国人于大宫，曰：“所不与崔、庆者”，晏子仰天叹曰：“婴所不唯忠于君、利社稷者是与，有如上帝！”乃歃。辛巳，公与大夫及莒子盟。大史书曰：“崔杼弑其君。”崔子杀之。其弟嗣书而死者，二人；其弟又书，乃舍之。南史氏闻大史尽死，执简以往，闻既书矣，乃还。

闾丘婴以帷（縳）〔缚〕其妻而载之，与申鲜虞乘而出。鲜虞推而下之，曰：“君昏不能匡，危不能救，死不能死，而知匿其昵，其谁纳之？”行及弇中，将舍，婴曰：“崔、庆其追我。”鲜虞曰：“一与一，谁能惧我？”遂舍，枕辔而寝，食马而食。驾而行，出弇中，谓婴曰：“速驱之！崔、庆之众，不可当也。”遂来奔。

崔氏侧庄公于北郭。丁亥，葬诸士孙之里：四翣，不跸，下车七乘，不以兵甲。

晋侯济自泮，会于夷仪，伐齐，以报朝歌之役。齐人以庄公说，使隰钼请成，庆封如师；男女以班；赂晋侯以宗器、乐器，自六正、五吏、三十帅、三军之大夫、百官之正长师旅及处守者皆有赂。晋侯许之，使叔向告于诸侯。公使子服惠伯对曰：“君舍有罪以靖小国，君之惠也。寡君闻命矣。”

晋侯使魏舒、宛没逆卫侯，将使卫与之夷仪。崔子止其帑，以求五鹿。

初，陈侯会楚子伐郑。当陈隧者，井堙木刊，郑人怨之。六月，郑子展、子产帅车七百乘伐陈，宵突陈城，遂入之。

陈侯扶其大子偃师奔墓，遇司马桓子，曰：“载余！”曰：“将巡城！”遇贾获载其母妻，下之，而授公车。公曰：“舍而母。”辞曰：“不祥。”与其妻扶其母以奔墓，亦免。

子展命师无入公宫，与子产亲御诸门。陈侯使司马桓子赂以宗器。陈侯免，拥社，使其众男女别而累，以待于朝。子展执絷而见，再拜稽首，承饮而进献。子美入，数俘而出。祝祓社，司徒致民，司马致节，司空致地，乃还。

秋七月己巳，同盟于重丘，齐成故也。

赵文子为政，令薄诸侯之币而重其礼。穆叔见之。谓穆叔曰：“自今以往，兵其少弭矣。齐崔、庆新得政，将求善于诸侯。武也知楚令尹。若敬行其礼，道之以文辞，以靖诸侯，兵可以弭。”

楚薳子冯卒，屈建为令尹，屈荡为莫敖。舒鸠人卒叛楚，令尹子木伐之；及离城，吴人救之。子木遽以右师先，子强、息桓、子捷、子骈、子盂帅左师以退。吴人居其间七日。子强曰：“久将垫隘，隘乃禽也，不如速战。请以其私卒诱之。简师陈以待我：我克，则进；奔则亦视之。乃可以免。不然，必为吴禽。”从之。五人以其私卒先击吴师，吴师奔；登山以望，见楚师不继，复逐之，傅诸其军。简师会之，吴师大败。遂围舒鸠，舒鸠溃。八月，楚灭舒鸠。

卫献公入于夷仪。

郑子产献捷于晋，戎服将事。晋人问陈之罪，对曰：

昔虞阏父为周陶正，以服事我先王。我先王赖其利器用也，与其神明之后也，庸以元女大姬配胡公而封诸陈，以备三恪。则我周之自出，至于今是赖。桓公之乱，蔡人欲立其出；我先君庄公奉五父而立之，蔡人杀之；我又与蔡人奉戴厉公。至于庄、宣，皆我之自立。夏氏之乱，成公播荡，又我之自入，君所知也。

今陈忘周之大德，蔑我大惠，弃我姻亲，介恃楚众，以冯陵我敝邑，不可亿逞，我是以有往年之告。未获成命，则有我东门之役，当陈隧者井堙木刊。敝邑大惧不竞，而耻大姬。天诱其衷，启敝邑之心。陈知其罪，授手于我。用敢献功。

晋人曰：“何故侵小？”对曰：“先王之命：唯罪所在，各致其辟。且昔天子之地一圻，列国一同，自是以衰。今大国多数圻矣，若无侵小，何以至焉？”晋人曰：“何故戎服？”对曰：“我先君武、庄，为平、桓卿士。城濮之役，文公布命，曰：‘各复旧职。’命我文公戎服辅王，以授楚捷。不敢废王命故也。”士庄伯不能诘，复于赵文子。文子曰：“其辞顺。犯顺不祥。”乃受之。

冬十月，子展相郑伯如晋，拜陈之功。子西复伐陈，陈及郑平。

仲尼曰：“《志》有之：‘言以足志，文以足言。’不言，谁知其志？言之无文，行而不远。晋为伯，郑入陈，非文辞不为功。

慎辞哉!”

楚蒍掩为司马，子木使庀赋，数甲兵。甲午，蒍掩书土、田：度山林，鸠薮泽，辨京陵，表淳卤，数疆潦，规偃猪，町原防，牧隰皋，井衍沃。量入修赋，赋车籍马，赋车兵、徒（卒）〔兵〕①、甲楯之数。既成，以授子木，礼也。

十二月，吴子诸樊伐楚，以报舟师之役。门于巢。巢牛臣曰：“吴王勇而轻；若启之，将亲门。我获射之，必殪。是君也死，(彊) 〔疆〕其少安。”从之。吴子门焉，牛臣隐于短墙以射之。卒。

楚子以灭舒鸠赏子木。辞曰：“先大夫蒍子之功也。”以与蒍掩。

晋程郑卒。子产始知然明，问为政焉。对曰：“视民如子。见不仁者诛之，如鹰鹯之逐鸟雀也。”子产喜，以语子大叔，且曰：“他日吾见蔑之面而已，今吾见其心矣!”子大叔问政于子产，子产曰：“政如农功。日夜思之，思其始而成其终。朝夕而行之，行无越思，如农之有畔，其过鲜矣。”

卫献公自夷仪使与宁喜言，宁喜许之。大叔文子闻之，曰：“乌呼!《诗》所谓‘我躬不说，皇恤我后’者，宁子可谓不恤其后矣。将可乎哉？殆必不可！君子之行，思其终也，思其复也。《书》曰：‘慎始而敬终，终以不困。’《诗》曰：‘夙夜匪解，以事一人。’今宁子视君不如弈棋，其何以免乎？奕者举棋不定，不胜其耦；而况置君而弗定乎？必不免矣！九世之卿族，一举而灭之，可哀也哉!”

二十六年经

二十有六年：春，王二月辛卯，卫宁喜弑其君剽。

---

① 依阮元《校勘记》改。

卫孙林父入于戚以叛。

甲午，卫侯衎复归于卫。

夏，晋侯使荀吴来聘。

公会晋人、郑良霄、宋人、曹人于澶渊。

秋，宋公杀其世子痤。

晋人执卫宁喜。

八月壬午，许男宁卒于楚。

冬，楚子、蔡侯、陈侯伐郑。

葬许灵公。

二十六年传

会于夷仪之岁，齐人城郏。其五月，秦、晋为成，晋韩起如秦莅盟，秦伯车如晋莅盟，成而不结。

二十六年春，秦伯之弟鍼如晋修成。叔向命召行人子员。行人子朱曰："朱也当御。"三云，叔向不应。子朱怒，曰："班爵同，何以黜朱于朝？"抚剑从之。叔向曰："秦、晋不和久矣。今日之事幸而集，晋国赖之；不集，三军暴骨。子员道二国之言无私，子常易之。奸以事君者，吾所能御也！"拂衣从之。人救之。平公曰："晋其庶乎！吾臣之所争者大。"师旷曰："公室惧卑。臣不心竞而力争，不务德而争善，私欲已侈，能无卑乎？"

卫献公使子鲜为复，辞。敬姒强命之，对曰："君无信，臣惧不免。"敬姒曰："虽然，以吾故也。"许诺。初，献公使与宁喜言，宁喜曰："必子鲜在。不然，必败。"故公使子鲜。

子鲜不获命于敬姒，以公命与宁喜言，曰："苟反，政由宁氏，祭则寡人。"宁喜告蘧伯玉，伯玉曰："瑗不得闻君之出，敢闻其入？"遂行，从近关出。告右宰穀，右宰穀曰："不可！获罪于两君，天下谁畜之？"悼子曰："吾受命于先人，不可以贰。"穀曰："我请使焉而观之。"遂见公于夷仪。反，曰："君淹恤在外十二年矣，而无忧色，亦无宽言，犹夫人也。若不已，死无日矣!”悼子曰:“子鲜在。”右宰穀曰:“子鲜在，何益?多而能亡，于我何为?”悼子曰:“虽然，不可以已。”

孙文子在戚，孙嘉聘于齐，孙襄居守。二月庚寅，宁喜、右宰穀伐孙氏，不克;伯国伤。宁子出舍于郊。伯国死，孙氏夜哭。国人召宁子，宁子复攻孙氏，克之。辛卯，杀子叔及大子角。书曰“宁喜弑其君剽”，言罪之在宁氏也。

孙林父以戚如晋。书曰“入于戚以叛”，罪孙氏也。臣之禄，君实有之。义则进，否则奉身而退。专禄以周旋，戮也。

甲午，卫侯入。书曰“复归”，国纳之也。大夫逆于竟者，执其手而与之言。道逆者，自车揖之。逆于门者，颔之而已。

公至，使让大叔文子曰:“寡人淹恤在外，二三子皆使寡人朝夕闻卫国之言，吾子独不在寡人。古人有言曰:‘非所怨勿怨。’寡人怨矣。”对曰:“臣知罪矣。臣不佞，不能负羁绁以从扞牧圉，臣之罪一也。有出者，有居者，臣不能贰，通外内之言以事君，臣之罪二也。有二罪，敢忘其死?”乃行，从近关出。公使止之。

卫人侵戚东鄙。孙氏愬于晋，晋戍茅氏。殖绰伐茅氏，杀晋戍三百人。孙蒯追之，弗敢击。文子曰:“厉之不如!”遂从卫师，败之圉。雍鉏获殖绰。复愬于晋。

郑伯赏入陈之功:三月甲寅朔，享子展，赐之先路、三命之服，先八邑;赐子产次路、再命之服，先六邑。子产辞邑，曰:“自上以下，(隆)〔降〕[①] 杀以两，礼也。臣之位在四，且子展之功也，臣不敢及赏礼。请辞邑!”公固予之，乃受三邑。公孙挥曰:“子产其将知政矣。让不失礼。”

晋人为孙氏故，召诸侯，将以讨卫也。夏，中行穆子来聘，召公也。

楚子、秦人侵吴，及雩娄，闻吴有备而还。遂侵郑。五月，

① 此亦形近致讹。依阮元《校勘记》改。

至于城麇。郑皇颉戍之，出与楚师战，败。穿封戌囚皇颉，公子围与之争之，正于伯州犁。伯州犁曰："请问于囚。"乃立囚，伯州犁曰："所争，君子也，其何不知？"上其手，曰："夫子为王子围，寡君之贵介弟也。"下其手，曰："此子为穿封戌，方城外之县尹也。谁获子？"囚曰："颉遇王子，弱焉。"戌怒，抽戈逐王子围，弗及。楚人以皇颉归。

印堇父与皇颉戍城麇，楚人囚之，以献于秦。郑人取货于印氏以请之，子大叔为令正，以为请。子产曰："不获。受楚之功而取货于郑，不可谓国，秦不其然。若曰：'拜君之勤郑国！微君之惠，楚师其犹在敝邑之城下。'其可。"弗从。遂行。秦人不予。更币，从子产，而后获之。

六月，公会晋赵武、宋向戌、郑良霄、曹人于澶渊以讨卫，疆戚田。取卫西鄙懿氏六十以与孙氏。"赵武"不书，尊公也。"向戌"不书，后也。郑先宋，不失所也。

于是卫侯会之。晋人执宁喜、北宫遗，使女齐以先归。卫侯如晋，晋人执而囚之于士弱氏。

秋七月，齐侯、郑伯为卫侯故，如晋。晋侯兼享之。晋侯赋《嘉乐》。国景子相齐侯，赋《蓼萧》。子展相郑伯，赋《缁衣》。叔向命晋侯拜二君，曰："寡君敢拜齐君之安我先君之宗祧也，敢拜郑君之不贰也！"

国子使晏平仲私于叔向，曰："晋君宣其明德于诸侯，恤其患而补其阙，正其违而治其烦，所以为盟主也。今为臣执君，若之何？"叔向告赵文子，文子以告晋侯。晋侯言卫侯之罪，使叔向告二君。国子赋《辔之柔矣》，子展赋《将仲子兮》，晋侯乃许归卫侯。

叔向曰："郑七穆，罕氏其后亡者也？子展俭而壹。"

初，宋芮司徒生女子，赤而毛，弃诸堤下。共姬之妾取以入，名之曰弃。长而美。平公入夕，共姬与之食。公见弃也，而视之，尤。姬纳诸御，嬖；生佐，恶而婉。大子痤美而很，合左师畏而恶之。寺人惠墙伊戾为大子内师而无宠。

秋，楚客聘于晋，过宋。大子知之，请野享之，公使往。伊戾请从之，公曰："夫不恶女乎？"对曰："小人之事君子也，恶之不敢远，好之不敢近，敬以待命。敢有贰心乎？纵有共其外，莫共其内，臣请往也。"遣之。至，则坎，用牲，加书，徵之；而骋告公曰："大子将为乱，既与楚客盟矣。"公曰："为我子，又何求？"对曰："欲速。"公使视之，则信有焉。问诸夫人与左师，则皆曰："固闻之。"公囚大子。大子曰："唯佐也能免我。"召而使请，曰："日中不来，吾知死矣。"左师闻之，聒而与之语。过期，乃缢而死。佐为大子。公徐闻其无罪也，乃亨伊戾。

左师见夫人之步马者，问之。对曰："君夫人氏也。"左师曰："谁为君夫人？余胡弗知？"圉人归，以告夫人。夫人使馈之锦与马，先之以玉，曰："君之妾弃使某献。"左师改命曰"君夫人"，而后再拜稽首受之。

郑伯归自晋，使子西如晋聘，辞曰："寡君来烦执事，惧不免于戾，使夏谢不敏。"君子曰："善事大国。"

初，楚伍参与蔡（太）〔大〕师子朝友，其子伍举与声子相善也。伍举娶于王子牟。王子牟为申公而亡，楚人曰："伍举实送之。"伍举奔郑，将遂奔晋。声子将如晋，遇之于郑郊；班荆相与食，而言复故。声子曰："子行也。吾必复子。"

及宋向戌将平晋、楚，声子通使于晋，还如楚。令尹子木与之语，问晋故焉，且曰："晋大夫与楚孰贤？"对曰："晋卿不如楚，其大夫则贤，皆卿材也。如杞、梓、皮革，自楚往也；虽楚有材，晋实用之。"子木曰："夫独无族姻乎？"对曰：

> 虽有，而用楚材实多。归生闻之：善为国者，赏不僭而刑不滥。赏僭，则惧及淫人；刑滥，则惧及善人。若不幸而过，宁僭无滥。与其失善，宁其利淫。无善人，则国从之。《诗》曰："人之云亡，邦国殄瘁。"无善人之谓也。故《夏书》曰："与其杀不辜，宁失不经。"惧失善也。《商颂》有之曰："不僭不滥，不敢怠皇。命于下国，封建厥福。"此汤所以获天福也。

古之治民者劝赏而畏刑，恤民不倦。赏以春夏，刑以秋冬。是以将赏，为之加膳，加膳则饫赐，此以知其劝赏也；将刑，为之不举，不举则彻乐，此以知其畏刑也；夙兴夜寐，朝夕临政，此以知其恤民也。三者礼之大节也。有礼无败。今楚多淫刑，其大夫逃死于四方，而为之谋主以害楚国，不可救疗，所谓不能也。

子仪之乱，析公奔晋。晋人置诸戎车之殿，以为谋主。绕角之役，晋将遁矣，析公曰："楚师轻窕，易震荡也。若多鼓钧声，以夜军之，楚师必遁。"晋人从之。楚师宵溃。晋遂侵蔡，袭沈，获其君，败申、息之师于桑隧，获申丽而还。郑于是不敢南面。楚失华夏，则析公之为也。

雍子之父兄谮雍子，君与大夫不善是也，雍子奔晋。晋人与之鄐，以为谋主。彭城之役，晋、楚遇于靡角之谷。晋将遁矣，雍子发命于军曰："归老幼。反孤疾。二人役，归一人。简兵蒐乘，秣马蓐食。师陈焚次，明日将战！"行归者，而逸楚囚。楚师宵溃，晋降彭城而归诸宋，以鱼石归。楚失东夷，子辛死之，则雍子之为也。

子反与子灵争夏姬而雍害其事，子灵奔晋。晋人与之邢，以为谋主：捍御北狄，通吴于晋；教吴叛楚，教之乘车、射御、驱侵。使其子狐庸为吴行人焉。吴于是伐巢、取驾、克棘、入州来，楚罢于奔命，至今为患，则子灵之为也。

若敖之乱，伯贲之子贲皇奔晋。晋人与之苗，以为谋主。鄢陵之役，楚晨压晋军而陈。晋将遁矣，苗贲皇曰："楚师之良，在其中军王族而已。若塞井夷灶，成陈以当之，栾、范易行以诱之，中行、二郤必克二穆，吾乃四萃于其王族，必大败之！"晋人从之。楚师大败，王夷师熸，子反死之，郑叛吴兴，楚失诸侯，则苗贲皇之为也。

子木曰："是皆然矣。"声子曰："今又有甚于此。椒举娶于申公子牟。子牟得戾而亡。君大夫谓椒举：'女实遣之。'惧而奔郑，引领南望曰：'庶几赦余！'亦弗图也。今在晋矣。晋人将与之县，以比叔向。彼若谋害楚国，岂不为患?”

子木惧，言诸王，益其禄爵而复之。声子使椒鸣逆之。

许灵公如楚，请伐郑，曰：“师不兴，孤不归矣。”八月，卒于楚。楚子曰：“不伐郑，何以求诸侯?”

冬十月，楚子伐郑。郑人将御之，子产曰：“晋、楚将平，诸侯将和，楚王是故昧于一来。不如使逞而归，乃易成也。夫小人之性，衅于勇、啬于祸以足其性而求名焉者，非国家之利也，若何从之?”子展说，不御寇。十二月乙酉，入南里，堕其城。涉于乐氏，门于师之梁。县门发，获九人焉。涉于汜而归，而后葬许灵公。

卫人归卫姬于晋，乃释卫侯。君子是以知平公之失政也。

晋韩宣子聘于周，王使请事。对曰：“晋士起将归时事于宰旅，无他事矣。”王闻之，曰：“韩氏其昌阜于晋乎！辞不失旧。”

齐人城郏之岁，其夏，齐乌余以廪丘奔晋。袭卫羊角，取之。遂袭我高鱼：有大雨，自其窦入，介于其库，以登其城，克而取之。又取邑于宋。于是范宣子卒，诸侯弗能治也。及赵文子为政，乃卒治之。文子言于晋侯曰：“晋为盟主，诸侯或相侵也，则讨而使归其地。今乌余之邑皆讨类也，而贪之，是无以为盟主也。请归之!”公曰：“诺。孰可使也?”对曰：“胥梁带能无用师。”晋侯使往。

二十七年经

二十有七年：春，齐侯使庆封来聘。

夏，叔孙豹会晋赵武、楚屈建、蔡公孙归生、卫石恶、陈孔奂、郑良霄、许人、曹人于宋。

卫杀其大夫宁喜。

卫侯之弟鱄出奔晋。

秋，七月辛巳，豹及诸侯之大夫盟于宋。

冬，十有二月乙（卯）〔亥〕[①] 朔，日有食之。

二十七年传

二十七年春，胥梁带使诸丧邑者具车徒以受地，必周。使乌余具车徒以受封，乌余以〔其〕[②] 众出。使诸侯伪效乌余之封者，而遂执之，尽获之。皆取其邑而归诸侯，诸侯是以睦于晋。

齐庆封来聘，其车美。孟孙谓叔孙曰："庆季之车，不亦美乎！"叔孙曰："豹闻之：'服美不称，必以恶终。'美车何为？"叔孙与庆封食，不敬。为赋《相鼠》，亦不知也。

卫宁喜专，公患之。公孙免余请杀之，公曰："微宁子不及此。吾与之言矣。事未可知，只成恶名。止也！"对曰："臣杀之。君勿与知。"乃与公孙无地、公孙臣谋，使攻宁氏；弗克，皆死。公曰："臣也无罪，父子死余矣！"夏，免余复攻宁氏，杀宁喜及右宰縠，尸诸朝。石恶将会宋之盟，受命而出，衣其尸，枕之股而哭之；欲敛以亡，惧不免，且曰："受命矣！"乃行。

子鲜曰："逐我者出，纳我者死：赏罚无章，何以沮劝？君失其信，而国无刑，不亦难乎？且鱄实使之。"遂出奔晋。公使止之，不可。及河，又使止之，止使者而盟于河。托于木门，不乡卫国而坐。木门大夫劝之仕，不可，曰："仕而废其事，罪也。从之，昭吾所以出也。将谁愬乎？吾不可以立于人之朝矣！"终身不仕。公丧之，如税服，终身。

公与免余邑六十，辞曰："唯卿备百邑，臣六十矣。下有上禄，乱也。臣弗敢闻。且宁子唯多邑故死，臣惧死之速及也！"公固与之，受其半。以为少师。公使为卿，辞曰："大叔仪不贰，能赞大事，君其命之！"乃使文子为卿。

宋向戌善于赵文子，又善于令尹子木，欲弭诸侯之兵以为名。

---

① 依阮元《校勘记》改。

② 据阮元《校勘记》补入。

如晋，告赵孟。赵孟谋于诸大夫。韩宣子曰："兵，民之残也，财用之蠹，小国之大灾也。将或弭之，虽曰不可，必将许之。弗许，楚将许之以召诸侯，则我失为盟主矣。"晋人许之。如楚，楚亦许之。如齐，齐人难之。陈文子曰："晋、楚许之，我焉得已？且人曰'弭兵'，而我弗许，则固携吾民矣，将焉用之?"齐人许之。告于秦，秦亦许之。皆告于小国，为会于宋。

五月甲辰，晋赵武至于宋。丙午，郑良霄至。六月丁未朔，宋人享赵文子，叔向为介。司马（置）〔寘〕折俎，礼也。仲尼使举是礼也，以为多文辞。戊申，叔孙豹、齐庆封、陈须无、卫石恶至。甲寅，晋荀盈从赵武至。丙辰，邾悼公至。壬戌，楚公子黑肱先至，成言于晋。丁卯，（宋）〔向〕戌如陈，从子木成言于楚。戊辰，滕成公至。子木谓向戌："请晋、楚之从交相见也。"庚午，向戌复于赵孟。赵孟曰："晋、楚、齐、秦，匹也。晋之不能于齐，犹楚之不能于秦也。楚君若能使秦君辱于敝邑，寡君敢不固请于齐!"壬申，左师复言于子木，子木使驲谒诸王。王曰："释齐、秦，他国请相见也。"秋七月戊寅，左师至。是夜也，赵孟及子皙盟，以齐言。庚辰，子木至自陈。陈孔奂、蔡公孙归生至。曹、许之大夫皆至。以藩为军。晋、楚各处其偏。伯夙谓赵孟曰："楚氛甚恶，惧难。"赵孟曰："吾左还，入于宋，若我何?"

辛巳，将盟于宋西门之外。楚人衷甲。伯州犁曰："合诸侯之师，以为不信，无乃不可乎？夫诸侯望信于楚，是以来服。若不信，是弃其所以服诸侯也。"固请释甲。子木曰："晋、楚无信久矣！事利而已。苟得志焉，焉用有信?"大宰退，告人曰："令尹将死矣，不及三年。求逞志而弃信，志将逞乎？志以发言，言以出信，信以立志，参以定之。信亡，何以及三?"赵孟患楚衷甲，以告叔向。叔向曰："何害也？匹夫一为不信，犹不可，单毙其死。若合诸侯之卿以为不信，必不捷矣！食言者不病，非子之患也。夫以信召人，而以僭济之，必莫之与也，安能害我？且吾因宋以守，病则夫能致死。与宋致死，虽倍楚可也，子何惧焉？又不及是。曰‘弭兵’以召诸侯，而称兵以害我；吾庸多矣，非所患也。”

季武子使谓叔孙以公命，曰：“视邾、滕。”既而齐人请邾，宋人请滕，皆不与盟。叔孙曰：“邾、滕人之私也，我列国也，何故视之？宋、卫吾匹也。”乃盟。故不书其族，言违命也。

晋、楚争先。晋人曰：“晋固为诸侯盟主，未有先晋者也。”楚人曰：“子言晋、楚匹也，若晋常先，是楚弱也。且晋、楚狎主诸侯之盟也久矣，岂专在晋？”叔向谓赵孟曰：“诸侯归晋之德只，非归其尸盟也。子务德，无争先。且诸侯盟，小国固必有尸盟者。楚为晋细，不亦可乎？”乃先楚人。书先晋，晋有信也。

壬午，宋公兼享晋、楚之大夫。赵孟为客，子木与之言，弗能对；使叔向侍言焉，子木亦不能对也。

乙酉，宋公及诸侯之大夫盟于蒙门之外。子木问于赵孟曰：“范武子之德何如？”对曰：“夫子之家事治，言于晋国无隐情，其祝史陈信于鬼神无愧辞。”子木归，以语王。王曰：“尚矣哉！能歆神人，宜其光辅五君以为盟主也！”子木又语王曰：“宜晋之伯也：有叔向以佐其卿。楚无以当之，不可与争。”晋荀（寅）〔盈〕遂如楚莅盟。

郑伯享赵孟于垂陇，子展、伯有、子西、子产、子大叔、二子石从。赵孟曰：“七子从君以宠武也，请皆赋以卒君贶，武亦以观七子之志。”子展赋《草虫》，赵孟曰：“善哉民之主也！抑武也不足以当之。”伯有赋《鹑之贲贲》，赵孟曰：“床笫之言不逾阈，况在野乎？非使人之所得闻也。”子西赋《黍苗》之四章，赵孟曰：“寡君在，武何能焉？”子产赋《隰桑》，赵孟曰：“武请受其卒章。”子大叔赋《野有蔓草》，赵孟曰：“吾子之惠也。”印段赋《蟋蟀》，赵孟曰：“善哉保家之主也！吾有望矣。”公孙段赋《桑扈》，赵孟曰：“‘匪交匪敖’，福将焉往？若保是言也，欲辞福禄，得乎？”卒享，文子告叔向曰：“伯有将为戮矣。诗以言志。志诬其上而公怨之，以为宾荣，其能久乎？幸而后亡。”叔向曰：“然，已侈！所谓不及五稔者，夫子之谓矣。”文子曰：“其余皆数世之主也。子展其后亡者也，在上不忘降。印氏其次也，乐而不荒；乐以安民，不淫以使之，后亡不亦可乎？”

宋左师请赏，曰：“请免死之邑。”公与之邑六十，以示子罕。子罕曰：“凡诸侯小国，晋、楚所以兵威之，畏而后上下慈和，慈和而后能安靖其国家，以事大国，所以存也。无威则骄，骄则乱生，乱生必灭，所以亡也。天生五材，民并用之，废一不可。谁能去兵？兵之设久矣，所以威不轨而昭文德也。圣人以兴，乱人以废。废兴、存亡、昏明之术，皆兵之由也；而子求去之，不亦诬乎？以诬道蔽诸侯，罪莫大焉。纵无大讨，而又求赏，无厌之甚也！”削而投之。

左师辞邑。向氏欲攻司城，左师曰：“我将亡，夫子存我，德莫大焉。又可攻乎？”君子曰：“‘彼己之子，邦之司直’，乐喜之谓乎！‘何以恤我，我其收之’，向戌之谓乎！”

齐崔杼生成及强而寡，取东郭姜，生明。东郭姜以孤入，曰棠无咎，与东郭偃相崔氏。崔成有疾而废之，而立明。成请老于崔，崔子许之；偃与无咎弗予，曰：“崔，宗邑也，必在宗主。”成与强怒，将杀之，告庆封曰：“夫子之身，亦子所知也，唯无咎与偃是从，父兄莫得进矣。大恐害夫子，敢以告。”庆封曰：“子姑退。吾图之。”告卢蒲嫳。卢蒲嫳曰：“彼，君之仇也。天或者将弃彼矣。彼实家乱，子何病焉？崔之薄，庆之厚也。”他日又告。庆封曰：“苟利夫子，必去之。难，吾助女。”

九月庚辰，崔成、崔强杀东郭偃、棠无咎于崔氏之朝。崔子怒而出，其众皆逃，求人使驾，不得；使圉人驾，寺人御而出，且曰：“崔氏有福，止余犹可。”遂见庆封。庆封曰：“崔、庆一也。是何敢然？请为子讨之。”使卢蒲嫳帅甲以攻崔氏。崔氏堞其宫而守之。弗克，使国人助之；遂灭崔氏，杀成与强而尽俘其家，其妻缢。嫳复命于崔子，且御而归之。至则无归矣，乃缢。崔明夜辟诸大墓。辛巳，崔明来奔。庆封当国。

楚薳罢如晋莅盟，晋侯享之。将出，赋《既醉》。叔向曰：“薳氏之有后于楚国也，宜哉！承君命，不忘敏。子荡将知政矣。

敏以事君，必能养民，政其焉往?”

崔氏之乱，申鲜虞来奔；仆赁于野，以丧庄公。冬，楚人召之。遂如楚为右尹。

十一月乙亥朔，日有食之。辰在申，司历过也，再失闰矣。

二十八年经

二十有八年：春，无冰。

夏，卫石恶出奔晋。

邾子来朝。

秋，八月，大雩。

仲孙羯如晋。

冬，齐庆封来奔。

十有一月，公如楚。

十有二月甲寅，天王崩。

(乙)〔己〕[①] 未，楚子昭卒。

二十八年传

二十八年春，无冰。梓慎曰：“今兹宋、郑其饥乎？岁在星纪而淫于玄枵，以有时灾，阴不堪阳。蛇乘龙；龙，宋、郑之星也。宋、郑必饥。玄枵，虚中也。枵，耗名也。土虚而民耗，不饥何为?”

夏，齐侯、陈侯、蔡侯、北燕伯、杞伯、胡子、沈子、白狄朝于晋，宋之盟故也。

齐侯将行，庆封曰：“我不与盟，何为于晋?”陈文子曰：“先事后贿，礼也。小事大，未获事焉，从之如志，礼也。虽不与

① 杜注：“十二月无乙未。日误。”按：乙者己之形讹也。说见王氏《经义述闻》。

盟，敢叛晋乎？重丘之盟，未可忘也。子其劝行！”

卫人讨宁氏之党，故石恶出奔晋。卫人立其从子圃以守石氏之祀，礼也。

邾悼公来朝，时事也。

“秋八月，大雩”，旱也。

蔡侯归自晋，入于郑。郑伯享之，不敬。子产曰：“蔡侯其不免乎？日其过此也，君使子展廷劳于东门之外，而傲；吾曰‘犹将更之’。今还，受享而惰，乃其心也。君小国，事大国而惰傲以为己心，将得死乎？若不免，必由其子。其为君也，淫而不父。侨闻之：如是者恒有子祸。”

孟孝伯如晋，告将为宋之盟故如楚也。

蔡侯之如晋也，郑伯使游吉如楚。及汉，楚人还之，曰：“宋之盟，君实亲辱。今吾子来，寡君谓吾子姑还，吾将使驲奔问诸晋而以告。”子大叔曰：“宋之盟，君命将利小国，而亦使安定其社稷、镇抚其民人，以礼承天之休。此君之宪令，而小国之望也。寡君是故使吉奉其皮币，以岁之不易，聘于下执事。今执事有命曰：‘女何与政令之有？必使而君弃而封守，跋涉山川，蒙犯霜露，以逞君心。’小国将君是望，敢不唯命是听？无乃非盟载之言，以阙君德，而执事有不利焉，小国是惧。不然，其何劳之敢惮！”

子大叔归，复命，告子展曰：“楚子将死矣。不修其政德，而贪昧于诸侯以逞其愿，欲久，得乎？《周易》有之，在‘复䷗’之‘颐䷚’，曰：‘迷复，凶。’其楚子之谓乎！欲复其愿而弃其本，复归无所，是谓迷复，能无凶乎？君其往也，送葬而归，以快楚心。楚不幾十年，未能恤诸侯也，吾乃休吾民矣。”

裨灶曰：“今兹周王及楚子皆将死。岁弃其次而旅于明年之次，以害鸟帑，周、楚恶之。”

九月，郑游吉如晋，告将朝于楚以从宋之盟。子产相郑伯以如楚，舍不为坛。外仆言曰：“昔先大夫相先君适四国，未尝不为坛。自是至今，亦皆循之。今子草舍，无乃不可乎？”子产曰：

"大适小，则为坛。小适大，苟舍而已，焉用坛？侨闻之，大适小有五美：宥其罪戾，赦其过失，救其灾患，赏其德刑，教其不及。小国不困，怀服如归，是故作坛以昭其功，宣告后人：无怠于德。小适大有五恶：说其罪戾，请其不足，行其政事，共其职贡，从其时命。不然，则重其币帛以贺其福而吊其凶，皆小国之祸也。焉用作坛以昭其祸？所以告子孙：无昭祸焉可也。"

齐庆封好田而耆酒，与庆舍政，则以其内实迁于卢蒲嫳氏，易内而饮酒。数日，国迁朝焉。使诸亡人得贼者以告而反之，故反卢蒲癸。癸臣子之，有宠，妻之。庆舍之士谓卢蒲癸曰："男女辨姓，子不辟宗，何也？"曰："宗不余辟，余独焉辟之？赋诗断章，余取所求焉。恶识宗？"癸言王何而反之。二人皆嬖，使执寝戈而先后之。

公膳，日双鸡。饔人窃更之以鹜，御者知之，则去其肉而以其洎馈。子雅、子尾怒。庆封告卢蒲嫳，卢蒲嫳曰："譬之如禽兽，吾寝处之矣。"使析归父告晏平仲，平仲曰："婴之众不足用也，知无能谋也。言弗敢出，有盟可也。"子家曰："子之言云，又焉用盟？"告北郭子车，子车曰："人各有以事君，非佐之所能也。"陈文子谓桓子曰："祸将作矣。吾其何得？"对曰："得庆氏之木百车于庄。"文子曰："可慎守也已。"

卢蒲癸、王何卜攻庆氏，示子之兆曰："或卜攻仇，敢献其兆。"子之曰："克，见血。"冬十月，庆封田于莱，陈无宇从。丙辰，文子使召之，请曰："无宇之母疾病，请归。"庆季卜之，示之兆，曰："死。"奉龟而泣，仍使归。庆嗣闻之，曰："祸将作矣！"谓子家："速归！祸必作于尝，归犹可及也。"子家弗听，亦无悛志。子息曰："亡矣！幸而获在吴、越。"陈无宇济水而戕舟发梁。

卢蒲姜谓癸曰："有事而不告我，必不捷矣。"癸告之。姜曰："夫子愎，莫之止，将不出。我请止之。"癸曰："诺。"十一月乙亥，尝于大公之庙，庆舍莅事。卢蒲姜告之，且止之。弗听，曰："谁敢者？"遂如公。麻婴为尸，庆奊为上献。卢蒲癸、王何执寝戈，庆氏以其甲环公宫。陈氏、鲍氏之圉人为优。庆氏之马善惊，士皆释甲束马而饮酒，且观优，至于鱼里。栾、高、陈、鲍之徒介庆氏之甲。子尾抽桷击扉三，卢蒲癸自后刺子之，王何以戈击之，解其左肩。犹援庙桷，动于甍，以俎、壶投杀人而后死。遂杀庆绳、麻婴。公惧，鲍国曰："群臣为君故也。"陈须无以公归，税服而如内宫。

庆封归，遇告乱者。丁亥，伐西门，弗克。还伐北门，克之；入，伐内宫，弗克。反，陈于岳。请战，弗许，遂来奔。献车于季武子，美泽可以鉴。展庄叔见之，曰："车甚泽，人必瘁，宜其亡也。"叔孙穆子食庆封。庆封汜祭，穆子不说，使工为之诵《茅鸱》，亦不知。既而齐人来让，奔吴。吴句余予之朱方，聚其族焉而居之，富于其旧。子服惠伯谓叔孙曰："天殆富淫人。庆封又富矣！"穆子曰："善人富谓之赏，淫人富谓之殃。天其殃之也，其将聚而歼旃。"

癸巳，天王崩。未来赴，亦未书，礼也。

崔氏之乱，丧群公子，故鉏在鲁，叔孙还在燕，贾在句渎之丘。及庆氏亡，皆召之，具其器用而反其邑焉。与晏子邶殿，其鄙六十；弗受。子尾曰："富，人之所欲也。何独弗欲？"对曰："庆氏之邑足欲，故亡。吾邑不足欲也，益之以邶殿，乃足欲；足欲，亡无日矣。在外不得宰吾一邑。不受邶殿，非恶富也，恐失富也。且夫富如布帛之有幅焉，为之制度，使无迁也。夫民生厚而用利，于是乎正德以幅之，使无黜嫚，谓之幅利。利过则为败。吾不敢贪多，所谓幅也。"与北郭佐邑六十，受之。与子雅邑，辞多受少。与子尾邑，受而稍致之；公以为忠，故有宠。

释卢蒲嫳于北竟。求崔杼之尸，将戮之；不得。叔孙穆子曰："必得之！武王有乱（臣）[①] 十人，崔杼其有乎？不十人，不足以葬。"既，崔氏之臣曰："与我其拱璧，吾献其柩。"于是得之。

---

① 此"臣"字衍，阮元《校勘记》详之。

十二月（乙）〔己〕① 亥朔，齐人迁庄公，殡于大寝。以其棺尸崔杼于市，国人犹知之，皆曰："崔子也！"

为宋之盟故，公及宋公、陈侯、郑伯、许男如楚。公过郑，郑伯不在；伯有廷劳于黄崖，不敬。穆叔曰："伯有无戾于郑，郑必有大咎。敬，民之主也；而弃之，何以承守？郑人不讨，必受其辜。济泽之阿，行潦之蘋藻，置诸宗室，季兰尸之，敬也。敬可弃乎？"

及汉，楚康王卒。公欲反。叔仲昭伯曰："我楚国之为，岂为一人？行也！"子服惠伯曰："君子有远虑，小人从迩。饥寒之不恤，谁遑其后？不如姑归也。"叔孙穆子曰："叔仲子，专之矣。子服子，始学者也。"荣成伯曰："远图者，忠也。"公遂行。

宋向戌曰："我一人之为，非为楚也。饥寒之不恤，谁能恤楚？姑归而息民，待其立君而为之备。"宋公遂反。

楚屈建卒，赵文子丧之如同盟，礼也。

王人来告丧。问崩日，以甲寅告。故书之以徵过也。

二十九年经

二十有九年：春，王正月，公在楚。

夏，五月，公至自楚。

庚午，卫侯衎卒。

阍弑吴子余祭。

仲孙羯会晋荀盈、齐高止、宋华定、卫世叔仪、郑公孙段、曹人、莒人、滕人、薛人、小邾人，城杞。

晋侯使士鞅来聘。

杞子来盟。

吴子使札来聘。

---

① 杜预注："乙亥误。"杨伯峻先生《春秋左传注》："乙乃己之形近误。"是也。今据改。

秋，九月，葬卫献公。

齐高止出奔北燕。

冬，仲孙羯如晋。

二十九年传

“二十九年春，王正月，公在楚”，释不朝正于庙也。楚人使公亲襚，公患之。穆叔曰：“祓殡而襚，则布币也。”乃使巫以桃、茢先祓殡。楚人弗禁，既而悔之。

二月癸卯，齐人葬庄公于北郭。

夏四月，葬楚康王。公及陈侯、郑伯、许男送葬，至于西门之外；诸侯之大夫皆至于墓。

楚郏敖即位，王子围为令尹。郑行人子羽曰：“是谓不宜，必代之昌。松柏之下，其草不殖。”

公还，及方城。季武子取卞，使公冶问，玺书追而与之，曰：“闻守卞者将叛，臣帅徒以讨之，既得之矣。敢告。”公冶致使而退，及舍而后闻取卞。公曰：“欲之而言叛，祇见（疏）〔谎〕也①。”公谓公冶曰：“吾可以入乎？”对曰：“君实有国，谁敢违君？”公与公冶冕服，固辞，强之而后受。公欲无入。荣成伯赋《式微》，乃归。五月，公至自楚。

公冶致其邑于季氏，而终不入焉，曰：“欺其君，何必使余？”季孙见之，则言季氏如他日；不见，则终不言季氏。及疾，聚其臣，曰：“我死，必无以冕服敛，非德赏也。且无使季氏葬我！”

葬灵王，郑上卿有事。子展使印段往，伯有曰：“弱，不可。”子展曰：“与其莫往，弱不犹愈乎？《诗》云‘王事靡盬，不遑启处’。东西南北，谁敢宁处？坚事晋、楚，以蕃王室也。王

① 疏当为谎，字之误也。此惠栋《春秋左传补注》说，今从之。

事无旷，何常之有?”遂使印段如周。

吴人伐越，获俘焉，以为阍，使守舟。吴子余祭观舟，阍以刀弑之。

郑子展卒，子皮即位。于是郑饥而未及麦，民病。子皮以子展之命，饩国人粟，户一钟，是以得郑国之民，故罕氏常掌国政，以为上卿。宋司城子罕闻之，曰：“邻于善，民之望也。”宋亦饥，请于平公，出公粟以贷，使大夫皆贷。司城氏贷而不书，为大夫之无者贷。宋无饥人。叔向闻之，曰：“郑之罕，宋之乐，其后亡者也，二者其皆得国乎！民之归也。施而不德，乐氏加焉，其以宋升降乎!”

晋平公，杞出也，故治杞。六月，知悼子合诸侯之大夫以城杞，孟孝伯会之，郑子大叔与伯石往。子大叔见大叔文子，与之语。文子曰：“甚乎，其城杞也!”子大叔曰：“若之何哉！晋国不恤周宗之阙而夏肄是屏，其弃诸姬亦可知也已。诸姬是弃，其谁归之？吉也闻之：弃同即异，是谓离德。《诗》曰：‘协比其邻，昏姻孔云。’晋不邻矣，其谁云之!”

齐高子容与宋司徒见知伯，女齐相礼。宾出，司马侯言于知伯曰：“二子皆将不免。子容专，司徒侈，皆亡家之主也。”知伯曰：“何如?”对曰：“专则速及，侈将以其力毙，专则人实毙之。将及矣!”

范献子来聘，拜城杞也。公享之，展庄叔执币。射者三耦，公臣不足，取于家臣。家臣展瑕；展（玉）〔王〕父为一耦，公臣公巫召伯、仲颜庄叔为一耦，鄫鼓父、党叔为一耦。

晋侯使司马女叔侯来治杞田，弗尽归也。晋悼夫人愠曰：“齐也取货，先君若有知也，不尚取之。”公告叔侯。叔侯曰：“虞、虢、焦、滑、霍、扬、韩、魏，皆姬姓也，晋是以大。若非侵小，将何所取？武、献以下，兼国多矣，谁得治之？杞，夏余也，而即东夷。鲁，周公之后也，而睦于晋。以杞封鲁犹可，而何有焉？鲁之于晋也，职贡不乏，玩好时至，公卿大夫相继于朝，史不绝书，府无虚月。如是可矣，何必瘠鲁以肥杞？且先君而有知也，毋宁夫人，而焉用老臣？”

杞文公来盟。书曰“子”，贱之也。

吴公子札来聘，见叔孙穆子，说之。谓穆子曰：“子其不得死乎？好善而不能择人。吾闻君子务在择人。吾子为鲁宗卿而任其大政，不慎举，何以堪之？祸必及子！”

请观于周乐。使工为之歌《周南》《召南》。曰：“美哉！始基之矣，犹未也。然勤而不怨矣！”为之歌《邶》《鄘》《卫》。曰：“美哉渊乎！忧而不困者也。吾闻卫康叔、武公之德如是，是其《卫风》乎！”为之歌《王》。曰：“美哉！思而不惧，其周之东乎！”为之歌《郑》。曰：“美哉！其细已甚，民弗堪也。是其先亡乎？”为之歌《齐》。曰：“美哉泱泱乎！大风也哉！表东海者，其大公乎？国未可量也。”为之歌《豳》。曰：“美哉荡乎！乐而不淫，其周公之东乎？”为之歌《秦》，曰：“此之谓夏声。夫能夏则大。大之至也，其周之旧乎！”为之歌《魏》。曰：“美哉沨沨乎！大而婉，险而易行，以德辅此，则明主也。”为之歌《唐》。曰：“思深哉！其有陶唐氏之遗民乎！不然，何〔其〕[①] 忧之远也？非令德之后，谁能若是？”为之歌《陈》。曰：“国无主，其能久乎？”自《郐》以下无讥焉。为之歌《小雅》。曰：“美哉！思而不贰，怨而不言，其周德之衰乎？犹有先王之遗民焉。”为之歌《大雅》。曰：“广哉熙熙乎！曲而有直体，其文王之德乎！”为之歌《颂》。曰：“至矣哉！直而不倨，曲而不屈，迩而不逼，远而不携，迁而不淫，复而不厌，哀而不愁，乐而不荒，用而不匮，广而不宣，施而不费，取而不贪，处而不底，行而不流。五声和，八风平，节有度，守有序。盛德之所同也！”见舞《象箾》《南籥》者，曰：“美哉！犹有憾。”见舞《大武》者，曰：“美哉！周之盛也，其若此乎！”见舞《韶濩》者，曰：“圣人之弘也，而犹有惭德。圣人之难也！”见舞《大夏》者，曰：“美哉勤

---

① 据阮元《校勘记》补人。

而不德！非禹，其谁能修之?”见舞《韶箾》者，曰：“德至矣哉！大矣，如天之无不帱也，如地之无不载也。虽甚盛德，其蔑以加于此矣。观止矣！若有他乐，吾不敢请已。”

其出聘也，通嗣君也。故遂聘于齐，说晏平仲，谓之曰：“子速纳邑与政！无邑无政，乃免于难。齐国之政将有所归。未获所归，难未歇也。”故晏子因陈桓子以纳政与邑，是以免于栾、高之难。

聘于郑，见子产，如旧相识。与之缟带，子产献纻衣焉。谓子产曰：“郑之执政侈，难将至矣。政必及子。子为政，慎之以礼。不然，郑国将败。”

适卫，说蘧瑗、史狗、史鳍、公子荆、公叔发、公子朝，曰：“卫多君子，未有患也。”

自卫如晋，将宿于戚，闻钟声焉，曰：“异哉！吾闻之也：‘辩而不德，必加于戮。’夫子获罪于君以在此，惧犹不足，而又何乐？夫子之在此也，犹燕之巢于幕上。君又在殡，而可以乐乎?”遂去之。文子闻之，终身不听琴瑟。

适晋，说赵文子、韩宣子、魏献子，曰：“晋国其萃于三族乎?”说叔向，将行，谓叔向曰：“吾子勉之！君侈而多良，大夫皆富，政将在家。吾子好直，必思自免于难。”

秋九月，齐公孙虿、公孙灶放其大夫高止于北燕。乙未，出。书曰“出奔”，罪高止也。高止好以事自为功，且专，故难及之。

冬，孟孝伯如晋，报范叔也。

为高氏之难故，高竖以卢叛。十月庚寅，闾丘婴帅师围卢。高竖曰：“苟使高氏有后，请致邑。”齐人立敬仲之曾孙酀，良敬仲也。十一月乙卯，高竖致卢而出奔晋，晋人城绵而置旃。

郑伯有使公孙黑如楚，辞曰：“楚、郑方恶，而使余往，是杀余也。”伯有曰：“世行也。”子晳曰：“可则往，难则已，何世之有?”伯有将强使之。子晳怒，将伐伯有氏，大夫和之。十二月己巳，郑大夫盟于伯有氏。裨谌曰：“是盟也，其与几何？《诗》曰：‘君子屡盟，乱是用长。’今是长乱之道也，祸未歇也。必三年而后能纾。”然明曰：“政将焉往？”裨谌曰：“善之代不善，天命也。其焉辟子产？举不逾等，则位班也。择善而举，则世隆也。天又除之，夺伯有魄，子西即世，将焉辟之？天祸郑久矣！其必使子产息之，乃犹可以戾。不然，将亡矣！”

三十年经

三十年：春，王正月，楚子使薳罢来聘。

夏，四月，蔡世子般弑其君固。

五月甲午，宋灾。宋伯姬卒。

天王杀其弟佞夫。

王子瑕奔晋。

秋，七月，叔弓如宋，葬宋共姬。

郑良霄出奔许，自许入于郑。郑人杀良霄。

冬，十月，葬蔡景公。

晋人、齐人、宋人、卫人、郑人、曹人、莒人、邾人、滕人、薛人、杞人、小邾人会于澶渊，宋灾故。

三十年传

三十年春，王正月，楚子使薳罢来聘，通嗣君也。穆叔问：“王子之为政何如？”对曰：“吾侪小人食而听事，犹惧不给命而不免于戾，焉与知政？”固问焉，不告。穆叔告大夫曰：“楚令尹将有大事，子荡将与焉助之，匿其情矣。”

子产相郑伯以如晋，叔向问郑国之政焉。对曰：“吾得见与否，在此岁也。驷、良方争，未知所成。若有所成，吾得见，乃可知也。”叔向曰：“不既和矣乎？”对曰：“伯有侈而愎，子皙好在人上，莫能相下也。虽其和也，犹相积恶也。恶至无日矣！”

（三）〔二〕[①] 月癸未，晋悼夫人食舆人之城杞者。绛县人或年长矣，无子而往，与于食。有与疑年，使之年，曰：“臣小人也，不知纪年。臣生之岁，正月甲子朔，四百有四十五甲子矣，其季于今三之一也。”吏走问诸朝。师旷曰：“鲁叔仲惠伯会郤成子于承匡之岁也。是岁也，狄伐鲁，叔孙庄叔于是乎败狄于咸，获长狄侨如及虺也、豹也，而皆以名其子。七十三年矣。”史赵曰：“亥有二首六身，下二如身，是其日数也。”士文伯曰：“然则二万（二）〔六〕[②] 千六百有六旬也。”

赵孟问其县大夫，则其属也。召之，而谢过焉，曰：“武不才，任君之大事，以晋国之多虞，不能由吾子，使吾子辱在泥涂久矣，武之罪也。敢谢不才！”遂仕之，使助为政；辞以老。与之田，使为君复陶，以为绛县师，而废其舆尉。

于是鲁使者在晋，归以语诸大夫。季武子曰：“晋未可媮也。有赵孟以为大夫，有伯瑕以为佐，有史赵、师旷而咨度焉，有叔向、女齐以师保其君：其朝多君子，其庸可媮乎？勉事之而后可。”

夏四月己亥，郑伯及其大夫盟。君子是以知郑难之不已也。

蔡景侯为大子般娶于楚，通焉。大子弑景侯。

初，王儋季卒，其子括将见王，而叹。单公子愆期为灵王御士，过诸廷，闻其叹而言曰：“乌乎！必有此夫！”入以告王，且曰：“必杀之！不慼而愿大，视躁而足高，心在他矣。不杀，必害！”王曰：“童子何知！”及灵王崩，儋括欲立王子佞夫，佞夫弗知。戊子，儋括围蒍，逐成愆；成愆奔平畤。五月癸巳，尹言多、刘毅、单蔑、甘过、巩成杀佞夫。括、瑕、廖奔晋。书曰“天王杀其弟佞夫”，罪在王也。

或叫于宋大庙，曰：“譆譆，出出！”鸟鸣于亳社，如曰“譆譆”。甲午，宋大灾。宋伯姬卒，待姆也。君子谓宋共姬女而不

---

① 三当作二，阮元《校勘记》说是也。

② 据阮元《校勘记》改。

妇，女待人，妇义事也。

六月，郑子产如陈莅盟。归复命，告大夫曰："陈，亡国也，不可与也。聚禾粟，缮城郭，恃此二者而不抚其民。其君弱植，公子侈，大子卑，大夫敖，政多门，以介于大国，能无亡乎？不过十年矣！"

秋七月，叔弓如宋，葬共姬也。

郑伯有耆酒，为窟室，而夜饮酒，击钟焉。朝至未已，朝者曰："公焉在？"其人曰："吾公在壑谷。"皆自朝布路而罢。既而朝，则又将使子皙如楚，归而饮酒。庚子，子皙以驷氏之甲伐而焚之。伯有奔雍梁，醒而后知之；遂奔许。大夫聚谋，子皮曰："《仲虺之志》云：'乱者取之，亡者侮之。推亡固存，国之利也。'罕、驷、丰同生，伯有（汰）〔汏〕侈，故不免。"

人谓子产：就直助强。子产曰："岂为我徒？国之祸难，谁知所敝？或主强直，难乃不生。姑成吾所。"辛丑，子产敛伯有氏之死者而殡之，不及谋而遂行。印段从之，子皮止之。众曰："人不我顺，何止焉？"子皮曰："夫子礼于死者，况生者乎？"遂自止之。壬寅，子产入。癸卯，子石入。皆受盟于子皙氏。

乙巳，郑伯及其大夫盟于大宫，盟国人于师之梁之外。伯有闻郑人之盟己也，怒；闻子皮之甲不与攻己也，喜，曰："子皮与我矣！"癸丑晨，自墓门之渎入，因马师颉介于襄库，以伐旧北门。驷带率国人以伐之。皆召子产。子产曰："兄弟而及此，吾从天所与。"伯有死于羊肆。子产襚之，枕之股而哭之，敛而殡诸伯有之臣在市侧者，既而葬诸斗城。子驷氏欲攻子产。子皮怒之，曰："礼，国之干也。杀有礼，祸莫大焉！"乃止。

于是游吉如晋还，闻难不入，复命于介。八月甲子，奔晋。驷带追之，及酸枣，与子上（盟）用两珪质于河。使公孙肸入盟大夫。己巳，复归。

书曰"郑人杀良霄"，不称"大夫"，言自外入也。

于子蟜之卒也，将葬，公孙挥与裨灶晨会事焉。过伯有氏，其门上生莠。子羽曰："其莠犹在乎？"于是岁在降娄，降娄中而旦，裨灶指之曰：“犹可以终岁。岁不及此次也已。”及其亡也，岁在娵訾之口，其明年乃及降娄。

仆展从伯有，与之皆死。羽颉出奔晋，为任大夫。鸡泽之会，郑乐成奔楚，遂适晋。羽颉因之，与之比而事赵文子，言伐郑之说焉。以宋之盟故，不可。

子皮以公孙鉏为马师。

楚公子围杀大司马蒍掩而取其室。申无宇曰：“王子必不免！善人，国之主也。王子相楚国，将善是封殖；而虐之，是祸国也。且司马，令尹之偏而王之四体也。绝民之主，去身之偏，艾王之体，以祸其国，无不祥大焉，何以得免？”

为宋灾故，诸侯之大夫会以谋归宋财。冬十月，叔孙豹会晋赵武、齐公孙虿、宋向戌、卫北宫佗、郑罕虎及小邾之大夫，会于澶渊。既而无归于宋，故不书其人。君子曰：“信其不可不慎乎！澶渊之会，卿不书，不信也。夫诸侯之上卿会而不信，宠名皆弃，不信之不可也如是！《诗》曰：‘文王陟降，在帝左右。’信之谓也。又曰：‘淑慎尔止，无载尔伪。’不信之谓也。”书曰“某人某人会于澶渊，宋灾故”，尤之也。不书鲁大夫，讳之也。

郑子皮授子产政。辞曰：“国小而逼，族大宠多，不可为也。”子皮曰：“虎帅以听，谁敢犯子？子善相之！国无小，小能事大，国乃宽。”

子产为政，有事伯石，赂与之邑。子大叔曰：“国，皆其国也，奚独赂焉？”子产曰：“无欲实难。皆得其欲，以从其事而要其成。非我有成，其在人乎？何爱于邑？邑将焉往？”子大叔曰：“若四国何？”子产曰：“非相违也，而相从也，四国何尤焉？《郑书》有之曰：‘安定国家，必大焉先。’姑先安大，以待其所归。”既，伯石惧而归邑，卒与之。伯有既死，使大史命伯石为卿，辞；大史退，则请命焉；复命之，又辞。如是三，乃受策入拜。子产是以恶其为人也，使次己位。

子产使都鄙有章，上下有服，田有封洫，庐井有伍。大人之忠俭者，从而与之；泰侈者，因而毙之。

丰卷将祭，请田焉。弗许，曰：“唯君用鲜，众给而已。”子张怒，退而徵役。子产奔晋，子皮止之而逐丰卷。丰卷奔晋。子产请其田里，三年而复之，反其田里及其入焉。

从政一年，舆人诵之，曰：“取我衣冠而褚之，取我田畴而伍之。孰杀子产？吾其与之。”及三年，又诵之，曰：“我有子弟，子产诲之。我有田畴，子产殖之。子产而死，谁其嗣之？”

三十一年经

三十有一年：春，王正月。

夏，六月辛巳，公薨于楚宫。

秋，九月癸巳，子野卒。

己亥，仲孙羯卒。

冬，十月，滕子来会葬。

癸酉，葬我君襄公。

十有一月，莒人弑其君密州。

三十一年传

三十一年春，王正月，穆叔至自会，见孟孝伯，语之曰：“赵孟将死矣。其语偷，不似民主；且年未盈五十，而谆谆焉如八、九十者：弗能久矣。若赵孟死，为政者其韩子乎！吾子盍与季孙言之？可以树善，君子也。晋君将失政矣。若不树焉，使早备鲁；既而政在大夫，韩子懦弱，大夫多贪，求欲无厌，齐、楚未足与也，鲁其惧哉！”孝伯曰：“人生几何，谁能无偷？朝不及夕，将安用树？”穆叔出而告人曰：“孟孙将死矣。吾语诸赵孟之偷也，而又甚焉！”又与季孙语晋故，季孙不从。

及赵文子卒，晋公室卑，政在侈家。韩宣子为政，不能图诸侯。鲁不堪晋求，谗慝弘多，是以有平丘之会。

齐子尾害闾丘婴，欲杀之，使帅师以伐阳州。我问师故。夏五月，子尾杀闾丘婴以说于我师。工偻洒、渻灶、孔虺、贾寅出奔莒。出群公子。

公作楚宫。穆叔曰："《大誓》云：'民之所欲，天必从之。'君欲楚也夫，故作其宫。若不复适楚，必死是宫也。"六月辛巳，公薨于楚宫。叔仲带窃其拱璧以与御人，纳诸其怀而从取之，由是得罪。

立胡女敬归之子子野，次于季氏。秋九月癸巳，卒，毁也。

己亥，孟孝伯卒。

立敬归之娣齐归之子公子裯。穆叔不欲，曰："大子死，有母弟则立之，无则长立；年钧择贤，义钧则卜：古之道也。非適嗣，何必娣之子？且是人也，居丧而不哀，在慼而有嘉容，是谓不度。不度之人，鲜不为患。若果立之，必为季氏忧。"武子不听，卒立之。比及葬，三易衰，衰衽如故衰。于是昭公十九年矣，犹有童心，君子是以知其不能终也。

冬十月，滕成公来会葬，惰而多涕。子服惠伯曰："滕君将死矣。怠于其位而哀已甚，兆于死所矣，能无从乎？"癸酉，葬襄公。

公薨之月，子产相郑伯以如晋。晋侯以我丧故，未之见也。子产使尽坏其馆之垣而纳车马焉。士文伯让之，曰："敝邑以政刑之不修，寇盗充斥，无若诸侯之属辱在寡君者何，是以令吏人完客所馆，高其闬闳，厚其墙垣，以无忧客使。今吾子坏之，虽从者能戒，其若异客何？以敝邑之为盟主，缮完葺墙，以待宾客；若皆毁之，其何以共命？寡君使（匄）〔丐〕[①] 请命。"对曰："以敝邑褊小，介于大国，诛求无时，是以不敢宁居，悉索敝赋，以来会时事。逢执事之不闲，而未得见，又不获闻命，未知见时。不敢输币，亦不敢暴露。其输之，则君之府实也，非荐陈之，不敢输也。其暴露之，则恐燥湿之不时而朽蠹，以重敝邑之罪。侨

① 依阮元《校勘记》改。

闻文公之为盟主也：宫室卑庳，无观台榭，以崇大诸侯之馆，馆如公寝；库厩缮修，司空以时平易道路，圬人以时塓馆宫室；诸侯宾至，甸设庭燎，仆人巡宫，车马有所，宾从有代，巾车脂辖，隶人、牧、圉各瞻其事，百官之属各展其物；公不留宾，而亦无废事；忧乐同之，事则巡之；教其不知，而恤其不足。宾至如归，无宁灾患？不畏寇盗，而亦不患燥湿。今铜鞮之宫数里，而诸侯舍于隶人；门不容车，而不可逾越；盗贼公行，而（夭）〔天〕[①]厉不戒；宾见无时，命不可知。若又勿坏，是无所藏币以重罪也。敢请执事：将何以命之？虽君之有鲁丧，亦敝邑之忧也。若获荐币，修垣而行，君之惠也，敢惮勤劳？”

文伯复命，赵文子曰：“信。我实不德，而以隶人之垣以赢诸侯，是吾罪也！”使士文伯谢不敏焉。晋侯见郑伯，有加礼，厚其宴好而归之。乃筑诸侯之馆。

叔向曰：“辞之不可以已也如是夫！子产有辞，诸侯赖之。若之何其释辞也？《诗》曰：‘辞之辑矣，民之协矣。辞之绎矣，民之莫矣。’其知之矣！”

郑子皮使印段如楚，以适晋告，礼也。

莒犁比公生去疾及展舆。既立展舆，又废之。犁比公虐，国人患之。十一月，展舆因国人以攻莒子，弑之，乃立。去疾奔齐，齐出也。展舆，吴出也。书曰“莒人弑其君买朱鉏”，言罪之在也。

吴子使屈狐庸聘于晋，通路也。赵文子问焉，曰：“延州来季子其果立乎？巢陨诸樊，阍戕戴吴，天似启之，何如？”对曰：“不立。是二王之命也，非启季子也。若天所启，其在今嗣君乎？甚德而度：德不失民，度不失事，民亲而事有序，其天所启也。有吴国者，必此君之子孙实终之。季子守节者也，虽有国，不立。”

---

① 依阮元《校勘记》改。

十二月，北宫文子相卫襄公以如楚，宋之盟故也。过郑，印段迂劳于棐林，如聘礼而以劳辞。文子入聘，子羽为行人，冯简子与子大叔逆客。事毕而出，言于卫侯曰："郑有礼，其数世之福也。其无大国之讨乎？《诗》云：'谁能执热，逝不以濯？'礼之于政，如热之有濯也。濯以救热，何患之有？"

子产之从政也，择能而使之：冯简子能断大事。子大叔美秀而文。公孙挥能知四国之为，而辨于其大夫之族姓、班位、贵贱、能否，而又善为辞令。裨谌能谋，谋于野则获，谋于邑则否。郑国将有诸侯之事，子产乃问四国之为于子羽，且使多为辞令；与裨谌乘以适野，使谋可否；而告冯简子，使断之；事成，乃授子大叔使行之，以应对宾客。是以鲜有败事，北宫文子所谓"有礼"也。

郑人游于乡校以论执政。然明谓子产曰："毁乡校，何如？"子产曰："何为？夫人朝夕退而游焉，以议执政之善否。其所善者，吾则行之；其所恶者，吾则改之：是吾师也，若之何毁之？我闻忠善以损怨，不闻作威以防怨。岂不遽止？然犹防川：大决所犯，伤人必多，吾不克救也。不如小决使道。不如吾闻而药之也。"然明曰："蔑也今而后知吾子之信可事也。小人实不才。若果行此，其郑国实赖之，岂唯二三臣？"仲尼闻是语也，曰："以是观之，人谓子产不仁，吾不信也！"

子皮欲使尹何为邑，子产曰："少，未知可否。"子皮曰："愿。吾爱之，不吾叛也。使夫往而学焉，夫亦愈知治矣。"子产曰："不可！人之爱人，求利之也。今吾子爱人则以政，犹未能操刀而使割也，其伤实多。子之爱人，伤之而已，其谁敢求爱于子？子于郑国，栋也。栋折榱崩，侨将厌焉，敢不尽言？子有美锦，不使人学制焉。大官、大邑，身之所庇也，而使学者制焉，其为美锦不亦多乎？侨闻学而后入政，未闻以政学者也。若果行此，必有所害。譬如田猎，射御贯则能获禽，若未尝登车射御，则败绩厌覆是惧，何暇思获？"子皮曰："善哉！虎不敏。吾闻君子务知大者远者，小人务知小者近者。我小人也。衣服附在吾身，我知而慎之；大官、大邑所以庇身也，我远而慢之。微子之言，吾不知也。他日我曰：‘子为郑国、我为吾家以庇焉，其可也。’今而后知不足。自今请虽吾家，听子而行。”子产曰：“人心之不同，如其面焉。吾岂敢谓子面如吾面乎？抑心所谓危，亦以告也。”子皮以为忠，故委政焉，子产是以能为郑国。

卫侯在楚，北宫文子见令尹围之威仪，言于卫侯曰：“令尹（似）〔以〕[①] 君矣，将有他志。虽获其志，不能终也。《诗》云：‘靡不有初，鲜克有终。’终之实难，令尹其将不免。”公曰：“子何以知之？”对曰：“《诗》云：‘敬慎威仪，惟民之则。’令尹无威仪，民无则焉。民所不则，以在民上，不可以终。”公曰：“善哉！何谓威仪？”对曰：“有威而可畏谓之威，有仪而可象谓之仪。君有君之威仪，其臣畏而爱之，则而象之，故能有其国家，令闻长世。臣有臣之威仪，其下畏而爱之，故能守其官职，保族宜家。顺是以下皆如是，是以上下能相固也。《卫诗》曰：‘威仪棣棣，不可选也。’言君臣、上下、父子、兄弟、内外、大小皆有威仪也。《周诗》曰：‘朋友攸摄，摄以威仪。’言朋友之道，必相教训以威仪也。《周书》数文王之德，曰：‘大国畏其力，小国怀其德。’言畏而爱之也。《诗》云：‘不识不知，顺帝之则。’言则而象之也。纣囚文王七年，诸侯皆从之囚，纣于是乎惧而归之，可谓爱之。文王伐崇，再驾而降为臣，蛮夷帅服，可谓畏之。文王之功，天下诵而歌舞之，可谓则之。文王之行，至今为法，可谓象之。有威仪也！故君子在位可畏，施舍可爱，进退可度，周旋可则，容止可观，作事可法，德行可象，声气可乐，动作有文，言语有章，以临其下，谓之有威仪也。”

---

① 似，孔疏引服虔本作以，今从之。

昭　公

元年经

元年：春，王正月，公即位。

叔孙豹会晋赵武、楚公子围、齐国弱、宋向戌、卫齐恶、陈公子招、蔡公孙归生、郑罕虎、许人、曹人于虢。

三月，取郓。

夏，秦伯之弟鍼出奔晋。

六月丁巳，邾子华卒。

晋荀吴帅师败狄于大卤。

秋，莒去疾自齐入于莒，莒展（舆）出奔吴。

叔弓帅师疆郓田。

葬邾悼公。

冬，十有一月己酉，楚子麇卒。

〔楚〕公子比出奔晋。

元年传

元年春，楚公子围聘于郑，且娶于公孙段氏。伍举为介。将入馆，郑人恶之，使行人子羽与之言；乃馆于外。既聘，将以众逆；子产患之，使子羽辞，曰：“以敝邑褊小，不足以容从者，请墠听命。”令尹命大宰伯州犁对曰：“君辱贶寡大夫围，谓围：‘将使丰氏抚有而室。’围布几筵，告于庄、共之庙而来。若野赐之，是委君贶于草莽也，是寡大夫不得列于诸卿也。不宁唯是，又使围蒙其先君，将不得为寡君老，其蔑以复矣！唯大夫图之！”子羽曰：“小国无罪，恃实其罪。将恃大国之安靖己，而无乃包藏祸心以图之？小国失恃，而惩诸侯使莫不憾者，距违君命，而有所壅塞不行是惧！不然，敝邑馆人之属也，其敢爱丰氏之祧？”伍举知其有备也，请垂櫜而入；许之。

正月乙未入，逆而出。遂会于虢，寻宋之盟也。祁午谓赵文子曰：“宋之盟，楚人得志于晋。今令尹之不信，诸侯之所闻也。子弗戒，惧又如宋。子木之信称于诸侯，犹诈晋而驾焉，况不信之尤者乎！楚重得志于晋，晋之耻也。子相晋国，以为盟主，于今七年矣。再合诸侯，三合大夫，服齐、狄，宁东夏，平秦乱，城淳于，师徒不顿，国家不罢，民无谤讟，诸侯无怨，天无大灾，子之力也！有令名矣，而终之以耻，午也是惧，吾子其不可以不戒！”文子曰：“武受赐矣。然宋之盟，子木有祸人之心，武有仁人之心，是楚所以驾于晋也。今武犹是心也，楚又行僭，非所害也。武将信以为本，循而行之。譬如农夫，是穮是蓘，虽有饥馑，必有丰年。且吾闻之：‘能信不为人下。’吾未能也。《诗》曰：‘不僭不贼，鲜不为则。’信也。能为人则者，不为人下矣。吾不能是难，楚不为患！”楚令尹围请“用牲，读旧书加于牲上而已”，晋人许之。

三月甲辰，盟。楚公子围设服离卫。叔孙穆子曰：“楚公子美矣君哉！”郑子皮曰：“二执戈者前矣！”蔡子家曰：“蒲宫有前，不亦可乎？”楚伯州犁曰：“此行也，辞而假之寡君。”郑行人挥曰：“假不反矣。”伯州犁曰：“子姑忧子皙之欲背诞也。”子羽曰：“当璧犹在，假而不反，子其无忧乎？”齐国子曰：“吾代二子愍矣！”陈公子招曰：“不忧何成？二子乐矣。”卫齐子曰：“苟或知之，虽忧何害？”宋合左师曰：“大国令，小国共。吾知共而已。”晋乐王鲋曰：“《小旻》之卒章善矣！吾从之。”

退会，子羽谓子皮曰：“叔孙绞而婉，宋左师简而礼，乐王鲋字而敬，子与子家持之，皆保世之主也。齐、卫、陈大夫其不免乎：国子代人忧，子招乐忧，齐子虽忧弗害。夫弗及而忧，与可忧而乐，与忧而弗害，皆取忧之道也，忧必及之。《大誓》曰：'民之所欲，天必从之。'三大夫兆忧，〔忧〕[①] 能无至乎？言以知物，其是之谓矣。"

季武子伐莒，取郓。莒人告于会。楚告于晋曰："寻盟未退而鲁伐莒、渎齐盟，请戮其使！"

乐桓子相赵文子，欲求货于叔孙，而为之请。使请带焉，弗与。梁其跁曰："货以藩身，子何爱焉？"叔孙曰："诸侯之会，卫社稷也。我以货免，鲁必受师，是祸之也，何卫之为？人之有墙，以蔽恶也；墙之隙坏，谁之咎也？卫而恶之，吾又甚焉。虽怨季孙，鲁国何罪？叔出季处，有自来矣，吾又谁怨？然鲋也贿，弗与，不已。"召使者，裂裳帛而与之，曰："带其褊矣。"

赵孟闻之，曰："临患不忘国，忠也；思难不越官，信也；图国忘死，贞也；谋主三者，义也。有是四者，又可戮乎？"乃请诸楚曰："鲁虽有罪，其执事不辟难，畏威而敬命矣。子若免之，以劝左右，可也。若子之群吏处不辟污，出不逃难，其何患之有？患之所生：污而不治，难而不守，所由来也。能是二者，又何患焉？不靖其能，其谁从之？鲁叔孙豹可谓能矣，请免之以靖能者！子会而赦有罪，又赏其贤，诸侯其谁不欣焉望楚而归之，视远如迩？疆埸之邑，一彼一此，何常之有？王伯之令也，引其封疆而树之官，举之表旗而著之制令，过则有刑，犹不可壹，于是乎虞有三苗，夏有观、扈，商有姺、邳，周有徐、奄。自无令王，诸侯逐进，狎主齐盟，其又可壹乎？恤大舍小，足以为盟主，又焉用之？封疆之削，何国蔑有？主齐盟者，谁能辩焉？吴、濮有衅，楚之执事岂其顾盟？莒之疆事，楚勿与知，诸侯无烦，不亦可乎？莒、鲁争郓，为日久矣。苟无大害于其社稷，可无亢也。去烦宥善，莫不竞劝。子其图之！"固请诸楚，楚人许之，乃免叔孙。

---

① "忧"字当重，阮元《校勘记》说，是也。

令尹享赵孟，赋《大明》之首章。赵孟赋《小宛》之二章。事毕，赵孟谓叔向曰：“令尹自以为王矣，何如？”对曰：“王弱，令尹强，其可哉！虽可，不终。”赵孟曰：“何故？”对曰：“强以克弱而安之，强不义也。不义而强，其毙必速。《诗》曰：‘赫赫宗周，褒姒灭之。’强不义也。令尹为王，必求诸侯。晋少懦矣，诸侯将往。若获诸侯，其虐滋甚，民弗堪也，将何以终？夫以强取，不义而克，必以为道。道以淫虐，弗可久已矣！”

夏四月，赵孟、叔孙豹、曹大夫入于郑，郑伯兼享之。子皮戒赵孟，礼终，赵孟赋《瓠叶》。子皮遂戒穆叔，且告之。穆叔曰：“赵孟欲一献，子其从之。”子皮曰：“敢乎？”穆叔曰：“夫人之所欲也，又何不敢？”及享，具五献之笾豆于幕下。赵孟辞，私于子产曰：“武请于冢宰矣！”乃用一献。赵孟为客。礼终乃宴。穆叔赋《鹊巢》，赵孟曰：“武不堪也！”又赋《采蘩》，曰：“小国为蘩，大国省穑而用之，其何实非命？”子皮赋《野有死麕》之卒章，赵孟赋《常棣》，且曰：“吾兄弟比以安，尨也可使无吠！”穆叔、子皮及曹大夫兴，拜，举兕爵，曰：“小国赖子，知免于戾矣！”饮酒乐，赵孟出，曰：“吾不复此矣！”

天王使刘定公劳赵孟于颍，馆于雒汭。刘子曰：“美哉禹功，明德远矣！微禹，吾其鱼乎！吾与子弁冕、端委以治民、临诸侯，禹之力也。子盍亦远绩禹功而大庇民乎？”对曰：“老夫罪戾是惧，焉能恤远？吾侪偷食，朝不谋夕，何其长也？”刘子归，以语王曰：“谚所谓老将知而耄及之者，其赵孟之谓乎！为晋正卿以主诸侯，而侪于隶人，朝不谋夕，弃神、人矣。神怒，民叛，何以能久？赵孟不复年矣。神怒，不歆其祀；民叛，不即其事：祀、事不从，又何以年？”

叔孙归，曾夭御季孙以劳之。旦及日中不出。曾夭谓曾阜曰：“旦及日中，吾知罪矣。鲁以相忍为国也。忍其外，不忍其内，焉用之？”阜曰：“数月于外，一旦于是，庸何伤？贾而欲赢，而恶嚣乎？”阜谓叔孙曰：“可以出矣。”叔孙指楹，曰：“虽恶是，其可去乎？”乃出见之。

郑徐吾犯之妹美，公孙楚聘之矣，公孙黑又使强委禽焉。犯惧，告子产。子产曰："是国无政，非子之患也。唯所欲与。"犯请于二子，请使女择焉。皆许之。子皙盛饰入，布币而出。子南戎服入，左右射，超乘而出。女自房观之，曰："子皙信美矣。抑子南夫也。夫夫妇妇，所谓顺也。"适子南氏，子皙怒，既而櫜甲以见子南，欲杀之而取其妻。子南知之，执戈逐之，及冲，击之以戈。子皙伤而归，告大夫曰："我好见之，不知其有异志也，故伤。"

大夫皆谋之。子产曰："直钧，幼贱有罪，罪在楚也。"乃执子南而数之，曰："国之大节有五，女皆奸之。畏君之威，听其政，尊其贵，事其长，养其亲，五者所以为国也。今君在国，女用兵焉，不畏威也；奸国之纪，不听政也；子皙上大夫，女嬖大夫而弗下之，不尊贵也；幼而不忌，不事长也；兵其从兄，不养亲也。君曰：'余不女忍杀，宥女以远。'勉速行乎，无重而罪！"

五月庚辰，郑放游楚于吴。将行子南，子产咨于大叔。大叔曰："吉不能亢身，焉能亢宗？彼国政也，非私难也。子图郑国，利则行之，又何疑焉？周公杀管叔而蔡蔡叔，夫岂不爱？王室故也。吉若获戾，子将行之，何有于诸游？"

秦后子有宠于桓，如二君于景。其母曰："弗去，惧选！"癸卯，鍼适晋，其车千乘。书曰："秦伯之弟鍼出奔晋。"罪秦伯也。

后子享晋侯，造舟于河，十里舍车，自雍及绛。归取酬币，终事八反。司马侯问焉，曰："子之车尽于此而已乎？"对曰："此之谓多矣。若能少此，吾何以得见？"女叔齐以告公，且曰："秦公子必归。臣闻君子能知其过，必有令图。令图，天所赞也。"

后子见赵孟。赵孟曰："吾子其曷归？"对曰："鍼惧选于寡君，是以在此，将待嗣君。"赵孟曰："秦君何如？"对曰："无道。"赵孟曰："亡乎？"对曰："何为？一世无道，国未艾也。国于天地，有与立焉。不数世淫，弗能毙也。”赵孟曰：“（天）〔夭〕[①] 乎?”对曰：“有焉。”赵孟曰：“其几何?”对曰：“鍼闻之：国无道而年谷和熟，天赞之也。鲜不五稔。”赵孟视荫，曰：“朝夕不相及，谁能待五?”后子出，而告人曰：“赵孟将死矣。主民，玩岁而愒日，其与几何?”

郑为游楚乱故，六月丁巳，郑伯及其大夫盟于公孙段氏。罕虎、公孙侨、公孙段、印段、游吉、驷带私盟于闺门之外，实薰隧。公孙黑强与于盟，使大史书其名，且曰“七子”。子产弗讨。

晋中行穆子败无终及群狄于大原，崇卒也。将战，魏舒曰：“彼徒我车，所遇又阨，以什共车，必克。困诸阨，又克。请皆卒，自我始。”乃毁车以为行，五乘为三伍。荀吴之嬖人不肯即卒，斩以徇。为五陈以相离：两于前，伍于后，专为右角，参为左角，偏为前拒，以诱之。翟人笑之。未陈而薄之，大败之。

莒展舆立，而夺群公子秩。公子召去疾于齐。秋，齐公子鉏纳去疾，展舆奔吴。

叔弓帅师疆郓田，因莒乱也。于是莒务娄、瞀胡及公子灭明以大厖与常仪靡奔齐。

君子曰：“莒展之不立，弃人也夫！人可弃乎?《诗》曰‘无竞维人’，善矣。”

晋侯有疾，郑伯使公孙侨如晋聘，且问疾。叔向问焉，曰：“寡君之疾病，卜人曰‘实沈、台骀为祟’，史莫之知。敢问此何神也?”子产曰：

> 昔高辛氏有二子，伯曰阏伯，季曰实沈，居于旷林，不相能也，日寻干戈以相征讨。后帝不臧，迁阏伯于商丘，主辰，商人是因，故辰为商星；迁实沈于大夏，主参，唐人是因，以服事夏、商，其季世曰唐叔虞。当武王邑姜方震大叔，梦帝谓己：“余命而子曰‘虞’，将与之唐，属诸参，而蕃育

① 据孔疏，天当作夭，字之误也。

其子孙。”及生，有文在其手曰“虞”，遂以命之。及成王灭唐，而封大叔焉，故参为晋星。由是观之，则实沈参神也。

昔金天氏有裔子曰昧，为玄冥师，生允格、台骀。台骀能业其官，宣汾、洮，障大泽，以处大原。帝用嘉之，封诸汾川，沈、姒、蓐、黄实守其祀。今晋主汾而灭之矣。由是观之，则台骀汾神也。

抑此二者不及君身。山川之神，则水旱疠疫之灾，于是乎禜之。日月星辰之神，则雪霜风雨之不时，于是乎禜之。若君身，则亦出入、饮食、哀乐之事也，山川、星辰之神又何为焉？

侨闻之：君子有四时，朝以听政，昼以访问，夕以修令，夜以安身。于是乎节宣其气，勿使有所壅闭湫底以露其体，兹心不爽而昏乱百度。今无乃壹之，则生疾矣。侨又闻之：内官不及同姓，其生不殖。美先尽矣，则相生疾，君子是以恶之。故《志》曰：“买妾不知其姓，则卜之。”违此二者，古之所慎也。男女辨姓，礼之大司也。今君内实有四姬焉，其无乃是也乎？若由是二者，弗可为也已！四姬有省犹可，无则必生疾矣。

叔向曰：“善哉！肸未之闻也。此皆然矣。”

叔向出，行人挥送之。叔向问郑故焉，且问子皙，对曰：“其与几何！无礼而好陵人，怙富而卑其上，弗能久矣。”

晋侯闻子产之言，曰：“博物君子也！”重贿之。

晋侯求医于秦，秦伯使医和视之。曰：“疾不可为也。是谓近女，（室）〔生〕[①] 疾如蛊。非鬼非食，惑以丧志。良臣将死，天命不佑。”公曰：“女不可近乎？”对曰：“节之！先王之乐，所以节百事也，故有五节；迟速本末以相及，中声以降；五降之后，不容弹矣。于是有烦手淫声，慆堙心耳，乃忘平和，君子弗听也。

① 室当为生，字之误也，说见王氏《经义述闻》。

物亦如之，至于烦，乃舍也已，无以生疾。君子之近琴瑟，以仪节也，非以慆心也。天有六气，降生五味，发为五色，徵为五声。淫生六疾。六气曰阴、阳、风、雨、晦、明也，分为四时，序为五节，过则为菑：阴淫寒疾，阳淫热疾，风淫末疾，雨淫腹疾，晦淫惑疾，明淫心疾。女，阳物而晦时，淫则生内热惑蛊之疾。今君不节不时，能无及此乎？”

出，告赵孟。赵孟曰：“谁当良臣？”对曰：“主是谓矣。主相晋国，于今八年，晋国无乱，诸侯无阙，可谓良矣！和闻之：国之大臣，荣其宠禄，任其（宠）〔大〕[①] 节；有菑祸兴，而无改焉，必受其咎。今君至于淫以生疾，将不能图恤社稷，祸孰大焉？主不能御，吾是以云也。”赵孟曰：“何谓蛊？”对曰：“淫溺惑乱之所生也。于文，皿虫为蛊。谷之飞亦为蛊。在《周易》，女惑男、风落山谓之‘蛊☶’。皆同物也。”赵孟曰：“良医也！”厚其礼而归之。

楚公子围使公子黑肱、伯州犁城犨、栎、郏，郑人惧。子产曰：“不害。令尹将行大事，而先除二子也。祸不及郑，何患焉？”

冬，楚公子围将聘于郑，伍举为介。未出竟，闻王有疾而还，伍举遂聘。十一月己酉，公子围至，入问王疾，缢而弑之，遂杀其二子幕及平夏。右尹子干出奔晋，宫厩尹子皙出奔郑。杀大宰伯州犁于郏。葬王于郏，谓之郏敖。使赴于郑，伍举问应为后之辞焉，对曰：“寡大夫围。”伍举更之曰：“共王之子围为长。”

子干奔晋，从车五乘。叔向使与秦公子同食，皆百人之饩。赵文子曰：“秦公子富。”叔向曰：“（底）〔厎〕禄以德，德钧以年，年同以尊。公子以国。不闻以富。且夫以千乘去其国，强御已甚。《诗》曰：‘不侮鳏寡，不畏强御。’秦、楚，匹也。”使后子与子干齿，辞曰：“鍼惧选，楚公子不获，是以皆来，亦唯命。且臣与羁齿，无乃不可乎？史佚有言曰：‘非羁，何忌？’”

---

① 据阮元《校勘记》改。

楚灵王即位，薳罢为令尹，薳启强为大宰。郑游吉如楚葬郏敖，且聘立君；归，谓子产曰：“具行器矣。楚王（汰）〔汏〕侈而自说其事，必合诸侯。吾往无日矣。”子产曰：“不数年未能也。”

十二月，晋既烝，赵孟适南阳，将会孟子余。甲辰朔，烝于温；庚戌，卒。郑伯如晋吊，及雍乃复。

二年经

二年：春，晋侯使韩起来聘。

夏，叔弓如晋。

秋，郑杀其大夫公孙黑。

冬，公如晋，至河乃复。

季孙宿如晋。

二年传

二年春，晋侯使韩宣子来聘，且告为政而来见，礼也。观书于大史氏，见《易》、《象》与《鲁春秋》，曰：“周礼尽在鲁矣。吾乃今知周公之德与周之所以王也。”公享之。季武子赋《緜》之卒章。韩子赋《角弓》，季武子拜，曰：“敢拜子之弥缝敝邑，寡君有望矣。”武子赋《节》之卒章。既享，宴于季氏。有嘉树焉，宣子誉之。武子曰：“宿敢不封殖此树，以无忘《角弓》!”遂赋《甘棠》。宣子曰：“起不堪也，无以及召公。”

宣子遂如齐纳币。见子雅；子雅召子旗，使见宣子。宣子曰：“非保家之主也，不臣。”见子尾；子尾见彊，宣子谓之如子旗。大夫多笑之，唯晏子信之，曰：“夫子，君子也。君子有信，其有以知之矣。”

自齐聘于卫，卫侯享之。北宫文子赋《淇澳》，宣子赋《木瓜》。

夏四月，韩须如齐逆女。齐陈无宇送女，致少姜。少姜有宠于晋侯，晋侯谓之“少齐”。谓陈无宇非卿，执诸中都。少姜为之请，曰：“送从逆班。畏大国也，犹有所易，是以乱作。”

叔弓聘于晋，报宣子也。晋侯使郊劳，辞曰：“寡君使弓来继旧好，固曰‘女无敢为宾’。彻命于执事，敝邑弘矣，敢辱郊使？请辞。”致馆，辞曰：“寡君命下臣来继旧好，好合使成，臣之禄也。敢辱大馆？”叔向曰：“子叔子知礼哉！吾闻之曰：‘忠信，礼之器也。卑让，礼之宗也。’辞不忘国，忠信也；先国后己，卑让也。《诗》曰：‘敬慎威仪，以近有德。’夫子近德矣。”

秋，郑公孙黑将作乱，欲去游氏而代其位，伤疾作而不果。驷氏与诸大夫欲杀之。子产在鄙闻之，惧弗及，乘遽而至；使吏数之，曰：“伯有之乱，以大国之事而未尔讨也。尔有乱心无厌，国不女堪。专伐伯有，而罪一也；昆弟争室，而罪二也；薰隧之盟，女矫君位，而罪三也。有死罪三，何以堪之？不速死，大刑将至！”再拜稽首，辞曰：“死在朝夕，无助天为虐。”子产曰：“人谁不死？凶人不终，命也。作凶事，为凶人。不助天，其助凶人乎？”请以印为褚师，子产曰：“印也若才，君将任之；不才，将朝夕从女。女罪之不恤，而又何请焉？不速死，司寇将至。”七月壬寅，缢。尸诸周市之衢，加木焉。

晋少姜卒。公如晋，及河；晋侯使士文伯来辞，曰：“非伉俪也。请君无辱。”公还，季孙宿遂致服焉。

叔向言陈无宇于晋侯曰：“彼何罪？君使公族逆之，齐使上大夫送之，犹曰不共：君求以贪！国则不共，而执其使；君刑已颇，何以为盟主？且少姜有辞。”冬十月，陈无宇归。

十一月，郑印段如晋吊。

三年经

三年：春，王正月丁未，滕子原卒。

夏，叔弓如滕。

五月，葬滕成公。

秋，小邾子来朝。

八月，大雩。

冬，大雨雹。

北燕伯款出奔齐。

三年传

三年春，王正月，郑游吉如晋，送少姜之葬。梁丙与张趯见之，梁丙曰：“甚矣哉，子之为此来也！”子大叔曰：“将得已乎！昔文、襄之霸也，其务不烦诸侯，令诸侯三岁而聘、五岁而朝、有事而会、不协而盟。君薨，大夫吊，卿共葬事；夫人，士吊，大夫送葬。足以昭礼、命事、谋阙而已，无加命矣。今嬖宠之丧，不敢择位，而数于守適，唯惧获戾，岂敢惮烦？少齐有宠而死，齐必继室。今兹吾又将来贺，不唯此行也。”张趯曰：“善哉！吾得闻此数也。然自今子其无事矣。譬如火焉，火中，寒暑乃退。此其极也，能无退乎？晋将失诸侯，诸侯求烦不获。”二大夫退，子大叔告人曰：“张趯有知，其犹在君子之后乎？”

“丁未，滕子原卒。”同盟，故书名。

齐侯使晏婴请继室于晋，曰：“寡君使婴曰：‘寡人愿事君，朝夕不倦。将奉质币以无失时，则国家多难，是以不获。不腆先君之適以备内官，焜耀寡人之望；则又无禄，早世殒命，寡人失望。君若不忘先君之好，惠顾齐国，辱收寡人，徼福于大公、丁公，照临敝邑，镇抚其社稷，则犹有先君之適及遗姑姊妹若而人。君若不弃敝邑，而辱使董振择之，以备嫔嫱，寡人之望也！’”

韩宣子使叔向对曰：“寡君之愿也。寡君不能独任其社稷之事，未有伉俪；在缞绖之中，是以未敢请。君有辱命，惠莫大焉！若惠顾敝邑，抚有晋国，赐之内主；岂唯寡君举群臣实受其贶，其自唐叔以下实宠嘉之。”

既成昏，晏子受礼，叔向从之宴，相与语。叔向曰：“齐其何如?”晏子曰：“此季世也，吾弗知齐其为陈氏矣。公弃其民，而归于陈氏。齐旧四量：豆、区、釜、钟。四升为豆，各自其四，以登于釜；釜十则钟。陈氏三量皆登一焉，钟乃大矣。以家量贷，而以公量收之。山木如市，弗加于山；鱼盐蜃蛤，弗加于海。民参其力，二入于公，而衣食其一。公聚朽蠹，而三老冻馁；国之诸市，屦贱踊贵。民人痛疾，而或燠休之；其爱之如父母，而归之如流水：欲无获民，将焉辟之?箕伯、直柄、虞遂、伯戏，其相胡公、大姬已在齐矣!”

叔向曰：“然。虽吾公室，今亦季世也。戎马不驾，卿无军行，公乘无人，卒列无长。庶民罢敝，而宫室滋侈；道殣相望，而女富溢尤。民闻公命，如逃寇仇。栾、郤、胥、原、狐、续、庆、伯降在皂隶，政在家门，民无所依。君日不悛，以乐慆忧。公室之卑，其何日之有?谗鼎之铭曰：‘昧旦丕显，后世犹怠。’况日不悛，其能久乎?”

晏子曰：“子将若何?”叔向曰：“晋之公族尽矣。肸闻之：公室将卑，其宗族枝叶先落，则公〔室〕[①] 从之。肸之宗十一族，唯羊舌氏在而已。肸又无子；公室无度，幸而得死，岂其获祀?”

初，景公欲更晏子之宅，曰：“子之宅近市，湫隘嚣尘，不可以居，请更诸爽垲者。”辞曰：“君之先臣容焉。臣不足以嗣之，于臣侈矣。且小人近市，朝夕得所求，小人之利也。敢烦里旅?”公笑曰：“子近市，识贵贱乎?”对曰：“既利之，敢不识乎?”公曰：“何贵何贱?”于是景公繁于刑，有鬻踊者，故对曰：“踊贵屦贱。”既已告于君，故与叔向语而称之。景公为是省于刑。君子曰：“仁人之言，其利博哉！晏子一言而齐侯省刑。《诗》曰：‘君子如祉，乱庶遄已。’其是之谓乎!”

及晏子如晋，公更其宅。反，则成矣。既拜，乃毁之，而为

---

① 杨伯峻先生《春秋左传注》于此增“室”字，甚是。今从之。

里室皆如其旧，则使宅人反之，（且）〔曰：“〕[①] 谚曰：‘非宅是卜，唯邻是卜。’二三子先卜邻矣。违卜不祥。君子不犯非礼，小人不犯不祥，古之制也。吾敢违诸乎？”卒复其旧宅，公弗许。因陈桓子以请，乃许之。

夏四月，郑伯如晋，公孙段相，甚敬而卑，礼无违者。晋侯嘉焉，授之以策，曰：“子丰有劳于晋国，余闻而弗忘。赐女州田，以胙乃旧勋。”伯石再拜稽首，受策以出。君子曰：“礼，其人之急也乎！伯石之（汰）〔汏〕也，一为礼于晋，犹荷其禄，况以礼终始乎？《诗》曰：‘人而无礼，胡不遄死？’其是之谓乎！”

初，州县，栾豹之邑也。及栾氏亡，范宣子、赵文子、韩宣子皆欲之。文子曰：“温，吾县也。”二宣子曰：“自郤称以别，三传矣。晋之别县不唯州，谁获治之？”文子病之，乃舍之。二〔宣〕子曰：“吾不可以正议而自与也。”皆舍之。及文子为政，赵获曰：“可以取州矣。”文子曰：“退！二子之言，义也。违义，祸也。余不能治余县，又焉用州？其以徼祸也？君子曰：‘弗知实难。’知而弗从，祸莫大焉！有言州必死！”

丰氏故主韩氏，伯石之获州也，韩宣子为之请之，为其复取之之故。

五月，叔弓如滕葬滕成公，子服椒为介。及郊，遇懿伯之忌，敬子不入。惠伯曰：“公事有公利，无私忌。椒请先入。”乃先受馆。敬子从之。

晋韩起如齐逆女。公孙虿为少姜之有宠也，以其子更公女而嫁公子。人谓宣子：“子尾欺晋，晋胡受之？”宣子曰：“我欲得齐而远其宠，宠将来乎？”

秋七月，郑罕虎如晋，贺夫人，且告曰：“楚人日徵敝邑，以不朝立王之故。敝邑之往，则畏执事其谓寡君：‘而固有外心。’

---

① “且”为“曰”之误，杨伯峻先生《春秋左传注》详之。诸本不知此，遂不可通。

其不往，则宋之盟云。进退罪也！寡君使虎布之。”宣子使叔向对曰：“君若辱有寡君，在楚何害？修宋盟也。君苟思盟，寡君乃知免于戾矣。君若不有寡君，虽朝夕辱于敝邑，寡君猜焉。君实有心，何辱命焉？君其往也！苟有寡君，在楚犹在晋也。”

张趯使谓大叔曰：“自子之归也，小人粪除先人之敝庐，曰：‘子其将来。’今子皮实来，小人失望。”大叔曰：“吉贱，不获来，畏大国，尊夫人也。且孟曰‘而将无事’，吉庶几焉。”

小邾穆公来朝，季武子欲卑之。穆叔曰：“不可。曹、滕、二邾实不忘我好，敬以逆之犹惧其贰，又卑一睦，焉逆群好也？其如旧而加敬焉！《志》曰：‘能敬无灾。’又曰：‘敬逆来者，天所福也。’”季孙从之。

“八月，大雩”，旱也。

齐侯田于莒，卢蒲嫳见，泣，且请曰：“余发如此种种，余奚能为！”公曰：“诺！吾告二子。”归而告之。子尾欲复之。子雅不可，曰：“彼其发短而心甚长，其或寝处我矣！”九月，子雅放卢蒲嫳于北燕。

燕简公多嬖宠，欲去诸大夫而立其宠人。冬，燕大夫比以杀公之外嬖。公惧，奔齐。书曰：“北燕伯款出奔齐。”罪之也。

十月，郑伯如楚，子产相。楚子享之，赋《吉日》。既享，子产乃具田备，王以田江南之梦。

齐公孙灶卒。司马灶见晏子，曰：“又丧子雅矣。”晏子曰：“惜也！子旗不免，殆哉！姜族弱矣，而妫将始昌。二惠竞爽犹可，又弱一个焉，姜其危哉！”

四年经

四年：春，王正月，大雨雹。

夏，楚子、蔡侯、陈侯、郑伯、许男、徐子、滕子、顿子、胡子、沈子、小邾子、宋世子佐、淮夷会于申。

楚人执徐子。

秋七月，楚子、蔡侯、陈侯、许男、顿子、胡子、沈子、淮夷伐吴，执齐庆封，杀之。遂灭赖。

九月，取鄫。

冬，十有二月乙卯，叔孙豹卒。

四年传

四年春，王正月，许男如楚，楚子止之，遂止郑伯。复田江南，许男与焉。

使椒举如晋求诸侯，二君待之。椒举致命曰："寡君使举曰：'日君有惠，赐盟于宋，曰："晋楚之从交相见也。"以岁之不易，寡人愿结欢于二三君。'使举请闲。君若苟无四方之虞，则愿假宠以请于诸侯。"晋侯欲勿许，司马侯曰："不可。楚王方侈，天或者欲逞其心以厚其毒，而降之罚，未可知也。其使能终，亦未可知也。晋、楚唯天所相，不可与争。君其许之，而修德以待其归。若归于德，吾犹将事之，况诸侯乎？若适淫虐，楚将弃之，吾又谁与争？"〔公〕[1] 曰："晋有三不殆，其何敌之有？国险而多马，齐、楚多难。有是三者，何乡而不济？"对曰："恃险与马，而虞邻国之难，是三殆也。四岳、三涂、阳城、大室、荆山、中南，九州之险也，是不一姓。冀之北土，马之所生，无兴国焉。恃险与马，不可以为固也，从古以然。是以先王务修德音以亨神人，不闻其务险与马也。邻国之难，不可虞也。或多难以固其国，启其疆土；或无难以丧其国，失其守宇。若何虞难？齐有仲孙之难而获桓公，至今赖之。晋有里、丕之难而获文公，是以为盟主。卫、邢无难，敌亦丧之。故人之难不可虞也。恃此三者而不修政德，亡于不暇，又何能济？君其许之！纣作淫虐，文王惠和，殷是以陨，周是以兴，夫岂争诸侯？"乃许楚使。使叔向对曰："寡

① 据阮元《校勘记》补入。

君有社稷之事，是以不获春秋时见。诸侯，君实有之，何辱命焉？”椒举遂请昏，晋侯许之。

楚子问于子产曰：“晋其许我诸侯乎？”对曰：“许君。晋君少安，不在诸侯。其大夫多求，莫匡其君。在宋之盟又曰如一。若不许君，将焉用之？”王曰：“诸侯其来乎？”对曰：“必来！从宋之盟，承君之欢，不畏大国，何故不来？不来者，其鲁、卫、曹、邾乎？曹畏宋，邾畏鲁，鲁、卫逼于齐而亲于晋，唯是不来。其余君之所及也，谁敢不至？”王曰：“然则吾所求者无不可乎？”对曰：“求逞于人，不可。与人同欲，尽济。”

大雨雹。季武子问于申丰曰：“雹可御乎？”对曰：圣人在上，无雹；虽有，不为灾。古者日在北陆而藏冰，西陆朝觌而出之。其藏冰也，深山穷谷，固阴冱寒，于是乎取之。其出之也，朝之禄位，宾，食，丧，祭，于是乎用之。其藏之也，黑牡、秬黍以享司寒。其出之也，桃弧、棘矢以除其灾。其出入也时。食肉之禄，冰皆与焉。大夫命妇，丧浴用冰。祭寒而藏之，献羔而启之。公始用之，火出而毕赋，自命夫命妇至于老疾，无不受冰。山人取之，县人传之，舆人纳之，隶人藏之。夫冰以风壮，而以风出。其藏之也周，其用之也遍，则冬无愆阳，夏无伏阴，春无凄风，秋无苦雨，雷出不震，无菑霜雹，疠疾不降，民不夭札。今藏川池之冰弃而不用，风不越而杀，雷不发而震，雹之为菑，谁能御之？《七月》之卒章，藏冰之道也。”

夏，诸侯如楚，鲁、卫、曹、邾不会。曹、邾辞以难，公辞以时祭，卫侯辞以疾。郑伯先待于申。六月丙午，楚子合诸侯于申。椒举言于楚子曰：“臣闻诸侯无归，礼以为归。今君始得诸侯，其慎礼矣。霸之济否，在此会也。夏启有钧台之享，商汤有景亳之命，周武有孟津之誓，成有岐阳之蒐，康有酆宫之朝，穆有涂山之会，齐桓有召陵之师，晋文有践土之盟。君其何用？宋向戌、郑公孙侨在，诸侯之良也，君其选焉。”王曰：“吾用齐桓。”

王使问礼于左师与子产。左师曰：“小国习之，大国用之，敢不荐闻?”献公合诸侯之礼六。子产曰:“小国共职,敢不荐守?”献伯、子、男会公之礼六。君子谓合左师善守先代,子产善相小国。

王使椒举侍于后以规过。卒事不规。王问其故,对曰:“礼,吾〔所〕未见者有六焉,又何以规?”

宋大子佐后至。王田于武城,久而弗见。椒举请辞焉。王使往,曰:“属有宗祧之事于武城,寡君将堕币焉,敢谢后见。”

徐子,吴出也,以为贰焉,故执诸申。

楚子示诸侯侈。椒举曰:“夫六王二公之事,皆所以示诸侯礼也,诸侯所由用命也。夏桀为仍之会,有缗叛之。商纣为黎之蒐,东夷叛之。周幽为大室之盟,戎狄叛之。皆所以示诸侯(汰)〔汏〕也,诸侯所由弃命也。今君以(汰)〔汏〕,无乃不济乎!”王弗听。

子产见左师曰:“吾不患楚矣。(汰)〔汏〕而愎谏,不过十年。”左师曰:“然。不十年侈,其恶不远。〔恶〕远(恶)[①] 而后弃。善亦如之,德远而后兴。”

秋七月,楚子以诸侯伐吴。宋大子、郑伯先归,宋华费遂、郑大夫从。使屈申围朱方,八月甲申克之,执齐庆封而尽灭其族。

将戮庆封,椒举曰:“臣闻无瑕者可以戮人。庆封唯逆命,是以在此,其肯从于戮乎?播于诸侯,焉用之?”王弗听,负之斧钺以徇于诸侯,使言曰:“无或如齐庆封弑其君、弱其孤以盟其大夫!”庆封曰:“无或如楚共王之庶子围弑其君、兄之子麇而代之,以盟诸侯!”王使速杀之。

遂以诸侯灭赖。赖子面缚衔璧,士袒,舆榇从之,造于中军。王问诸椒举,对曰:“成王克许,许僖公如是;王亲释其缚,受其璧,焚其榇。”王从之。迁赖于鄢。

楚子欲迁许于赖,使斗韦龟与公子弃疾城之而还。

---

① 原作“远恶”,据杜注与文例乙之。

申无宇曰："楚祸之首，将在此矣。召诸侯而来，伐国而克，城竟莫校，王心不违，民其居乎？民之不处，其谁堪之？不堪王命，乃祸乱也。"

"九月，取鄫"，言易也。莒乱，著丘公立而不抚鄫，鄫叛而来，故曰"取"。凡克邑不用师徒曰"取"。

郑子产作丘赋，国人谤之，曰："其父死于路，已为虿尾，以令于国，国将若之何？"子宽以告。子产曰："何害？苟利社稷，死生以之。且吾闻为善者不改其度，故能有济也。民不可逞，度不可改。《诗》曰：'礼义不愆，何恤于人言！'吾不迁矣！"浑罕曰："国氏其先亡乎？君子作法于凉，其敝犹贪。作法于贪，敝将若之何？姬在列者，蔡及曹、滕其先亡乎？逼而无礼。郑先卫亡，逼而无法。政不率法，而制于心。民各有心，何上之有？"

冬，吴伐楚，入棘、栎、麻，以报朱方之役。楚沈尹射奔命于夏汭，(咸)〔葴〕尹宜咎城钟离，薳启强城巢，然丹城州来。东国水，不可以城。彭生罢赖之师。

初，穆子去叔孙氏；及庚宗，遇妇人，使私为食而宿焉。问其行，告之故；哭而送之。适齐，娶于国氏，生孟丙、仲壬。梦天压己，弗胜；顾而见人，黑而上偻，深目而豭喙，号之曰："牛，助余！"乃胜之。旦而皆召其徒，无之。且曰："志之！"

及宣伯奔齐，馈之；宣伯曰："鲁以先子之故，将存吾宗，必召女。召，女何如？"对曰："愿之久矣！"鲁人召之，不告而归。既立，所宿庚宗之妇人献以雉。问其姓，对曰："余子长矣，能奉雉而从我矣。"召而见之，则所梦也。未问其名，号之曰："牛！"曰："唯。"皆召其徒使视之。遂使为竖，有宠；长，使为政。公孙明知叔孙于齐。归，未逆国姜；子明取之。故怒。其子长而后使逆之。

田于丘莸，遂遇疾焉。竖牛欲乱其室而有之，强与孟盟，不可。叔孙为孟钟，曰："尔未际，飨大夫以落之。"既具，使竖牛请日。入，弗谒；出，命之日。及宾至，闻钟声。牛曰："孟有北妇人之客。"怒，将往，牛止之。宾出，使拘而杀诸外。牛又强与仲盟，不可。仲与公御莱书观于公，公与之环，使牛入示之。入，不示；出，命佩之。牛谓叔孙："见仲而何?"叔孙曰："何为?"曰："不见？既自见矣，公与之环而佩之矣。"遂逐之，奔齐。疾急，命召仲，牛许而不召。

杜泄见，告之饥渴，授之戈。对曰："求之而至，又何去焉?"竖牛曰："夫子疾病，不欲见人。"使置馈于个而退。牛弗进，则〔寘〕（置）虚，命彻。十二月癸丑，叔孙不食；乙卯，卒。牛立昭子而相之。

公使杜泄葬叔孙。竖牛赂叔仲昭子与南遗，使恶杜泄于季孙而去之。杜泄将以路葬，且尽卿礼。南遗谓季孙曰："叔孙未乘路，葬焉用之？且冢卿无路，介卿以葬，不亦左乎?"季孙曰："然。"使杜泄舍路；不可，曰："夫子受命于朝而聘于王，王思旧勋而赐之路，复命而致之君。君不敢逆王命而复赐之，使三官书之。吾子为司徒，实书名。夫子为司马，与工正书服；孟孙为司空，以书勋。今死而弗以，是弃君命也。书在公府而弗以，是废三官也。若命服，生弗敢服，死又不以，将焉用之?"乃使以葬。

季孙谋去中军，竖牛曰："夫子固欲去之。"

五年经

五年：春，王正月，舍中军。

楚杀其大夫屈申。

公如晋。

夏，莒牟夷以牟娄及防、兹来奔。

秋，七月，公至自晋。

戊辰，叔弓帅师败莒师于蚡泉。

秦伯卒。

冬，楚子、蔡侯、陈侯、许男、顿子、沈子、徐人、越人伐吴。

五年传

“五年春，王正月，舍中军”，卑公室也。毁中军于施氏，成诸臧氏。初，作中军，三分公室而各有其一。季氏尽征之，叔孙氏臣其子弟，孟氏取其半焉。及其舍之也，四分公室，季氏择二，二子各一，皆尽征之而贡于公。以书使杜泄告于殡，曰：“子固欲毁中军。既毁之矣，故告。”杜泄曰：“夫子唯不欲毁也，故盟诸僖闳，诅诸五父之衢。”受其书而投之，帅士而哭之。

叔仲子谓季孙曰：“带受命于子叔孙曰：‘葬鲜者自西门。’”季孙命杜泄，杜泄曰：“卿丧自朝，鲁礼也。吾子为国政未改礼，而又迁之？群臣惧死，不敢自也。”既葬而行。

仲至自齐，季孙欲立之。南遗曰：“叔孙氏厚则季氏薄。彼实家乱，子勿与知，不亦可乎？”南遗使国人助竖牛以攻诸大库之庭，司宫射之，中目而死。竖牛取东鄙三十邑以与南遗。

昭子即位，朝其家众，曰：“竖牛祸叔孙氏，使乱大从，杀適立庶；又披其邑，将以赦罪。罪莫大焉！必速杀之！”竖牛惧，奔齐。孟、仲之子杀诸塞关之外，投其首于宁风之棘上。

仲尼曰：“叔孙昭子之不劳，不可能也。周任有言曰：‘为政者不赏私劳，不罚私怨。’《诗》云：‘有觉德行，四国顺之。’”

初，穆子之生也，庄叔以《周易》筮之，遇“明夷䷣”之“谦䷎”，以示卜楚丘。曰：“是将行而归为子祀。以谗人入，其名曰牛。卒以馁死。‘明夷’，日也。日之数十，故有十时，亦当十位。自王已下，其二为公，其三为卿。日上其中，食日为二，旦日为三。‘明夷’之‘谦’，明而未融，其当旦乎？故曰‘为子祀’。日之‘谦’当鸟，故曰‘明夷于飞’。明而未融，故曰‘垂其翼’。象日之动，故曰‘君子于行’。当三在旦，故曰‘三日不食’。‘离’，火也；‘艮’，山也。‘离’为火，火焚山，山败。于人为言，败言为馋，故曰：‘有攸往。主人有言。’言必谗也。纯‘离’为牛，世乱谗胜，胜将适‘离’，故曰‘其名曰牛’。‘谦’

不足，飞不翔，垂不峻，翼不广。故曰：其为子后乎！吾子，亚卿也，抑少不终。”

楚子以屈申为贰于吴，乃杀之；以屈生为莫敖，使与令尹子荡如晋逆女。过郑，郑伯劳子荡于（汜）〔氾〕，劳屈生于菟氏。晋侯送女于邢丘。子产相郑伯，会晋侯于邢丘。

公如晋，自郊劳至于赠贿，无失礼。晋侯谓女叔齐曰：“鲁侯不亦善于礼乎？”对曰：“鲁侯焉知礼！”公曰：“何为？自郊劳至于赠贿，礼无违者。何故不知？”对曰：“是仪也，不可谓礼。礼，所以守其国、行其政令、无失其民者也。今政令在家，不能取也；有子家羁，弗能用也；奸大国之盟，陵虐小国；利人之难，不知其私；公室四分，民食于他，思莫在公，不图其终；为国君，难将及身，不恤其所：礼之本末，将于此乎在？而屑屑焉习仪以亟，言善于礼，不亦远乎？”君子谓叔侯于是乎知礼。

晋韩宣子如楚送女，叔向为介。郑子皮、子大叔劳诸索氏。大叔谓叔向曰：“楚王（汰）〔汏〕侈已甚，子其戒之！”叔向曰：“（汰）〔汏〕侈已甚，身之灾也，焉能及人？若奉吾币帛，慎吾威仪，守之以信，行之以礼，敬始而思终，终无不复。从而不失仪，敬而不失威，道之以训辞，奉之以旧法，考之以先王，度之以二国，虽（汰）〔汏〕侈，若我何？”

及楚，楚子朝其大夫，曰：“晋，吾仇敌也。苟得志焉，无恤其他。今其来者，上卿、上大夫也。若吾以韩起为阍，以羊舌肸为司宫，足以辱晋，吾亦得志矣。可乎？”大夫莫对。薳启强曰：“可。苟有其备，何故不可？耻匹夫不可以无备，况耻国乎！是以圣王务行礼，不求耻人；朝聘有珪，享頫有璋；小有述职，大有巡功；设机而不倚，爵盈而不饮；宴有好货，飧有陪鼎；入有郊劳，出有赠贿：礼之至也！国家之败，失之道也，则祸乱兴。城濮之役，晋无楚备，以败于邲。邲之役，楚无晋备，以败于鄢。自鄢以来，晋不失备，而加之以礼，重之以睦，是以楚弗能报而求亲焉。既获姻亲，又欲耻之以召寇仇，备之若何？谁其重此？若有其人，耻之可也；若其未有，君亦图之！晋之事君，臣曰可也：求诸侯而麇至；求昏而荐女，君亲送之，上卿及上大夫致之。犹欲耻之，君其亦有备矣；不然，奈何？韩起之下，赵成、中行吴、魏舒、范鞅、知盈；羊舌肸之下，祁午、张趯、籍谈、女齐、梁丙、张骼、辅跞、苗贲皇：皆诸侯之选也。韩襄为公族大夫，韩须受命而使矣；箕襄、邢带、叔禽、叔椒、子羽，皆大家也。韩赋七邑，皆成县也。羊舌四族，皆强家也。晋人若丧韩起、杨肸，五卿、八大夫辅韩须、杨石，因其十家九县，长毂九百，其余四十县，遗守四千，奋其武怒，以报其大耻；伯华谋之，中行伯、魏舒帅之：其蔑不济矣！君将以亲易怨，实无礼以速寇，而未有其备，使群臣往遗之禽，以逞君心，何不可之有？”王曰：“不穀之过也，大夫无辱。”厚为韩子礼。王欲敖叔向以其所不知，而不能，亦厚其礼。

韩起反，郑伯劳诸圉。辞不敢见，礼也。

郑罕虎如齐，娶于子尾氏。晏子骤见之。陈桓子问其故，对曰：“能用善人，民之主也。”

“夏，莒牟夷以牟娄及防、兹来奔。”牟夷非卿而书，尊地也。莒人愬于晋，晋侯欲止公。范献子曰：“不可。人朝而执之，诱也。讨不以师，而诱以成之，惰也。为盟主而犯此二者，无乃不可乎？请归之，间而以师讨焉。”乃归公。秋七月，公至自晋。

莒人来讨，不设备。戊辰，叔弓败诸蚡泉，莒未陈也。

冬十月，楚子以诸侯及东夷伐吴，以报棘、栎、麻之役。薳射以繁扬之师会于夏汭。越大夫常寿过帅师会楚子于琐。闻吴师出，薳启强帅师从之；遽不设备，吴人败诸鹊岸。

楚子以驲至于罗汭。吴子使其弟蹶由犒师；楚人执之，将以衅鼓。王使问焉，曰：“女卜来吉乎？”对曰：“吉！寡君闻君将治兵于敝邑，卜之以守龟，曰：‘余亟使人犒师，请行以观王怒之疾徐而为之备，尚克知之。’龟兆告吉，曰：‘克可知也。’君若驩焉好逆使臣，滋敝邑休息而忘其死，亡无日矣。今君奋焉震电冯怒，虐执使臣将以衅鼓，则吴知所备矣。敝邑虽羸，若早修完，其可以息师。难易有备，可谓吉矣！且吴社稷是卜，岂为一人？

使臣获衅军鼓，而敝邑知备，以御不虞，其为吉孰大焉？国之守龟，其何事不卜？一臧一否，其谁能常之？城濮之兆，其服在邲。今此行也，其庸有报志？”乃弗杀。

楚师济于罗汭，沈尹赤会楚子，次于莱山。薳射帅繁扬之师先入南怀，楚师从之，及汝清。吴不可入，楚子遂观兵于坻箕之山。

是行也，吴早设备，楚无功而还，以蹶由归。楚子惧吴，使沈尹射待命于巢，薳启强待命于雩娄，礼也。

秦后子复归于秦，景公卒故也。

六年经

六年：春，王正月，杞伯益姑卒。

葬秦景公。

夏，季孙宿如晋。

葬杞文公。

宋华合比出奔卫。

秋，九月，大雩。

楚薳罢帅师伐吴。

冬，叔弓如楚。

齐侯伐北燕。

六年传

六年春，王正月，杞文公卒。吊如同盟，礼也。

大夫如秦葬景公，礼也。

三月，郑人铸刑书。叔向使诒子产书，曰：

始吾有虞于子，今则已矣。昔先王议事以制，不为刑辟，惧民之有争心也。犹不可禁御，是故闲之以义，纠之以政，行之以礼，守之以信，奉之以仁；制为禄位，以劝其从；严断刑罚，以威其淫。惧其未也，故诲之以忠，耸之以行，教之以务，使之以和，临之以敬，莅之以强，断之以刚；犹求圣哲之上、明察之官、忠信之长、慈惠之师。民于是乎可任使也，而不生祸乱。民知有辟，则不忌于上；并有争心，以徵于书，而徼幸以成之：弗可为矣！

夏有乱政而作《禹刑》，商有乱政而作《汤刑》，周有乱政而作《九刑》：三辟之兴，皆叔世也。今吾子相郑国，作封洫，立谤政，制参辟，铸刑书，将以靖民，不亦难乎？《诗》曰："仪式刑文王之德，日靖四方。"又曰："仪刑文王，万邦作孚。"如是，何辟之有？民知争端矣，将弃礼而徵于书，锥刀之末，将尽争之。乱狱滋丰，贿赂并行。终子之世，郑其败乎！肸闻之："国将亡，必多制。"其此之谓乎！

复书曰："若吾子之言，侨不才，不能及子孙。吾以救世也。既不承命，敢忘大惠？"

士文伯曰："火见，郑其火乎？火未出，而作火以铸刑器，藏争辟焉。火如象之，不火何为！"

"夏，季孙宿如晋。"拜莒田也。晋侯享之，有加笾。武子退，使行人告曰："小国之事大国也，苟免于讨，不敢求贶；得贶不过三献。今豆有加，下臣弗堪，无乃戾也？"韩宣子曰："寡君以为欢也。"对曰："寡君犹未敢；况下臣，君之隶也，敢闻加贶？"固请彻加，而后卒事。晋人以为知礼，重其好货。

宋寺人柳有宠，大子佐恶之。华合比曰："我杀之！"柳闻之，乃坎，用牲，埋书，而告公曰："合比将纳亡人之族，既盟于北郭矣。"公使视之，有焉，遂逐华合比。合比奔卫。于是华亥欲代右师，乃与寺人柳比，从为之徵，曰："闻之久矣。"公使代之。见于左师，左师曰："女夫也必亡！女丧而宗室，于人何有？人亦于女何有？《诗》曰：'宗子维城。毋俾城坏，毋独斯畏。'女其畏哉！"

六月丙戌，郑灾。

楚公子弃疾如晋，报韩子也。过郑，郑罕虎、公孙侨、游吉从郑伯以劳诸祖，辞不敢见；固请，见之。见如见王，以其乘马八匹私面；见子皮如上卿，以马六匹；见子产，以马四匹；见子大叔，以马二匹。禁刍牧采樵，不入田，不樵树，不采蓺，不抽屋，不强匄，誓曰："有犯命者，君子废，小人降！"舍不为暴，主不慁宾，往来如是。郑三卿皆知其将为王也。

韩宣子之适楚也，楚人弗逆。公子弃疾及晋竟，晋侯亦将弗逆；叔向曰："楚辟，我衷，若何效辟？《诗》曰：'尔之教矣，民胥效矣。'从我而已，焉用效人之辟？《书》曰：'圣作则。'无宁以善人为则，而则人之辟乎？匹夫为善，民犹则之，况国君乎？"晋侯说，乃逆之。

"秋九月，大雩。"旱也。

徐仪楚聘于楚，楚子执之。逃归。惧其叛也，使薳泄伐徐。吴人救之。令尹子荡帅师伐吴，师于豫章，而次于乾溪。吴人败其师于房钟，获宫厩尹弃疾。子荡归罪于薳泄而杀之。

"冬，叔弓如楚。"聘，且吊败也。

十一月，齐侯如晋，请伐北燕也。士匄相士鞅逆诸河，礼也。晋侯许之。十二月，齐侯遂伐北燕，将纳简公。晏子曰："不入。燕有君矣，民不贰。吾君贿，左右谄谀，作大事不以信，未尝可也。"

七年经

七年：春，王正月，暨齐平。

三月，公如楚。

叔孙婼如齐莅盟。

夏，四月甲辰朔，日有食之。

秋，八月戊辰，卫侯恶卒。

九月，公至自楚。

冬，十有一月癸未，季孙宿卒。

十有二月癸亥，葬卫襄公。

七年传

“七年春，王正月，暨齐平。”齐求之也。癸巳，齐侯次于虢。燕人行成，曰：“敝邑知罪，敢不听命？先君之敝器请以谢罪！”公孙皙曰：“受服而退、俟衅而动可也。”二月戊午，盟于濡上。燕人归燕姬，赂以瑶瓮、玉椟、斝耳。不克而还。

楚子之为令尹也，为王旌以田。芋尹无宇断之，曰：“一国两君，其谁堪之？”及即位，为章华之宫，纳亡人以实之。无宇之阍入焉。无宇执之，有司弗与，曰：“执人于王宫，其罪大矣！”执而谒诸王。王将饮酒，无宇辞曰：“天子经略，诸侯正封，古之制也。封略之内，何非君土？食土之毛，谁非君臣？故《诗》曰：‘普天之下，莫非王土。率土之滨，莫非王臣。’天有十日，人有十等。下所以事上，上所以共神也。故王臣公，公臣大夫，大夫臣士，士臣皂，皂臣舆，舆臣隶，隶臣僚，僚臣仆，仆臣台。马有圉，牛有牧，以待百事。今有司曰：‘女胡执人于王宫？’将焉执之？周文王之法曰：‘有亡，荒阅。’所以得天下也。吾先君文王作仆区之法，曰：‘盗所隐器，与盗同罪。’所以封汝也。若从有司，是无所执逃臣也；逃而舍之，是无陪台也：王事无乃阙乎？昔武王数纣之罪以告诸侯曰：‘纣为天下逋逃主，萃渊薮。’故夫致死焉。君王始求诸侯而则纣，无乃不可乎？若以二文之法取之，盗有所在矣。”王曰：“取而臣以往。盗有宠，未可得也。”遂赦之。

楚子成章华之台，愿以诸侯落之。大宰薳启强曰：“臣能得鲁侯。”薳启强来召公，辞曰：“昔先君成公命我先大夫婴齐曰：‘吾不忘先君之好，将使衡父照临楚国，镇抚其社稷，以辑宁尔民。’婴齐受命于蜀。奉承以来，弗敢失陨而致诸宗祧。日我先君共王引领北望，日月以冀，传序相授，于今四王矣！嘉惠未至，唯襄公之辱临我丧。孤与其二三臣悼心失图，社稷之不皇，况能怀思君德？今君若步玉趾，辱见寡君，宠灵楚国，以信蜀之役，致君之嘉惠，是寡君既受贶矣，何蜀之敢望？其先君鬼神实嘉赖之，岂唯寡君？君若不来，使臣请问行期，寡君将承质币而见于蜀，以请先君之贶。”

公将往，梦襄公祖。梓慎曰：“君不果行。襄公之适楚也，梦周公祖而行。今襄公实祖，君其不行。”子服惠伯曰：“行！先君未尝适楚，故周公祖以道之。襄公适楚矣，而祖以道君。不行何之？”

三月，公如楚。郑伯劳于师之梁。孟僖子为介，不能相仪；及楚，不能答郊劳。

夏四月甲辰朔，日有食之。晋侯问于士文伯曰：“谁将当日食？”对曰：“鲁、卫恶之。卫大，鲁小。”公曰：“何故？”对曰：“去卫地，如鲁地。于是有灾，鲁实受之。其大咎，其卫君乎？鲁将上卿。”公曰：“《诗》所谓‘彼日而食，于何不臧’者，何也？”对曰：“不善政之谓也。国无政，不用善，则自取谪于日月之灾，故政不可不慎也。务三而已：一曰择人，二曰因民，三曰从时。”

晋人来治杞田，季孙将以成与之。谢息为孟孙守，不可，曰：“人有言曰：‘虽有挈瓶之知，守不假器，礼也。’夫子从君，而守臣丧邑，虽吾子亦有猜焉。”季孙曰：“君之在楚，于晋罪也。又不听晋，鲁罪重矣！晋师必至！吾无以待之，不如与之；间晋而取诸杞。吾与子桃。成反，谁敢有之？是得二成也。鲁无忧而孟孙益邑，子何病焉？”辞以无山，与之莱、柞；乃迁于桃。晋人为杞取成。

楚子享公于新台，使长鬣者相。好以大屈，既而悔之。薳启强闻之，见公，公语之；拜贺。公曰：“何贺？”对曰：“齐与晋、越欲此久矣。寡君无适与也，而传诸君。君其备御三邻，慎守宝矣。敢不贺乎？”公惧，乃反之。

郑子产聘于晋。晋侯有疾。韩宣子逆客，私焉，曰：“寡君寝疾，于今三月矣，并走群望，有加而无瘳。今梦黄熊入于寝门，其何厉鬼也？”对曰：“以君之明，子为大政，其何厉之有？昔尧殛鲧于羽山，其神化为黄熊以入于羽渊，实为夏郊，三代祀之。晋之盟主，其或者未之祀也乎？”韩子祀夏郊。晋侯有间，赐子产莒之二方鼎。

子产为丰施归州田于韩宣子，曰：“日君以夫公孙段为能任其事，而赐之州田。今无禄早世，不获久享君德。其子弗敢有，不敢以闻于君，私致诸子。”宣子辞。子产曰：“古人有言曰：‘其父析薪，其子弗克负荷。’施将惧不能任其先人之禄，其况能任大国之赐？纵吾子为政而可，后之人若属有疆埸之言，敝邑获戾，而丰氏受其大讨。吾子取州，是免敝邑于戾而建置丰氏也。敢以为请！”宣子受之，以告晋侯。晋侯以与宣子。宣子为初言，病有之，以易原县于乐大心。

郑人相惊以伯有，曰：“伯有至矣！”则皆走，不知所往。铸刑书之岁二月，或梦伯有介而行，曰：“壬子，余将杀带也。明年壬寅，余又将杀段也。”及壬子，驷带卒，国人益惧。齐、燕平之月壬寅，公孙段卒，国人愈惧。其明月，子产立公孙泄及良止以抚之，乃止。子大叔问其故。子产曰：“鬼有所归，乃不为厉。吾为之归也。”大叔曰：“公孙泄何为？”子产曰：“说也。为身无义而图说，从政有所反之，以取媚也。不媚，不信。不信，民不从也。”

及子产适晋，赵景子问焉，曰：“伯有犹能为鬼乎？”子产曰：“能。人生始化曰魄，既生魄，阳曰魂。用物精多，则魂魄强，是以有精爽至于神明。匹夫匹妇强死，其魂魄犹能冯依于人以为淫厉，况良霄，——我先君穆公之胄，子良之孙，子耳之子，敝邑之卿，从政三世矣！郑虽无腆，抑谚曰‘蕞尔国’；而三世执其政柄，其用物也弘矣，其取精也多矣，其族又大，所冯厚矣；而强死，能为鬼，不亦宜乎！”

子皮之族饮酒无度，故马师氏与子皮氏有恶。齐师还自燕之月，罕朔杀罕欣魋。罕朔奔晋。韩宣子问其位于子产，子产曰：“君之羁臣，苟得容以逃死，何位之敢择？卿违，从大夫之位；罪人以其罪降：古之制也。朔于敝邑，亚大夫也；其官，马师也；

获戾而逃。唯执政所置之！得免其死，为惠大矣，又敢求位？”宣子为子产之敏也，使从嬖大夫。

秋八月，卫襄公卒。晋大夫言于范献子曰：“卫事晋为睦。晋不礼焉，庇其贼人而取其地，故诸侯贰。《诗》曰：‘鹡鸰在原，兄弟急难。’又曰：‘死丧之威，兄弟孔怀。’兄弟之不睦，于是乎不吊；况远人，谁敢归之？今又不礼于卫之嗣，卫必叛我。是绝诸侯也。”献子以告韩宣子。宣子说，使献子如卫吊，且反戚田。

卫齐恶告丧于周，且请命。王使（臣）〔郕〕[①] 简公如卫吊，且追命襄公曰：“叔父陟恪，在我先王之左右，以佐事上帝。余敢忘高圉、亚圉？”

九月，公至自楚。孟僖子病不能（相）[②] 礼，乃讲学之，苟能礼者从之。及其将死也，召其大夫，曰：“礼，人之干也。无礼，无以立。吾闻将有达者曰孔丘，圣人之后也，而灭于宋。其祖弗父何，以有宋而授厉公。及正考父佐戴、武、宣，三命兹益共，故其鼎铭云：‘一命而偻，再命而伛，三命而俯。循墙而走，亦莫余敢侮。饘于是，鬻于是，以糊余口。’其共也如是。臧孙纥有言曰：‘圣人有明德者，若不当世，其后必有达人。’今其将在孔丘乎！我若获没，必属说与何忌于夫子，使事之而学礼焉，以定其位。”故孟懿子与南宫敬叔师事仲尼。仲尼曰：“能补过者，君子也。《诗》曰：‘君子是则是效。’孟僖子可则效已矣。”

单献公弃亲用羁。冬十月辛酉，襄、顷之族杀献公而立成公。

十一月，季武子卒。晋侯谓伯瑕曰：“吾所问日食，从矣，可常乎？”对曰：“不可！六物不同，民心不壹，事序不类，官职不则，同始异终，胡可常也？《诗》曰：‘或燕燕居息，或憔悴事国。’其异终也如是。”公曰：“何谓六物？”对曰：“岁、时、日、月、星、辰，是谓也。”公曰：“多语寡人辰，而莫同。何谓辰？”

---

① 杨伯峻先生《春秋左传注》校成郕，今从之。

② “相”为衍文，阮元《校勘记》、王氏《经义述闻》详之。

对曰："日月之会是谓辰，故以配日。"

卫襄公夫人姜氏无子，嬖人婤姶生孟絷。孔成子梦康叔谓己："立元！余使羁之孙圉与史苟相之。"史朝亦梦康叔谓己："余将命而子苟与孔烝鉏之曾孙圉相元。"史朝见成子，告之梦，梦协。晋韩宣子为政，聘于诸侯之岁，婤姶生子，名之曰元。孟絷之足不良能行。孔成子以《周易》筮之，曰："元尚享卫国，主其社稷。"遇"屯䷂"。又曰："余尚立絷，尚克嘉之。"遇"屯䷂"之"比䷇"，以示史朝。史朝曰："'元亨'，又何疑焉？"成子曰："非长之谓乎？"对曰："康叔名之，可谓长矣。孟非人也，将不列于宗，不可谓长。且其繇曰：'利建侯。'嗣吉，何建？建非嗣也。二卦皆云，子其建之！康叔命之，二卦告之，筮袭于梦，武王所用也，弗从何为？弱足者居。侯主社稷，临祭祀，奉民人，事鬼神，从会朝，又焉得居？各以所利，不亦可乎！"故孔成子立灵公。

十二月癸亥，葬卫襄公。

八年经

八年：春，陈侯之弟招杀陈世子偃师。

夏，四月辛丑，陈侯溺卒。

叔弓如晋。

楚人执陈行人干徵师，杀之。

陈公子留出奔郑。

秋，蒐于红。

陈人杀其大夫公子过。

大雩。

冬，十月壬午，楚师灭陈。执陈公子招，放之于越。杀陈孔奂。

葬陈哀公。

八年传

八年春，石言于晋魏榆。晋侯问于师旷曰："石何故言?"对曰："石不能言，或冯焉。不然，民听滥也。抑臣又闻之曰：'作事不时，怨讟动于民，则有非言之物而言。'今宫室崇侈，民力凋尽，怨讟并作，莫保其性，石言不亦宜乎?"于是晋侯方筑虒祁之宫，叔向曰："子野之言君子哉！君子之言，信而有徵，故怨远于其身。小人之言，僭而无徵，故怨咎及之。《诗》曰：'哀哉不能言，匪舌是出，唯躬是瘁。哿矣能言，巧言如流，俾躬处休。'其是之谓乎！是宫也成，诸侯必叛，君必有咎，夫子知之矣。"

陈哀公元妃郑姬生悼大子偃师，二妃生公子留，下妃生公子胜。二妃嬖，留有宠，属诸〔司〕[①] 徒招与公子过。哀公有（废）〔瘘〕[②] 疾。三月甲申，公子招、公子过杀悼大子偃师而立公子留。夏四月辛亥，哀公缢。干徵师赴于楚，且告有立君。公子胜愬之于楚，楚人执而杀之。公子留奔郑。

书曰"陈侯之弟招杀陈世子偃师"，罪在招也。"楚人执陈行人干徵师杀之"，罪不在行人也。

叔弓如晋，贺虒祁也。游吉相郑伯以如晋，亦贺虒祁也。史赵见子大叔，曰："甚哉其相蒙也！可吊也，而又贺之?"子大叔曰："若何吊也？其非唯我贺，将天下实贺。"

秋，大蒐于红，自根牟至于商、卫，革车千乘。

七月甲戌，齐子尾卒。子旗欲治其室。丁丑，杀梁婴。八月庚戌，逐子成、子工、子车，——皆来奔，——而立子良氏之宰。其臣曰："孺子长矣，而相吾室，欲兼我也。"授甲，将攻之。陈桓子善于子尾，亦授甲，将助之。或告子旗，子旗不信；则数人告，将往；又数人告于道，遂如陈氏。桓子将出矣，闻之而还，

---

① 据阮元《校勘记》补入。

② 据阮元《校勘记》改正。

游服而逆之。请命，对曰："闻彊氏授甲将攻子，子闻诸?"曰："弗闻。""子盍亦授甲？无宇请从。"子旗曰："子胡然？彼孺子也，吾诲之犹惧其不济，吾又宠秩之，——其若先人何？子盍谓之？《周书》曰：'惠不惠，茂不茂。'康叔所以服弘大也。"桓子稽颡曰："顷、灵福子，吾犹有望。"遂和之如初。

陈公子招归罪于公子过而杀之。九月，楚公子弃疾帅师奉孙吴围陈，宋戴恶会之。冬十一月壬午，灭陈。舆嬖袁克杀马、毁玉以葬。楚人将杀之，请置之；既又请私，私于幄，加绖于颡而逃。

使穿封戌为陈公，曰："城麇之役不谄。"侍饮酒于王，王曰："城麇之役，女知寡人之及此，女其辟寡人乎?"对曰："若知君之及此，臣必致死礼以息楚。"

晋侯问于史赵曰："陈其遂亡乎?"对曰："未也。"公曰："何故?"对曰："陈，颛顼之族也；岁在鹑火，是以卒灭。陈将如之。今在析木之津，犹将复由。且陈氏得政于齐而后陈卒亡。自幕至于瞽瞍无违命，舜重之以明德，置德于遂。遂世守之。及胡公不淫，故周赐之姓，使祀虞帝。臣闻盛德必百世祀。虞之世数未也，继守将在齐，其兆既存矣!"

九年经

九年：春，叔弓会楚子于陈。

许迁于夷。

夏，四月，陈灾。

秋，仲孙貜如齐。

冬，筑郎囿。

九年传

九年春，叔弓、宋华亥、郑游吉、卫赵黡会楚子于陈。

二月庚申，楚公子弃疾迁许于夷，实城父。取州来、淮北之田以益之，伍举授许男田。然丹迁城父人于陈，以夷濮西田益之。迁方城外人于许。

周甘人与晋阎嘉争阎田。晋梁丙、张趯率阴戎伐颍。王使詹桓伯辞于晋，曰："我自夏以后稷，魏、骀、芮、岐、毕，吾西土也。及武王克商，蒲姑、商奄，吾东土也。巴、濮、楚、邓，吾南土也。肃慎、燕、亳，吾北土也。吾何迩封之有？文、武、成、康之建母弟以蕃屏周，亦其废队是为，岂如弁髦而因以敝之？先王居梼杌于四裔，以御螭魅，故允姓之奸居于瓜州。伯父惠公归自秦，而诱以来，使逼我诸姬，入我郊甸，则戎焉取之。戎有中国，谁之咎也？后稷封殖天下，今戎制之，不亦难乎？伯父图之！我在伯父，犹衣服之有冠冕，木水之有本原，民人之有谋主也。伯父若裂冠毁冕，拔本塞原，专弃谋主，虽戎狄，其何有余一人？"叔向谓宣子曰："文之伯也，岂能改物？翼戴天子，而加之以共。自文以来，世有衰德而暴蔑宗周，以宣示其侈，诸侯之贰不亦宜乎？且王辞直，子其图之！"宣子说。王有姻丧，使赵成如周吊，且致阎田与襚，反颍俘。王亦使宾滑执甘大夫襄以说于晋，晋人礼而归之。

夏四月，陈灾。郑裨灶曰："五年陈将复封，封五十二年而遂亡。"子产问其故，对曰："陈，水属也。火，水妃也，而楚所相也。今火出而火陈，逐楚而建陈也。妃以五成，故曰五年。岁五及鹑火，而后陈卒亡，楚克有之，天之道也，故曰五十二年。"

晋荀盈如齐逆女，还。六月，卒于戏阳。殡于绛，未葬；晋侯饮酒，乐。膳宰屠蒯趋入，请佐公使尊，许之。而遂酌以饮工，曰："女为君耳，将司聪也。辰在子卯，谓之疾日；君彻宴乐，学人舍业：为疾故也。君之卿佐，是谓股肱。股肱或亏，何痛如之！女弗闻而乐，是不聪也。"又饮外嬖嬖叔，曰："女为君目，将司明也。服以旌礼，礼以行事，事有其物，物有其容。今君之容，非其物也；而女不见，是不明也。"亦自饮也，曰："味以行气，气以实志，志以定言，言以出令。臣实司味。二御失官而君弗命，臣之罪也!”公说，彻酒。

初，公欲废知氏而立其外嬖，为是悛而止。秋八月，使荀跞佐下军以说焉。

孟僖子如齐殷聘，礼也。

“冬，筑郎囿。”书，时也。季平子欲其速成也，叔孙昭子曰：“《诗》曰：‘经始勿亟，庶民子来。’焉用速成？其以剿民也？无囿犹可，无民其可乎？”

十年经

十年：春，王正月。

夏，齐栾施来奔。

秋，七月，季孙意如、叔弓、仲孙貜帅师伐莒。

戊子，晋侯彪卒。

九月，叔孙婼如晋。葬晋平公。

十有二月甲子，宋公成卒。

十年传

十年春，王正月，有星出于婺女。郑裨灶言于子产曰：“七月戊子，晋君将死。今兹岁在颛顼之虚，姜氏、任氏实守其地，居其维首；而有妖星焉，告邑姜也。邑姜，晋之妣也。天以七纪，戊子逢公以登，星斯于是乎出，吾是以讥之。”

齐惠栾、高氏皆耆酒，信内多怨，彊于陈、鲍氏而恶之。

夏，有告陈桓子曰：“子旗、子良将攻陈、鲍。”亦告鲍氏。桓子授甲而如鲍氏，遭子良醉而骋，遂见文子，则亦授甲矣。使视二子，则皆（从）〔将〕[①] 饮酒。桓子曰：“彼虽不信，闻我授

① 据阮元《校勘记》改。

甲，则必逐我。及其饮酒也，先伐诸?”陈、鲍方睦，遂伐栾、高氏。子良曰：“先得公，陈、鲍焉往?”遂伐虎门。

晏平仲端委立于虎门之外；四族召之，无所往。其徒曰：“助陈、鲍乎?”曰：“何善焉?”“助栾、高乎?”曰：“庸愈乎?”“然则归乎?”曰：“君伐，焉归?”公召之，而后入。公卜使王黑以灵姑鉟率，吉；请断三尺焉而用之。五月庚辰，战于稷，栾、高败，又败诸庄。国人追之，又败诸鹿门。栾施、高彊来奔。陈、鲍分其室。

晏子谓桓子：“必致诸公！让，德之主也。〔让之〕[1] 谓懿德。凡有血气，皆有争心，故利不可强，思义为愈。义，利之本也。蕴利生孽，姑使无蕴乎！可以滋长。”桓子尽致诸公，而请老于莒。

桓子召子山，私具幄幕、器用、从者之衣屦而反棘焉。子商亦如之，而反其邑。子周亦如之，而与之夫于。反子城、子公、公孙捷而皆益其禄。凡公子、公孙之无禄者，私分之邑。国之贫约孤寡者，私与之粟。曰：“《诗》云‘陈锡载周’，能施也。桓公是以霸。”公与桓子莒之旁邑，辞。穆孟姬为之请高唐，陈氏始大。

秋七月，平子伐莒，取郠。献俘，始用人于亳社。臧武仲在齐，闻之，曰：“周公其不飨鲁祭乎？周公飨义，鲁无义。《诗》曰：‘德音孔昭，视民不佻。’佻之谓甚矣，而壹用之，将谁福哉?”

戊子，晋平公卒。郑伯如晋，及河，晋人辞之。游吉遂如晋。九月，叔孙婼、齐国弱、宋华定、卫北宫喜、郑罕虎、许人、曹人、莒人、邾人、〔滕人、〕[2] 薛人、杞人、小邾人如晋，葬平公也。

郑子皮将以币行，子产曰：“丧焉用币，用币必百两，百两必

---

① 据阮元《校勘记》补入。

② 据阮元《校勘记》增补。

千人。千人至，将不行。不行，必尽用之。几千人而国不亡？”子皮固请以行。

既葬，诸侯之大夫欲因见新君。叔孙昭子曰：“非礼也。”弗听。叔向辞之，曰：“大夫之事毕矣，而又命孤。孤斩焉在衰绖之中，其以嘉服见，则丧礼未毕；其以丧服见，是重受吊也：大夫将若之何？”皆无辞以见。

子皮尽用其币，归，谓子羽曰：“非知之实难，将在行之。夫子知之矣，我则不足。《书》曰：‘欲败度，纵败礼。’我之谓矣。夫子知度与礼矣！我实纵欲，而不能自克也。”

昭子至自晋，大夫皆见。高彊见而退。昭子语诸大夫曰：“为人子不可不慎也哉！昔庆封亡，子尾多受邑，而稍致诸君；君以为忠，而甚宠之。将死，疾于公宫，辇而归，君亲推之。其子不能任，是以在此。忠为令德，其子弗能任，罪犹及之，难不慎也？丧夫人之力，弃德、旷宗以及其身，不〔亦〕[①] 害乎？《诗》曰‘不自我先，不自我后’，其是之谓乎！”

冬十二月，宋平公卒。初，元公恶寺人柳，欲杀之。及丧，柳炽炭于位，将至，则去之。比葬，又有宠。

十一年经

十有一年：春，王二月，叔弓如宋。

葬宋平公。

夏，四月丁巳，楚子虔诱蔡侯般杀之于申。

楚公子弃疾帅师围蔡。

五月甲申，夫人归氏薨。

大蒐于比蒲。

仲孙貜会邾子，盟于祲祥。

---

① “亦”，据阮元《校勘记》增补。

秋，季孙易如会晋韩起、齐国弱、宋华亥、卫北宫佗、郑罕虎、曹人、杞人于厥慭。

九月己亥，葬我小君齐归。

冬，十有一月丁酉，楚师灭蔡，执蔡世子有以归，用之。

十一年传

“十一年春，王二月，叔弓如宋”，葬平公也。

景王问于苌弘曰：“今兹诸侯何实吉？何实凶？”对曰：“蔡凶。此蔡侯般弑其君之岁也，岁在豕韦，弗过此矣。楚将有之，然壅也。岁及大梁，蔡复，楚凶，天之道也。”

楚子在申，召蔡灵侯。灵侯将往，蔡大夫曰：“王贪而无信，唯蔡于感。今币重而言甘，诱我也。不如无往。”蔡侯不可。(五)〔三〕[①] 月丙申，楚子伏甲而飨蔡侯于申，醉而执之。夏四月丁巳，杀之；刑其士七十人。公子弃疾帅师围蔡。

韩宣子问于叔向曰：“楚其克乎？”对曰：“克哉！蔡侯获罪于其君，而不能其民，天将假手于楚以毙之，何故不克？然肸闻之：不信以幸，不可再也。楚王奉孙吴以讨于陈，曰：‘将定而国。’陈人听命，而遂县之。今又诱蔡而杀其君，以围其国；虽幸而克，必受其咎，弗能久矣。桀克有缗以丧其国，纣克东夷而陨其身，楚小位下而亟暴于二王，能无咎乎？天之假助不善，非祚之也，厚其凶恶而降之罚也。且譬之如天，其有五材而将用之，力尽而敝之，是以无拯，不可没振。”

五月甲申，齐归薨。大蒐于比蒲，非礼也。

孟僖子会邾庄公，盟于祲祥，修好，礼也。

泉丘人有女，梦以其帷幕孟氏之庙，遂奔僖子，其僚从之。盟于清丘之社，曰：“有子，无相弃也！”僖子使助薳氏之簉。反

---

① 五当作三，阮元《校勘记》已言之。

自禓祥，宿于薳氏，生懿子及南宫敬叔于泉丘人。其僚无子，使字敬叔。

楚师在蔡。晋荀吴谓韩宣子曰："不能救陈，又不能救蔡，物以无亲。晋之不能，亦可知也已。为盟主而不恤亡国，将焉用之?"

秋，会于厥慭，谋救蔡也。郑子皮将行，子产曰："行不远，不能救蔡也。蔡小而不顺，楚大而不德，天将弃蔡以壅楚，盈而罚之。蔡必亡矣！且丧君而能守者鲜矣。三年，王其有咎乎？美恶周必复，王恶周矣。"

晋人使狐父请蔡于楚，弗许。

单子会韩宣子于戚，视下，言徐。叔向曰："单子其将死乎！朝有著定，会有表；衣有襘，带有结。会朝之言，必闻于表著之位，所以昭事序也。视不过结、襘之中，所以道容貌也。言以命之，容貌以明之，失则有阙。今单子为王官伯，而命事于会，视不登带，言不过步，貌不道容，而言不昭矣。不道，不共；不昭，不从：无守气矣！"

九月，葬齐归，公不慼。晋士之送葬者，归以语史赵。史赵曰："必为鲁郊！"侍者曰："何故?"曰："归姓也。不思亲，祖不归也。"叔向曰："鲁公室其卑乎！君有大丧，国不废蒐。有三年之丧，而无一日之慼。国不恤丧，不忌君也；君无慼容，不顾亲也。国不忌君，君不顾亲，能无卑乎？殆其失国。"

冬十一月，楚子灭蔡，用隐大子于冈山。申无宇曰："不祥！五牲不相为用，况用诸侯乎？王必悔之!"

十二月，单成公卒。

楚子城陈、蔡、不羹，使弃疾为蔡公。王问于申无宇曰："弃疾在蔡，何如?"对曰："择子莫如父，择臣莫如君。郑庄公城栎而置子元焉，使昭公不立。齐桓公城穀而寘管仲焉，至于今赖之。臣闻五大不在边，五细不在庭；亲不在外，羁不在内。今弃疾在外，郑丹在内，君其少戒!"王曰："国有大城，何如?"对曰："郑京、栎实杀曼伯，宋萧、亳实杀子游，齐渠丘实杀无知，卫蒲、戚实出献公。若由是观之，则害于国。末大必折，尾大不掉，君所知也。”

十二年经

十有二年：春，齐高偃帅师纳北燕伯于阳。

三月壬申，郑伯嘉卒。

夏，宋公使华定来聘。

公如晋，至河乃复。

五月，葬郑简公。

楚杀其大夫成熊。

秋，七月。

冬，十月，公子慭出奔齐。

楚子伐徐。

晋伐鲜虞。

十二年传

十二年春，齐高偃纳北燕伯款于唐，因其众也。

三月，郑简公卒。将为葬除，及游氏之庙，将毁焉。子大叔使其除徒执用以立，而无庸毁，曰：“子产过女而问何故不毁，乃曰：‘不忍庙也。诺，将毁矣。’”既如是，子产乃使辟之。司墓之室有当道者，毁之则朝而塴，弗毁则日中而塴，子大叔请毁之，曰：“无若诸侯之宾何？”子产曰：“诸侯之宾能来会吾丧，岂惮日中？无损于宾而民不害，何故不为？”遂弗毁，日中而葬。君子谓子产于是乎知礼。礼，无毁人以自成也。

夏，宋华定来聘，通嗣君也。享之，为赋《蓼萧》。弗知，又不答赋。昭子曰：“必亡！宴语之不怀，宠光之不宣，令德之不知，同福之不受，将何以在？”

齐侯、卫侯、郑伯如晋，朝嗣君也。公如晋，至河乃复。取郠之役，莒人愬于晋，晋有平公之丧未之治也，故辞公。公子憖遂如晋。

晋侯享诸侯。子产相郑伯，辞于享，请免丧而后听命；晋人许之：礼也。

晋侯以齐侯宴，中行穆子相。投壶，晋侯先，穆子曰："有酒如淮，有肉如坻。寡君中此，为诸侯师。"中之。齐侯举矢，曰："有酒如渑，有肉如陵。寡人中此，与君代兴！"亦中之。伯瑕谓穆子曰："子失辞。吾固师诸侯矣，壶何为焉，其以中俊也？齐君弱吾君，归弗来矣。"穆子曰："吾军帅强御，卒乘竞劝。今犹古也，齐将何事？"公孙傁趋进，曰："日旰君勤，可以出矣！"以齐侯出。

楚子谓"成虎，若敖之余也"，遂杀之。或谮成虎于楚子，成虎知之而不能行。书曰"楚杀其大夫成虎"，怀宠也。

六月，葬郑简公。

晋荀吴伪会齐师者，假道于鲜虞，遂入昔阳。秋八月壬午，灭肥，以肥子绵皋归。

周原伯绞虐其舆臣。使曹逃。冬十月壬申朔，原舆人逐绞而立公子跪寻。绞奔郊。

甘简公无子，立其弟过。过将去成、景之族。成、景之族赂刘献公，丙申，杀甘悼公而立成公之孙鳝。丁酉，杀献大子之傅庾皮之子过，杀瑕辛于市，及宫嬖绰、王孙没、刘州鸠、阴忌、老阳子。

季平子立而不礼于南蒯。南蒯谓子仲："吾出季氏而归其室于公，子更其位，我以费为公臣。"子仲许之。南蒯语叔仲穆子，且告之故。

季悼子之卒也，叔孙昭子以再命为卿。及平子伐莒，克之，更受三命。叔仲子欲构二家，谓平子曰："三命逾父兄，非礼也。"平子曰："然。"故使昭子。昭子曰："叔孙氏有家祸，杀適立庶，故婼也及此。若因祸以毙之，则闻命矣；若不废君命，则固有著矣。"昭子朝而命吏曰："婼将与季氏讼，书辞无颇。"季孙惧而归罪于叔仲子，故叔仲小、南蒯、公子慭谋季氏。慭告公，而遂从公如晋。南蒯惧不克，以费叛如齐。子仲还，及卫，闻乱，逃介而先；及郊，闻费叛，遂奔齐。

南蒯之将叛也，其乡人或知之过之，而叹且言曰："恤恤乎！湫乎！攸乎！深思而浅谋，迩身而远志，家臣而君图，有人矣哉！"

南蒯枚筮之，遇"坤䷁"之"比䷇"，曰"黄裳元吉"，以为大吉也。示子服惠伯，曰："即欲有事，何如？"惠伯曰："吾尝学此矣。忠信之事则可，不然必败。外强内温，忠也；和以率贞，信也：故曰'黄裳元吉'。黄，中之色也；裳，下之饰也；元，善之长也。中不忠，不得其色；下不共，不得其饰；事不善，不得其极。外内倡和为忠，率事以信为共，供养三德为善，非此三者弗当。且夫《易》，不可以占险，将何事也？且可饰乎？中美能黄，上美为元，下美则裳，参成可筮。犹有阙也，筮虽吉，未也！"

将适费，饮乡人酒。乡人或歌之曰："我有圃，生之杞乎！从我者子乎，去我者鄙乎，倍其邻者耻乎！已乎已乎，非吾党之士乎！"

平子欲使昭子逐叔仲小。小闻之，不敢朝。昭子命吏谓小"待政于朝"，曰："吾不为怨府。"

楚子狩于州来，次于颍尾，使荡侯、潘子、司马督、嚣尹午、陵尹喜帅师围徐以惧吴。楚子次于乾谿，以为之援。雨雪，王皮冠，秦复陶，翠被，豹舄，执鞭以出。仆析父从。右尹子革夕；王见之，去冠、被，舍鞭，与之语，曰："昔我先王熊绎，与吕伋、王孙牟、燮父、禽父并事康王。四国皆有分，我独无有。今吾使人于周，求鼎以为分，王其与我乎？"对曰："与君王哉！昔我先王熊绎辟在荆山，筚路蓝缕以处草莽，跋涉山林以事天子，唯是桃弧棘矢以共御王事。齐，王舅也；晋及鲁、卫，王母弟也。楚是以无分，而彼皆有。今周与四国服事君王，将唯命是从，岂其爱鼎？"王曰："昔我皇祖伯父昆吾，旧许是宅。今郑人贪赖其田而不我与。我若求之，其与我乎？”对曰：“与君王哉！周不爱鼎，郑敢爱田？”王曰：“昔诸侯远我而畏晋。今我大城陈、蔡、不羹，赋皆千乘，子与有劳焉；诸侯其畏我乎？”对曰：“畏君王哉！是四国者，专足畏也；又加之以楚，敢不畏君王哉？”

工尹路请曰：“君王命剥圭以为鏚柲，敢请命。”王入视之。析父谓子革：“吾子，楚国之望也。今与王言如响，国其若之何？”子革曰：“摩厉以须。王出，吾刃将斩矣。”王出，复语。左史倚相趋过，王曰：“是良史也，子善视之！是能读《三坟》、《五典》、《八索》、《九丘》。”对曰：“臣尝问焉：昔穆王欲肆其心周行，天下将皆必有车辙马迹焉；祭公谋父作《祈招》之诗以止王心，王是以获没于（祇）〔祇〕[①] 宫。臣问其诗而不知也。若问远焉，其焉能知之？”王曰：“子能乎？”对曰：“能！其诗曰：‘祈招之愔愔，式昭德音。思我王度，式如玉，式如金！形民之力，而无醉饱之心。’”王揖而入，馈不食，寝不寐，数日不能自克，以及于难。

仲尼曰：“古也有志：‘克己复礼，仁也。’信善哉！楚灵王若能如是，岂其辱于乾谿？”

晋伐鲜虞，因肥之役也。

十三年经

十有三年：春，叔弓帅师围费。

夏，四月，楚公子比自晋归于楚，弑其君虔于乾谿。

楚公子弃疾杀公子比。

秋，公会刘子、晋侯、齐侯、宋公、卫侯、郑伯、曹伯、莒子、邾子、滕子、薛伯、杞伯、小邾子于平丘。

八月甲戌，同盟于平丘。公不与盟。

---

① 《家语》作支。是此字当从氏，不当从氏，氏支古同部也。

晋人执季孙意如以归。

公至自会。

蔡侯卢归于蔡。陈侯吴归于陈。

冬，十月，葬蔡灵公。

公如晋，至河乃复。

吴灭州来。

十三年传

十三年春，叔弓围费，弗克，败焉。平子怒，令见费人执之，以为囚俘。冶区夫曰：“非也。若见费人，寒者衣之，饥者食之，为之令主而共其乏困；费来如归，南氏亡矣。民将叛之，谁与居邑？若惮之以威，惧之以怒，民疾而叛，为之聚也。若诸侯皆然，费人无归，不亲南氏，将焉入矣？”平子从之。费人叛南氏。

楚子之为令尹也，杀大司马薳掩而取其室。及即位，夺薳居田，迁许而质许围。蔡洧有宠于王，——王之灭蔡也，其父死焉。——王使与于守而行。申之会，越大夫戮焉。王夺斗韦龟中犨，又夺成然邑，而使为郊尹。蔓成然故事蔡公。故薳氏之族及薳居、许围、蔡洧、蔓成然皆王所不礼也，因群丧职之族，启越大夫常寿过作乱，围固城，克息舟，城而居之。

观起之死也，其子从在蔡，事朝吴，曰：“今不封蔡，蔡不封矣。我请试之。”以蔡公之命召子干、子皙，及郊而告之情，强与之盟；入袭蔡。蔡公将食，见之而逃。观从使子干食，坎、用牲、加书而速行。己徇于蔡，曰：“蔡公召二子，将纳之，与之盟而遣之矣，将师而从之。”蔡人聚，将执之；辞曰：“失贼成军，而杀余何益？”乃释之。朝吴曰：“二三子若能死亡，则如违之，以待所济。若求安定，则如与之，以济所欲。且违上，何适而可？”众曰：“与之!”乃奉蔡公，召二子而盟于邓，依陈、蔡人以国。楚公子比、公子黑肱、公子弃疾、蔓成然、蔡朝吴帅陈、蔡、不羹、许、叶之师，因四族之徒以入楚。

及郊，陈、蔡欲为名，故请为武军。蔡公知之，曰：“欲速！且役病矣。请藩而已。”乃藩为军。蔡公使须务牟与史猈先入，因正仆人杀大子禄及公子罢敌。公子比为王，公子黑肱为令尹，次于鱼陂。公子弃疾为司马，先除王宫。使观从从师于乾谿，而遂告之，且曰：“先归复所。后者劓！”师及訾梁而溃。

王闻群公子之死也，自投于车下，曰：“人之爱其子也，亦如余乎？”侍者曰：“甚焉！小人老而无子，知挤于沟壑矣。”王曰：“余杀人子多矣，能无及此乎？”右尹子革曰：“请待于郊，以听国人。”王曰：“众怒不可犯也！”曰：“若入于大都而乞师于诸侯？”王曰：“皆叛矣！”曰：“若亡于诸侯，以听大国之图君也？”王曰：“大福不再，只取辱焉！”然丹乃归于楚。

王沿夏，将欲入鄢。芋尹无宇之子申亥曰：“吾父再奸王命，王弗诛，惠孰大焉？君不可忍，惠不可弃，吾其从王！”乃求王，遇诸棘（围）〔闱〕①，以归。夏五月癸亥，王缢于芋尹申亥氏。申亥以其二女殉而葬之。

观从谓子干曰：“不杀弃疾，虽得国，犹受祸也。”子干曰：“余不忍也。”子玉曰：“人将忍子。吾不忍俟也。”乃行。

国每夜骇曰：“王入矣！”乙卯夜，弃疾使周走而呼曰：“王至矣！”国人大惊。使蔓成然走告子干、子皙曰：“王至矣！国人杀君司马，将来矣！君若早自图也，可以无辱。众怒如水火焉，不可为谋。”又有呼而走至者，曰：“众至矣！”二子皆自杀。

丙辰，弃疾即位，名曰熊居。葬子干于訾，实訾敖。杀囚，衣之王服而流诸汉，乃取而葬之，以靖国人。使子旗为令尹。

楚师还自徐，吴人败诸豫章，获其五帅。

平王封陈、蔡，复迁邑，致群赂，施舍，宽民，宥罪，举职。召观从，王曰：“唯尔所欲。”对曰：“臣之先佐开卜。”乃使为卜尹。

---

① 据杜注，围当作闱。

使枝如子躬聘于郑，且致犨、栎之田。事毕，弗致。郑人请曰：“闻诸道路，将命寡君以犨、栎，敢请命。”对曰：“臣未闻命。”既复，王问犨、栎，降服而对，曰：“臣过失命，未之致也。”王执其手，曰：“子毋勤！姑归。不穀有事，其告子也。”

他年，芋尹申亥以王柩告。乃改葬之。

初，灵王卜，曰：“余尚得天下！”不吉。投龟，诟天而呼曰：“是区区者而不余畀，余必自取之！”民患王之无厌也，故从乱如归。

初，共王无冢適；有宠子五人，无適立焉。乃大有事于群望，而祈曰：“请神择于五人者，使主社稷。”乃遍以璧见于群望，曰：“当璧而拜者，神所立也，谁敢违之？”既，乃与巴姬密埋璧于大室之庭；使五人齐，而长入拜。康王跨之，灵王肘加焉，子干、子皙皆远之。平王弱，抱而入，再拜，皆厌纽。斗韦龟属成然焉，且曰：“弃礼违命，楚其危哉！”

子干归。韩宣子问于叔向曰：“子干其济乎？”对曰：“难。”宣子曰：“同恶相求，如市贾焉，何难？”对曰：“无与同好，谁与同恶？取国有五难：有宠而无人，一也；有人而无主，二也；有主而无谋，三也；有谋而无民，四也；有民而无德，五也。子干在晋十三年矣，晋、楚之从，不闻达者，可谓无人。族尽亲叛，可谓无主。无衅而动，可谓无谋。为羁终世，可谓无民。亡无爱徵，可谓无德。王虐而不忌；楚君子干，涉五难以弑旧君，谁能济之？有楚国者，其弃疾乎！君陈、蔡，城外属焉。苛慝不作，盗贼伏隐，私欲不违，民无怨心。先神命之，国民信之。芈姓有乱，必季实立，楚之常也。获神，一也；有民，二也；令德，三也；宠贵，四也；居常，五也：有五利以去五难，谁能害之？子干之官，则右尹也；数其贵宠，则庶子也；以神所命，则又远之。其贵亡矣，其宠弃矣，民无怀焉，国无与焉，将何以立？”宣子曰：“齐桓、晋文，不亦是乎？”对曰：“齐桓，卫姬之子也，有宠于僖；有鲍叔牙、宾须无，隰朋以为辅佐，有莒、卫以为外主，有国、高以为内主；从善如流，下善齐肃；不藏贿，不从欲，施舍不倦，求善不厌：是以有国，不亦宜乎？我先君文公，狐季姬之子也，有宠于献；好学而不贰；生十七年，有士五人，有先大夫子余、子犯以为腹心，有魏犨、贾佗以为股肱；有齐、宋、秦、楚以为外主，有栾、郤、狐、先以为内主；亡十九年，守志弥笃。惠、怀弃民，民从而与之。献无异亲，民无异望；天方相晋，将何以代文？此二君者，异于子干。共有宠子，国有奥主；无施于民，无援于外；去晋而不送，归楚而不逆：何以冀国？"

晋成虒祈，诸侯朝而归者皆有贰心。为取郠故，晋将以诸侯来讨。叔向曰："诸侯不可以不示威。"乃并徵会，告于吴。秋，晋侯会吴子于良；水道不可，吴子辞；乃还。七月丙寅，治兵于邾南，甲车四千乘。羊舌鲋摄司马，遂合诸侯于平丘。

子产、子大叔相郑伯以会。子产以幄幕九张行。子大叔以四十，既而悔之；每舍，损焉；及会，亦如之。

次于卫地，叔鲋求货于卫，淫刍荛者。卫人使屠伯馈叔向羹，与一箧锦，曰："诸侯事晋，未敢携贰；况卫在君之宇下，而敢有异志？刍荛者异于他日，敢请之。"叔向受羹反锦，曰："晋有羊舌鲋者，渎货无厌，亦将及矣。为此役也，子若以君命赐之，其已。"客从之。未退而禁之。

晋人将寻盟，齐人不可。晋侯使叔向告刘献公，曰："抑齐人不盟，若之何？"对曰："盟以底信。君苟有信，诸侯不贰，何患焉？告之以文辞，董之以武师，虽齐不许，君庸多矣。天子之老，请帅王赋：'元戎十乘，以先启行。'迟速唯君！"

叔向告于齐，曰："诸侯求盟，已在此矣。今君弗利，寡君以为请。"对曰："诸侯讨贰，则有寻盟。若皆用命，何盟之寻？"叔向曰："国家之败，有事而无业，事则不经；有业而无礼，经则不序；有礼而无威，序则不共；有威而不昭，共则不明。不明弃共，百事不终，所由倾覆也。是故明王之制，使诸侯岁聘以志业，间朝以讲礼，再朝而会以示威，再会而盟以显昭明。志业于好，讲礼于等，示威于众，昭明于神，自古以来未之或失也。存亡之道，恒由是兴。晋礼主盟，惧有不治；奉承齐牺而布诸君，求终事也。君曰‘余必废之’，何齐之有？唯君图之，寡君闻命矣！”齐人惧，对曰：“小国言之，大国制之，敢不听从？既闻命矣，敬共以往，迟速唯君！”

叔向曰：“诸侯有间矣。不可以不示众。”八月辛未，治兵，建而不旆；壬申，复旆之。诸侯畏之。

邾人、莒人愬于晋，曰：“鲁朝夕伐我，几亡矣。我之不共，鲁故之以。”晋侯不见公，使叔向来辞，曰：“诸侯将以甲戌盟。寡君知不得事君矣，请君无勤！”子服惠伯对曰：“君信蛮夷之诉，以绝兄弟之国，弃周公之后，亦唯君。寡君闻命矣！”叔向曰：“寡君有甲车四千乘在，虽以无道行之，必可畏也；况其率道，其何敌之有？牛虽瘠，偾于豚上，其畏不死？南蒯、子仲之忧，其庸可弃乎？若奉晋之众，用诸侯之师，因邾、莒、杞、鄫之怒，以讨鲁罪，间其二忧，何求而弗克？”鲁人惧，听命。

“甲戌，同盟于平丘”，齐服也。令诸侯日中造于除。癸酉，退朝。子产命外仆速张于除；子大叔止之，使待明日。及夕，子产闻其未张也，使速往，乃无所张矣。

及盟，子产争承，曰：“昔天子班贡，轻重以列。列尊贡重，周之制也。卑而贡重者，甸服也。郑伯，男也；而使从公侯之贡，惧弗给也。敢以为请！诸侯靖兵，好以为事。行理之命无月不至，贡之无艺，小国有阙，所以得罪也。诸侯修盟，存小国也。贡献无极，亡可待也。存亡之制，将在今矣！”自日中以争，至于昏，晋人许之。

既盟，子大叔咎之曰：“诸侯若讨，其可渎乎？”子产曰：“晋政多门，贰偷之不暇，何暇讨？国不竞亦陵，何国之为！”

公不与盟。晋人执季孙意如，以幕蒙之，使狄人守之。司铎射怀锦，奉壶饮冰以蒲伏焉。守者御之，乃与之锦而入。晋人以平子归，子服湫从。

子产归，未至，闻子皮卒，哭，且曰：“吾已！无为为善矣。唯夫子知我！”

仲尼谓：“子产于是行也，足以为国基矣。《诗》曰：‘乐只君子，邦家之基。’子产，君子之求乐者也。”且曰：“合诸侯，艺贡事，礼也。”

鲜虞人闻晋师之悉起也，而不警边，且不修备。晋荀吴自著雍以上军侵鲜虞，及中人，驱冲竞，大获而归。

楚之灭蔡也，灵王迁许、胡、沈、道、房、申于荆焉。平王即位，既封陈、蔡，而皆复之，礼也。隐大子之子庐归于蔡，礼也。悼大子之子吴归于陈，礼也。

冬十月，葬蔡灵公，礼也。

公如晋。荀吴谓韩宣子曰：“诸侯相朝，讲旧好也。执其卿而朝其君，有不好焉，不如辞之。”乃使士景伯辞公于河。

吴灭州来。令尹子期请伐吴；王弗许，曰：“吾未抚民人，未事鬼神，未修守备，未定国家，而用民力，败不可悔。州来在吴，犹在楚也。子姑待之。”

季孙犹在晋。子服惠伯私于中行穆子曰：“鲁事晋，何以不如夷之小国？鲁，兄弟也；土地犹大，所命能具。若为夷弃之，使事齐、楚，其何瘳于晋？亲亲，与大，赏共，罚否，所以为盟主也。子其图之！谚曰：‘臣一主二。’吾岂无大国？”穆子告韩宣子，且曰：“楚灭陈、蔡，不能救；而为夷执亲，将焉用之？”乃归季孙。

惠伯曰：“寡君未知其罪，合诸侯而执其老。若犹有罪，死命可也！若曰无罪而惠免之，诸侯不闻，是逃命也，何免之为？请从君惠于会。”宣子患之，谓叔向曰：“子能归季孙乎？”对曰：“不能。鲋也能。”乃使叔鱼。叔鱼见季孙，曰：“昔鲋也得罪于晋君，自归于鲁君。微武子之赐，不至于今。虽获归骨于晋，犹子则肉之，敢不尽情？归子而不归，鲋也闻诸吏：将为子除馆于西河。其若之何？”且泣。平子惧，先归。惠伯待礼。

十四年经

十有四年：春，意如至自晋。

三月，曹伯滕卒。

夏，四月。

秋，葬曹武公。

八月，莒子去疾卒。

冬，莒杀其公子意恢。

十四年传

十四年春，“意如至自晋”，尊晋罪己也。尊晋罪己，礼也。

南蒯之将叛也，盟费人。司徒老祁、虑癸伪废疾，使请于南蒯曰：“臣愿受盟而疾兴，若以君灵不死，请待间而盟。”许之。二子因民之欲叛也，请朝众而盟，遂劫南蒯曰：“群臣不忘其君，畏子以及今，三年听命矣。子若弗图，费人不忍其君，将不能畏子矣。子何所不逞欲？请送子。”请期五日。遂奔齐。侍饮酒于景公，公曰：“叛夫！”对曰：“臣欲张公室也。”子韩皙曰：“家臣而欲张公室，罪莫大焉！”司徒老祁、虑癸未归费，齐侯使鲍文子致之。

夏，楚子使然丹简上国之兵于宗丘，且抚其民：分贫振穷，长孤幼，养老疾，收介特，救灾患，宥孤寡；赦罪戾，诘奸慝，举淹滞；礼新叙旧，禄勋合亲，任良物官。使屈罢简东国之兵于召陵，亦如之。好于边疆，息民五年，而后用师：礼也。

秋八月，莒著丘公卒。郊公不慼，国人弗顺，欲立著丘公之弟庚（与）〔舆〕[①]。蒲余侯恶公子意恢而善于庚（与）〔舆〕，郊公恶公子铎而善于意恢。公子铎因蒲余侯而与之谋，曰：“尔杀意恢，我出君而纳庚（与）〔舆〕。”许之。

楚令尹子旗有德于王，不知度，与养氏比而求无厌。王患之。九月甲午，楚子杀斗成然而灭养氏之族。使斗辛居郧，以无忘

① 据阮元《校勘记》改。

旧勋。

冬十二月，蒲余侯兹夫杀莒公子意恢，郊公奔齐。公子铎逆庚（与）〔舆〕于齐，齐隰党、公子钼送之，有赂田。

晋邢侯与雍子争鄐田，久而无成。士景伯如楚，叔鱼摄理。韩宣子命断旧狱，罪在雍子。雍子纳其女于叔鱼，叔鱼蔽罪邢侯。邢侯怒，杀叔鱼与雍子于朝。宣子问其罪于叔向，叔向曰："三人同罪，施生戮死可也。雍子自知其罪而赂以买直，鲋也鬻狱，邢侯专杀，其罪一也。己恶而掠美为昏，贪以败官为墨，杀人不忌为贼。《夏书》曰：'昏、墨、贼，杀。'皋陶之刑也。请从之。"乃施邢侯而尸雍子与叔鱼于市。

仲尼曰："叔向，古之遗直也。治国制刑，不隐于亲。三数叔鱼之恶，不为末减，（曰）〔由〕[1] 义也夫，可谓直矣！平丘之会，数其贿也，以宽卫国，晋不为暴。归鲁季孙，称其诈也，以宽鲁国，晋不为虐。邢侯之狱，言其贪也，以正刑书，晋不为颇。三言而除三恶，加三利。杀亲益荣，犹义也夫！"

十五年经

十有五年：春，王正月，吴子夷末卒。

二月癸酉，有事于武宫。籥入，叔弓卒。去乐，卒事。

夏，蔡朝吴出奔郑。

六月丁巳朔，日有食之。

秋，晋荀吴帅师伐鲜虞。

冬，公如晋。

十五年传

十五年春，将禘于武公，戒百官。梓慎曰："禘之日，其有咎

① "曰"为"由"字之脱误，说见王氏《经义述闻》。

乎！吾见赤黑之祲，非祭祥也，丧氛也。其在莅事乎！”二月癸酉，禘。叔弓莅事，籥入而卒。去乐，卒事，礼也。

楚费无极害朝吴之在蔡也，欲去之，乃谓之曰：“王唯信子，故处子于蔡。子亦长矣，而在下位，辱；必求之，吾助子请。”又谓其上之人曰：“王唯信吴，故处诸蔡；二三子莫之如也，而在其上，不亦难乎？弗图，必及于难！”夏，蔡人逐朝吴，朝吴出奔郑。王怒，曰：“余唯信吴，故置诸蔡。且微吴，吾不及此。女何故去之？”无极对曰：“臣岂不欲吴？然而前知其为人之异也。吴在蔡，蔡必速飞；去吴，所以翦其翼也。”

六月乙丑，王大子寿卒。

秋八月戊寅，王穆后崩。

晋荀吴帅师伐鲜虞，围鼓。鼓人或请以城叛，穆子弗许。左右曰：“师徒不勤而可以获城，何故不为？”穆子曰：“吾闻诸叔向曰：‘好恶不愆，民知所适，事无不济。’或以吾城叛，吾所甚恶也。人以城来，吾独何好焉？赏所甚恶，若所好何？若其弗赏，是失信也，何以庇民？力能则进，否则退，量力而行。吾不可以欲城而迩奸，所丧滋多。”使鼓人杀叛人而缮守备。围鼓三月，鼓人或请降。使其民见，曰：“犹有食色，姑修而城！”军吏曰：“获城而弗取，勤民而顿兵，何以事君？”穆子曰：“吾以事君也。获一邑而教民怠，将焉用邑？邑以贾怠，不如完旧。贾怠无卒，弃旧不祥。鼓人能事其君，我亦能事吾君。率义不爽，好恶不愆，城可获而民知义所，有死命而无二心，不亦可乎？”鼓人告食竭力尽，而后取之。克鼓而反，不戮一人，以鼓子鸢鞮归。

冬，公如晋，平丘之会故也。

十二月，晋荀跞如周葬穆后，籍谈为介。既葬，除丧，以文伯宴，樽以鲁壶。王曰：“伯氏！诸侯皆有以镇抚王室，晋独无有，何也？”文伯揖籍谈。对曰：“诸侯之封也，皆受明器于王室，以镇抚其社稷，故能荐彝器于王。晋居深山，戎狄之与邻，而远于王室，王灵不及，拜戎不暇，其何以献器？”王曰：“叔氏，而忘诸乎！叔父唐叔，成王之母弟也，其反无分乎？密须之鼓与其大路，文所以大蒐也；阙巩之甲，武所以克商也：唐叔受之以处参虚，匡有戎狄。其后襄之二路、鏚钺、秬鬯、彤弓、虎贲，文公受之，以有南阳之田，抚征东夏，非分而何？夫有勋而不废，有绩而载，奉之以土田，抚之以彝器，旌之以车服，明之以文章，子孙不忘，所谓福也。福祚之不登叔父，焉在？且昔而高祖孙伯黡司晋之典籍，以为大政，故曰籍氏。及辛有之二子董之晋，于是乎有董史。女，司典之后也，何故忘之？”籍谈不能对。宾出，王曰：“籍父其无后乎！数典而忘其祖。”

籍谈归，以告叔向。叔向曰：“王其不终乎！吾闻之：‘所乐必卒焉。’今王乐忧，若卒以忧，不可谓终。王一岁而有三年之丧二焉，于是乎以丧宾宴，又求彝器，乐忧甚矣，且非礼也。彝器之来，嘉功之由，非由丧也。三年之丧，虽贵遂服，礼也。王虽弗遂，宴乐以早，亦非礼也。礼，王之大经也。一动而失二礼，无大经矣。言以考典，典以志经。忘经而多言、举典，将焉用之？”

十六年经

十有六年：春，齐侯伐徐。

楚子诱戎蛮子，杀之。

夏，公至自晋。

秋，八月己亥，晋侯夷卒。

九月，大雩。

季孙意如如晋。

冬，十月，葬晋昭公。

十六年传

十六年春，王正月，公在晋，晋人止公。不书，讳之也。

齐侯伐徐。

楚子闻蛮氏之乱也与蛮子之无质也，使然丹诱戎蛮子嘉，杀之，遂取蛮氏。既而复立其子焉，礼也。

二月丙申，齐师至于蒲隧，徐人行成。徐子及郯人、莒人会齐侯，盟于蒲隧，赂以甲父之鼎。叔孙昭子曰："诸侯之无伯，害哉！齐君之无道也，兴师而伐远方，会之有成而还，莫之亢也。无伯也夫！《诗》曰：'宗周既灭，靡所止戾。正大夫离居，莫知我肄。'其是之谓乎！"

三月，晋韩起聘于郑，郑伯享之。子产戒曰："苟有位于朝，无有不共恪！"孔张后至，立于客间；执政御之，适客后；又御之，适县间。客从而笑之。

事毕，富子谏曰："夫大国之人，不可不慎也！几为之笑而不陵我？我皆有礼，夫犹鄙我；国而无礼，何以求荣？孔张失位，吾子之耻也。"子产怒，曰："发命之不衷，出令之不信，刑之颇类，狱之放纷，会朝之不敬，使命之不听，取陵于大国，罢民而无功，罪及而弗知：侨之耻也。孔张，君之昆孙，子孔之后也，执政之嗣也，为嗣大夫；承命以使，周于诸侯：国人所尊，诸侯所知。立于朝而祀于家，有禄于国，有赋于军，丧、祭有职，受脤、归脤。其祭在庙，已有著位。在位数世，世守其业而忘其所，侨焉得耻之？辟邪之人而皆及执政，是先王无刑罚也。子宁以他规我。"

宣子有环，其一在郑商。宣子谒诸郑伯，子产弗与，曰："非官府之守器也，寡君不知。"子大叔、子羽谓子产曰："韩子亦无几求，晋国亦未可以贰。晋国、韩子，不可偷也。若属有谗人交斗其间，鬼神而助之，以兴其凶怒，悔之何及？吾子何爱于一环？其以取憎于大国也？盍求而与之？"子产曰："吾非偷晋而有二心。将终事之，是以弗与，忠信故也。侨闻君子非无贿之难，立而无令名之患。侨闻为国非不能事大字小之难，无礼以定其位之患。夫大国之人，令于小国而皆获其求，将何以给之？一共一否，为罪滋大。大国之求，无礼以斥之，何餍之有？吾且为鄙邑，则失位矣。若韩子奉命以使而求玉焉，贪淫甚矣，独非罪乎？出一玉以起二罪，吾又失位，韩子成贪，将焉用之？且吾以玉贾罪，不亦锐乎！”

韩子买诸贾人。既成贾矣，商人曰：“必告君大夫！”韩子请诸子产曰：“日起请夫环，执政弗义，弗敢复也。今买诸商人，商人曰‘必以闻’，敢以为请！”子产对曰：“昔我先君桓公，与商人皆出自周，庸次比耦以艾杀此地，斩之蓬蒿藜藋而共处之，世有盟誓以相信也，曰：‘尔无我叛，我无强贾，毋或匄夺。尔有利市宝贿，我勿与知。’恃此质誓，故能相保以至于今。今吾子以好来辱，而谓敝邑强夺商人，是教敝邑背盟誓也，毋乃不可乎！吾子得玉而失诸侯，必不为也。若大国令而共无艺，郑鄙邑也，亦弗为也。侨若献玉，不知所成。敢私布之！”韩子辞玉，曰：“起不敏，敢求玉以徼二罪？敢辞之！”

夏四月，郑六卿饯宣子于郊。宣子曰：“二三君子请皆赋，起亦以知郑志。”子齹赋《野有蔓草》，宣子曰：“孺子善哉，吾有望矣！”子产赋郑之《羔裘》，宣子曰：“起不堪也！”子大叔赋《褰裳》，宣子曰：“起在此，敢勤子至于他人乎？”子大叔拜，宣子曰：“善哉！子之言是。不有是事，其能终乎？”子游赋《风雨》，子旗赋《有女同车》，子柳赋《萚兮》。宣子喜曰：“郑其庶乎！二三君子以君命贶起，赋不出郑志，皆昵燕好也。二三君子，数世之主也，可以无惧矣！”宣子皆献马焉，而赋《我将》。子产拜，使五卿皆拜，曰：“吾子靖乱，敢不拜德！”

宣子私觐于子产以玉与马，曰：“子命起舍夫玉，是赐我玉而免吾死也，敢〔不〕[①] 藉手以拜！”

公至自晋，子服昭伯语季平子曰：“晋之公室，其将遂卑矣。君幼弱，六卿强而奢傲，将因是以习；习实为常，能无卑乎？”平子曰：“尔幼，恶识国？”

秋八月，晋昭公卒。

---

① 此处脱“不”字，阮元《校勘记》详之，今据补。

“九月，大雩”，旱也。

郑大旱，使屠击、祝款、竖柎有事于桑山。斩其木，不雨。子产曰：“有事于山，蓺山林也。而斩其木，其罪大矣！”夺之官邑。

冬十月，季平子如晋葬昭公。平子曰：“子服回之言犹信。子服氏有子哉！”

十七年经

十有七年：春，小邾子来朝。

夏，六月甲戌朔，日有食之。

秋，郯子来朝。

八月，晋荀吴帅师灭陆浑之戎。

冬，有星孛于大辰。

楚人及吴战于长岸。

十七年传

十七年春，小邾穆公来朝。公与之燕。季平子赋《采叔》，穆公赋《菁菁者莪》。昭子曰：“不有以国，其能久乎？”

夏六月，甲戌朔，日有食之。祝史请所用币。昭子曰：“日有食之，天子不举，伐鼓于社；诸侯用币于社，伐鼓于朝：礼也。”平子御之，曰：“止也！唯正月朔，慝未作，日有食之，于是乎有伐鼓用币，礼也。其余则否。”大史曰：“在此月也。日过分而未至，三辰有灾，于是乎百官降物；君不举，辟移时；乐奏鼓，祝用币，史用辞。故《夏书》曰：‘辰不集于房，瞽奏鼓，啬夫驰，庶人走。’此月朔之谓也。当夏四月，是谓孟夏。”平子弗从。昭子退，曰：“夫子将有异志，不君君矣。”

秋，郯子来朝，公与之宴。昭子问焉，曰：“少皞氏鸟名官，何故也？”郯子曰：“吾祖也。我知之。昔者黄帝氏以云纪，故为云师而云名；炎帝氏以火纪，故为火师而火名；共工氏以水纪，故为水师而水名；大皞氏以龙纪，故为龙师而龙名。我高祖少皞挚之立也，凤鸟适至，故纪于鸟，为鸟师而鸟名。凤鸟氏，历正也；玄鸟氏，司分者也；伯赵氏，司至者也；青鸟氏，司启者也；丹鸟氏，司闭者也。祝鸠氏，司徒也；鴡鸠氏，司马也；鳲鸠氏，司空也；爽鸠氏，司寇也；鹘鸠氏，司事也：五鸠，鸠民者也。五雉，为五工正，利器用，正度量，夷民者也。九扈，为九农正，扈民无淫者也。自颛顼以来，不能纪远，乃纪于近。为民师而命以民事，则不能故也。”仲尼闻之，见于郯子而学之，既而告人曰：“吾闻之：‘天子失官，〔官〕① 学在四夷。’犹信！”

晋侯使屠蒯如周，请有事于雒与三涂。苌弘谓刘子曰：“客容猛，非祭也，其伐戎乎？陆浑氏甚睦于楚，必是故也。君其备之！”乃警戎备。九月丁卯，晋荀吴帅师涉自棘津，使祭史先用牲于雒。陆浑人弗知，师从之。庚午，遂灭陆浑，数之，以其贰于楚也。陆浑子奔楚，其众奔甘鹿。周大获。宣子梦文公携荀吴而授之陆浑，故使穆子帅师；献俘于文宫。

冬，有星孛于大辰，西及汉。申须曰：“彗，所以除旧布新也。天事恒象。今除于火，火出必布焉，诸侯其有火灾乎？”梓慎曰：“往年吾见之，是其徵也，火出而见。今兹火出而章，必火；〔火〕② 入而伏。其居火也久矣，其与不然乎？火出，于夏为三月，于商为四月，于周为五月。夏数得天，若火作，其四国当之，在宋、卫、陈、郑乎！宋，大辰之虚也；陈，大皞之虚也；郑，祝融之虚也：皆火房也。星孛（天）〔及〕③ 汉；汉，水祥也。卫，颛顼之虚也，故为帝丘，其星为大水；水，火之牡也。其以丙子若壬午作乎！水火所以合也。若火入而伏，必以壬午，不过其见之月。”

① “字”字当重，说见梁履绳《左通补释》、杨伯峻先生《春秋左传注》。

② 臧琳《经义杂记》以为此处“火”字当重，今从之。

③ 据阮元《校勘记》改正。

郑禆灶言于子产曰："宋、卫、陈、郑将同日火。若我用瓘斝玉瓒，郑必不火。"子产弗与。

吴伐楚。阳匄为令尹，卜：战不吉。司马子鱼曰："我得上流，何故不吉？且楚故，司马令龟，我请改卜。"令曰："鲂也以其属死之，楚师继之，尚大克之？"吉。战于长岸，子鱼先死，楚师继之，大败吴师。获其乘舟余皇，使随人与后至者守之：环而堑之，及泉，盈其隧炭，陈以待命。

吴公子光请于其众，曰："丧先王之乘舟，岂唯光之罪？众亦有焉。请藉取之以救死！"众许之。使长鬣者三人潜伏于舟侧，曰："我呼〔余〕[①] 皇，则对。师夜从之！"三呼，皆迭对。楚人从而杀之。楚师乱，吴人大败之，取余皇以归。

十八年经

十有八年：春，王三月，曹伯须卒。

夏，五月壬午，宋、卫、陈、郑灾。

六月，邾人入鄅。

秋，葬曹平公。

冬，许迁于白羽。

十八年传

十八年春，王二月乙卯，周毛得杀毛伯过而代之。苌弘曰："毛得必亡！是昆吾稔之日也，侈故之以。而毛得以济侈于王都，不亡何待？"

三月，曹平公卒。

夏五月，火始昏见。丙子，风。梓慎曰："是谓融风，火之始

① 据阮元《校勘记》补入。

也。七日，其火作乎！”戊寅，风甚。壬午，大甚。宋、卫、陈、郑皆火。梓慎登大庭氏之库以望之，曰：“宋、卫、陈、郑也。”数日，皆来告火。

裨灶曰：“不用吾言，郑又将火。”郑人请用之，子产不可。子大叔曰：“宝，以保民也。若有火，国几亡。可以救亡，子何爱焉？”子产曰：“天道远，人道迩，非所及也。何以知之？灶焉知天道？是亦多言矣，岂不或信？”遂不与。亦不复火。

郑之未灾也，里析告子产曰：“将有大祥，民震动，国几亡。吾身泯焉，弗良及也。国迁，其可乎？”子产曰：“虽可，吾不足以定迁矣。”及火，里析死矣，未葬；子产使舆三十人迁其柩。

火作，子产辞晋公子、公孙于东门，使司寇出新客，禁旧客勿出于宫。使子宽、子上巡群屏摄，至于大宫。使公孙登徙大龟，使祝史徙祏于周庙，告于先君。使府人、库人各儆其事。商成公儆司宫，出旧宫人，置诸火所不及。司马、司寇列居火道，行火所焮。城下之人，伍列登城。明日，使野司寇各保其徵，郊人助祝史除于国北，禳火于玄冥、回禄，祈于四鄘。书焚室而宽其征，与之材。三日哭，国不市。使行人告于诸侯。

宋、卫皆如是。陈不救火，许不吊灾，君子是以知陈、许之先亡也。

六月，鄅人藉稻，邾人袭鄅。鄅人将闭门，邾人羊罗摄其首焉，遂入之，尽俘以归。鄅子曰：“余无归矣！”从帑于邾。邾庄公反鄅夫人而舍其女。

秋，葬曹平公。往者见周原伯鲁焉，与之语，不说学。归以语闵子马，闵子马曰：“周其乱乎？夫必多有是说，而后及其大人。大人患失而惑，又曰‘可以无学，无学不害’。不害而不学，则苟而可；于是乎下陵上替，能无乱乎？夫学，殖也，不学将落。原氏其亡乎！”

七月，郑子产为火故，大为社，祓禳于四方，振除火灾，礼也。乃简兵大蒐，将为蒐除。子大叔之庙在道南，其寝在道北，其庭小；过期三日，使除徒陈于道南庙北，曰：“子产过女而命速除，乃毁于而乡！”子产朝，过而怒之。除者南毁。子产及衝，使从者止之，曰：“毁于北方。”

火之作也，子产授兵登陴。子大叔曰：“晋无乃讨乎？”子产曰：“吾闻之：小国忘守则危，况有灾乎？国之不可小，有备故也。”既，晋之边吏让郑曰：“郑国有灾，晋君、大夫不敢宁居，卜筮走望，不爱牲玉。郑之有灾，寡君之忧也。今执事撊然授兵登陴，将以谁罪？边人恐惧，不敢不告！”子产对曰：“若吾子之言，敝邑之灾，君之忧也。敝邑失政，天降之灾，又惧谗慝之间谋之以启贪人，荐为敝邑不利以重君之忧。幸而不亡，犹可说也；不幸而亡，君虽忧之，亦无及也。郑有他竟，望走在晋。既事晋矣，其敢有二心？”

楚左尹王子胜言于楚子曰：“许于郑，仇敌也，而居楚地以不礼于郑。晋、郑方睦，郑若伐许而晋助之，楚丧地矣。君盍迁许？许不专于楚。郑方有令政，许曰：‘余旧国也。’郑曰：‘余俘邑也。’叶在楚国，方城外之蔽也。土不可易，国不可小，许不可俘，仇不可启。君其图之！”楚子说。冬，楚子使王子胜迁许于析，实白羽。

十九年经

十有九年：春，宋公伐邾。

夏，五月戊辰，许世子止弑其君买。

己卯，地震。

秋，齐高发帅师伐莒。

冬，葬许悼公。

十九年传

十九年春，楚工尹赤迁阴于下阴，令尹子瑕城郏。叔孙昭子曰：“楚不在诸侯矣，其仅自完也，以持其世而已。”

楚子之在蔡也，郹阳封人之女奔之，生大子建。及即位，使伍奢为之师。费无极为少师，无宠焉；欲谮诸王，曰："建可室矣。"王为之聘于秦。无极与逆，劝王取之。正月，楚夫人嬴氏至自秦。

郳夫人，宋向戌之女也，故向宁请师。二月，宋公伐邾，围虫。三月，取之，乃尽归郳俘。

夏，许悼公疟。五月戊辰，饮大子止之药卒。大子奔晋。书曰："弑其君"。君子曰："尽心力以事君，舍药物可也。"

邾人、郳人、徐人会宋公。乙亥，同盟于虫。

楚子为舟师以伐濮。费无极言于楚子曰："晋之伯也，迩于诸夏。而楚辟陋，故弗能与争。若大城城父而置大子焉，以通北方，王收南方，是得天下也。"王说，从之。故大子建居于城父。

令尹子瑕聘于秦，拜夫人也。

秋，齐高发帅师伐莒，莒子奔纪鄣。使孙书伐之。

初，莒有妇人，莒子杀其夫；已为嫠妇。及老，托于纪鄣，纺焉以度而去之。及师至，则投诸外。或献诸子占，子占使师夜缒而登。登者六十人，缒绝，师鼓噪；城上之人亦噪。莒共公惧，启西门而出。七月丙子，齐师入纪。

是岁也，郑驷偃卒。子游娶于晋大夫，生丝，弱，其父兄立子瑕。子产憎其为人也，且以为不顺，弗许，亦弗止。驷氏耸。

他日，丝以告其舅。冬，晋人使以币如郑，问驷乞之立故。驷氏惧，驷乞欲逃，子产弗遣；请龟以卜，亦弗予。大夫谋对，子产不待而对客曰："郑国不天，寡君之二三臣札瘥夭昏。今又丧我先大夫偃，其子幼弱，其一二父兄惧队宗主，私族于谋而立长亲。寡君与其二三老曰：'抑天实剥乱是，吾何知焉？'谚曰'无过乱门'，民有乱兵，犹惮过之，而况敢知天之所乱？今大夫将问其故，抑寡君实不敢知，其谁实知之？平丘之会，君寻旧盟曰：'无或失职！'若寡君之二三臣，其即世者，晋大夫而专制其位，是晋之县鄙也，何国之为？"辞客币而报其使，晋人舍之。

楚人城州来。沈尹（戌）〔戍〕曰："楚人必败！昔吴灭州来，子旗请伐之，王曰：‘吾未抚吾民。’今亦如之，而城州来以挑吴，能无败乎？”侍者曰：“王施舍不倦，息民五年，可谓抚之矣。”（戌）〔戍〕曰：“吾闻抚民者，节用于内而树德于外，民乐其性而无寇仇。今宫室无量，民人日骇，劳罢死转，忘寝与食，非抚之也！”

郑大水，龙斗于时门之外洧渊，国人请为禜焉。子产弗许，曰：“我斗，龙不我觌也。龙斗，我独何觌焉？禳之，则彼其室也。吾无求于龙，龙亦无求于我。”乃止也。

令尹子瑕言蹶由于楚子，曰：“彼何罪？谚所谓‘室于怒，市于色’者，楚之谓矣。舍前之忿可也。”乃归蹶由。

二十年经

二十年：春，王正月。

夏，曹公孙会自鄸出奔宋。

秋，盗杀卫侯之兄縶。

冬，十月，宋华亥、向宁、华定出奔陈。

十有一月辛卯，蔡侯庐卒。

二十年传

二十年春，王二月己丑，日南至。梓慎望氛，曰：“今兹宋有乱，国几亡，三年而后弭。蔡有大丧。”叔孙昭子曰：“然则戴、桓也。（汏）〔汰〕侈无礼已甚，乱所在也。”

费无极言于楚子曰：“建与伍奢将以方城之外叛，自以为犹宋、郑也，齐、晋又交辅之，将以害楚，其事集矣。”王信之，问伍奢。伍奢对曰：“君一过多矣，何信于谗？”王执伍奢。使城父司马奋扬杀大子，未至，而使遣之。三月，大子建奔宋。王召奋扬，奋扬使城父人执己以至。王曰：“言出于余口，入于尔耳，谁告建也？”对曰：“臣告之。君王命臣曰：‘事建如事余。’臣不佞，不能苟贰。奉初以还，不忍后命，故遣之。既而悔之，亦无及已。”王曰：“而敢来，何也?”对曰：“使而失命，召而不来，是再奸也。逃无所入。”王曰：“归，从政如他日！”

无极曰：“奢之子材，若在吴，必忧楚国。盍以免其父召之?彼仁，必来；不然，将为患。”王使召之，曰：“来！吾免而父。”棠君尚谓其弟员曰：“尔适吴，我将归死。吾知不逮；我能死，尔能报。闻免父之命，不可以莫之奔也！亲戚为戮，不可以莫之报也！奔死免父，孝也；度功而行，仁也；择任而往，知也；知死不辟，勇也。父不可弃，名不可废，尔其勉之！相从为愈。”伍尚归。奢闻员不来，曰：“楚君、大夫其旰食乎！”楚人皆杀之。

员如吴，言伐楚之利于州于。公子光曰：“是宗为戮而欲反其仇，不可从也。”员曰：“彼将有他志。余姑为之求士，而鄙以待之。”乃见鱄设诸焉，而耕于鄙。

宋元公无信多私，而恶华、向。华定、华亥与向宁谋曰：“亡愈于死，先诸?”华亥伪有疾，以诱群公子。公子问之，则执之。夏六月丙申，杀公子寅、公子御戎、公子朱、公子固、公孙援、公孙丁，拘向胜、向行于其廪。公如华氏请焉，弗许，遂劫之。癸卯，取大子栾与母弟辰、公子地以为质。公亦取华亥之子无慼、向宁之子罗、华定之子启，与华氏盟，以为质。

卫公孟絷狎齐豹，夺之司寇与鄄，有役则反之，无则取之。公孟恶北宫喜、褚师圃，欲去之。公子朝通于襄夫人宣姜，惧而欲以作乱。故齐豹、北宫喜、褚师圃、公子朝作乱。

初，齐豹见宗鲁于公孟，为骖乘焉。将作乱而谓之曰：“公孟之不善，子所知也。勿与乘！吾将杀之。”对曰：“吾由子事公孟，子假吾名焉，故不吾远也。虽其不善，吾亦知之；抑以利故，不能去：是吾过也。今闻难而逃，是僭子也。子行事乎，吾将死之以周事子，而归死于公孟，其可也。”

丙辰，卫侯在平寿。公孟有事于盖获之门外。齐子氏帷于门外而伏甲焉，使祝蛙置戈于车薪以当门，使一乘从公孟以出。(使)① 华齐御公孟，宗鲁骖乘。及闳中，齐氏用戈击公孟，宗鲁以背蔽之，断肱，以中公孟之肩。皆杀之。

公闻乱，乘，驱自阅门入。庆比御公，公南楚骖乘。使华寅乘贰车。及公宫，鸿骝魋驷乘于公。公载宝以出。褚师子申遇公于马路之衢，遂从。过齐氏，使华寅肉袒执盖以当其阙。齐氏射公，中南楚之背。公遂出，寅闭郭门，逾而从公。公如死鸟。析朱鉏宵从窦出，徒行从公。

齐侯使公孙青聘于卫。既出，闻卫乱，使请所聘。公曰："犹在竟内，则卫君也。"乃将事焉，遂从诸死鸟，请将事。辞曰："亡人不佞，失守社稷，越在草莽，吾子无所辱君命。"宾曰："寡君命下臣于朝，曰：'阿下执事。'臣不敢贰！"主人曰："君若惠顾先君之好，（昭）〔照〕② 临敝邑，镇抚其社稷，则有宗祧在。"乃止。卫侯固请见之。不获命，以其良马见，为未致使故也。卫侯以为乘马。宾将掫，主人辞曰："亡人之忧，不可以及吾子。草莽之中，不足以辱从者。敢辞！"宾曰："寡君之下臣，君之牧圉也。若不获扞外役，是不有寡君也。臣惧不免于戾，请以除死！"亲执铎，终夕与于燎。

齐氏之宰渠子召北宫子。北宫氏之宰不与闻谋，杀渠子，遂伐齐氏，灭之。丁巳晦，公入，与北宫喜盟于彭水之上。秋七月戊午朔，遂盟国人。八月辛亥，公子朝、褚师圃、子玉霄、子高鲂出奔晋。闰月戊辰，杀宣姜。卫侯赐北宫喜谥曰"贞子"，赐析朱鉏谥曰"成子"，而以齐氏之墓予之。

卫侯告宁于齐，且言子石。齐侯将饮酒，遍赐大夫曰："二三子之教也！"苑何忌辞，曰："与于青之赏，必及于其罚。在《康诰》曰：'父子兄弟，罪不相及。'况在群臣？臣敢贪君赐以干先王？"

---

① 孔疏以为"必不得有'使'字"，甚是。今据删。

② 据《左传》辞例，昭临当作照临。

琴张闻宗鲁死，将往吊之。仲尼曰：“齐豹之盗，而孟絷之贼，女何吊焉？君子不食奸，不受乱，不为利疚于回，不以回待人，不盖不义，不犯非礼。”

宋华、向之乱，公子城、公孙忌、乐舍、司马强、向宜、向郑、楚建、郳甲出奔郑。其徒与华氏战于鬼阎，败子城。子城适晋。

华亥与其妻，必盥而食所质公子者而后食。公与夫人每日必适华氏，食公子而后归。华亥患之，欲归公子。向宁曰：“唯不信，故质其子。若又归之，死无日矣！”公请于华费遂，将攻华氏。对曰：“臣不敢爱死。无乃求去忧而滋长乎？臣是以惧，敢不听命？”公曰：“子死亡有命，余不忍其询。”

冬十月，公杀华、向之质而攻之。戊辰，华、向奔陈，华登奔吴。向宁欲杀大子，华亥曰：“干君而出，又杀其子，其谁纳我？且归之有庸！”使少司寇牼以归，曰：“子之齿长矣，不能事人。以三公子为质，必免。”公子既入，华牼将自门行；公遽见之，执其手，曰：“余知而无罪也。入，复而所！”

齐侯疥，遂痁，期而不瘳。诸侯之宾问疾者多在，梁丘据与裔款言于公曰：“吾事鬼神丰，于先君有加矣。今君疾病为诸侯忧，是祝、史之罪也。诸侯不知，其谓我不敬。君盍诛于祝固、史嚚以辞宾？”

公说，告晏子。晏子曰：“日宋之盟，屈建问范会之德于赵武，赵武曰：‘夫子之家事治；言于晋国，竭情无私。其祝、史祭祀，陈信不愧。其家事无猜，其祝、史不祈。”建以语康王，康王曰：‘神人无怨，宜夫子之光辅五君以为诸侯主也。’”公曰：“据与款谓寡人能事鬼神，故欲诛于祝、史。子称是语何故？”对曰：“若有德之君，外内不废，上下无怨，动无违事；其祝、史荐信，无愧心矣。是以鬼神用飨，国受其福，祝、史与焉。其所以蕃祉老寿者，为信君使也，其言忠信于鬼神。其适遇淫君，外内颇邪，上下怨疾；动作辟违，从欲厌私；高台深池，撞钟舞女；斩刈民力，输掠其聚；以成其违，不恤后人；暴虐淫从，肆行非度，无所还忌；不思谤讟，不惮鬼神；神怒民痛，无悛于心；——其祝、史荐信，是言罪也；其盖失数美，是矫诬也；进退无辞，则虚以求媚。是以鬼神不飨，其国以祸之，祝、史与焉。所以夭昏孤疾者，为暴君使也，其言僭嫚于鬼神。”公曰：“然则若之何？”对曰：“不可为也：山林之木，衡鹿守之；泽之萑蒲，舟（鲛）〔鲛〕[①] 守之；薮之薪蒸，虞候守之；海之盐蜃，祈望守之。县鄙之人，入从其政；逼（介）〔尒〕[②] 之关，暴征其私；承嗣大夫，强易其贿。布常无艺，征敛无度；宫室日更，淫乐不违。内宠之妾，肆夺于市；外宠之臣，僭令于鄙。私欲养求，不给则应。民人苦病，夫妇皆诅；祝有益也，诅亦有损：聊、摄以东，姑、尤以西，其为人也多矣。虽其善祝，岂能胜亿兆人之诅？君若欲诛于祝、史，修德而后可。”公说，使有司宽政，毁关去禁，薄敛已责。

十二月，齐侯田于沛。招虞人以弓，不进。公使执之，辞曰：“昔我先君之田也，旃以招大夫，弓以招士，皮冠以招虞人。臣不见皮冠，故不敢进。”乃舍之。仲尼曰：“守道不如守官。”君子韪之。

齐侯至自田。晏子侍于遄台，子犹驰而造焉。公曰：“唯据与我和夫！”晏子对曰：“据亦同也，焉得为和？”公曰：“和与同异乎？”对曰：“异！和如羹焉：水、火、醯、醢、盐、梅以（烹）〔亨〕鱼肉，燀之以薪，宰夫和之，齐之以味；济其不及，以泄其过。君子食之，以平其心。君臣亦然。君所谓可而有否焉，臣献其否以成其可；君所谓否而有可焉，臣献其可以去其否：是以政平而不干，民无争心。故《诗》曰：‘亦有和羹，既戒既平。鬷嘏无言，时靡有争。’先王之济五味、和五声也，以平其心、成其政也。声亦如味：一气，二体，三类，四物，五声，六律，七音，八风，九歌，以相成也；清浊，小大，短长，疾徐，哀乐，

① 据段玉裁《说文解字注》、阮元《校勘记》改正。

② 介当作尒（迩），说见王氏《经义述闻》。

刚柔，迟速，高下，出入，周疏，以相济也。君之听之，以平其心。心平，德和，故《诗》曰：‘德音不瑕。’今据不然。君所谓可，据亦曰可；君所谓否，据亦曰否。若以水济水，谁能食之？若琴瑟之专壹，谁能听之？同之不可也如是！”

饮酒乐。公曰：“古而无死，其乐若何？”晏子对曰：“古而无死，则古之乐也，君何得焉？昔爽鸠氏始居此地，季荝因之，有逢伯陵因之，蒲姑氏因之，而后大公因之。古（者）〔若〕① 无死，爽鸠氏之乐，非君所愿也。”

郑子产有疾，谓子大叔曰：“我死，子必为政。唯有德者能以宽服民，其次莫如猛。夫火烈，民望而畏之，故鲜死焉；水懦弱，民狎而玩之，则多死焉：故宽难。”疾数月而卒。大叔为政，不忍猛，而宽。郑国多盗，取人于萑苻之泽。大叔悔之，曰：“吾早从夫子，不及此。”兴徒兵以攻萑苻之盗，尽杀之。盗少止。

仲尼曰：“善哉！政宽则民慢，慢则纠之以猛。猛则民残，残则施之以宽。宽以济猛，猛以济宽，政是以和。《诗》曰：‘民亦劳止，汔可小康。惠此中国，以绥四方。’施之以宽也。‘毋从诡随，以谨无良。式遏寇虐，惨不畏明。’纠之以猛也。‘柔远能迩，以定我王。’平之以和也。又曰：‘不竞不絿，不刚不柔。布政优优，百禄是遒。’和之至也！”及子产卒，仲尼闻之，出涕，曰：“古之遗爱也！”

二十一年经

二十有一年：春，王三月，葬蔡平公。

夏，晋侯使士鞅来聘。

宋华亥、向宁、华定自陈入于宋南里以叛。

秋，七月壬午朔，日有食之。

① “者”为“若”之讹，阮元《校勘记》已言之。

八月乙亥，叔辄卒。

冬，蔡侯朱出奔楚。

公如晋，至河乃复。

二十一年传

二十一年春，天王将铸无射，泠州鸠曰："王其以心疾死乎？夫乐，天子之职也。夫音，乐之舆也；而钟，音之器也。天子省风以作乐，器以钟之，舆以行之。小者不窕，大者不槬，则和于物；物和则嘉成。故和声入于耳而藏于心，心亿则乐。窕则不咸，槬则不容，心是以感，感实生疾。今钟槬矣，王心弗堪，其能久乎？"

三月，葬蔡平公。蔡大子朱失位，位在卑。大夫送葬者归，见昭子；昭子问蔡故，以告。昭子叹曰："蔡其亡乎！若不亡，是君也必不终。《诗》曰：'不解于位，民之攸塈。'今蔡侯始即位，而适卑，身将从之。"

夏，晋士鞅来聘。叔孙为政，季孙欲恶诸晋，使有司以齐鲍国归费之礼为士鞅。士鞅怒，曰："鲍国之位下，其国小，而使鞅从其牢礼，是卑敝邑也。将复诸寡君！"鲁人恐，加四牢焉，为十一牢。

宋华费遂生华貙、华多僚、华登。貙为少司马。多僚为御士，与貙相恶，乃谮诸公曰："貙将纳亡人。"亟言之。公曰："司马以吾故亡其良子。死亡有命，吾不可以再亡之。"对曰："君若爱司马，则如亡。死如可逃，何远之有？"公惧，使侍人召司马之侍人宜僚，饮之酒而使告司马。司马叹曰："必多僚也！吾有谗子而弗能杀，吾又不死；抑君有命，可若何？"乃与公谋逐华貙，将使田孟诸而遣之。公饮之酒，厚酬之，赐及从者。司马亦如之。张匄尤之，曰："必有故！"使子皮承宜僚以剑而讯之，宜僚尽以告。张匄欲杀多僚，子皮曰："司马老矣。登之谓甚，吾又重之，不如亡也！"

五月丙申，子皮将见司马而行，则遇多僚御司马而朝。张匄不胜其怒，遂与子皮、臼任、郑翩杀多僚，劫司马以叛，而召亡人。壬寅，华、向入。乐大心、丰愆、华牼御诸横。华氏居卢门，以南里叛。六月庚午，宋城旧鄘及桑林之门而守之。

秋七月壬午朔，日有食之。公问于梓慎曰："是何物也？祸福何为？"对曰："二至、二分，日有食之，不为灾。日月之行也：分，同道也；至，相过也。其他月则为灾，阳不克也，故常为水。"于是叔辄哭日食。昭子曰："子叔将死，非所哭也。"八月，叔辄卒。

冬十月，华登以吴师救华氏。齐乌枝鸣戍宋。厨人濮曰："《军志》有之：'先人有夺人之心，后人有待其衰。'盍及其劳且未定也伐诸！若入而固，则华氏众矣，悔无及也！"从之。丙寅，齐师、宋师败吴师于鸿口，获其二帅公子苦雂、偃州员。华登帅其余以败宋师。

公欲出，厨人濮曰："吾小人，可藉死。而不能送亡，君请待之。"乃徇曰："扬徽者，公徒也！"众从之。公自扬门见之，下而巡之，曰："国亡君死，二三子之耻也，岂专孤之罪也？"齐乌枝鸣曰："用少，莫如齐致死。齐致死，莫如去备。彼多兵矣，请皆用剑！"从之。华氏北，复即之。厨人濮以裳裹首而荷以走，曰："得华登矣！"遂败华氏于新里。

翟偻新居于新里，既战，说甲于公而归。华妵居于公里，亦如之。

十一月癸未，公子城以晋师至。曹翰胡会晋荀吴、齐苑何忌、卫公子朝救宋。丙戌，与华氏战于赭丘。郑翩愿为鹳，其御愿为鹅。子禄御公子城，庄堇为右。干犨御吕封人华豹，张匄为右。相遇，城还。华豹曰："城也！"城怒而反之，将注，豹则关矣，曰："平公之灵尚辅相余！"豹射，出其间。将注，则又关矣。曰："不狎，鄙！"抽矢。城射之，殪。张匄抽殳而下。射之，折股。扶伏而击之，折轸。又射之，死。干犨请一矢，城曰："余言女于君。"对曰："不死伍乘，军之大刑也！干刑而从子，君焉用之？子速诸！”乃射之，殪。大败华氏，围诸南里。

华亥搏膺而呼，见华貙，曰：“吾为栾氏矣！”貙曰：“子无我迋。不幸而后亡。”使华登如楚乞师。华貙以车十五乘、徒七十人，犯师而出，食于睢上，哭而送之，乃复入。

楚薳越帅师将逆华氏，大宰犯谏曰：“诸侯唯宋事其君。今又争国，释君而臣是助，无乃不可乎？”王曰：“而告我也后，既许之矣。”

蔡侯朱出奔楚。费无极取货于东国，而谓蔡人曰：“朱不用命于楚，君王将立东国。若不先从王欲，楚必围蔡。”蔡人惧，出朱而立东国。朱愬于楚。楚子将讨蔡，无极曰：“平侯与楚有盟，故封。其子有二心，故废之。灵王杀隐大子，其子与君同恶，德君必甚。又使立之，不亦可乎！且废置在君，蔡无他矣。”

公如晋，及河。鼓叛晋，晋将伐鲜虞，故辞公。

二十二年经

二十有二年：春，齐侯伐莒。

宋华亥、向宁、华定自宋南里出奔楚。

大蒐于昌间。

夏，四月乙丑，天王崩。

六月，叔鞅如京师，葬景王。王室乱。

刘子、单子以王猛居于皇。

秋，刘子、单子以王猛入于王城。

冬，十月，王子猛卒。

十有二月癸酉朔，日有食之。

二十二年传

二十二年春，王二月甲子，齐北郭启帅师伐莒。莒子将战，苑羊牧之谏曰：“齐帅贱，其求不多，不如下之。大国不可怒也。”弗听，败齐师于寿余。齐侯伐莒，莒子行成。司马灶如莒莅盟，莒子如齐莅盟，盟于稷门之外。莒于是乎大恶其君。

楚薳越使告于宋，曰：“寡君闻君有不令之臣为君忧，无宁以为宗羞？寡君请受而戮之。”对曰：“孤不佞，不能媚于父兄，以为君忧，拜命之辱！抑君臣日战，君曰‘余必臣是助’，亦唯命。人有言曰：‘唯乱门之无过。’君若惠保敝邑，无亢不衷以奖乱人，孤之望也。唯君图之！”楚人患之。诸侯之戍谋曰：“若华氏知困而致死，楚耻无功而疾战，非吾利也。不如出之以为楚功，其亦（能）无〔能〕为也已。救宋而除其害，又何求？”乃固请出之，宋人从之。己巳，宋华亥、向宁、华定、华貙、华登、皇奄伤、省臧、士平出奔楚。

宋公使公孙忌为大司马，边卬为大司徒，乐祁为司城，仲幾为左师，乐大心为右师，乐輓为大司寇，以靖国人。

王子朝、宾起有宠于景王。王与宾孟说之，欲立之。刘献公之庶子伯蚠事单穆公，恶宾孟之为人也，愿杀之；又恶王子朝之言，以为乱，愿去之。宾孟适郊，见雄鸡自断其尾；问之，侍者曰：“自惮其牺也。”遽归告王，且曰：“鸡其惮为人用乎？人异于是。牺者，实用人。人牺实难，己牺何害？”王弗应。

夏四月，王田北山，使公卿皆从。将杀单子、刘子。王有心疾，乙丑，崩于荣锜氏。戊辰，刘子挚卒，无子。单子立刘蚠。五月庚辰，见王；遂攻宾起，杀之；盟群王子于单氏。

晋之取鼓也，既献而反鼓子焉。又叛于鲜虞。六月，荀吴略东阳，使师伪籴者负甲以息于昔阳之门外；遂袭鼓，灭之；以鼓子鸢鞮归，使涉佗守之。

丁巳，葬景王。王子朝因旧官、百工之丧职秩者与灵、景之族以作乱，帅郊、要、饯之甲以逐刘子。壬戌，刘子奔扬。单子逆悼王于庄宫以归。王子还夜取王以如庄宫。

癸亥，单子出。王子还与召庄公谋，曰：“不杀单旗，不捷。与之重盟，必来。背盟而克者多矣。”从之。樊顷子曰：“非言也，必不克！”遂奉王以追单子，及领，大盟而复。杀挚荒以说。

刘子如刘。单子亡。乙丑，奔于平畤，群王子追之。单子杀还、姑、发、弱、鬷、延、定、稠。子朝奔京。丙寅，伐之。京人奔山。刘子入于王城。辛未，巩简公败绩于京。乙亥，甘平公亦败焉。

叔鞅至自京师，言王室之乱也。闵马父曰："子朝必不克。其所与者，天所废也！"

单子欲告急于晋，秋七月戊寅，以王如平畤，遂如圃车，次于皇。刘子如刘。单子使王子处守于王城。盟百工于平宫。辛卯，鄩肸伐皇，大败；获鄩肸。壬辰，焚诸王城之市。八月辛酉，司徒丑以王师败绩于前城。百工叛。己巳，伐单氏之宫，败焉。庚午，反伐之。辛未，伐东圉。

冬十月丁巳，晋籍谈、荀跞帅九州之戎及焦、瑕、温、原之师，以纳王于王城。庚申，单子、刘盆以王师败绩于郊，前城人败陆浑于社。

十一月乙酉，王子猛卒，不成丧也。己丑，敬王即位，馆于子旅氏。十二月庚戌，晋籍谈、荀跞、贾辛、司马督帅师军于阴、于侯氏、于溪泉，次于社。王师军于汜、于解，次于任人。闰月，晋箕遗、乐徵、右行诡济师取前城，军其东南；王师军于京楚。辛丑，伐京，毁其西南。

二十三年经

二十有三年：春，王正月，叔孙婼如晋。

癸丑，叔鞅卒。

晋人执我行人叔孙婼。

晋人围郊。

夏，六月，蔡侯东国卒于楚。

秋，七月，莒子庚舆来奔。

戊辰，吴败顿、胡、沈、蔡、陈、许之师于鸡父。胡子髡、沈子逞灭。获陈夏啮。

天王居于狄泉。

尹氏立王子朝。

八月乙未，地震。

冬，公如晋；至河，有疾，乃复。

二十三年传

二十三年春，王正月壬寅朔，二师围郊。癸卯，郊、鄩溃。丁未，晋师在平阴，王师在泽邑。王使告间；庚戌，还。

邾人城翼，还，将自离姑。公孙鉏曰："鲁将御我。"欲自武城还，循山而南；徐鉏、丘弱、茅地曰："道下，遇雨将不出，是不归也。"遂自离姑。武城人塞其前，断其后之木而弗殊；邾师过之，乃推而蹷之。遂取邾师，获鉏、弱、地。

邾人诉于晋，晋人来讨。叔孙婼如晋，晋人执之。书曰："晋人执我行人叔孙婼"，言使人也。晋人使与邾大夫坐，叔孙曰："列国之卿，当小国之君，固周制也。邾又夷也。寡君之命介子服回在，请使当之：不敢废周制故也。"乃不果坐。

韩宣子使邾人聚其众，将以叔孙与之。叔孙闻之，去众与兵而朝。士弥牟谓韩宣子曰："子弗良图，而以叔孙与其仇，叔孙必死之！鲁亡叔孙，必亡邾。邾君亡国，将焉归？子虽悔之，何及？所谓盟主，讨违命也。若皆相执，焉用盟主？"乃弗与，使各居一馆。士伯听其辞而诉诸宣子，乃皆执之。

士伯御叔孙，从者四人，过邾馆以如吏。先归邾子。士伯曰："以刍荛之难，从者之病，将馆子于都。"叔孙旦而立，期焉。乃馆诸箕。舍子服昭伯于他邑。

范献子求货于叔孙，使请冠焉。取其冠法，而与之两冠，曰："尽矣。"为叔孙故，申丰以货如晋。叔孙曰："见我，吾告女所行货。"见，而不出。吏人之与叔孙居于箕者，请其吠狗，弗与。及将归，杀而与之食之。叔孙所馆者，虽一日，必葺其墙屋，去之如始至。

夏四月乙酉，单子取訾，刘子取墙人、直人。六月壬午，王子朝入于尹。癸未，尹圉诱刘佗杀之。丙戌，单子从阪道，刘子从尹道伐尹。单子先至而败，刘子还。己丑，召伯奂、南宫极以成周人戍尹。庚寅，单子、刘子、樊齐以王如刘。甲午，王子朝入于王城，次于左巷。秋七月戊申，鄩罗纳诸庄宫。尹辛败刘师于唐。丙辰，又败诸鄩。甲子，尹辛取西闱。丙寅，攻蒯，蒯溃。

莒子庚舆虐而好剑；苟铸剑，必试诸人。国人患之。又将叛齐。乌存帅国人以逐之。庚舆将出，闻乌存执殳而立于道左，惧将止死。苑羊牧之曰："君过之！乌存以力闻可矣，何必以弑君成名！"遂来奔。齐人纳郊公。

吴人伐州来。楚薳越帅师及诸侯之师，奔命救州来。吴人御诸钟离。子瑕卒，楚师熸。

吴公子光曰："诸侯从于楚者众，而皆小国也。畏楚而不获已，是以来。吾闻之曰：'作事威克其爱，虽小必济。'胡、沈之君幼而狂，陈大夫啮壮而顽，顿与许、蔡疾楚政。楚令尹死，其师熸，帅贱、多宠，政令不壹；七国同役而不同心，帅贱而不能整，无大威命：楚可败也。若分师先以犯胡、沈与陈，必先奔；三国败，诸侯之师乃摇心矣。诸侯乖乱，楚必大奔。请先者去备薄威，后者敦陈整旅。"吴子从之。

戊辰晦，战于鸡父。吴子以罪人三千先犯胡、沈与陈，三国争之。吴为三军以系于后，中军从王，光帅右，掩余帅左。吴之罪人或奔或止，三国乱。吴师击之，三国败；获胡、沈之君及陈大夫。舍胡、沈之囚，使奔许与蔡、顿，曰："吾君死矣！"师噪而从之。三国奔，楚师大奔。书曰"胡子髡、沈子逞灭，获陈夏啮"，君臣之辞也。不言"战"，楚未陈也。

八月丁酉，南宫极震。苌弘谓刘文公曰："君其勉之！先君之力可济也。周之亡也，其三川震。今西王之大臣亦震，天弃之矣！东王必大克。"

楚大子建之母在郹，召吴人而启之。冬十月甲申，吴大子诸樊入郹，取楚夫人与其宝器以归。楚司马薳越追之不及，将死，众曰："请遂伐吴以徼之。"薳越曰："再败君师，死且有罪。亡君夫人，不可以莫之死也！"乃缢于薳澨。

公为叔孙故如晋，及河，有疾而复。

楚囊瓦为令尹，城郢。沈尹（戌）〔戌〕曰："子常必亡郢。苟不能卫，城无益也。古者天子守在四夷；天子卑，守在诸侯。诸侯守在四邻；诸侯卑，守在四竟。慎其四竟，结其四援，民狎其野，三务成功。民无内忧而又无外惧，国焉用城？今吴是惧而城于郢，守已小矣。卑之不获，能无亡乎？昔梁伯沟其公宫而民溃，民弃其上，不亡何待？夫正其疆埸，修其土田，险其走集，亲其民人，明其伍候，信其邻国，慎其官守，守其交礼；不僭不贪，不懦不耆；完其守备，以待不虞：又何畏矣！《诗》曰：'无念尔祖，聿修厥德。'无亦监乎？若敖、蚡冒至于武、文，土不过同；慎其四竟，犹不城郢。今土数圻而郢是城，不亦难乎？"

二十四年经

二十〔有〕[1] 四年：春，王二月丙戌，仲孙貜卒。

婼至自晋。

夏，五月乙未朔，日有食之。

秋，八月，大雩。

丁酉，杞伯郁釐卒。

冬，吴灭巢。

葬杞平公。

二十四年传

二十四年春，王正月辛丑，召简公、南宫嚚以甘桓公见王子

---

① 《春秋公羊传》《春秋穀梁传》经文皆有"有"字，此亦当有。

朝。刘子谓苌弘曰：“甘氏又往矣！”对曰：“何害？同德度义。《大誓》曰：‘纣有亿兆夷人，亦有离德。余有乱（臣）十人，同心同德。’此周所以兴也。君其务德，无患无人。”戊午，王子朝入于邬。

晋士弥牟逆叔孙于箕。叔孙使梁其跁待于门内，曰：“余左顾而欬，乃杀之。右顾而笑，乃止。”叔孙见士伯，士伯曰：“寡君以为盟主之故，是以久子。不腆敝邑之礼，将致诸从者，使弥牟逆吾子。”叔孙受礼而归。二月，“婼至自晋”，尊晋也。

三月庚戌，晋侯使士景伯莅问周故。士伯立于乾祭而问于介众。晋人乃辞王子朝，不纳其使。

夏五月乙未朔，日有食之。梓慎曰：“将水。”昭子曰：“旱也。日过分而阳犹不克，克必甚，能无旱乎？阳不克，莫将积聚也。”

六月壬申，王子朝之师攻瑕及杏，皆溃。

郑伯如晋，子大叔相。见范献子，献子曰：“若王室何？”对曰：“老夫其国家不能恤，敢及王室？抑人亦有言曰：‘嫠不恤其纬，而忧宗周之陨，为将及焉。’今王室实蠢蠢焉，吾小国惧矣；然大国之忧也，吾侪何知焉？吾子其早图之！《诗》曰：‘瓶之罄矣，惟罍之耻。’王室之不宁，晋之耻也。”献子惧而与宣子图之，乃徵会于诸侯，期以明年。

“秋八月，大雩”，旱也。

冬十月癸酉，王子朝用成周之宝珪〔沈〕[1] 于河。甲戌，津人得诸河上。阴不佞以温人南侵，拘得玉者，取其玉。将卖之，则为石。王定而献之，与之东訾。

楚子为舟师以略吴疆。沈尹（戌）〔戌〕曰：“此行也，楚必亡邑。不抚民而劳之，吴不动而速之，吴踵楚而疆埸无备，邑能无亡乎？”

---

① 本有“沈”字，《周本纪》正义引《传》可证，《汉书·五行志》亦可证。

越大夫胥犴劳王于豫章之汭，越公子仓归王乘舟。仓及寿梦帅师从王，王及圉阳而还。

吴人踵楚，而边人不备，遂灭巢及钟离而还。沈尹（戌）〔戌〕曰："亡郢之始，于此在矣。王壹动而亡二姓之帅，几如是而不及郢？《诗》曰：'谁生厉阶？至今为梗！'其王之谓乎！"

二十五年经

二十有五年：春，叔孙婼如宋。

夏，叔诣会晋赵鞅、宋乐大心、卫北宫喜、郑游吉、曹人、邾人、滕人、薛人、小邾人于黄父。

有鸜鹆来巢。

秋，七月上辛，大雩；季辛，又雩。

九月己亥，公孙于齐，次于阳州。齐侯唁公于野井。

冬，十月戊辰，叔孙婼卒。

十有一月己亥，宋公佐卒于曲棘。

十有二月，齐侯取郓。

二十五年传

二十五年春，叔孙婼聘于宋。桐门右师见之，语，卑宋大夫而贱司城氏。昭子告其人曰："右师其亡乎？君子贵其身而后能及人，是以有礼。今夫子卑其大夫而贱其宗，是贱其身也，能有礼乎？无礼必亡！"

宋公享昭子，赋《新宫》。昭子赋《车辖》。明日宴，饮酒，乐。宋公使昭子右坐，语，相泣也。乐祁佐，退而告人曰："今兹君与叔孙其皆死乎？吾闻之：'哀乐而乐哀，皆丧心也。'心之精爽，是谓魂魄。魂魄去之，何以能久？"

季公若之姊为小邾夫人，生宋元夫人，生子以妻季平子。昭子如宋聘，且逆之。公若从，谓曹氏勿与，鲁将逐之。曹氏告公，公告乐祁。乐祁曰："与之！如是，鲁君必出。政在季氏三世矣，鲁君丧政四公矣。无民而能逞其志者，未之有也。国君是以镇抚其民。《诗》曰：'人之云亡，心之忧矣！'鲁君失民矣，焉得逞其志？靖以待命犹可，动必忧！"

夏，会于黄父，谋王室也。赵简子令诸侯之大夫输王粟、具戍人，曰："明年将纳王。"

子大叔见赵简子，简子问揖让周旋之礼焉。对曰："是仪也，非礼也。"简子曰："敢问何谓礼？"对曰：

> 吉也闻诸先大夫子产曰："夫礼，天之经也，地之义也，民之行也。"天地之经，而民实则之。则天之明，因地之性，生其六气，用其五行。气为五味，发为五色，章为五声。淫则昏乱，民失其性。是故为礼以奉之：为六畜、五牲、三牺，以奉五味；为九文、六采、五章，以奉五色；为九歌、八风、七音、六律，以奉五声。为君臣上下以则地义，为夫妇外内以经二物，为父子、兄弟、姑姊、甥舅、昏媾、姻亚以象天明，为政事、庸力、行务以从四时。为刑罚、威狱，使民畏忌，以类其震曜杀戮；为温慈、惠和，以效天之生殖长育。民有好、恶、喜、怒、哀、乐，生于六气，是故审则宜类以制六志：哀有哭泣，乐有歌舞，喜有施舍，怒有战斗；喜生于好，怒生于恶。是故审行信令，祸福赏罚，以制死生：生，好物也，死，恶物也。好物，乐也；恶物，哀也。哀乐不失，乃能协于天地之性，是以长久。

简子曰："甚哉，礼之大也！"对曰："礼，上下之纪，天地之经纬也，民之所以生也，是以先王尚之。故人之能自曲直以赴礼者，谓之成人。大，不亦宜乎！"简子曰："鞅也请终身守此言也！"

宋乐大心曰："我不输粟。我于周为客。若之何使客？"晋士伯曰："自践土以来，宋何役之不会，而何盟之不同？曰'同恤王室'，子焉得辟之？子奉君命以会大事，而宋背盟，无乃不可乎？"右师不敢对，受牒而退。士伯告简子曰："宋右师必亡！奉君命以使，而欲背盟以干盟主，无不祥大焉！"

“有鸜鹆来巢”，书所无也，师己曰：“异哉！吾闻文、（武）〔成〕[①] 之世童谣有之，曰：‘鸜之鹆之，公出辱之。鸜鹆之羽，公在外野，往馈之马。鸜鹆跦跦，公在乾侯，徵褰与襦。鸜鹆之巢，远哉遥遥；稠父丧劳，宋父以骄。鸜鹆鸜鹆，往歌来哭！’童谣有是，今鸜鹆来巢，其将及乎？”

秋，书再雩，旱甚也。

初，季公鸟娶妻于齐鲍文子，生甲。公鸟死，季公亥与公思展与公鸟之臣申夜姑相其室。及季姒与饔人檀通，而惧，乃使其妾抶己，以示秦遄之妻，曰：“公若欲使余，余不可；而抶余。”又诉于公甫，曰：“展与夜姑将要余！”秦姬以告公之。公之与公甫告平子。平子拘展于卞而执夜姑，将杀之；公若泣而哀之，曰：“杀是，是杀余也！”将为之请，平子使竖勿内。日中不得请，有司逆命，公之使速杀之。故公若怨平子。

季、郈之鸡斗。季氏介其鸡，郈氏为之金距。平子怒，益宫于郈氏，且让之。故郈昭伯亦怨平子。

臧昭伯之从弟会，为谗于臧氏而逃于季氏。臧氏执旃。平子怒，拘臧氏老。将禘于襄公，万者二（人）〔八〕[②]，其众万于季氏。臧孙曰：“此之谓不能庸先君之庙。”大夫遂怨平子。

公若献弓于公为，且与之出射于外，而谋去季氏。公为告公果、公贲，公果、公贲使侍人僚柤告公。公寝，将以戈击之，乃走。公曰：“执之！”亦无命也。惧而不出，数月不见。公不怒。又使言，公执戈以惧之，乃走。又使言，公曰：“非小人之所及也！”公果自言。公以告臧孙，臧孙以难；告郈孙，郈孙以可，劝。告子家懿伯，懿伯曰：“谗人以君侥幸。事若不克，君受其名，不可为也。舍民数世以求克事，不可必也。且政在焉，其难图也！”公退之。辞曰：“臣与闻命矣，言若泄，臣不获死！”乃馆于公。

---

① 阮元《校勘记》列举“武”作“成”各本。以鲁史言，作“成”是也。

② 禘祭万舞无用二人之礼。“二人”当作“二八”，阮元《校勘记》是也。

叔孙昭子如阚。公居于长府。九月戊戌，伐季氏，杀公之于门，遂入之。平子登台而请曰："君不察臣之罪，使有司讨臣以干戈，臣请待于沂上以察罪。"弗许。请囚于费，弗许。请以五乘亡，弗许。子家子曰："君其许之。政自之出久矣！隐民多取食焉，为之徒者众矣；日入慝作，弗可知也。众怒不可蓄也，蓄而弗治，将蕴；蕴畜，民将生心；生心，同求将合。君必悔之！"弗听。郈孙曰："必杀之！"公使郈孙逆孟懿子。

叔孙氏之司马鬷戾言于其众曰："若之何？"莫对。又曰："我家臣也，不敢知国。凡有季氏与无，于我孰利？"皆曰："无季氏，是无叔孙氏也。"鬷戾曰："然则救诸！"帅徒以往，陷西北隅以入。公徒释甲执冰而踞，遂逐之。

孟氏使登西北隅以望季氏，见叔孙氏之旌，以告。孟氏执郈昭伯，杀之于南门之西，遂伐公徒。

子家子曰："诸臣伪劫君者而负罪以出，君止。意如之事君也，不敢不改。"公曰："余不忍也！"与臧孙如墓谋，遂行。

己亥，公孙于齐，次于阳州。齐侯将唁公于平阴，公先至于野井。齐侯曰："寡人之罪也。使有司待于平阴，为近故也。"书曰："公孙于齐，次于阳州。齐侯唁公于野井。"礼也。将求于人，则先下之，礼之善物也。齐侯曰："自莒疆以西，请致千社以待君命。寡人将帅敝赋以从执事，唯命是听。君之忧，寡人之忧也。"公喜。子家子曰："天禄不再。天若胙君，不过周公，以鲁足矣。失鲁而以千社为臣，谁与之立？且齐君无信，不如早之晋。"弗从。

臧昭伯率从者将盟，载书曰："戮力壹心，好恶同之！信罪之有无，缱绻从公，无通外内！"以公命示子家子。子家子曰："如此，吾不可以盟。羁也不佞，不能与二三子同心，而以为皆有罪。或欲通外内，且欲去君。二三子好亡而恶定，焉可同也？陷君于难，罪孰大焉！通外内而去君，君将速入，弗通何为？而何守焉？"乃不与盟。

昭子自阚归，见平子。平子稽颡，曰："子若我何？"昭子曰："人谁不死？子以逐君成名，子孙不忘，不亦伤乎？将若子何！"平子曰："苟使意如得改事君，所谓生死而肉骨也！"

昭子从公于齐，与公言。子家子命："适公馆者，执之！"公与昭子言于幄内。曰："将安众而纳公。"公徒将杀昭子，伏诸道。左师展告公，公使昭子自铸归。

平子有异志。冬十月辛酉，昭子齐于其寝，使祝宗祈死。戊辰，卒。左师展将以公乘马而归，公徒执之。

壬申，尹文公涉于巩，焚东訾，弗克。

十一月，宋（公）[①] 元公将为公故如晋，梦大子栾即位于庙，己与平公服而相之。旦召六卿，公曰："寡人不佞，不能事父兄，以为二三子忧，寡人之罪也！若以群子之灵，获保首领以没，唯是楄柎所以藉干者，请无及先君！"仲幾对曰："君若以社稷之故，私降昵宴，群臣弗敢知。若夫宋国之法，死生之度，先君有命矣；群臣以死守之，弗敢失队。臣之失职，常刑不赦。臣不忍其死，君命只辱。"宋公遂行。己亥，卒于曲棘。

十二月庚辰，齐侯围郓。

初，臧昭伯如晋；臧会窃其宝龟偻句，以卜为信与僭，僭吉。臧氏老将如晋问，会请往。昭伯问家故，尽对。及内子与母弟叔孙，则不对；再三问，不对。归，及郊，会逆；问，又如初。至，次于外而察之，皆无之。执而戮之，逸，奔郈。郈鲂假使为贾正焉。计于季氏；臧氏使五人以戈楯伏诸桐汝之间，会出，逐之；反奔，执诸季氏中门之外。平子怒曰："何故以兵入吾门？"拘臧氏老，季、臧有恶。及昭伯从公，平子立臧会。会曰："偻句不余欺也！"

楚子使薳射城州屈，复茄人焉；城丘皇，迁訾人焉。使熊相禖郭巢，季然郭卷。子大叔闻之，曰："楚王将死矣！使民不安其土，民必忧；忧将及王，弗能久矣。"

---

① 此"公"字衍，阮元《校勘记》已言之。

二十六年经

二十有六年：春，王正月，葬宋元公。

三月，公至自齐，居于郓。

夏，公围成。

秋，公会齐侯、莒子、邾子、杞伯，盟于鄟陵。

公至自会，居于郓。

九月庚申，楚子居卒。

冬，十月，天王入于成周。

尹氏、召伯、毛伯以王子朝奔楚。

二十六年传

二十六年春，王正月庚申，齐侯取郓。

葬宋元公如先君，礼也。

“三月，公至自齐，处于郓”，言鲁地也。

夏，齐侯将纳公，使无受鲁货。申丰从女贾，以币锦二两缚一如瑱，适齐师，谓子犹之人高齮：“能货子犹，为高氏后，粟五千庾。”高齮以锦示子犹，子犹欲之；齮曰：“鲁人买之，百两一布。以道之不通，先入币财。”子犹受之，言于齐侯曰：“群臣不尽力于鲁君者，非不能事君也。然据有异焉：宋元公为鲁君如晋，卒于曲棘；叔孙昭子求纳其君，无疾而死。不知天之弃鲁耶？抑鲁君有罪于鬼神，故乃此也？君若待于（曲）[①] 棘，使群臣从鲁君以卜焉：若可，师有济也，君而继之，兹无敌矣；若其无成，君无辱焉。”齐侯从之，使公子鉏帅师从公。

成大夫公孙朝谓平子曰：“有都以卫国也，请我受师。”许

---

① 此“曲”字，涉上文“卒于曲棘”而误衍。孔疏已言之。

之。请纳质；弗许，曰："信女足矣！"告于齐师曰："孟氏，鲁之敝室也。用成已甚，弗能忍也；请息肩于齐。"齐师围成。成人伐齐师之饮马于淄者，曰："将以厌众。"鲁成备而后告曰："不胜众。"

师及齐师战于炊鼻。齐子渊捷从泄声子，射之，中楯瓦，繇朐汰辀，匕入者三寸。声子射其马，斩鞅，殪。改驾，人以为鬷戾也，而助之。子车曰："齐人也！"将击子车；子车射之，殪。其御曰："又之。"子车曰："众可惧也，而不可怒也。"子囊带从野泄，叱之；泄曰："军无私怒。报乃私也。将亢子。"又叱之，亦叱之。冉竖射陈武子，中手；失弓而骂。以告平子，曰："有君子白皙、鬒须眉，甚口。"平子曰："必子强也。无乃亢诸？"对曰："谓之'君子'，何敢亢之？"

林雍羞为颜鸣右，下。苑何忌取其耳，颜鸣去之。苑子之御曰："视下！"顾。苑子剕林雍，断其足，（鍪）〔䥈〕[①] 而乘于他车以归。颜鸣三入齐师，呼曰："林雍乘！"

四月，单子如晋告急。五月戊午，刘人败王城之师于尸氏。戊辰，王城人、刘人战于施谷，刘师败绩。

秋，"盟于郇陵"，谋纳公也。

七月己巳，刘子以王出。庚午，次于渠。王城人焚刘。丙子，王宿于褚氏。丁丑，王次于萑谷。庚辰，王入于胥靡。辛巳，王次于滑。晋知跞、赵鞅帅师纳王，使女宽守（关）〔阙〕[②] 塞。

九月，楚平王卒。令尹子常欲立子西，曰："大子壬弱；其母非適也，王子建实聘之。子西长而好善。立长则顺，建善则治。王顺国治，可不务乎？"子西怒曰："是乱国而恶君王也。国有外援，不可渎也。王有適嗣，不可乱也。败亲，速仇，乱嗣，不祥！我受其名，赂吾以天下，吾滋不从也，楚国何为？必杀令尹！"令尹惧，乃立昭王。

---

① 《说文》金部"鍪"下引《春秋传》作"䥈"，今据改。

② "关"当作"阙"，阮元《校勘记》已言之。

冬十月丙申，王起师于滑。辛丑在郊，遂次于尸。十一月辛酉，晋师克巩。召伯盈逐王子朝。王子朝及召氏之族、毛伯得、尹氏固、南宫嚚奉周之典籍以奔楚。阴忌奔莒以叛。召伯逆王于尸，及刘子、单子盟。遂军圉泽，次于堤上。癸酉，王入于成周。甲戌，盟于襄宫。晋师〔使〕[①] 成公般戍周而还。十二月癸未，王入于庄宫。

王子朝使告于诸侯曰：

昔（成）〔武〕王克殷，成王靖四方，康王息民，并建母弟以蕃屏周，亦曰："吾无专享文、武之功，且为后人之迷败倾覆而溺入于难，则振救之。"至于夷王，王愆于厥身，诸侯莫不并走其望，以祈王身。至于厉王，王心戾虐，万民弗忍，居王于彘。诸侯释位，以间王政；宣王有志，而后效官。至于幽王，天不吊周，王昏不若，用愆厥位。携王奸命，诸侯替之，而建王嗣，用迁郏鄏，则是兄弟之能用力于王室也。至于惠王，天不靖周，生颓祸心，施于叔带。惠、襄辟难，越去王都，则有晋、郑咸黜不端，以绥定王家，则是兄弟之能率先王之命也。在定王六年，秦人降妖，曰："周其有髭王，亦克能修其职；诸侯服享，二世共职。王室其有间王位，诸侯不图，而受其乱灾。"至于灵王，生而有髭；王甚神圣，无恶于诸侯。灵王、景王，克终其世。

今王室乱，单旗、刘狄剥乱天下，壹行不若，谓："先王何常之有？唯余心所命，其谁敢（请）〔讨〕[②] 之？"帅群不吊之人，以行乱于王室，侵欲无厌，（规）〔玩〕[③] 求无度，贯渎鬼神，慢弃刑法，倍奸齐盟，傲很威仪，矫诬先王。晋为不道，是摄是赞，思肆其罔极。兹不穀震荡播越，窜在荆蛮，未有攸厎。若我一二兄弟甥舅奖顺天法，无助狡猾，以

---

① 阮元《校勘记》列"师下有使字"诸本，是也。

② 据阮元《校勘记》改正。

③ 据孔疏改。

从先王之命，毋速天罚，赦图不穀，则所愿也。敢尽布其腹心及先王之经，而诸侯实深图之！

昔先王之命曰："王后无適则择立长，年钧以德，德钧以卜。"王不立爱，公卿无私，古之制也。穆后及大子寿早夭即世，单、刘赞私立少，以间先王。亦唯伯仲叔季图之！

闵马父闻子朝之辞，曰："文辞以行礼也。子朝干景之命、远晋之大以专其志，无礼甚矣！文辞何为？"

齐有彗星，齐侯使禳之。晏子曰："无益也，只取诬焉。天道不谄，不贰其命，若之何禳之！且天之有彗也，以除秽也；君无秽德，又何禳焉？若德之秽，禳之何损？《诗》曰：'惟此文王，小心翼翼；昭事上帝，聿怀多福。厥德不回，以受方国。'君无违德，方国将至，何患于彗？《诗》曰：'我无所监，夏后及商。用乱之故，民卒流亡。'若德回乱，民将流亡，祝、史之为无能补也！"公说，乃止。

齐侯与晏子坐于路寝。公叹曰："美哉室！其谁有此乎？"晏子曰："敢问何谓也？"公曰："吾以为在德。"对曰："如君之言，其陈氏乎！陈氏虽无大德而有施于民。豆、区、釜、钟之数，其取之公也薄，其施之民也厚。公厚敛焉；陈氏厚施焉，民归之矣。《诗》曰：'虽无德与女，式歌且舞。'陈氏之施，民歌舞之矣。后世若少惰，陈氏而不亡，则国其国也已！"公曰："善哉！是可若何？"对曰："唯礼可以已之。在礼：家施不及国，民不迁，农不移，工贾不变，士不滥，官不滔，大夫不收公利。"公曰："善哉！我不能矣。吾今而后知礼之可以为国也！"对曰："礼之可以为国也久矣，与天地并！君令臣共，父慈子孝，兄爱弟敬，夫和妻柔，姑慈妇听，礼也。君令而不违，臣共而不贰；父慈而教，子孝而箴；兄爱而友，弟敬而顺；夫和而义，妻柔而正；姑慈而从，妇听而婉：礼之善物也。"公曰："善哉！寡人今而后闻此礼之上也！"对曰："先王所禀于天地以为其民也，是以先王上之。"

二十七年经

二十有七年：春，公如齐。

公至自齐，居于郓。

夏，四月，吴弑其君僚。

楚杀其大夫郤宛。

秋，晋士鞅、宋乐祁犁、卫北宫喜、曹人、邾人、滕人会于扈。

冬，十月，曹伯午卒。

邾快来奔。公如齐。

公至自齐，居于郓。

二十七年传

“二十七年春，公如齐。公至自齐，处于郓。”言在外也。

吴子欲因楚丧而伐之，使公子掩余、公子烛庸帅师围潜。使延州来季子聘于上国，遂聘于晋，以观诸侯。楚莠尹然、（工）〔王〕[1] 尹麇帅师救潜，左司马沈尹（戍）〔戌〕帅都君子与王马之属以济师，与吴师遇于穷。令尹子常以舟师及沙汭而还。左尹郤宛、工尹寿帅师至于潜。吴师不能退。

吴公子光曰：“此时也，弗可失也！”告鱄设诸曰：“上国有言曰：‘不索，何获?’我，王嗣也。吾欲求之。事若克，季子虽至，不吾废也。”鱄设诸曰：“王可弑也。母老子弱，是无若我何?”光曰：“我，尔身也。”

夏四月，光伏甲于堀室而享王。王使甲坐于道，及其门。门阶户席皆王亲也，夹之以铍。羞者献体改服于门外。执羞者坐行

---

① 此“工”当作“王”，阮元《校勘记》详之。

而入，执铍者夹承之，及体以相授也。光伪足疾，入于堀室。鱄设诸置剑于鱼中以进，抽剑刺王，铍交于胸，遂弑王。阖庐以其子为卿。

季子至，曰："苟先君无废祀，民人无废主，社稷有奉，国家无倾，乃吾君也。吾谁敢怨？哀死事生，以待天命；非我生乱，立者从之：先人之道也。"复命哭墓，复位而待。吴公子掩余奔徐，公子烛庸奔钟吾。楚师闻吴乱而还。

郤宛直而和，国人说之。鄢将师为右领，与费无极比而恶之。令尹子常贿而信谗；无极谮郤宛焉，谓子常曰："子恶欲饮子酒。"又谓子恶："令尹欲饮酒于子氏。"子恶曰："我贱人也，不足以辱令尹。令尹将必来辱，为惠已甚；吾无以酬之，若何？"无极曰："令尹好甲兵。子出之，吾择焉。"取五甲五兵，曰："置诸门。令尹至，必观之，而从以酬之。"及飨日，帷诸门左。无极谓令尹曰："吾几祸子！子恶将为子不利，甲在门矣。子必无往！且此役也，吴可以得志；子恶取赂焉而还，又误群帅，使退其师，曰：'乘乱不祥。'吴乘我丧，我乘其乱，不亦可乎？"令尹使视郤氏，则有甲焉；不往，召鄢将师而告之。将师退，遂令攻郤氏，且爇之。

子恶闻之，遂自杀也。国人弗爇。令曰："不爇郤氏，与之同罪！"或取一编菅焉，或取一秉秆焉，国人投之，遂弗爇也。令尹炮之，尽灭郤氏之族党，杀阳令终与其弟完及佗，与晋陈及其子弟。晋陈之族呼于国曰："鄢氏、费氏自以为王，专祸楚国，弱寡王室，蒙王与令尹以自利也；令尹尽信之矣，国将如何！"令尹病之。

秋，会于扈，令戍周，且谋纳公也。宋、卫皆利纳公，固请之。范献子取货于季孙，谓司城子梁与北宫贞子曰："季孙未知其罪，而君伐之。请囚，请亡，于是乎不获，君又弗克而自出也。夫岂无备而能出君乎？季氏之复，天救之也，休公徒之怒，而启叔孙氏之心，不然，岂其伐人而说甲执冰以游！叔孙氏惧祸之滥而自同于季氏，天之道也。鲁君守齐，三年而无成。季氏甚得其民，淮夷与之，有十年之备，有齐、楚之援，有天之赞，有民之助，有坚守之心，有列国之权；而弗敢宣也，事君如在国。故鞅以为难。二子皆图国者也；而欲纳鲁君，鞅之愿也。请从二子以围鲁；无成，死之。”二子惧，皆辞。乃辞小国，而以难复。

孟懿子、阳虎伐郓。郓人将战，子家子曰：“天命不慆久矣！使君亡者，必此众也。天既祸之，而自福也，不亦难乎？犹有鬼神，此必败也。乌呼！为无望也夫！其死于此乎？”公使子家子如晋，公徒败于且知。

楚郤宛之难，国言未已，进胙者莫不谤令尹。沈尹（戌）〔戌〕言于子常曰：“夫左尹与中厩尹莫知其罪，而子杀之，以兴谤讟，至于今不已。（戌）〔戌〕也惑之：仁者杀人以掩谤，犹弗为也；今吾子杀人以兴谤，而弗图，不亦异乎！夫无极，楚之谗人也，民莫不知：去朝吴，出蔡侯朱，丧大子建，杀连尹奢，屏王之耳目使不聪明。不然，平王之温惠共俭有过成、庄，无不及焉；所以不获诸侯，迩无极也。今又杀三不辜以兴大谤，几及子矣。子而不图，将焉用之？夫鄢将师矫子之命，以灭三族——国之良也，而不愆位。吴新有君，疆埸日骇。楚国若有大事，子其危哉！知者除谗以自安也；今子爱谗以自危也，甚矣其惑也！”子常曰：“是瓦之罪，敢不良图！”九月己未，子常杀费无极与鄢将师，尽灭其族，以说于国。谤言乃止。

冬，公如齐。齐侯请飨之，子家子曰：“朝夕立于其朝，又何飨焉？其饮酒也。”乃饮酒，使宰献，而请安。子仲之子曰重，为齐侯夫人，曰：“请使重见。”子家子乃以君出。

十二月，晋籍秦致诸侯之戍于周。鲁人辞以难。

二十八年经

二十有八年：春，王三月，葬曹悼公。

公如晋，次于乾侯。

夏，四月丙戌，郑伯宁卒。

六月，葬郑定公。

秋，七月癸巳，滕子宁卒。

冬，葬滕悼公。

二十八年传

二十八年春，公如晋，将如乾侯。子家子曰：“有求于人而即其安，人孰矜之？其造于竟。”弗听。使请逆于晋，晋人曰：“天祸鲁国！君淹恤在外，君亦不使一个辱在寡人，而即安于甥舅，其亦使逆君？”使公复于竟而后逆之。

晋祁胜与邬臧通室。祁盈将执之，访于司马叔游。叔游曰：“《郑书》有之：‘恶直丑正，实蕃有徒。’无道立矣，子惧不免。《诗》曰：‘民之多辟，无自立辟。’姑已，若何？”盈曰：“祁氏私有讨，国何有焉？”遂执之。祁胜赂荀跞，荀跞为之言于晋侯，晋侯执祁盈。祁盈之臣曰：“钧将皆死，慭使吾君闻胜与臧之死也以为快！”乃杀之。夏六月，晋杀祁盈及杨食我。食我，祁盈之党也，而助乱，故杀之。遂灭祁氏、羊舌氏。

初，叔向欲娶于申公巫臣氏，其母欲娶其党。叔向曰：“吾母多而庶鲜，吾惩舅氏矣。”其母曰：“子灵之妻杀三夫、一君、一子，而亡一国两卿矣，可无惩乎？吾闻之：‘甚美必有甚恶。’是郑穆少妃姚子之子，子貉之妹也。子貉早死，无后，而天钟美于是，将必以是大有败也。昔有仍氏生女，黰黑而甚美，光可以鉴，名曰‘玄妻’。乐正后夔取之，生伯封，实有豕心，贪惏无餍，忿颣无期，谓之‘封豕’。有穷后羿灭之，夔是以不祀。且三代之亡，共子之废，皆是物也。女何以为哉？夫有尤物足以移人，苟非德义，则必有祸。”叔向惧，不敢取。平公强使取之，生伯石。

伯石始生，子容之母走谒诸姑，曰：“长叔姒生男。”姑视之，及堂，闻其声而还，曰：“是豺狼之声也，狼子野心。非是，莫丧羊舌氏矣！”遂弗视。

秋，晋韩宣子卒，魏献子为政。分祁氏之田以为七县，分羊舌氏之田以为三县。司马弥牟为邬大夫，贾辛为祁大夫，司马乌为平陵大夫，魏戊为梗阳大夫，知徐吾为涂水大夫，韩固为马首大夫，孟丙为盂大夫，乐霄为铜鞮大夫，赵朝为平阳大夫，僚安为杨氏大夫。谓贾辛、司马乌为有力于王室，故举之。谓知徐吾、赵朝、韩固、魏戊，余子之不失职、能守业者也。其四人者，皆受县而后见于魏子，以贤举也。

魏子谓成鱄："吾与戊也县，人其以我为党乎？"对曰："何也？戊之为人也，远不忘君，近不偪同，居利思义，在约思纯，有守心而无淫行。虽与之县，不亦可乎？昔武王克商，光有天下，其兄弟之国者十有五人，姬姓之国者四十人，皆举亲也。夫举无他，唯善所在，亲疏一也。《诗》曰：'唯此文王，帝度其心。莫其德音，其德克明。克明克类，克长克君。王此大国，克顺克比；比于文王，其德靡悔。既受帝祉，施于孙子。'心能制义曰'度'，德正应和曰'莫'，照临四方曰'明'，勤施无私曰'类'，教诲不倦曰'长'，赏庆刑威曰'君'，慈和遍服曰'顺'，择善而从之曰'比'，经纬天地曰'文'。九德不愆，作事无悔，故袭天禄，子孙赖之。主之举也，近文德矣，所及其远哉！"

贾辛将适其县，见于魏子。魏子曰："辛来！昔叔向适郑；鬷蔑恶，欲观叔向，从使之收器者而往，立于堂下，一言而善。叔向将饮酒，闻之，曰：'必鬷明也！'下，执其手以上，曰：'昔贾大夫恶，娶妻而美，三年不言不笑。御以如皋，射雉，获之，其妻始笑而言，贾大夫曰："才之不可以已！我不能射，女遂不言不笑夫！"今子少不飏；子若无言，吾几失子矣。言之不可以已也如是！'遂如故知。今女有力于王室，吾是以举女。行乎，敬之哉！毋堕乃力！"

仲尼闻魏子之举也，以为义，曰："近不失亲，远不失举，可谓义矣。"又闻其命贾辛也，以为忠："《诗》曰：'永言配命，自求多福。'忠也。魏子之举也义，其命也忠，其长有后于晋国乎！"

冬，梗阳人有狱，魏戊不能断，以狱上。其大宗赂以女乐，魏子将受之。魏戊谓阎没、女宽曰："主以不贿闻于诸侯。若受梗阳人，贿莫甚焉。吾子必谏！"皆许诺，退朝，待于庭。馈入，召之。比置，三叹。既食，使坐；魏子曰："吾闻诸伯叔，谚曰：'唯食忘忧。'吾子置食之间三叹，何也？"同辞而对曰："或赐二小人酒，不夕食；馈之始至，恐其不足，是以叹。中置，自咎曰：'岂将军食之而有不足？'是以再叹。及馈之毕，愿以小人之腹为君子之心，属厌而已。"献子辞梗阳人。

二十九年经

二十有九年：春，公至自乾侯，居于郓。齐侯使高张来唁公。

公如晋，次于乾侯。

夏，四月庚子，叔诣卒。

秋，七月。

冬，十月，郓溃。

二十九年传

二十九年春，公至自乾侯，处于郓。齐侯使高张来唁公，称"主君"。子家子曰："齐卑君矣，君只辱焉！"公如乾侯。

三月己卯，京师杀召伯盈、尹氏固及原伯鲁之子。尹固之复也，有妇人遇之周郊，尤之曰："处则劝人为祸，行则数日而反，是夫也，其过三岁乎？"

夏五月庚寅，王子赵车入于鄻以叛，阴不佞败之。

平子每岁贾马，具从者之衣屦而归之于乾侯。公执归马者，卖之，乃不归马。

卫侯来献其乘马曰"启服"，堑而死。公将为之椟，子家子曰："从者病矣，请以食之。"乃以帏裹之。

公赐公衍羔裘，使献龙辅于齐侯，遂入羔裘。齐侯喜，与之阳穀。公衍、公为之生也，其母偕出。公衍先生，公为之母曰："相与偕出，请相与偕告。"三日，公为生；其母先以告，公为为兄。公私喜于阳穀而思于鲁，曰："务人为此祸也，且后生而为兄，其诬也久矣！"乃黜之，而以公衍为大子。

秋，龙见于绛郊。魏献子问于蔡墨曰："吾闻之：虫莫知于龙；以其不生得也，谓之知。信乎？"对曰："人实不知，非龙实知。古者畜龙，故国有豢龙氏，有御龙氏。"献子曰："是二氏者，吾亦闻之，而〔不〕① 知其故。是何谓也？"对曰：

昔有飂叔安，有裔子曰董父，实甚好龙，能求其耆欲以饮食之；龙多归之。乃扰畜龙，以服事帝舜。帝赐之姓曰董，氏曰豢龙，封诸鬷川；鬷夷氏其后也。故帝舜氏世有畜龙。及有夏孔甲，扰于有帝；帝赐之乘龙，河、汉各二，各有雌雄。孔甲不能食，而未获豢龙氏。有陶唐氏既衰，其后有刘累，学扰龙于豢龙氏，以事孔甲，能饮食之；夏后嘉之，赐氏曰御龙，以更豕韦之后。龙一雌死，潜醢以食夏后。夏后飨之，既而使求之。惧而迁于鲁县，范氏其后也。

献子曰："今何故无之？"对曰：

夫物，物有其官，官修其方，朝夕思之。一日失职，则死及之。失官不食。官宿其业，其物乃至；若泯弃之，物乃坻伏，郁湮不育。故有五行之官，是为五官，实列受氏姓，封为上公，祀为贵神。社稷五祀，是尊是奉。木正曰句芒，火正曰祝融，金正曰蓐收，水正曰玄冥，土正曰后土。龙，水物也；水官弃矣，故龙不生得。不然，《周易》有之：在"乾䷀"之"姤䷫"，曰"潜龙勿用"，其"同人䷌"曰"见龙在田"，其"大有䷍"曰"飞龙在天"，其"夬䷪"曰"亢龙有悔"，其"坤䷁"曰"见群龙无首，吉"，"坤"之"剥䷖"曰"龙战于野"。若不朝夕见，谁能物之？

① 阮元《校勘记》以为"而下有不字"诸本"是也"，今据补。

献子曰："社稷五祀，谁氏之五官也？"对曰：

少皞氏有四叔，曰重，曰该，曰修，曰熙，实能金、木及水。使重为句芒，该为蓐收，修及熙为玄冥，世不失职，遂济穷桑，此其三祀也。颛顼氏有子曰犁，为祝融；共工氏有子曰句龙，为后土：此其二祀也。后土为社。稷，田正也。有烈山氏之子曰柱为稷，自夏以上祀之。周弃亦为稷，自商以来祀之。

冬，晋赵鞅、荀寅帅师城汝滨，遂赋晋国一鼓铁，以铸刑鼎，著范宣子所为刑书焉。仲尼曰："晋其亡乎？失其度矣！夫晋国将守唐叔之所受法度，以经纬其民；卿大夫以序守之，民是以能尊其贵，贵是以能守其业。贵贱不愆，所谓度也。文公是以作执秩之官，为被庐之法，以为盟主。今弃是度也而为刑鼎，民在鼎矣，何以尊贵？贵何业之守？贵贱无序，何以为国？且夫宣子之刑，夷之蒐也，晋国之乱制也，若之何以为法！"蔡史墨曰："范氏、中行氏其亡乎？中行寅为下卿而干上令，擅作刑器以为国法，是法奸也。又加范氏焉，易之亡也！其及赵氏，赵孟与焉；然不得已，若德，可以免。"

三十年经

三十年：春，王正月，公在乾侯。

夏，六月庚辰，晋侯去疾卒。

秋，八月，葬晋顷公。

冬，十有二月，吴灭徐，徐子章羽奔楚。

三十年传

"三十年春，王正月，公在乾侯。"不先书"郓"与"乾侯"，非公，且徵过也。

夏六月，晋顷公卒；秋八月，葬。郑游吉吊，且送葬。魏献子使士景伯诘之，曰：“悼公之丧，子西吊，子蟜送葬。今吾子无贰，何故？”对曰：“诸侯所以归晋君，礼也。礼也者，小事大、大字小之谓。事大在共其时命，字小在恤其所无。以敝邑居大国之间，共其职贡，与其备御不虞之患，岂忘共命？先王之制：诸侯之丧，士吊，大夫送葬；唯嘉好、聘享、三军之事，于是乎使卿。晋之丧事，敝邑之间，先君有所助执绋矣；若其不间，虽士、大夫有所不获数矣。大国之惠，亦庆其加而不讨其乏，明厎其情，取备而已，以为礼也。灵王之丧，我先君简公在楚，我先大夫印段实往，敝邑之少卿也；王吏不讨，恤所无也。今大夫曰：‘女盍从旧？’旧有丰有省，不知所从。从其丰，则寡君幼弱，是以不共；从其省，则吉在此矣。唯大夫图之！”晋人不能诘。

吴子使徐人执掩余，使钟吾人执烛庸。二公子奔楚。楚子大封而定其徙，使监马尹大心逆吴公子，使居养，莠尹然、左司马沈尹（戌）〔戍〕城之；取于城父与胡田以与之：将以害吴也。子西谏曰：“吴光新得国而亲其民，视民如子，辛苦同之，将用之也。若好吴边疆，使柔服焉，犹惧其至；吾又（疆）〔彊〕[①]其仇以重怒之，无乃不可乎？吴，周之胄裔也，而弃在海滨，不与姬通；今而始大，比于诸华，——光又甚文，将自同于先王。不知天将以为虐乎，使翦丧吴国而封大异姓乎？其抑亦将卒以祚吴乎？其终不远矣。我盍姑亿吾鬼神而宁吾族姓，以待其归，将焉用自播扬焉？”王弗听。

吴子怒。冬十二月，吴子执钟（吴）〔吾〕子，遂伐徐，防山以水之。己卯，灭徐。徐子章禹断其发，携其夫人以逆吴子。吴子唁而送之，使其迩臣从之，遂奔楚。楚沈尹（戌）〔戍〕帅师救徐，弗及；遂城夷，使徐子处之。

吴子问于伍员曰：“初而言伐楚，余知其可也，而恐其使余往也，又恶人之有余之功也。今余将自有之矣，伐楚何如？”对曰：

① “疆”当作“彊”（今之强），字之讹也。阮元《校勘记》已言之。

“楚执政众而乖，莫适任患。若为三师以肄焉：一师至，彼必皆出；彼出则归，彼归则出，楚必道敝。亟肄以罢之，多方以误之，既罢而后以三军继之，必大克之！”阖庐从之。楚于是乎始病。

三十一年经

三十有一年：春，王正月，公在乾侯。

季孙意如会晋荀跞于適历。

夏，四月丁巳，薛伯穀卒。

晋侯使荀跞唁公于乾侯。

秋，葬薛献公。

冬，黑肱以滥来奔。

十有二月辛亥朔，日有食之。

三十一年传

“三十一年春，王正月，公在乾侯。”言不能外内也。

晋侯将以师纳公，范献子曰：“若召季孙而不来，则信不臣矣；然后伐之，若何？”晋人召季孙。献子使私焉，曰：“子必来，我受其无咎。”季孙意如会晋荀跞于適历，荀跞曰：“寡君使跞谓吾子：‘何故出君？有君不事，周有常刑。子其图之！’”季孙练冠麻衣，跣行，伏而对曰：“事君，臣之所不得也，敢逃刑命？君若以臣为有罪，请囚于费，以待君之察也，亦唯君；若以先臣之故，不绝季氏，而赐之死；若弗杀弗亡，君之惠也，死且不朽；若得从君而归，则固臣之愿也，敢有异心？”

夏四月，季孙从知伯如乾侯。子家子曰：“君与之归！一惭之不忍，而终身惭乎？”公曰：“诺！”众曰：“在一言矣，君必逐之！”荀跞以晋侯之命唁公，且曰：“寡君使跞以君命讨于意如，意如不敢逃死，君其入也！”公曰：“君惠顾先君之好，施及亡人，将使归粪除宗祧以事君，则不能见夫人。己所能见夫人者，有如河!”荀跞掩耳而走，曰：“寡君其罪之恐，敢与知鲁国之难？臣请复于寡君。”退而谓季孙：“君怒未怠，子姑归祭。”子家子曰：“君以一乘入于鲁师，季孙必与君归。”公欲从之。众从者胁公，不得归。

“薛伯穀卒。”同盟，故书。

秋，吴人侵楚，伐夷，侵潜、六。楚沈尹（戍）〔成〕帅师救潜，吴师还。楚师迁潜于南冈而还。吴师围弦。左司马（戍）〔成〕、右司马稽帅师救弦，及豫章；吴师还，始用子胥之谋也。

“冬，邾黑肱以滥来奔。”贱而书名，重地故也。君子曰：“名之不可不慎也如是！夫有所有名，而不如其已。以地叛，虽贱，必书地以名其人，终为不义，弗可灭已。是故君子动则思礼，行则思义，不为利回，不为义疚。或求名而不得，或欲盖而名章，惩不义也。齐豹为卫司寇，守嗣大夫，作而不义，其书为‘盗’。邾庶其、莒牟夷、邾黑肱以土地出，求食而已，不求其名：贱而必书。此二物者，所以惩肆而去贪也。若艰难其身以险危大人，而有名章彻，攻难之士将奔走之。若窃邑叛君以徼大利而无名，贪冒之民将置力焉，是以《春秋》书齐豹曰‘盗’，三叛人名，以惩不义，数恶无礼，其善志也。故曰：《春秋》之称微而显，婉而辨。上之人能使昭明，善人劝焉，淫人惧焉，是以君子贵之。”

十二月辛亥朔，日有食之。是夜也，赵简子梦童子裸而转以歌，旦占诸史墨，曰：“吾梦如是，今而日食，何也?”对曰：“六年及此月也，吴其入郢乎？终亦弗克。入郢必以庚辰，日月在辰尾。庚午之日，日始有谪。火胜金，故弗克。”

三十二年经

三十有二年：春，王正月，公在乾侯。取阚。

夏，吴伐越。

秋，七月。

冬，仲孙何忌会晋韩不信、齐高张、宋仲幾、卫世叔申、郑国参、曹人、莒人、薛人、杞人、小邾人，城成周。

十有二月己未，公甍于乾侯。

三十二年传

“三十二年春，王正月，公在乾侯。”言不能外内，又不能用其人也。

“夏，吴伐越”，始用师于越也。史墨曰：“不及四十年，越其有吴乎？越得岁而吴伐之，必受其凶！”

秋八月，王使富辛与石张如晋，请城成周。天子曰：“天降祸于周，俾我兄弟并有乱心，以为伯父忧。我一二亲昵甥舅，不皇启处，于今十年；勤戍五年。余一人无日忘之，闵闵焉如农夫之望岁，惧以待时。伯父若肆大惠，复二文之业，弛周室之忧，徼文、武之福以固盟主，宣昭令名，则余一人有大愿矣！昔成王合诸侯城成周以为东都，崇文德焉。今我欲徼福假灵于成王，修成周之城，俾戍人无勤，诸侯用宁，蝥贼远屏，晋之力也。其委诸伯父，使伯父实重图之，俾我一人无徵怨于百姓，而伯父有荣施，先王庸之！”范献子谓魏献子曰：“与其戍周，不如城之。天子实云，虽有后事，晋勿与知可也。从王命以纾诸侯，晋国无忧，是之不务，而又焉从事？”魏献子曰：“善！”使伯音对曰：“天子有命，敢不奉承以奔告于诸侯？迟速衰序，于是焉在。”

冬十一月，晋魏舒、韩不信如京师，合诸侯之大夫于狄泉，寻盟，且令城成周。魏子南面。卫彪傒曰：“魏子必有大咎！干位以令大事，非其任也。《诗》曰：‘敬天之怒，不敢戏豫。敬天之渝，不敢驰驱。’况敢干位以作大事乎？”

己丑，士弥牟营成周。计丈数，揣高卑；度厚薄，仞沟洫；物土方，议远迩；量事期，计徒庸，虑（财）〔材〕用，书餱粮：以令役于诸侯。属役赋丈，书以授帅，而效诸刘子。韩简子临之，以为成命。

十二月，公疾。遍赐大夫，大夫不受。赐子家子双琥、一环、一璧、轻服，受之。大夫皆受其赐。己未，公薨。子家子反赐于府人，曰："吾不敢逆君命也。"大夫皆反其赐。书曰"公薨于乾侯"，言失其所也。

赵简子问于史墨曰："季氏出其君，而民服焉，诸侯与之。君死于外，而莫之或罪〔。何〕[1] 也？"对曰："物生有两，有三，有五，有陪贰。故天有三辰，地有五行，体有左右，各有妃耦；王有公，诸侯有卿，皆有贰也。天生季氏以贰鲁侯，为日久矣；民之服焉，不亦宜乎？鲁君世从其失，季氏世修其勤，民忘君矣。虽死于外，其谁矜之？社稷无常奉，君臣无常位，自古以然。故《诗》曰：'高岸为谷，深谷为陵。'三后之姓，于今为庶，（王）〔主〕[2] 所知也。在《易》卦，雷乘'乾'曰'大壮䷡'，天之道也。昔成季友，桓之季也，文姜之爱子也；始震而卜，卜人谒之，曰：'生有嘉闻，其名曰友，为公室辅。'及生，如卜人之言，有文在其手曰'友'，遂以名之。既而有大功于鲁，受费以为上卿。至于文子、武子，世增其业，不（费）〔废〕[3] 旧绩。鲁文公薨，而东门遂杀適立庶，鲁君于是乎失国，政在季氏，于此君也四公矣。民不知君，何以得国？是以为君慎器与名，不可以假人！"

---

① 杨伯峻先生《春秋左传注》据金泽文库本增此"何"字，甚是。据文意，亦当有之。

② 据阮元《校勘记》改正。

③ 据阮元《校勘记》改正。

定　公

元年经

元年：春，王。

三月，晋人执宋仲幾于京师。

夏，六月癸亥，公之丧至自乾侯。

戊辰，公即位。

秋，七月癸巳，葬我君昭公。

九月，大雩。

立炀宫。

冬，十月，陨霜杀菽。

元年传

元年春，王正月辛巳，晋魏舒合诸侯之大夫于狄泉，将以城成周。魏子莅政。卫彪傒曰："将建天子，而易位以令，非义也。大事奸义，必有大咎！晋不失诸侯，魏子其不免乎？"是行也，魏献子属役于韩简子及原寿过，而田于大陆，焚焉；还，卒于宁。范献子去其柏椁，以其未复命而田也。

孟懿子会城成周。庚寅，栽。宋仲幾不受功，曰："滕、薛、郳，吾役也。"薛宰曰："宋为无道，绝我小国于周，以我适楚，故我常从宋。晋文公为践土之盟，曰：'凡我同盟，各复旧职！'若从践土，若从宋，亦唯命！"仲幾曰："践土固然。"薛宰曰：

"薛之皇祖奚仲，居薛以为夏车正。奚仲迁于邳。仲虺居薛，以为汤左相。若复旧职，将承王官，何故以役诸侯?"仲幾曰："三代各异物，薛焉得有旧? 为宋役，亦其职也。"士弥牟曰："晋之从政者新，子姑受功。归，吾视诸故府。"仲幾曰："纵子忘之，山川鬼神其忘诸乎?"士伯怒，谓韩简子曰："薛徵于人，宋徵于鬼。宋罪大矣! 且已无辞而抑我以神，诬我也。'启宠纳侮'，其此之谓矣。必以仲幾为戮!"乃执仲幾以归。三月，归诸京师。

城三旬而毕，乃归诸侯之戍。

齐高张后，不从诸侯。晋女叔宽曰："周苌弘、齐高张皆将不免。苌叔违天，高子违人。天之所坏，不可支也；众之所为，不可奸也。"

夏，叔孙成子逆公之丧于乾侯。季孙曰："子家子亟言于我，未尝不中吾志也。吾欲与之从政。子必止之，且听命焉。"子家子不见叔孙，易幾而哭。叔孙请见子家子，子家子辞，曰："羁未得见，而从君以出。君不命而薨，羁不敢见。"叔孙使告之曰："公衍、公为实使群臣不得事君。若公子宋主社稷，则群臣之愿也。凡从君出而可以入者，将唯子是听。子家氏未有后，季孙愿与子从政。此皆季孙之愿也，使不敢以告。"对曰："若立君，则有卿士、大夫与守龟在，羁弗敢知。若从君者，则貌而出者，入可也；寇而出者，行可也。若羁也，则君知其出也，而未知其入也，羁将逃也!"

丧及坏隤，公子宋先入，从公者皆自坏隤反。六月癸亥，公之丧至自乾侯。戊辰，公即位。

季孙使役如阚公氏，将沟焉；荣（驾）〔驾〕[①] 鹅曰："生不能事，死又离之，以自旌也? 纵子忍之，后必或耻之。"乃止。季孙问于荣（驾）〔驾〕鹅曰："吾欲为君谥，使子孙知之。"对曰："生弗能事，死又恶之，以自信也? 将焉用之?"乃止。

---

① 驾当作驾，阮元《校勘记》详之。

秋七月癸巳，葬昭公于墓道南。孔子之为司寇也，沟而合诸墓。

昭公出故，季平子祷于炀公。九月，立炀宫。

周巩简公弃其子弟，而好用远人。

二年经

二年：春，王正月。

夏，五月壬辰，雉门及两观灾。

秋，楚人伐吴。

冬，十月，新作雉门及两观。

二年传

二年夏，四月辛酉，巩氏之群子弟贼简公。

桐叛楚。吴子使舒鸠氏诱楚人，曰："以师临我。我伐桐。为我使之无忌。"秋，楚囊瓦伐吴，师于豫章。吴人见舟于豫章，而潜师于巢。冬十月，吴军楚师于豫章，败之；遂围巢，克之，获楚公子繁。

邾庄公与夷射姑饮酒。私出，阍乞肉焉；夺之杖以敲之。

三年经

三年：春，王正月，公如晋，至河乃复。

二月辛卯，邾子穿卒。

夏，四月。

秋，葬邾庄公。

冬，仲孙何忌及邾子盟于拔。

三年传

三年春，二月辛卯。邾子在门台，临廷。阍以瓶水沃廷；邾子望见之，怒。阍曰："夷射姑旋焉。"命执之。弗得。滋怒，自投于床，废于炉炭，烂，遂卒。先葬以车五乘，殉五人。庄公卞急而好洁，故及是。

秋九月，鲜虞人败晋师于平中，获晋观虎，恃其勇也。

冬，盟于郯，修邾好也。

蔡昭侯为两佩与两裘以如楚，献一佩一裘于昭王。昭王服之，以享蔡侯；蔡侯亦服其一。子常欲之，弗与；三年止之。

唐成公如楚，有两肃爽马。子常欲之，弗与；亦三年止之。唐人或相与谋，请代先从者，许之。饮先从者酒，醉之；窃马而献之子常。子常归唐侯。自拘于司败，曰："君以弄马之故，隐君身，弃国家。群臣请相夫人以偿马，必如之。"唐侯曰："寡人之过也。二三子无辱!"皆赏之。

蔡人闻之，固请而献佩于子常。子常朝，见蔡侯之徒，命有司曰："蔡君之久也，官不共也。明日礼不毕，将死!"蔡侯归，及汉，执玉而沈，曰："余所有济汉而南者，有若大川!"蔡侯如晋，以其子元与其大夫之子为质焉，而请伐楚。

四年经

四年：春，王二月癸巳，陈侯吴卒。

三月，公会刘子、晋侯、宋公、蔡侯、卫侯、陈子、郑伯、许男、曹伯、莒子、邾子、顿子、胡子、滕子、薛伯、杞伯、小邾子、齐国夏于召陵，侵楚。

夏，四月庚辰，蔡公孙姓帅师灭沈，以沈子嘉归，杀之。

五月，公及诸侯盟于皋鼬。

杞伯成卒于会。

六月，葬陈惠公。

许迁于容城。

秋，七月，公至自会。

刘卷卒。

葬杞悼公。

楚人围蔡。

晋士鞅、卫孔圉帅师伐鲜虞。

葬刘文公。

冬，十有一月庚午，蔡侯以吴子及楚人战于柏举，楚师败绩。

楚囊瓦出奔郑。

庚辰，吴入郢。

四年传

四年春三月，刘文公合诸侯于召陵，谋伐楚也。

晋荀寅求货于蔡侯，弗得；言于范献子曰：“国家方危，诸侯方贰，将以袭敌，不亦难乎？水潦方降，疾疟方起，中山不服。弃盟取怨，无损于楚，而失中山不如辞蔡侯。吾自方城以来，楚未可以得志，只取勤焉。”乃辞蔡侯。

晋人假羽旄于郑，郑人与之。明日，或旆以会，晋于是乎失诸侯。

将会，卫子行敬子言于灵公曰：“会同难，啧有烦言，莫之治也。其使祝佗从！”公曰：“善！”乃使子鱼；子鱼辞，曰：“臣展四体以率旧职，犹惧不给而烦刑书；若又共二，徼大罪也。且夫祝，社稷之常隶也。社稷不动，祝不出竟，官之制也。君以军行，祓社衅鼓，祝奉以从，于是乎出竟。若嘉好之事，君行师从，卿行旅从，臣无事焉。”公曰：“行也！”

及皋鼬，将长蔡于卫，卫侯使祝佗私于苌弘曰：“闻诸道路，不知信否。若闻蔡将先卫，信乎？”苌弘曰：“信！蔡叔，康叔之兄也。先卫，不亦可乎！”子鱼曰：

以先王观之，则尚德也。昔武王克商，成王定之，选建明德以藩屏周，故周公相王室以尹天下，于周为睦。分鲁公以大路、大旂，夏后氏之璜，封父之繁弱，殷民六族——条氏、徐氏、萧氏、索氏、长勺氏、尾勺氏，使帅其宗氏、辑其分族、将其类丑以法则周公；用即命于周，是使之职事于鲁，以昭周公之明德。分之土田陪敦，祝、宗、卜、史，备物、典策，官司、彝器，因商奄之民，命以《伯禽》而封于少皞之虚。分康叔以大路、少帛、绩茷、旃旌、大吕，殷民七族——陶氏、施氏、繁氏、锜氏、樊氏、饥氏、终葵氏；封畛土略，自武父以南及圃田之北竟，取于有阎之土以共王职，取于相土之东都，以会王之东蒐。聃季授土，陶叔授民，命以《康诰》而封于殷虚。皆启以商政，疆以周索。分唐叔以大路，密须之鼓，阙巩，沽洗，怀姓九宗，职官五正，命以《唐诰》而封于夏虚，启以夏政，疆以戎索。三者皆叔也，而有令德，故昭之以分物；不然，文、武、成、康之伯犹多，而不获是分也：唯不尚年也。

管蔡启商，惎间王室，王于是乎杀管叔而蔡蔡叔，以车七乘、徒七十人。其子蔡仲改行帅德，周公举之，以为己卿士，见诸王而命之以蔡。其命书云："王曰：'胡！无若尔考之违王命也！'"若之何其使蔡先卫也？

武王之母弟八人，周公为大宰，康叔为司寇，聃季为司空，五叔无官，岂尚年哉？曹，文之昭也；晋，武之穆也。曹为伯甸，非尚年也。今将尚之，是反先王也。

晋文公为践土之盟。卫成公不在；夷叔，其母弟也，犹先蔡。其载书云："王若曰：晋重，鲁申，卫武，蔡甲午，郑捷，齐潘，宋王臣，莒期。"藏在周府，可覆视也。吾子欲复文、武之略而不正其德，将如之何？

苌弘说，告刘子，与范献子谋之，乃长卫侯于盟。

反自召陵，郑子大叔未至而卒。晋赵简子为之临，甚哀，曰："黄父之会，夫子语我九言，曰：'无始乱，无怙富，无恃宠，无违同，无敖礼，无骄能，无复怒，无谋非德，无犯非义。'”

沈人不会于召陵，晋人使蔡伐之。夏，蔡灭沈。秋，楚为沈故，围蔡。

伍员为吴行人以谋楚。楚之杀郤宛也，伯氏之族出；伯州犁之孙嚭，为吴大宰以谋楚。楚自昭王即位，无岁不有吴师。蔡侯因之，以其子乾与其大夫之子为质于吴。

冬，蔡侯、吴子、唐侯伐楚，舍舟于淮汭，自豫章与楚夹汉。左司马（戌）〔戌〕谓子常曰：“子沿汉而与之上下。我悉方城外以毁其舟，还塞大隧、直辕、冥阨。子济汉而伐之，我自后击之，必大败之！”既谋而行。武城黑谓子常曰：“吴用木也。我用革也，不可久也。不如速战！”史皇谓子常：“楚人恶子而好司马。若司马毁吴舟于淮，塞城口而入，是独克吴也。子必速战！不然，不免。”乃济汉而陈。自小别至于大别，三战。子常知不可，欲奔；史皇曰：“安，求其事；难，而逃之：将何所入？子必死之，初罪必尽说。”

十一月庚午，二师陈于柏举。阖庐之弟夫概王晨请于阖庐曰：“楚瓦不仁，其臣莫有死志；先伐之，其卒必奔。而后大师继之，必克！”弗许。夫概王曰：“所谓‘臣义而行，不待命’者，其此之谓也。今日我死，楚可入也！”以其属五千，先击子常之卒。子常之卒奔，楚师乱，吴师大败之。子常奔郑。史皇以其乘广死。

吴从楚师，及清发。将击之，夫概王曰：“困兽犹斗，况人乎？若知不免而致死，必败我。若使先济者知免，后者慕之，蔑有斗心矣。半济而后可击也。”从之。又败之。楚人为食，吴人及之；奔。食而从之，败诸雍澨。五战及郢。

己卯，楚子取其妹季芈畀我以出，涉睢。鍼尹固与王同舟。王使执燧象以奔吴师。

庚辰，吴入郢。以班处宫。子山处令尹之宫，夫概王欲攻之；惧而去之。夫概王入之。

左司马（戌）〔戌〕及息而还，败吴师于雍澨，伤。初，司马臣阖庐；故耻为禽焉，谓其臣曰：“谁能免吾首？”吴句卑曰：

"臣贱，可乎?"司马曰："我实失子。可哉!"三战皆伤，曰："吾不〔可〕[①] 用也已!"句卑布裳，刭而裹之；藏其身而以其首免。

楚子涉雎，济江，入于云中。王寝，盗攻之，以戈击王；王孙由于以背受之，中肩。王奔郧，钟建负季芈以从。由于徐苏而从。

郧公辛之弟怀将弑王，曰："平王杀吾父；我杀其子，不亦可乎!"辛曰："君讨臣，谁敢仇之?君命，天也；若死天命，将谁仇?《诗》曰：'柔亦不茹，刚亦不吐。不侮矜寡，不畏强御。'唯仁者能之。违强陵弱，非勇也；乘人之约，非仁也；灭宗废祀，非孝也；动无令名，非知也。必犯是，余将杀女!"

斗辛与其弟巢以王奔随。吴人从之，谓随人曰："周之子孙在汉川者，楚实尽之。天诱其衷，致罚于楚。而君又窜之，周室何罪?君若顾报周室，施及寡人，以奖天衷，君之惠也。汉阳之田，君实有之。"楚子在公宫之北，吴人在其南。子期似王，逃王而己为王，曰："以我与之，王必免。"随人卜："与之?不吉。"乃辞吴曰："以随之辟小而密迩于楚，楚实存之。世有盟誓，至于今未改。若难而弃之，何以事君?执事之患不唯一人，若鸠楚竟，敢不听命?"吴人乃退。（鑪）〔鑢〕金初（官）〔宦〕[②] 于子期氏，实与随人要言。王使见；辞，曰："不敢以约为利。"王割子期之心，以与随人盟。

初，伍员与申包胥友。其亡也，谓申包胥曰："我必复楚国!"申包胥曰："勉之!子能复之，我必能兴之!"及昭王在随，申包胥如秦乞师，曰："吴为封豕长蛇，以荐食上国，虐始于楚。寡君失守社稷，越在草莽，使下臣告急，曰：'夷德无厌，若邻于君，疆埸之患也。逮吴之未定，君其取分焉!若楚之遂亡，君之土也。若以君灵抚之，世以事君!'"秦伯使辞焉，曰："寡人闻

---

① 据阮元《校勘记》增补。

② "鑪"当作"鑢"，"官"当作"宦"，皆字之讹也。阮元《校勘记》详之。

命矣。子姑就馆，将图而告。”对曰：“寡君越在草莽，未获所伏；下臣何敢即安？”立，依于庭墙而哭；日夜不绝声、勺饮不入口七日。秦哀公为之赋《无衣》，九顿首而坐。秦师乃出。

五年经

五年：春，王三月辛亥朔，日有食之。

夏，归粟于蔡。

於越入吴。

六月丙申，季孙意如卒。

秋，七月壬子，叔孙不敢卒。

冬，晋士鞅帅师围鲜虞。

五年传

五年春，王人杀子朝于楚。

“夏，归粟于蔡”，以周亟，矜无资。

“越入吴”，吴在楚也。

六月，季平子行东野；还，未至，丙申卒于房。阳虎将以玙璠敛，仲梁怀弗与，曰：“改步改玉。”阳虎欲逐之，告公山不狃。不狃曰：“彼为君也，子何怨焉？”

既葬，桓子行东野，及费。子泄为费宰，逆劳于郊，桓子敬之；劳仲梁怀，仲梁怀弗敬。子泄怒，谓阳虎：“子行之乎！”

申包胥以秦师至。秦子蒲、子虎帅车五百乘以救楚。子蒲曰：“吾未知吴道。”使楚人先与吴人战，而自稷会之，大败夫概王于沂。

吴人获薳射于柏举，其子帅奔徒以从子西，败吴师于军祥。

秋七月，子期、子蒲灭唐。

九月，夫概王归，自立也；以与王战而败，奔楚，为堂谿氏。

吴师败楚师于雍澨，秦师又败吴师。吴师居麇，子期将焚之；

子西曰："父兄亲暴骨焉，不能收，又焚之，不可！"子期曰："国亡矣！死者若有知也，可以歆旧祀？岂惮焚之？"焚之而又战，吴师败。又战于公婿之谿，吴师大败，吴子乃归。囚闉舆罢。闉舆罢请先，遂逃归。

叶公诸梁之弟后臧从其母于吴，不待而归；叶公终不正视。

乙亥，阳虎囚季桓子及公父文伯，而逐仲梁怀。冬十月丁亥，杀公何藐。己丑，盟桓子于稷门之内。庚寅，大诅。逐公父歜及秦遄，皆奔齐。

楚子入于郢。初，斗辛闻吴人之争宫也，曰："吾闻之：'不让则不和。不和，不可以远征。'吴争于楚，必有乱；有乱则必归。焉能定楚？"王之奔随也，将涉于成臼；蓝尹亹涉其帑，不与王舟。及宁，王欲杀之。子西曰："子常唯思旧怨以败，君何效焉？"王曰："善！使复其所，吾以志前恶。"王赏斗辛、王孙由于、王孙圉、钟建、斗巢、申包胥、王孙贾、宋木、斗怀。子西曰："请舍怀也！"王曰："大德灭小怨，道也。"申包胥曰："吾为君也，非为身也。君既定矣，又何求？且吾尤子旗，其又为诸？"遂逃赏。

王将嫁季芈，季芈辞曰："所以为女子，远丈夫也。钟建负我矣！"以妻钟建，以为乐尹。

王之在随也，子西为王舆服以保路，国于脾泄。闻王所在，而后从王。王使由于城麇，复命。子西问高厚焉，弗知。子西曰："不能，如辞。城不知高厚小大，何知？"对曰："固辞不能，子使余也。人各有能有不能。王遇盗于云中，余受其戈，其所犹在。"袒而视之背，曰："此余所能也。脾泄之事，余亦弗能也。"

晋士鞅围鲜虞，报观虎之（役）〔败〕[①] 也。

---

① 依阮元《校勘记》改。

六年经

六年：春，王正月癸亥，郑游速帅师灭许，以许男斯归。

二月，公侵郑。公至自侵郑。

夏，季孙斯、仲孙何忌如晋。

秋，晋人执宋行人乐祁犁。

冬，城中城。

季孙斯、仲孙忌帅师围郓。

六年传

六年春，郑灭许，因楚败也。

二月，公侵郑取匡，为晋讨郑之伐胥靡也。往不假道于卫；及还，阳虎使季、孟自南门入，出自东门，舍于豚泽。卫侯怒，使弥子瑕追之；公叔文子老矣，辇而如公，曰："尤人而效之，非礼也。昭公之难，君将以文之舒鼎、成之昭兆、定之鞶鉴，'苟可以纳之，择用一焉'；'公子与二三臣之子，诸侯苟忧之，将以为之质'。此群臣之所闻也。今将以小忿蒙旧德，无乃不可乎？大姒之子，唯周公、康叔为相睦也；而效小人以弃之，不亦诬乎？天将多阳虎之罪以毙之。君姑待之，若何？"乃止。

夏，季桓子如晋，献郑俘也。阳虎强使孟懿子往报夫人之币，晋人兼享之。孟孙立于房外，谓范献子曰："阳虎若不能居鲁而息肩于晋，所不以为中军司马者，有如先君！"献子曰："寡君有官，将使其人，鞅何知焉？"献子谓简子曰："鲁人患阳虎矣！孟孙知其衅，以为必适晋，故强为之请以取入焉。"

四月己丑，吴大子终累败楚舟师，获潘子臣、小惟子及大夫七人。楚国大惕，惧亡。子期又以陵师败于繁扬。令尹子西喜曰："乃今可为矣！"于是乎迁郢于都，而改纪其政，以定楚国。

周儋翩率王子朝之徒，因郑人将以作乱于周。郑于是乎伐冯、滑、胥靡、负黍、狐人、阙外。六月，晋阎没戍周，且城胥靡。

秋八月，宋乐祁言于景公曰："诸侯唯我事晋。今使不往，晋其憾矣！"乐祁告其宰陈寅，陈寅曰："必使子往！"他日，公谓乐祁曰："唯寡人说子之言，子必往！"陈寅曰："子立后而行，吾室亦不亡。唯君亦以我为知难而行也。"见溷而行。赵简子逆，而饮之酒于绵上；献杨楯六十于简子。陈寅曰："昔吾主范氏；今子主赵氏，又有纳焉。以杨楯贾祸，弗可为也已。然子死晋国，子孙必得志于宋。"范献子言于晋侯曰："以君命越疆而使，未致使而私饮酒，不敬二君，不可不讨也！"乃执乐祁。

阳虎又盟公及三桓于周社，盟国人于亳社，诅于五父之衢。

冬，十二月，天王处于姑莸，辟儋翩之乱也。

七年经

七年：春，王正月。

夏，四月。

秋，齐侯、郑伯盟于咸。

齐人执卫行人北宫结以侵卫。齐侯、卫侯盟于沙。

大雩。

齐国夏帅师伐我西鄙。

九月，大雩。

冬，十月。

七年传

七年春，二月，周儋翩入于仪栗以叛。

齐人归郓、阳关，阳虎居之以为政。

夏四月，单武公、刘桓公败尹氏于穷谷。

秋，齐侯、郑伯盟于咸，徵会于卫。卫侯欲叛晋，诸大夫不可。使北宫结如齐，而私与齐侯曰："执结以侵我！"齐侯从之，乃盟于琐。

齐国夏伐我。阳虎御季桓子，公敛处父御孟懿子，将宵军齐师。齐师闻之，堕，伏而待之。处父曰："虎不图祸，而必死！"苫夷曰："虎陷二子于难，不待有司，余必杀女！"虎惧，乃还，不败。

冬十一月戊午，单子、刘子逆王于庆氏。晋籍秦送王。己巳，王入于王城，馆于公族党氏，而后朝于庄宫。

八年经

八年：春，王正月，公侵齐。公至自侵齐。

二月，公侵齐。

三月，公至自侵齐。

曹伯露卒。

夏，齐国夏帅师伐我西鄙。

公会晋师于瓦。公至自瓦。

秋，七月戊辰，陈侯柳卒。

晋士鞅帅师侵郑，遂侵卫。

葬曹靖公。

九月，葬陈怀公。

季孙斯、仲孙何忌帅师侵卫。

冬，卫侯、郑伯盟于曲濮。

从祀先公。

盗窃宝玉、大弓。

八年传

八年春，王正月，公侵齐，门于阳州。士皆坐列，曰："颜高之弓六钧。"皆取而传观之。阳州人出，颜高夺人弱弓；籍丘子钼击之，与一人俱毙；偃，且射子钼，中颊；殪。颜息射人中眉，退曰："我无勇。吾志其目也。"师退，冉猛伪伤足而先。其兄会乃呼曰："猛也殿！"

二月己丑，单子伐榖城，刘子伐仪栗。辛卯，单子伐简城，刘子伐盂，以定王室。

赵鞅言于晋侯曰："诸侯唯宋事晋。好逆其使，犹惧不至；今又执之，是绝诸侯也！"将归乐祁，士鞅曰："三年止之，无故而归之，宋必叛晋。"献子私谓子梁曰："寡君惧不得事宋君，是以止子。子姑使溷代子。"子梁以告陈寅，陈寅曰："宋将叛晋，是弃溷也。不如待之！"乐祁归，卒于大行。士鞅曰："宋必叛！不如止其尸以求成焉。"乃止诸州。

公侵齐，攻廪丘之郛。主人焚衝，或濡马褐以救之，遂毁之。主人出，师奔。阳虎伪不见冉猛者，曰："猛在此，必败！"猛逐之，顾而无继，伪颠。虎曰："尽客气也！"

苫越生子，将待事而名之。阳州之役获焉，名之曰阳州。

夏，齐国夏、高张伐我西鄙。晋士鞅、赵鞅、荀寅救我。公会晋师于瓦。范献子执羔，赵简子、中行文子皆执雁。鲁于是始尚羔。

晋师将盟卫侯于鄟泽，赵简子曰："群臣谁敢盟卫君者？"涉佗、成何曰："我能盟之。"卫人请执牛耳，成何曰："卫，吾温、原也，焉得视诸侯？"将歃，涉佗捘卫侯之手，及捥。卫侯怒，王孙贾趋进，曰："盟以信礼也。有如卫君，其敢不唯礼是事而受此盟也？"

卫侯欲叛晋，而患诸大夫。王孙贾使次于郊。大夫问故，公以晋诟语之，且曰："寡人辱社稷，其改卜嗣，寡人从焉！"大夫曰："是卫之祸，岂君之过也？"公曰："又有患焉，谓寡人：'必以而子与大夫之子为质！'"大夫曰："苟有益也，公子则往，群臣之子敢不皆负羁绁以从？'将行，王孙贾曰："苟卫国有难，工商未尝不为患，使皆行而后可。"公以告大夫，乃皆将行之。行有日，公朝国人，使贾问焉，曰："若卫叛晋，晋五伐我，病何如矣？"皆曰："五伐我，犹可以能战！"贾曰："然则如叛之，病而后质焉，何迟之有?”乃叛晋。晋人请改盟，弗许。

秋，晋士鞅会成桓公，侵郑，围虫牢，报伊阙也。遂侵卫。

九月，师侵卫，晋故也。

季寤、公钽极、公山不狃皆不得志于季氏，叔孙辄无宠于叔孙氏，叔仲志不得志于鲁，故五人因阳虎。阳虎欲去三桓，以季寤更季氏，以叔孙辄更叔孙氏，己更孟氏。冬十月，顺祀先公而祈焉。辛卯，禘于僖公。壬辰，将享季氏于蒲圃而杀之，戒都车，曰:“癸巳至!”成宰公敛处父告孟孙，曰:“季氏戒都车，何故?”孟孙曰:“吾弗闻。”处父曰:“然则乱也，必及于子。先备诸!”与孟孙以壬辰为期。

阳虎前驱；林楚御桓子，虞人以铍、盾夹之；阳越殿。将如蒲圃，桓子咋谓林楚曰:“而先皆季氏之良也，尔以是继之。”对曰:“臣闻命后。阳虎为政，鲁国服焉；违之徵死，死无益于主。”桓子曰:“何后之有?而能以我适孟氏乎?”对曰:“不敢爱死，惧不免主。”桓子曰:“往也!”孟氏选圉人之壮者三百人，以为公期筑室于门外。林楚怒马及衢而骋。阳越射之，不中。筑者阖门，有自门间射阳越，杀之。阳虎劫公与武叔，以伐孟氏。公敛处父帅成人，自上东门入，与阳氏战于南门之内，弗胜。又战于棘下，阳氏败。

阳虎说甲如公宫，取宝玉、大弓以出；舍于五父之衢，寝而为食。其徒曰:“追其将至!”虎曰:“鲁人闻余出，喜于徵死，何暇追余?”从者曰:“嘻，速驾!公敛阳在。”公敛阳请追之，孟孙弗许。阳欲杀桓子，孟孙惧而归之。子言辨舍爵于季氏之庙而出。阳虎入于讙、阳关以叛。

郑驷歂嗣子大叔为政。

九年经

九年:春，王正月。

夏，四月戊申，郑伯虿卒。

得宝玉、大弓。

六月，葬郑献公。

秋，齐侯、卫侯次于五氏。

秦伯卒。

冬，葬秦哀公。

九年传

九年春，宋公使乐大心盟于晋，且逆乐祁之尸；辞，伪有疾。乃使向巢如晋盟，且逆子梁之尸。子明谓桐门右师出，曰："吾犹衰绖，而子击钟，何也？"右师曰："丧不在此故也。"既而告人曰："已衰绖而生子，余何故舍钟？"子明闻之，怒，言于公曰："右师将不利戴氏。不肯适晋，将作乱也。不然无疾。"乃逐桐门右师。

郑驷歂杀邓析而用其竹刑。君子谓子然于是不忠。苟有可以加于国家者，弃其邪可也。《静女》之三章，取彤管焉。《竿旄》"何以告之"，取其忠也。故用其道，不弃其人。《诗》云："蔽芾甘棠，勿剪勿伐，召伯所茇。"思其人犹爱其树，况用其道而不恤其人乎？子然无以劝能矣！

夏，阳虎归宝玉、大弓，书曰"得"，器用也。凡获器用曰"得"，得用焉曰"获"。

六月，伐阳关。阳虎使焚莱门，师惊。犯之而出，奔齐，请师以伐鲁，曰："三加，必取之！"齐侯将许之，鲍文子谏曰："臣尝为隶于施氏矣。鲁未可取也。上下犹和，众庶犹睦，能事大国，而无天灾，若之何取之？阳虎欲勤齐师也：齐师罢，大臣必多死亡，己于是乎奋其诈谋。夫阳虎有宠于季氏而将杀季孙，以不利鲁国，而求容焉。亲富不亲仁，君焉用之？君富于季氏而大于鲁国，兹阳虎所欲倾覆也。鲁免其疾，而君又收之，无乃害乎？"

齐侯执阳虎，将东之；阳虎愿东。乃囚诸西鄙。尽借邑人之车，锲其轴，麻约而归之。载葱灵，寝于其中而逃。追而得之，囚于齐。又以葱灵逃，奔〔宋，遂奔〕[①] 晋，适赵氏。仲尼曰："赵氏其世有乱乎！"

秋，齐侯伐晋夷仪。敝无存之父将室之，辞，以与其弟，曰："此役也不死，反必娶于高、国。"先登，求自门出，死于霤下。东郭书让登，犁弥从之，曰："子让而左，我让而右，使登者绝而后下。"书左，弥先下。书与王猛息，猛曰："我先登！"书敛甲，曰："曩者之难，今之难焉！"猛笑曰："吾从子，如骖之靳。"

晋车千乘在中牟。卫侯将如五氏，卜过之龟焦。卫侯曰："可也。卫车当其半，寡人当其半，敌矣！"乃过中牟。中牟人欲伐之；卫褚师圃亡在中牟，曰："卫虽小，其君在焉，未可胜也。齐师克城而骄，其帅又贱；遇，必败之。不如从齐。"乃伐齐师，败之。齐侯致禚、媚、杏于卫。

齐侯赏犁弥，犁弥辞曰："有先登者，臣从之。皙帻而衣狸制。"公使视东郭书，曰："乃夫子也。——吾贶子。"公赏东郭书；辞，曰："彼，宾旅也。"乃赏犁弥。

齐师之在夷仪也，齐侯谓夷仪人曰："得敝无存者，以五家免。"乃得其尸。公三襚之，与之犀轩与直盖，而先归之。坐引者，以师哭之，亲推之三。

十年经

十年：春，王三月，及齐平。

夏，公会齐侯于夹谷。公至自夹谷。

晋赵鞅帅师围卫。

齐人来归郓、讙、龟阴田。

叔孙州仇、仲孙何忌帅师围郈。

---

① 阮元《校勘记》列举有"宋遂奔"三字诸本，今据增。

秋，叔孙州仇、仲孙何忌帅师围郈。

宋乐大心出奔曹。

宋公子地出奔陈。

冬，齐侯、卫侯、郑游速会于安甫。

叔孙州仇如齐。

宋公之弟辰暨仲佗、石彄出奔陈。

十年传

十年春，及齐平。

夏，公会齐侯于祝其，实夹谷。孔丘相。犁弥言于齐侯曰："孔丘知礼而无勇。若使莱人以兵劫鲁侯，必得志焉。"齐侯从之。孔丘以公退，曰："士兵之！两君合好，而裔夷之俘以兵乱之，非齐君所以命诸侯也。——裔不谋夏，夷不乱华，俘不干盟，兵不逼好。——于神为不祥，于德为愆义，于人为失礼，君必不然！"齐侯闻之，遽辟之。

将盟，齐人加于载书曰："齐师出竟，而不以甲车三百乘从我者，有如此盟！"孔丘使兹无还揖对，曰："而不反我汶阳之田，吾以共命者，亦如之！"齐侯将享公，孔丘谓梁丘据曰："齐、鲁之故，吾子何不闻焉？事既成矣，而又享之，是勤执事也。且牺象不出门，嘉乐不野合。飨而既具，是弃礼也；若其不具，用秕稗也。用秕稗，君辱；弃礼，名恶。子盍图之？夫享所以昭德也；不昭，不如其已也。"乃不果享。

齐人来归郓、讙、龟阴之田。

晋赵鞅围卫，报夷仪也。初，卫侯伐邯郸午于寒氏，城其西北而守之；宵熸。及晋围卫，午以徒七十人门于卫西门，杀人于门中，曰："请报寒氏之役！"涉佗曰："夫子则勇矣。然我往，必不敢启门！"亦以徒七十人，旦门焉；步左右，皆至而立，如植。日中不启门，乃退。反役，晋人讨卫之叛故，曰："由涉佗、成何。"于是执涉佗以求成于卫，卫人不许。晋人遂杀涉佗，成何奔燕。君子曰："此之谓弃礼，必不钧。《诗》曰：'人而无礼，胡不遄死？'涉佗亦遄矣哉！"

初，叔孙成子欲立武叔，公若藐固谏曰："不可！"成子立之而卒。公南使贼射之，不能杀。公南为马正，使公若为郈宰。武叔既定，使郈马正侯犯杀公若；不能。其圉人曰："吾以剑过朝，公若必曰：'谁之剑也？'吾称子以告，必观之。吾伪固而授之末，则可杀也。"使如之。公若曰："尔欲吴王我乎？"遂杀公若。

侯犯以郈叛。武叔懿子围郈，弗克。秋，二子及齐师复围郈，弗克。叔孙谓郈工师驷赤曰："郈非唯叔孙氏之忧，社稷之患也。将若之何？"对曰："臣之业，在《扬水》卒章之四言矣。"叔孙稽首。驷赤谓侯犯曰："居齐、鲁之际而无事，必不可矣！子盍求事于齐以临民？不然，将叛。"侯犯从之。齐使至，驷赤与郈人为之宣言于郈中曰："侯犯将以郈易于齐，齐人将迁郈民。"众凶惧。驷赤谓侯犯曰："众言异矣！子不如易于齐，与其死也；犹是郈也，而得纾焉。何必此？齐人欲以此逼鲁，必倍与子地。且盍多舍甲于子之门，以备不虞。"侯犯曰："诺！"乃多舍甲焉。

侯犯请易于齐，齐有司观郈。将至，驷赤使周走呼曰："齐师至矣！"郈人大骇，介侯犯之门甲，以围侯犯。驷赤将射之，侯犯止之，曰："谋免我！"侯犯请行，许之。驷赤先如宿，侯犯殿。每出一门，郈人闭之。及郭门，止之，曰："子以叔孙氏之甲出，有司若诛之，群臣惧死。"驷赤曰："叔孙氏之甲有物，吾未敢以出。"犯谓驷赤曰："子止而与之数。"驷赤止而纳鲁人，侯犯奔齐。齐人乃致郈。

宋公子地嬖蘧富猎，十一分其室，而以其五与之。公子地有白马四；公嬖向魋，魋欲之。公取而朱其尾、鬣以与之。地怒，使其徒抶魋而夺之。魋惧，将走，公闭门而泣之，目尽肿。母弟辰曰："子分室以与猎也，而独卑魋，亦有颇焉。子为君礼，不过出竟，君必止子。"公子地出奔陈，公弗止。辰为之请，弗听。辰曰："是我迋吾兄也。吾以国人出，君谁与处？"冬，母弟辰暨仲佗、石彄出奔陈。

武叔聘于齐。齐侯享之，曰：“子叔孙！若使郈在君之他竟，寡人何知焉？属与敝邑际，故敢助君忧之。”对曰：“非寡君之望也。所以事君，封疆社稷是以，敢以家隶勤君之执事？夫不令之臣，天下之所恶也，君岂以为寡君赐？”

十一年经

十有一年：春，宋公之弟辰及仲佗、石彄、公子地自陈入于萧以叛。

夏，四月。

秋，宋乐大心自曹入于萧。

冬，及郑平。

叔还如郑莅盟。

十一年传

十一年春，宋公母弟辰暨仲佗、石彄、公子地入于萧以叛。秋，乐大心从之。大为宋患，宠向魋故也。

“冬，及郑平”，始叛晋也。

十二年经

十有二年：春，薛伯定卒。

夏，葬薛襄公。

叔孙州仇帅师堕郈。

卫公孟彄帅师伐曹。

季孙斯、仲孙何忌帅师堕费。

秋，大雩。

冬，十月癸亥，公会齐侯，盟于黄。

十有一月丙寅朔，日有食之。

公至自黄。

十有二月，公围成。公至自围成。

十二年传

十二年夏，卫公孟彄伐曹，克郊。还，滑罗殿。未出，不退于列。其御曰："殿而在列，其为无勇乎?"罗曰："与其素厉，宁为无勇。"

仲由为季氏宰，将堕三都。于是叔孙氏堕郈。季氏将堕费，公山不狃、叔孙辄帅费人以袭鲁。公与三子入于季氏之宫，登武子之台。费人攻之，弗克。入及公侧，仲尼命申句须、乐颀下，伐之。费人北；国人追之，败诸姑蔑。二子奔齐，遂堕费。将堕成，公敛处父谓孟孙："堕成，齐人必至于北门。且成，孟氏之保障也；无成，是无孟氏也。子（伪）〔为〕不知，我将不（坠）〔堕〕①。"

冬十二月，公围成，弗克。

十三年经

十有三年：春，齐侯、卫侯次于垂葭。

夏，筑蛇渊囿。

大蒐于比蒲。

卫公孟彄帅师伐曹。

秋，晋赵鞅入于晋阳以叛。

冬，晋荀寅、士吉射入于朝歌以叛。

晋赵鞅归于晋。

薛弑其君比。

---

① 据阮元《校勘记》改。

十三年传

十三年春，齐侯、卫侯次于垂葭，实（郥）〔郹〕氏。使师伐晋。将济河，诸大夫皆曰“不可”，邴意兹曰：“可。锐师伐河内，传必数日而后及绛。绛不三月，不能出河，则我既济水矣。”乃伐河内。齐侯皆敛诸大夫之轩，唯邴意兹乘轩。

齐侯欲与卫侯乘，与之宴而驾乘广，载甲焉；使告曰：“晋师至矣！”齐侯曰：“比君之驾也，寡人请摄。”乃介而与之乘，驱之。或告曰：“无晋师。”乃止。

晋赵鞅谓邯郸午曰：“归我卫贡五百家，吾舍诸晋阳。”午许诺；归，告其父兄。父兄皆曰：“不可！卫是以为邯郸；而寘诸晋阳，绝卫之道也。不如侵齐而谋之。”乃如之，而归之于晋阳。赵孟怒，召午而囚诸晋阳；使其从者说剑而入，涉宾不可。乃使告邯郸人曰：“吾私有讨于午也。二三子，唯所欲立！”遂杀午。赵稷、涉宾以邯郸叛。

夏六月，上军司马籍秦围邯郸。邯郸午，荀寅之甥也；荀寅，范吉射之姻也。而相与睦，故不与围邯郸，将作乱。董安于闻之，告赵孟曰：“先备诸！”赵孟曰：“晋国有命：‘始祸者死！’为后可也。”安于曰：“与其害于民，宁我独死！请以我说。”赵孟不可。

秋七月，范氏、中行氏伐赵氏之宫。赵鞅奔晋阳，晋人围之。范皋夷无宠于范吉射，而欲为乱于范氏。梁婴父嬖于知文子，文子欲以为卿。韩简子与中行文子相恶，魏襄子亦与范昭子相恶。故五子谋将逐荀寅而以梁婴父代之，逐范吉射而以范皋夷代之。荀跞言于晋侯曰：“君命大臣：‘始祸者死！’载书在河。今三臣始祸，而独逐鞅，刑已不钧矣。请皆逐之！”

冬十一月，荀跞、韩不信、魏曼多奉公以伐范氏、中行氏，弗克。二子将伐公，齐高强曰：“三折肱知为良医。唯伐君为不可，民弗与也。我以伐君在此矣！三家未睦，可尽克也。克之，君将谁与？若先伐君，是使睦也。”弗听，遂伐公。国人助公，二子败；从而伐之。丁未，荀寅、士吉射奔朝歌。

韩、魏以赵氏为请。十二月辛未，赵鞅入于绛，盟于公宫。

初，卫公叔文子朝而请享灵公；退，见史鳅而告之。史鳅曰：“子必祸矣！子富而君贪，罪其及子乎！”文子曰：“然。吾不先告子，是吾罪也。君既许我矣，其若之何？”史鳅曰：“无害。子臣，可以免。富而能臣，必免于难。上下同之。（戌）〔戍〕[①] 也骄，其亡乎？富而不骄者鲜，吾唯子之见。骄而不亡者，未之有也。（戌）〔戍〕必与焉！”及文子卒，卫侯始恶于公叔（戌）〔戍〕，以其富也。公叔（戌）〔戍〕又将去夫人之党，夫人愬之曰：“戍将为乱。”

十四年经

十有四年：春，卫公叔（戌）〔戍〕来奔。卫赵阳出奔宋。

二月辛巳，楚公子结、陈公孙佗人帅师灭顿，以顿子牂归。

夏，卫北宫结来奔。

五月，於越败吴于槜李。

吴子光卒。

公会齐侯、卫侯于牵。

公至自会。

秋，齐侯、宋公会于洮。

天王使石尚来归脤。

卫世子蒯聩出奔宋。卫公孟彄出奔郑。

宋公之弟辰自萧来奔。

大蒐于比蒲。

邾子来会公。

---

① 阮元《校勘记》云：“凡人名多用戌亥字，惟此用戍守字。”今据改。

城莒父及霄。

十四年传

十四年春，卫侯逐公叔戍与其党，故赵阳奔宋，戍来奔。

梁婴父恶董安于，谓知文子曰："不杀安于，使终为政于赵氏，赵氏必得晋国。盍以其先发难也讨于赵氏？"文子使告于赵孟曰："范、中行氏虽信为乱，安于则发之，是安于与谋乱也。晋国有命：'始祸者死！'二子既伏其罪矣，敢以告！"赵孟患之，安于曰："我死而晋国宁、赵氏定，将焉用生？人谁不死？吾死莫矣！"乃缢而死。赵孟尸诸市，而告于知氏曰："主命戮罪人，安于既伏其罪矣。敢以告。"知伯从赵孟盟。而后赵氏定，祀安于于庙。

顿子牂欲事晋，背楚而绝陈好。二月，楚灭顿。

"夏，卫北宫结来奔。"公叔戍之故也。

吴伐越，越子句践御之，陈于槜李。句践患吴之整也，使死士再禽焉；不动。使罪人三行，属剑于颈，而辞曰："二君有治，臣奸旗鼓。不敏于君之行前，不敢逃刑，敢归死！"遂自刭也。师属之目。越子因而伐之，大败之。

灵姑浮以戈击阖庐，阖庐伤将指；取其一屦。还，卒于陉，去槜李七里。夫差使人立于庭；苟出入，必谓己曰："夫差！而忘越王之杀而父乎？"则对曰："唯，不敢忘！"三年，乃报越。

晋人围朝歌。公会齐侯、卫侯于脾、上梁之间，谋救范、中行氏。析成鲋、小王桃甲率狄师以袭晋，战于绛中，不克而还。士鲋奔周，小王桃甲入于朝歌。

"秋，齐侯、宋公会于洮"，范氏故也。

卫侯为夫人南子召宋朝。会于洮，大子蒯聩献盂于齐，过宋野。野人歌之，曰："既定尔娄猪，盍归吾艾豭？"大子羞之，谓戏阳速曰："从我而朝少君！少君见我，我顾，乃杀之！"速曰："诺！"乃朝夫人。夫人见大子。大子三顾，速不进。夫人见其色，啼而走，曰："蒯聩将杀余！"公执其手以登台。大子奔宋。

尽逐其党，故公孟彄出奔郑，自郑奔齐。

大子告人曰："戏阳速祸余。"戏阳速告人曰："大子则祸余。大子无道，使余杀其母。余不许，将戕于余；若杀夫人，将以余说。余是故许而弗为，以纾余死。谚曰：'民保于信。'吾以信义也！"

冬十二月，晋人败范、中行氏之师于潞，获籍秦、高强。又败郑师及范氏之师于百泉。

十五年经

十有五年：春，王正月，邾子来朝。

鼷鼠食郊牛，牛死；改卜牛。

二月辛丑，楚子灭胡，以胡子豹归。

夏，五月辛亥，郊。

壬申，公薨于高寝。

郑罕达帅师伐宋。

齐侯、卫侯次于渠蒢。

邾子来奔丧。

秋，七月壬申，姒氏卒。

八月庚辰朔，日有食之。

九月，滕子来会葬。

丁巳，葬我君定公；雨，不克葬。戊午，日下昃，乃克葬。辛巳，葬定姒。

冬，城漆。

十五年传

十五年春，邾隐公来朝。子贡观焉：邾子执玉高，其容仰；公受玉卑，其容俯。子贡曰："以礼观之：二君者，皆有死亡焉。夫礼，死生存亡之体也。将左右周旋、进退俯仰于是乎取之，朝、祀、丧、戎于是乎观之。今正月相朝而皆不度，心已亡矣！嘉事不体，何以能久？高、仰，骄也；卑、俯，替也。骄近乱，替近疾。君为主，其先亡乎!”

吴之入楚也，胡子尽俘楚邑之近胡者。楚既定，胡子豹又不事楚，曰：“存亡有命，事楚何为？多取费焉。”二月，楚灭胡。

夏五月壬申，公薨。仲尼曰：“赐不幸言而中。是使赐多言者也!”

郑罕达败宋师于老丘。

齐侯、卫侯次于蘧挐，谋救宋也。

“秋七月壬申，姒氏卒。”不称“夫人”，不赴，且不祔也。

葬定公，雨，不克襄事，礼也。

“葬定姒。”不称“小君”，不成丧也。

“冬，城漆。”书，不时告也。

哀　公

元年经

元年：春，王正月，公即位。

楚子、陈侯、随侯、许男围蔡。

鼷鼠食郊牛。改卜牛。

夏，四月辛巳，郊。

秋，齐侯、卫侯伐晋。

冬，仲孙何忌帅师伐邾。

元年传

元年春，楚子围蔡，报柏举也。里而栽，广丈，高倍。夫屯昼夜九日，如子西之素。蔡人男女以辨。使疆于江、汝之间而还。蔡于是乎请迁于吴。

吴王夫差败越于夫椒，报槜李也。遂入越。越子以甲楯五千保于会稽，使大夫种因吴大宰嚭以行成。吴子将许之，伍员曰：

> 不可！臣闻之："树德莫如滋，去疾莫如尽。"昔有过浇杀斟灌以伐斟鄩，灭夏后相。后缗方娠，逃出自窦，归于有仍，生少康焉。为仍牧正，惎浇，能戒之。浇使椒求之。逃奔有虞，为之庖正，以除其害。虞思于是妻之以二姚，而邑诸纶，有田一成，有众一旅。能布其德而兆其谋，以收夏众，抚其官职。使女艾谍浇，使季杼诱豷。遂灭过、戈，复禹之

绩，祀夏配天，不失旧物。今吴不如过，而越大于少康，或将丰之，不亦难乎？句践能亲而务施，施不失人，亲不弃劳。与我同壤而世为仇仇。于是乎克而弗取，将又存之，违天而长寇仇；后虽悔之，不可食已！姬之衰也，日可俟也！介在蛮夷而长寇雠，以是求伯，必不行矣！

弗听。退而告人曰：“越十年生聚，而十年教训；二十年之外，吴其为沼乎！”三月，越及吴平。“吴入越”不书，吴不告庆，越不告败也。

夏四月，齐侯、卫侯救邯郸，围五鹿。

吴之入楚也，使召陈怀公。怀公朝国人而问焉，曰：“欲与楚者右，欲与吴者左。陈人从田，无田从党。”逢滑当公而进，曰：“臣闻国之兴也以福，其亡也以祸。今吴未有福，楚未有祸，楚未可弃，吴未可从。而晋，盟主也；若以晋辞吴，若何？”公曰：“国胜君亡，非祸而何？”对曰：“国之有是多矣，何必不复？小国犹复，况大国乎？臣闻：国之兴也，视民如伤，是其福也；其亡也，以民为土芥，是其祸也。楚虽无德，亦不艾杀其民。吴日敝于兵，暴骨如莽，而未见德焉。天其或者正训楚也，祸之适吴，其何日之有？”陈侯从之。及夫差克越，乃修先君之怨。秋八月，吴侵陈，修旧怨也。

齐侯、卫侯会于乾侯，救范氏也。师及齐师、卫孔圉、鲜虞人伐晋，取棘蒲。

吴师在陈，楚大夫皆惧，曰：“阖庐惟能用其民，以败我于柏举。今闻其嗣又甚焉，将若之何？”子西曰：“二三子恤不相睦，无患吴矣。昔阖庐食不二味，居不重席，室不崇坛，器不彤镂，宫室不观，舟车不饰，衣服财用择不取费；在国，天有灾疠，亲巡其孤寡而共其乏困；在军，孰食者分而后敢食，其所尝者卒乘与焉：勤恤其民而与之劳逸，是以民不罢劳，死（不）知〔不〕①

① 据杜注及阮元《校勘记》乙正。

旷。吾先大夫子常易之，所以败我也。今闻夫差：次有台榭陂池焉，宿有妃嫱嫔御焉；一日之行，所欲必成，玩好必从，珍异是聚，观乐是务；视民如仇而用之日新。夫先自败也已，安能败我？”

冬十一月，晋越鞅伐朝歌。

二年经

二年：春，王二月，季孙斯、叔孙州仇、仲孙何忌帅师伐邾，取漷东田及沂西田。癸巳，叔孙州仇、仲孙何忌及邾子盟于句绎。

夏，四月丙子，卫侯元卒。

滕子来朝。

晋赵鞅帅师纳卫世子蒯聩于戚。

秋，八月甲戌，晋赵鞅帅师及郑罕达（帅师）[①] 战于铁，郑师败绩。

冬，十月，葬卫灵公。

十有一月，蔡迁于州来。

蔡杀其大夫公子驷。

二年传

二年春，伐邾，将伐绞。邾人爱其土，故赂以漷、沂之田而受盟。

初，卫侯游于郊，子南仆。公曰：“余无子，将立女。”不对。他日，又谓之。对曰：“郢不足以辱社稷，君其改图！君夫人在堂，三揖在下，君命只辱。”夏，卫灵公卒。夫人曰：“命公子郢为大子，君命也！”对曰：“郢异于他子；且君没于吾手，若有

---

① 据哀公二年《春秋公羊传》阮元《校勘记》，此“帅师”为衍文。

之，郢必闻之。且亡人之子辄在。”乃立辄。

六月乙酉，晋赵鞅纳卫大子于戚。宵迷，阳虎曰：“右河而南，必至焉。”使大子绕，八人衰绖，伪自卫逆者。告于门，哭而入，遂居之。

秋八月，齐人输范氏粟，郑子姚、子般送之。士吉射逆之，赵鞅御之。遇于戚。阳虎曰：“吾车少，以兵车之旆与罕、驷兵车先陈，罕、驷自后随而从之。彼见吾貌，必有惧心。于是乎会之，必大败之！”从之。卜战，龟焦。乐丁曰：“《诗》曰：‘爰始爰谋，爰契我龟。’谋协，以故兆询可也。”简子誓曰：“范氏、中行氏反易天明，斩艾百姓，欲擅晋国而灭其君。寡君恃郑而保焉。今郑为不道，弃君助臣；二三子顺天明，从君命，经德义，除诟耻，在此行也！克敌者，上大夫受县，下大夫受郡，士田十万，庶人工商遂，人臣隶圉免。志父无罪，君实图之！若其有罪，绞缢以戮：桐棺三寸，不设属、辟；素车朴马，无入于兆：下卿之罚也。”

甲戌，将战，邮无恤御简子，卫大子为右。登铁上，望见郑师众，大子惧，自投于车下。子良授大子绥而乘之，曰：“妇人也！”简子巡列，曰：“毕万，匹夫也：七战皆获，有马百乘，死于牖下。群子勉之！死不在寇。”繁羽御赵罗，宋勇为右。罗无勇，麇之；吏诘之，御对曰：“痁作而伏。”卫大子祷曰：“曾孙蒯聩敢昭告皇祖文王、烈祖康叔、文祖襄公：郑胜乱从，晋午在难，不能治乱，使鞅讨之。蒯聩不敢自佚，备持矛焉。敢告无绝筋，无折骨，无面伤，以集大事，无作三祖羞。大命不敢请，佩玉不敢爱。”

郑人击简子；中肩，毙于车中。获其蜂旗。大子救之以戈，郑师北。获温大夫赵罗。大子复伐之，郑师大败；获齐粟千车。赵孟喜曰：“可矣！”傅傁曰：“虽克郑，犹有知在，忧未艾也。”

初，周人与范氏田。公孙尨税焉，赵氏得而献之。吏请杀之，赵孟曰：“为其主也，何罪？”止，而与之田。及铁之战，以徒五百人宵攻郑师，取蜂旗于子姚之幕下，献，曰：“请报主德！”

追郑师。姚、般、公孙林殿而射，前列多死。赵孟曰：“国无小！”

既战，简子曰：“吾伏弢呕血，鼓音不衰，今日我上也！”大子曰：“吾救主于车，退敌于下；我，右之上也！”邮良曰：“我两靷将绝，吾能止之；我，御之上也！”驾而乘材，两靷皆绝。

吴泄庸如蔡纳聘，而稍纳师。师毕入，众知之。蔡侯告大夫，杀公子驷以说。哭而迁墓。冬，蔡迁于州来。

三年经

三年：春，齐国夏、卫石曼姑帅师围戚。

夏，四月甲午，地震。

五月辛卯，桓宫、僖宫灾。

季孙斯、叔孙州仇帅师城启阳。

宋乐髡帅师伐曹。

秋，七月丙子，季孙斯卒。

蔡人放其大夫公孙猎于吴。

冬，十月癸卯，秦伯卒。

叔孙州仇、仲孙何忌帅师围邾。

三年传

三年春，齐、卫围戚，求援于中山。

夏五月辛卯，司铎火。火逾公宫，桓、僖灾。救火者皆曰：“顾府！”南宫敬叔至，命周人出御书，俟于宫，曰：“庀女！而不在，死！”子服景伯至，命宰人出礼书以待命，命不共有常刑；校人乘马，巾车脂辖；百官官备，府库慎守，官人肃给；济濡帷幕，郁攸从之，蒙葺公屋，自大庙始，外内以悛；助所不给：“有不用命，则有常刑，无赦！”公父文伯至，命校人驾乘车。季桓子至，御公立于象魏之外，命救火者：“伤人则止。财可为也。”命藏象魏，曰："旧章不可亡也！"富父槐至，曰："无备而官办者，犹拾瀋也。"于是乎去表之槀，道还公宫。孔子在陈，闻火，曰："其桓、僖乎！"

刘氏、范氏世为婚姻，苌弘事刘文公，故周与范氏。赵鞅以为讨。六月癸卯，周人杀苌弘。

秋，季孙有疾，命正常曰："无死！南孺子之子，男也，则以告而立之；女也，则肥也可。"季孙卒，康子即位。既葬，康子在朝。南氏生男，正常载以如朝，告曰："夫子有遗言，命其圉臣曰：'南氏生男，则以告于君与大夫而立之。'今生矣，男也，敢告。"遂奔卫。康子请退。公使共刘视之，则或杀之矣。乃讨之。召正常，正常不反。

冬十月，晋赵鞅围朝歌，师于其南。荀寅伐其郛，使其徒自北门入，己犯师而出。癸丑，奔邯郸。十一月，赵鞅杀士皋夷，恶范氏也。

四年经

四年：春，王二月庚戌，盗杀蔡侯申。

蔡公孙辰出奔吴。

葬秦惠公。

宋人执小邾子。

夏，蔡杀其大夫公孙姓、公孙霍。

晋人执戎蛮子赤，归于楚。

城西郛。

六月辛丑，亳社灾。

秋，八月甲寅，滕子结卒。

冬，十有二月，葬蔡昭公。葬滕顷公。

四年传

四年春，蔡昭侯将如吴；诸大夫恐其又迁也，承公孙翩逐而射之；入于家人而卒。以两矢门之，众莫敢进。文之锴后至，曰："如墙而进，多而杀二人。"锴执弓而先；翩射之，中肘；锴遂杀之。故逐公孙辰，而杀公孙姓、公孙盱。

夏，楚人既克夷虎，乃谋北方。左司马眅、申公寿余、叶公诸梁致蔡于负函，致方城之外于缯关，曰："吴将溯江入郢，将奔命焉。"为一昔之期，袭梁及霍。单浮余围蛮氏，蛮氏溃，蛮子赤奔晋阴地。司马起丰、析与狄戎以临上雒，左师军于菟和，右师军于仓野，使谓阴地之命大夫士蔑曰："晋楚有盟，好恶同之。若将不废，寡君之愿也。不然，将通于少习以听命！"士蔑请诸赵孟，赵孟曰："晋国未宁，安能恶于楚？必速与之！"士蔑乃致九州之戎，将裂田以与蛮子而城之，且将为之卜；蛮子听卜。遂执之与其五大夫，以畀楚师于三户。司马致邑、立宗焉，以诱其遗民，而尽俘以归。

秋七月，齐陈乞、弦施、卫宁跪救范氏。庚午，围五鹿。九月，赵鞅围邯郸。冬十一月，邯郸降。荀寅奔鲜虞，赵稷奔临。十二月，弦施逆之，遂堕临。国夏伐晋，取邢、任、栾、鄗、逆畤、阴人、盂、壶口，会鲜虞，纳荀寅于柏人。

五年经

五年：春，城毗。

夏，齐侯伐宋。

晋赵鞅帅师伐卫。

秋，九月癸酉，齐侯杵臼卒。

冬，叔还如齐。

闰月，葬齐景公。

五年传

五年春，晋围柏人，荀寅、士吉射奔齐。初，范氏之臣王生恶张柳朔，言诸昭子，使为柏人。昭子曰："夫非而仇乎？"对曰："私仇不及公，好不废过，恶不去善，义之经也。臣敢违之？"及范氏出，张柳朔谓其子："尔从主，勉之！我将止死。王生授我矣，吾不可以僭之！"遂死于柏人。

夏，赵鞅伐卫，范氏之故也；遂围中牟。

齐燕姬生子，不成而死。诸子鬻姒之子荼嬖，诸大夫恐其为大子也，言于公曰："君之齿长矣，未有大子，若之何？"公曰："二三子间于忧虞，则有疾疢。亦姑谋乐，何忧于无君？"公疾，使国惠子、高昭子立荼，置群公子于莱。秋，齐景公卒。冬十月，公子嘉、公子驹、公子黔奔卫，公子钽、公子阳生来奔。莱人歌之，曰："景公死乎不与埋，三军之事乎不与谋；师乎师乎，何党之乎？"

郑驷秦富而侈，嬖大夫也，而常陈卿之车服于其庭。郑人恶而杀之。子思曰："《诗》曰：'不解于位，民之攸塈。'不守其位，而能久者，鲜矣。《商颂》曰：'不僭不滥，不敢怠皇'，命以多福。"

六年经

六年：春，城邾瑕。

晋赵鞅帅师伐鲜虞。

吴伐陈。

夏，齐国夏及高张来奔。

叔还会吴于柤。

秋，七月庚寅，楚子轸卒。

齐阳生入于齐。

齐陈乞弑其君荼。

冬，仲孙何忌帅师伐邾。

宋向巢帅师伐曹。

六年传

六年春，晋伐鲜虞，治范氏之乱也。

“吴伐陈”，复修旧怨也。楚子曰：“吾先君与陈有盟，不可以不救！”乃救陈，师于城父。

齐陈乞（伪）〔为〕事高、国者，每朝必骖乘焉；所从必言诸大夫，曰：“彼皆偃蹇，将弃子之命，皆曰：‘高、国得君，必逼我，盍去诸？’固将谋子，子早图之！图之，莫如尽灭之。需，事之下也。”及朝，则曰：“彼虎狼也，见我在子之侧，杀我无日矣。请就之位。”又谓诸大夫曰：“二子者祸矣，恃得君而欲谋二三子，曰：‘国之多难，贵宠之由。尽去之而后君定。’既成谋矣。盍及其未作也，先诸？作而后悔，亦无及也！”大夫从之。夏六月戊辰，陈乞、鲍牧及诸大夫以甲入于公宫。昭子闻之，与惠子乘如公。战于庄，败。国人追之，国夏奔莒，遂及高张、晏圉、弦施来奔。

秋七月，楚子在城父，将救陈。卜战，不吉；卜退，不吉。王曰：“然则死也！再败楚师，不如死！弃盟逃仇，亦不如死！死，一也；其死雠乎！”命公子申为王，不可；则命公子结，亦不可；则命公子启，五辞而后许。将战，王有疾。庚寅，昭王攻大冥，卒于城父。子闾退，曰：“君王舍其子而让，群臣敢忘君乎？从君之命，顺也。立君之子，亦顺也。二顺不可失也！”与子西、子期谋，潜师闭涂，逆越女之子章，立之而后还。

是岁也，有云如众赤鸟，夹日以飞，三日。楚子使问诸周大史，周大史曰：“其当王身乎？若禜之，可移于令尹、司马。”王曰：“除腹心之疾，而置诸股肱，何益？不穀不有大过，天其夭诸？有罪受罚，又焉移之？”遂弗禜。

初，昭王有疾，卜曰：“河为祟。”王弗祭。大夫请祭诸郊，王曰：“三代命祀，祭不越望。江、汉、雎、漳，楚之望也。祸福之至，不是过也。不穀虽不德，河非所获罪也。”遂弗祭。孔子曰：“楚昭王知大道矣！其不失国也宜哉！《夏书》曰：‘惟彼陶唐，帅彼天常，有此冀方。今失其行，乱其纪纲，乃灭而亡。’又曰：‘允出兹在兹。’由己率常，可矣！”

八月，齐邴意兹来奔。

陈僖子使召公子阳生。阳生驾而见南郭且于，曰：“尝献马于季孙，不入于上乘；故又献此，请与子乘之。”出莱门而告之故。阚止知之，先待诸外；公子曰：“事未可知。反，与壬也处！”戒之，遂行。逮夜，至于齐，国人知之。僖子使子士之母养之，与馈者皆入。冬十月丁卯，立之。

将盟，鲍子醉而往；其臣差车鲍点曰：“此谁之命也？”陈子曰：“受命于鲍子。”遂诬鲍子，曰：“子之命也！”鲍子曰：“女忘君之为孺子牛而折其齿乎，而背之也？”悼公稽首，曰：“吾子奉义而行者也。若我可，不必亡一大夫。若我不可，不必亡一公子。义则进，否则退，敢不唯子是从？废兴无以乱，则所愿也。”鲍子曰：“谁非君之子？”乃受盟。使胡姬以安孺子如赖，去鬻姒，杀王甲，拘江说，囚王豹于句窦之丘。

公使朱毛告于陈子，曰：“微子则不及此。然君异于器，不可以二。器二不匮，君二多难。敢布诸大夫！”僖子不对而泣，曰：“君举不信群臣乎？以齐国之困，困又有忧，少君不可以访，是以求长君。庶亦能容群臣乎？不然，夫孺子何罪？”毛复命，公悔之。毛曰：“君大访于陈子，而图其小可也。”使毛迁孺子于骀，不至，杀诸野幕之下，葬诸殳冒淳。

七年经

七年：春，宋皇瑗帅师侵郑。

晋魏曼多帅师侵卫。

夏，公会吴于鄫。

秋，公伐邾。八月己酉，入邾，以邾子益来。

宋人围曹。

冬，郑驷弘帅师救曹。

七年传

七年春，宋师侵郑，郑叛晋故也。

晋师侵卫，卫不服也。

夏，公会吴于鄫。吴来徵百牢，子服景伯对曰："先王未之有也。"吴人曰："宋百牢我，鲁不可以后宋。且鲁牢晋大夫过十，吴王百牢，不亦可乎！"景伯曰："晋范鞅贪而弃礼，以大国惧敝邑，故敝邑十一牢之。君若以礼命于诸侯，则有数矣；若亦弃礼，则有淫者矣。周之王也，制礼：上物不过十二，以为天之大数也。今弃周礼而曰必百牢，亦唯执事。"吴人弗听。景伯曰："吴将亡矣，弃天而背本。不与，必弃疾于我。"乃与之。

大宰嚭召季康子，康子使子贡辞。大宰嚭曰："国君道长而大夫不出门，此何礼也？"对曰："岂以为礼？畏大国也！大国不以礼命于诸侯，苟不以礼，岂可量也？寡君既共命焉，其老岂敢弃其国？大伯端委以治周礼；仲雍嗣之，断发文身，裸以为饰，岂礼也哉？有由然也！"

反自鄫。以吴为无能为也，季康子欲伐邾，乃飨大夫以谋之。子服景伯曰："小所以事大，信也；大所以保小，仁也。背大国，不信；伐小国，不仁。民保于城，城保于德。失二德者，危，将焉保？"孟孙曰："二三子以为何如？恶贤而逆之？"对曰："禹合诸侯于涂山，执玉帛者万国。今其存者无数十焉，唯大不字小、小不事大也。知必危，何故不言？鲁德如邾，而以众加之，可乎？"不乐而出。

秋，伐邾。及范门，犹闻钟声。大夫谏，不听。茅成子请告于吴，不许，曰："鲁击柝闻于邾。吴二千里，不三月不至，何及于我？且国内岂不足？”成子以茅叛。师遂入邾，处其公宫。众师昼掠，邾众保于绎。师宵掠，以邾子益来，献于亳社；囚诸负瑕，负瑕故有绎。

邾茅夷鸿以束帛乘韦，自请救于吴，曰：“鲁弱晋而远吴，冯恃其众，而背君之盟，辟君之执事，以陵我小国。邾非敢自爱也，惧君威之不立。君威之不立，小国之忧也。若夏盟于鄫衍，秋而背之，成求而不违，四方诸侯其何以事君？且鲁赋八百乘，君之贰也；邾赋六百乘，君之私也。以私奉贰，唯君图之！”吴子从之。

宋人围曹。郑桓子思曰：“宋人有曹，郑之患也。不可以不救！”冬，郑师救曹，侵宋。

初，曹人或梦众君子立于社宫而谋亡曹；曹叔振铎请待公孙强，许之。旦而求之曹，无之。戒其子，曰：“我死，尔闻公孙强为政，必去之！”及曹伯阳即位，好田弋。曹鄙人公孙强好弋，获白雁，献之，且言田弋之说；说之，因访政事，大说之。有宠，使为司城以听政。梦者之子乃行。

强言霸说于曹伯，曹伯从之，乃背晋而奸宋。宋人伐之，晋人不救；筑五邑于其郊，曰黍丘、揖丘、大城、钟、邘。

八年经

八年：春，王正月，宋公入曹，以曹伯阳归。

吴伐我。

夏，齐人取讙及阐。

归邾子益于邾。

秋，七月。

冬，十有二月癸亥，杞伯过卒。

齐人归讙及阐。

八年传

八年春，宋公伐曹。将还，褚师子肥殿；曹人诟之。不行，师待之。公闻之，怒，命反之；遂灭曹，执曹伯〔阳〕及司城强以归，杀之。

吴为邾故，将伐鲁，问于叔孙辄。叔孙辄对曰："鲁有名而无情。伐之，必得志焉！"退而告公山不狃，公山不狃曰："非礼也！君子违，不适仇国。未臣而有伐之，奔命焉，死之可也！所托也，则隐。且夫人之行也，不以所恶废乡。今子以小恶而欲覆宗国，不亦难乎！若使子率，子必辞！王将使我。"子张疾之。

王问于子泄，对曰："鲁虽无与立，必有与毙。诸侯将救之，未可以得志焉。晋与齐、楚辅之，是四仇也。夫鲁，齐、晋之唇。唇亡齿寒，君所知也。不救何为？"

三月，吴伐我。子泄率，故道险，从武城。初，武城人或有因于吴竟田焉，拘鄫人之沤菅者，曰："何故使吾水滋？"及吴师至，拘者道之以伐武城，克之。王犯尝为之宰，澹台子羽之父好焉，国人惧。懿子谓景伯："若之何？"对曰："吴师来，斯与之战，何患焉？且召之而至，又何求焉？"

吴师克东阳而进，舍于五梧。明日，舍于蚕室。公宾庚、公甲叔子与战于夷，获叔子与析朱鉏，献于王。王曰："此同车。必使能，国未可望也。"明日，舍于庚宗，遂次于泗上。

微虎欲宵攻王舍，私属徒七百人，三踊于幕庭；卒三百人，有若与焉。及稷门之内，或谓季孙曰："不足以害吴，而多杀国士，不如已也。"乃止之。吴子闻之，一夕三迁。

吴人行成。将盟，景伯曰："楚人围宋，易子而食，析骸而爨，犹无城下之盟。我未及亏而有城下之盟，是弃国也。吴轻而远，不能久，将归矣，请少待之。"弗从。景伯负载，造于莱门。乃请释子服何于吴，吴人许之；以王子姑曹当之，而后止。吴人盟而还。

齐悼公之来也，季康子以其妹妻之；即位而逆之。季鲂侯通焉；女言其情，弗敢与也；齐侯怒。夏五月，齐鲍牧帅师伐我，取讙及阐。

或谮胡姬于齐侯，曰：“安孺子之党也。”六月，齐侯杀胡姬。

齐侯使如吴请师，将以伐我。乃归邾子。邾子又无道，吴子使大宰子余讨之，囚诸楼台，栫之以棘；使诸大夫奉大子革以为政。

秋，及齐平。九月，臧宾如如齐莅盟。齐闾丘明来莅盟，且逆季姬以归，嬖。

鲍牧又谓群公子曰：“使女有马千乘乎？”公子愬之。公谓鲍子：“或谮子，子姑居于潞以察之。若有之，则分室以行；若无之，则反子之所。”出门，使以三分之一行；半道，使以二乘；及潞，麇之以入，遂杀之。

冬十二月，齐人归讙及阐，季姬嬖故也。

九年经

九年：春，王二月，葬杞僖公。

宋皇瑗帅师取郑师于雍丘。

夏，楚人伐陈。

秋，宋公伐郑。

冬，十月。

九年传

九年春，齐侯使公孟绰辞师于吴。吴子曰：“昔岁寡人闻命，今又革之；不知所从，将进受命于君。”

郑武子剩之嬖许瑕求邑，无以与之。请外取，许之；故围宋雍丘。宋皇瑗围郑师，每日迁舍，垒合。郑师哭。子姚救之，大败。二月甲戌，宋取郑师于雍丘，使有能者无死，以郑张与郑罗归。

“夏，楚人伐陈”，陈即吴故也。

宋公伐郑。

秋，吴城邗，沟通江、淮。

晋赵鞅卜救郑，遇水适火，占诸史赵、史墨、史龟。史龟曰：“‘是谓沈阳，可以兴兵；利以伐姜，不利子商。’伐齐则可，敌宋不吉。”史墨曰：“盈，水名也。子，水位也。名位敌，不可干也。炎帝为火师，姜姓其后也。水胜火，伐姜则可。”史赵曰：“是谓如川之满，不可游也。郑方有罪，不可救也。救郑则不吉，不知其他。”阳虎以《周易》筮之，遇“泰䷊”之“需䷄”，曰：“宋方吉，不可与也。微子启，帝乙之元子也。宋、郑，甥舅也。祉，禄也。若帝乙之元子归妹而有吉禄，我安得吉焉！”乃止。

冬，吴子使来儆师伐齐。

十年经

十年：春，王二月，邾子益来奔。

公会吴伐齐。

三月戊戌，齐侯阳生卒。

夏，宋人伐郑。

晋赵鞅帅师侵齐。

五月，公至自伐齐。

葬齐悼公。

卫公孟彄自齐归于卫。

薛伯夷卒。

秋，葬薛惠公。

冬，楚公子结帅师伐陈。吴救陈。

十年传

十年春，邾隐公来奔。齐甥也，故遂奔齐。

公会吴子、邾子、郯子伐齐南鄙，师于鄎。齐人弑悼公，赴于师。吴子三日哭于军门之外。徐承帅舟师，将自海入齐；齐人败之，吴师乃还。

夏，赵鞅帅师伐齐，大夫请卜之。赵孟曰："吾卜于此起兵。事不再令，卜不袭吉。行也！"于是乎取犁及辕，毁高唐之郭，侵及赖而还。

秋，吴子使来复儆师。

冬，楚子期伐陈。吴延州来季子救陈，谓子期曰："二君不务德而力争诸侯，民何罪焉？我请退，以为子名：务德而安民。"乃还。

十一年经

十有一年：春，齐国书帅师伐我。

夏，陈辕颇出奔郑。

五月，公会吴伐齐。

甲戌，齐国书帅师及吴战于艾陵，齐师败绩。获齐国书。

秋，七月辛酉，滕子虞母卒。

冬，十有一月，葬滕隐公。

卫世叔齐出奔宋。

十一年传

十一年春，齐为鄎故，国书、高无丕帅师伐我，及清。季孙谓其宰冉求曰："齐师在清，必鲁故也。若之何？"求曰："一子守，二子从公御诸竟。"季孙曰："不能。"求曰："居封疆之间。"

季孙告二子，二子不可。求曰："若不可，则君无出。一子帅师，背城而战；不属者，非鲁人也。鲁之群室，众于齐之兵车；一室敌车优矣，子何患焉？二子之不欲战也宜，政在季氏。当子之身，齐人伐鲁而不能战，子之耻也，大不列于诸侯矣！"

季孙使从于朝，俟于党氏之沟。武叔呼而问战焉，对曰："君子有远虑，小人何知？"懿子强问之，对曰："小人虑材而言，量力而共者也。"武叔曰："是谓我不成丈夫也。"退而蒐乘。孟孺子泄帅右师，颜羽御，邴泄为右。冉求帅左师，管周父御，樊迟为右。季孙曰："须也弱。"有子曰："就用命焉。"季氏之甲七千，冉有以武城人三百为己徒卒，老幼守宫，次于雩门之外。五日，右师从之。公叔务人见保者而泣，曰："事充政重，上不能谋，士不能死，何以治民？吾既言之矣，敢不勉乎！"

师及齐师战于郊。齐师自稷曲。师不逾沟，樊迟曰："非不能也。不信子也。请三刻而逾之。"如之。众从之。师入齐军。

右师奔，齐人从之。陈瓘、陈庄涉泗。孟之侧后入以为殿，抽矢策其马，曰："马不进也！"林不狃之伍曰："走乎？"不狃曰："谁不如？"曰："然则止乎？"不狃曰："恶贤？"徐步而死。

师获甲首八十，齐人不能师。宵，谍曰："齐人遁。"冉有请从之，三；季孙弗许。

孟孺子语人曰："我不如颜羽，而贤于邴泄。子羽锐敏，我不欲战而能默，泄曰'驱之'。"

公为与其嬖僮汪锜乘，皆死，皆殡。孔子曰："能执干戈以卫社稷，可无殇也！"冉有用矛于齐师，故能入其军。孔子曰："义也！"

夏，陈辕颇出奔郑。初，辕颇为司徒，赋封田以嫁公女；有余，以为己大器。国人逐之，故出。道渴，其族辕咺进稻醴、粱糗、腶脯焉；喜曰："何其给也？"对曰："器成而具。"曰："何不吾谏？"对曰："惧先行。"

为郊战故，公会吴子伐齐。五月，克博；壬申，至于嬴。中军从王，胥门巢将上军，王子姑曹将下军，展如将右军。

齐国书将中军，高无丕将上军，宗楼将下军。陈僖子谓其弟书："尔死，我必得志！"宗子阳与闾丘明相厉也。桑掩胥御国子，公孙夏曰："二子必死。"将战，公孙夏命其徒歌《虞殡》，陈子行命其徒具含玉，公孙挥命其徒曰："人寻约！吴发短。"东郭书曰："三战必死。于此三矣！"使问弦多以琴，曰："吾不复见子矣！"陈书曰："此行也，吾闻鼓而已，不闻金矣！"

甲戌，战于艾陵。展如败高子。国子败胥门巢；王卒助之，大败齐师，获国书、公孙夏、闾丘明、陈书、东郭书，革车八百乘，甲首三千，以献于公。

将战，吴子呼叔孙，曰："而事何也？"对曰："从司马。"王赐之甲、剑铍，曰："奉尔君事，敬无废命！"叔孙未能对；卫赐进，曰："州仇奉甲从君！"而拜。

公使大史固归国子之元，置之新箧，褽之以玄纁，加组带焉；置书于其上，曰："天若不识不衷，何以使下国？"

吴将伐齐，越子率其众以朝焉，王及列士皆有馈赂。吴人皆喜，惟子胥惧，曰："是豢吴也夫！"谏曰："越在我，心腹之疾也。壤地同，而有欲于我；夫其柔服，求济其欲也。不如早从事焉！得志于齐，犹获石田也，无所用之。越不为沼，吴其泯矣！使医除疾，而曰'必遗类焉'者，未之有也。《盘庚之诰》曰：'其有颠越不共，则劓殄无遗育，无俾易种于兹邑。'是商所以兴也。今君易之，将以求大，不亦难乎！"弗听。使于齐，属其子于鲍氏，为王孙氏。反役，王闻之，使赐之属镂以死。将死，曰："树吾墓槚，槚可材也。吴其亡乎！三年，其始弱矣。盈必毁，天之道也。"

秋，季孙命修守备，曰："小胜大，祸也。齐至无日矣！"

冬，卫大叔疾出奔宋。初，疾娶于宋子朝，其娣嬖。子朝出，孔文子使疾出其妻，而妻之。疾使侍人诱其初妻之娣，置于犁，而为之一宫，如二妻。文子怒，欲攻之，仲尼止之；遂夺其妻。或淫于外州，外州人夺之轩以献。耻是二者，故出。卫人立遗，使室孔姞。疾臣向魋纳美珠焉，与之城鉏。宋公求珠，魋不与，由是得罪。及桓氏出，城鉏人攻大叔疾，卫庄公复之，使处巢。死焉，殡于郧，葬于少禘。

初，晋悼公子慭亡在卫，使其女仆而田。大叔懿子止而饮之酒，遂聘之；生悼子。悼子即位，故夏戊为大夫。悼子亡，卫人剪夏戊。

孔文子之将攻大叔也，访于仲尼。仲尼曰："胡簋之事则尝学之矣，甲兵之事未之闻也。"退，命驾而行，曰："鸟则择木，木岂能择鸟？"文子遽止之，曰："圉岂敢度其私？访卫国之难也。"将止；鲁人以币召之，乃归。

季孙欲以田赋，使冉有访诸仲尼。仲尼曰："丘不识也。"三发，卒曰："子为国老，待子而行，若之何子之不言也？"仲尼不对，而私于冉有曰："君子之行也，度于礼：施取其厚，事举其中，敛从其薄。如是则以丘亦足矣。若不度于礼，而贪冒无厌，则虽以田赋，将又不足。且子季孙若欲行而法，则周公之典在；若欲苟而行，又何访焉？"弗听。

十二年经

十有二年：春，用田赋。

夏，五月甲辰，孟子卒。

公会吴于橐皋。

秋，公会卫侯、宋皇瑗于郧。

宋向巢帅师伐郑。

冬，十有二月，螽。

十二年传

十二年春，王正月，用田赋。

夏五月，昭夫人孟子卒。昭公娶于吴，故不书姓。死不赴，故不称"夫人"。不反哭，故不言"葬小君"。孔子与吊，适季氏。季氏不绝。放绖而拜。

公会吴于橐皋。吴子使大宰嚭请寻盟；公不欲，使子贡对曰："盟所以周信也，故心以制之，玉帛以奉之，言以结之，明神以要之。寡君以为苟有盟焉，弗可改也已；若犹可改，日盟何益？今吾子曰'必寻盟'，若可寻也，亦可寒也。"乃不寻盟。

吴徵会于卫。初，卫人杀吴行人且姚而惧，谋于行人子羽；子羽曰："吴方无道，无乃辱吾君？不如止也。"子木曰："吴方无道。国无道，必弃疾于人。吴虽无道，犹足以患卫。往也！长木之毙，无不摽也；国狗之瘈，无不噬也；而况大国乎？"

秋，卫侯会吴于郧。公及卫侯、宋皇瑗盟，而卒辞吴盟。吴人藩卫侯之舍。子服景伯谓子贡曰："夫诸侯之会，事既毕矣，侯伯致礼、地主归饩以相辞也。今吴不行礼于卫，而藩其君舍以难之，子盍见大宰？"乃请束锦以行。语及卫故，大宰嚭曰："寡君愿事卫君，卫君之来也缓，寡君惧，故将止之。"子贡曰："卫君之来，必谋于其众；其众或欲或否，是以缓来。其欲来者，子之党也。其不欲来者，子之仇也。若执卫君，是堕党而崇仇也，夫堕子者得其志矣。且合诸侯而执卫君，谁敢不惧？堕党崇仇而惧诸侯，或者难以霸乎？"大宰嚭说，乃舍卫侯。

卫侯归，效夷言。子之尚幼，曰："君必不免，其死于夷乎！执焉，而又说其言，从之固矣！"

冬十二月，螽。季孙问诸仲尼，仲尼曰："丘闻之：火伏而后蛰者毕。今火犹西流，司历过也。"

宋郑之间有隙地焉，曰弥作、顷丘、玉畅、嵒、戈、钖。子产与宋人为成，曰："勿有是！"及宋平、元之族自萧奔郑，郑人为之城嵒、戈、钖。九月，宋向巢伐郑，取钖，杀元公之孙；遂围嵒。十二月，郑罕达救嵒；丙申，围宋师。

十三年经

十有三年：春，郑罕达帅师取宋师于嵒。

夏，许男成卒。

公会晋侯及吴子于黄池。

楚公子中帅师伐陈。

於越入吴。

秋，公至自会。

晋魏曼多帅师侵卫。

葬许元公。

九月，螽。

冬，十有一月，有星孛于东方。

盗杀陈夏区夫。

十有二月，螽。

十三年传

十三年春，宋向魋救其师。郑子剩使徇曰：“得桓魋者有赏！”魋也逃归。遂取宋师于嵒，获成讙、郜延。以六邑为虚。

夏，公会单平公、晋定公、吴夫差于黄池。

六月丙子，越子伐吴，为二隧。畴无余、讴阳自南方，先及郊。吴大子友、王子地、王孙弥庸、寿於姚自泓上观之。弥庸见姑蔑之旗，曰：“吾父之旗也。不可以见仇而弗杀也！”大子曰：“战而不克，将亡国。请待之！”弥庸不可，属徒五千，王子地助之；乙酉战，弥庸获畴无余，地获讴阳。越子至，王子地守。丙戌复战，大败吴师，获大子友、王孙弥庸、寿於姚。丁亥入吴，吴人告败于王。王恶其闻也，自刭七人于幕下。

秋七月辛丑，盟，吴、晋争先。吴人曰：“于周室，我为长。”晋人曰：“于姬姓，我为伯。”赵鞅呼司马寅曰：“日旰矣，大事未成，二臣之罪也！建鼓整列，二臣死之，长幼必可知也！”对曰：“请姑视之！”反，曰：“肉食者无墨。今吴王有墨，国胜乎？大子死乎？且夷德轻，不忍久，请少待之。”乃先晋人。

吴人将以公见晋侯，子服景伯对使者曰：“王合诸侯，则伯帅侯牧以见于王。伯合诸侯，则侯帅子、男以见于伯。自王以下，朝聘玉帛不同，故敝邑之职贡于吴有丰于晋，无不及焉，以为伯也。今诸侯会，而君将以寡君见晋君，则晋成为伯矣；敝邑将改职贡：鲁赋于吴八百乘，若为子、男，则将半邾以属于吴，而如邾以事晋。且执事以伯召诸侯，而以侯终之，何利之有焉?”吴人乃止；既而悔之，将囚景伯，景伯曰：“何也立后于鲁矣；将以二乘与六人从，迟速唯命!”遂囚以还。及户牖，谓大宰曰：“鲁将以十月上辛有事于上帝、先王，季辛而毕。何世有职焉，自襄以来，未之改也。若不会，祝宗将曰：‘吴实然。’且谓：‘鲁不共而执其贱者七人，何损焉?’”大宰嚭言于王曰：“无损于鲁而只为名，不如归之。”乃归景伯。

吴申叔仪乞粮于公孙有山氏，曰：“佩玉繠兮，余无所系之。旨酒一盛兮，余与褐之父睨之。”对曰：“粱则无矣，粗则有之。若登首山以呼：‘庚癸乎！’则诺。”

王欲伐宋，杀其丈夫而囚其妇人。大宰嚭曰：“可胜也，而弗能居也。”乃归。

冬，吴及越平。

十四年经

十有四年：春，西狩获麟。

小邾射以句绎来奔。

夏，四月，齐陈恒执其君，置于舒州。

庚戌，叔还卒。

五月庚申朔，日有食之。

陈宗竖出奔楚。

宋向魋入于曹以叛。

莒子狂卒。

六月，宋向魋自曹出奔卫。

宋向巢来奔。

齐人弑其君壬于舒州。

秋，晋赵鞅帅师伐卫。

八月辛丑，仲孙何忌卒。

冬，陈宗竖自楚复入于陈，陈人杀之。

陈辕买出奔楚。

有星孛。

饥。

十四年传

十四年春，西狩于大野。叔孙氏之车子钼商获麟，以为不祥，以赐虞人。仲尼观之，曰："麟也!"然后取之。

小邾射以句绎来奔，曰："使季路要我，吾无盟矣。"使子路，子路辞。季康子使冉有谓之曰："千乘之国，不信其盟；而信子之言，子何辱焉?"对曰："鲁有事于小邾，不敢问故，死其城下可也。彼不臣而济其言，是义之也，由弗能!"

齐简公之在鲁也，阚止有宠焉。及即位，使为政。陈成子惮之，骤顾诸朝。诸御鞅言于公曰："陈、阚不可并也，君其择焉!"弗听。

子我夕，陈逆杀人；逢之，遂执以入。陈氏方睦；使疾，而遗之潘沐，备酒肉焉；飨守囚者，醉而杀之，而逃。子我盟诸陈于陈宗。

初，陈豹欲为子我臣，使公孙言己；已，有丧而止。既，而言之，曰："有陈豹者，长而上偻，望视，事君子必得志，欲为子臣。吾惮其为人也，故缓以告。"子我曰："何害?是其在我也。"使为臣。他日，与之言政，说；遂有宠。谓之曰："我尽逐陈氏而立女，若何?"对曰："我远于陈氏矣。且其违者不过数人，何尽逐焉?"遂告陈氏。子行曰："彼得君；弗先，必祸子!"子行舍于公宫。

夏五月壬申，成子兄弟四乘如公。子我在幄，出，逆之；遂入，闭门。侍人御之，子行杀侍人。公与妇人饮酒于檀台，成子迁诸寝。公执戈，将击之；大史子余曰："非不利也，将除害也。"

成子出舍于库，闻公犹怒，将出，曰："何所无君?"子行抽剑，曰："需，事之贼也。谁非陈宗? 所不杀子者，有如陈宗!"乃止。

子我归，属徒，攻闱与大门；皆不胜，乃出。陈氏追之，失道于弇中，适丰丘。丰丘人执之，以告；杀诸郭关。成子将杀大陆子方，陈逆请而免之。以公命取车于道，及耏；众知而东之，出雍门；陈豹与之车，弗受，曰："逆为余请，豹与余车，余有私焉。事子我而有私于其仇，何以见鲁、卫之士?"东郭贾奔卫。庚辰，陈恒执公于舒州；公曰："吾早从鞅之言，不及此!"

宋桓魋之宠害于公；公使夫人骤请享焉，而将讨之。未及，魋先谋公，请以鞌易薄；公曰："不可! 薄，宗邑也。"乃益鞌七邑。而请享公焉，以日中为期，家备尽往。公知之，告皇野曰："余长魋也。今将祸余，请即救!"司马子仲曰："有臣不顺，神之所恶也，而况人乎? 敢不承命! 不得左师不可，请以君命召之。"

左师每食击钟；闻钟声，公曰："夫子将食。"既食，又奏；公曰："可矣。"以乘车往，曰："迹人来告曰：'逢泽有介麇焉。'公曰：'虽魋未来，得左师，吾与之田，若何?'君惮告子，野曰：'尝私焉。'君欲速，故以乘车逆子。"与之乘，至。公告之故；拜，不能起。司马曰："君与之言。"公曰："所难子者，上有天，下有先君!"对曰："魋之不共，宋之祸也，敢不唯命是听!"司马请瑞焉，以命其徒攻桓氏。其父兄故臣曰："不可!"其新臣曰："从吾君之命!"遂攻之。

子颀骋而告桓司马。司马欲入，子车止之，曰："不能事君，而又伐国，民不与也；只取死焉!"向魋遂入于曹以叛。

六月，使左师巢伐之。欲质大夫以入焉，不能；亦入于曹，取质。魋曰："不可。既不能事君，又得罪于民，将若之何?"乃舍之。民遂叛之，向魋奔卫。向巢来奔，宋公使止之，曰："寡人与子有言矣，不可以绝向氏之祀!”辞曰：“臣之罪大！尽灭桓氏可也。若以先臣之故而使有后，君之惠也。若臣，则不可以入矣。”

司马牛致其邑与珪焉，而适齐。向魋出于卫地，公文氏攻之，求夏后氏之璜焉；与之他玉而奔齐。陈成子使为次卿；司马牛又致其邑焉，而适吴。吴人恶之，而反。赵简子召之，陈成子亦召之。卒于鲁郭门之外，坑氏葬诸丘舆。

甲午，齐陈恒弑其君壬于舒州。孔丘三日齐，而请伐齐，三。公曰：“鲁为齐弱久矣。子之伐之，将若之何?”对曰：“陈恒弑其君，民之不与者半。以鲁之众，加齐之半，可克也!”公曰：“子告季孙。”孔子辞，退而告人曰：“吾以从大夫之后也，故不敢不言!”

初，孟孺子泄将圉马于成，成宰公孙宿不受，曰：“孟孙为成之病，不圉马焉。”孺子怒，袭成，从者不得入，乃反。成有司使，孺子鞭之。秋八月辛丑，孟懿子卒。成人奔丧，弗内；袒、免、哭于衢。听共，弗许；惧，不归。

十五年经

十有五年：春，王正月，成叛。

夏，五月，齐高无丕出奔北燕。

郑伯伐宋。

秋，八月，大雩。

晋赵鞅帅师伐卫。

冬，晋侯伐郑。

及齐平。

卫公孟彄出奔齐。

十五年传

十五年春，成叛于齐。武伯伐成，不克；遂城输。

夏，楚子西、子期伐吴，及桐汭。陈侯使公孙贞子吊焉，及良而卒；将以尸入，吴子使大宰嚭劳，且辞曰：“以水潦之不时，无乃廪然陨大夫之尸，以重寡君之忧？寡君敢辞。”上介芋尹盖对曰：“寡君闻楚为不道，荐伐吴国，灭厥民人；寡君使盖备使，吊君之下吏。无禄！使人逢天之慼，大命陨队，绝世于良。废日共积，一日迁次。今君命逆使人曰：‘无以尸造于门。’是我寡君之命委于草莽也。且臣闻之曰：‘事死如（事）生，礼也。’于是乎有朝聘而终、以尸将事之礼，又有朝聘而遭丧之礼。若不以尸将命，是遭丧而还也，无乃不可乎！以礼防民犹或逾之，今大夫曰‘死而弃之’，是弃礼也。其何以为诸侯主？先民有言曰：‘无秽（虐）〔虚〕① 士。’备使奉尸将命，苟我寡君之命达于君所，虽陨于深渊，则天命也，非君与涉人之过也。”吴人内之。

秋，齐陈瓘如楚；过卫，仲由见之，曰：“天或者以陈氏为斧斤，既斫丧公室，而他人有之，不可知也；其使终飨之，亦不可知也。若善鲁以待时，不亦可乎？何必恶焉？”子玉曰：“然。吾受命矣，子使告我弟。”

冬，及齐平。子服景伯如齐，子赣为介，见公孙成，曰：“人皆臣人，而有背人之心；况齐人虽为子役，其有不贰乎？子，周公之孙也，多飨大利，犹思不义；利不可得，而丧宗国，将焉用之？”成曰：“善哉！吾不早闻命。”

陈成子馆客，曰：“寡君使恒告曰：‘寡君愿事君如事卫君。’”景伯揖子赣而进之，对曰：“寡君之愿也！昔晋人伐卫，齐为卫故，伐晋冠氏，丧车五百；因与卫地，自济以西，禚、媚、

---

① “虐为虚字形近之误”，说见于鬯《香草校书》。今从之。

杏以南，书社五百。吴人加敝邑以乱；齐因其病，取讙与阐：寡君是以寒心。若得视卫君之事君也，则固所愿也！”成子病之，乃归成。公孙宿以其兵甲入于嬴。

卫孔圉取大子蒯聩之姊，生悝。孔氏之竖浑良夫长而美，孔文子卒，通于内。大子在戚，孔姬使之焉。大子与之言曰：“苟使我入获国，服冕乘轩，三死无与。”与之盟。为请于伯姬。

闰月，良夫与大子入，舍于孔氏之外圃。昏，二人蒙衣而乘，寺人罗御，如孔氏。孔氏之老栾宁问之，称姻妾以告。遂入，适伯姬氏。既食，孔伯姬杖戈而先，大子与五人介，舆豭从之。迫孔悝于厕，强盟之，遂劫以登台。栾宁将饮酒，炙未熟，闻乱，使告季子；召获驾乘车，行爵食炙，奉卫侯辄来奔。

季子将入，遇子羔将出，曰：“门已闭矣。”季子曰：“吾姑至焉。”子羔曰：“弗及！不践其难！”季子曰：“食焉，不辟其难！”子羔遂出，子路入。及门；公孙敢门焉，曰：“无入为也！”季子曰：“是公孙〔也〕。求利焉，而逃其难？由不然，利其禄，必救其患！”有使者出，乃入，曰：“大子焉用孔悝？虽杀之，必或继之。”且曰：“大子无勇。若燔台，半，必舍孔叔。”大子闻之，惧，下石乞、盂黡敌子路。以戈击之，断缨。子路曰：“君子死，冠不免。”结缨而死。孔子闻卫乱，曰：“柴也其来，由也死矣！”

孔悝立庄公。庄公害故政，欲尽去之，先谓司徒瞒成曰：“寡人离病于外久矣，子请亦尝之！”归告褚师比，欲与之伐公，不果。

十六年经

十有六年：春，王正月己卯，卫世子蒯聩自戚入于卫。

卫侯辄来奔。

二月，卫子还成出奔宋。

夏，四月己丑，孔丘卒。

十六年传

十六年春，瞒成、褚师比出奔宋。

卫侯使鄢武子告于周，曰：“蒯聩得罪于君父君母，逋窜于晋。晋以王室之故，不弃兄弟，置诸河上。天诱其衷，获嗣守封焉，使下臣肸敢告执事。”王使单平公对，曰：“肸以嘉命来告余一人，往谓叔父：余嘉乃成世，复尔禄次。敬之哉！方天之休。弗敬弗休，悔其可追？”

夏四月己丑，孔丘卒。公诔之曰：“旻天不吊，不憖遗一老；俾屏余一人以在位，茕茕余在疚。呜呼哀哉，尼父！无自律。”子赣曰：“君其不没于鲁乎？夫子之言曰：‘礼失则昏，名失则愆。’失志为昏，失所为愆。生不能用，死而诔之，非礼也。称‘一人’，非名也。君两失之。”

六月，卫侯饮孔悝酒于平阳，重酬之。大夫皆有纳焉。醉而送之，夜半而遣之。载伯姬于平阳而行，及西门，使贰车反祏于西圃。子伯季子初为孔氏臣，新登于公，请追之；遇载祏者，杀而乘其车。许公为反祏，遇之，曰：“与不仁人争明，无不胜。”必使先射。射三发，皆远许为。许为射之，殪。或以其车从，得祏于橐中。孔悝出奔宋。

楚大子建之遇谗也，自城父奔宋；又辟华氏之乱于郑，郑人甚善之。又适晋，与晋人谋袭郑；乃求复焉，郑人复之如初。晋人使谍于子木，请行而期焉；子木暴虐于其私邑，邑人诉之。郑人省之，得晋谍焉，遂杀子木。其子曰胜，在吴，子西欲召之，叶公曰：“吾闻胜也诈而乱，无乃害乎？”子西曰：“吾闻胜也信而勇，不为不利。舍诸边竟，使卫藩焉。”叶公曰：“周仁之谓信，率义之谓勇。吾闻胜也好复言，而求死士，殆有私乎？复言非信也，期死非勇也。子必悔之！”弗从。召之，使处吴竟，为白公。

请伐郑，子西曰：“楚未节也。不然，吾不忘也。”他日又请，许之。未起师，晋人伐郑；楚救之，与之盟。胜怒，曰："郑人在此，仇不远矣！"胜自厉剑，子期之子平见之，曰："王孙何自厉也？"曰："胜以直闻。不告女，庸为直乎？将以杀尔父！"平以告子西，子西曰："胜如卵，余翼而长之。楚国第我死，令尹、司马非胜而谁？"胜闻之，曰："令尹之狂也！得死，乃非我。"子西不悛。胜谓石乞曰："王与二卿士，皆五百人当之，则可矣。"乞曰："不可得也。"曰："市南有熊宜僚者，若得之，可以当五百人矣。"乃从白公而见之。与之言，说。告之故，辞。承之以剑，不动。胜曰："不为利谄，不为威惕，不泄人言以求媚者。去之！"

吴人伐慎，白公败之。请以战备献，许之。遂作乱。秋七月，杀子西、子期于朝，而劫惠王。子西以袂掩面而死。子期曰："昔者吾以力事君，不可以弗终。"抉豫章以杀人而后死。石乞曰："焚库、弑王，不然不济。"白公曰："不可！（杀）〔弑〕王，不祥。焚库，无聚。将何以守矣？"乞曰："有楚国而治其民，以敬事神，可以得祥，且有聚矣，何患？"弗从。叶公在蔡。方城之外皆曰："可以入矣！"子高曰："吾闻之：以险侥幸者，其求无餍，偏重必离。"闻其杀齐管修也而后入。

白公欲以子闾为王，子闾不可；遂劫以兵。子闾曰："王孙若安靖楚国、匡正王室而后庇焉，启之愿也，敢不听从？若将专利以倾王室，不顾楚国，有死不能！"遂杀之，而以王如高府。石乞尹门。圉公阳穴宫，负王以如昭夫人之宫。

叶公亦至，及北门，或遇之，曰："君胡不胄？国人望君如望慈父母焉；盗贼之矢若伤君，是绝民望也，若之何不胄？"乃胄而进。又遇一人曰："君胡胄？国人望君如望岁焉，日日以幾；若见君面，是得艾也。民知不死，其亦夫有奋心，犹将旌君以徇于国；而又掩面以绝民望，不亦甚乎？"乃免胄而进。

遇箴尹固帅其属将与白公，子高曰："微二子者，楚不国矣。弃德从贼，其可保乎？"乃从叶公。使与国人以攻白公。

白公奔山而缢，其徒微之。生拘石乞而问白公之死焉，对曰：

“余知其死所，而长者使余勿言。”曰：“不言将（烹）〔亨〕!”乞曰：“此事克则为卿，不克则（烹）〔亨〕。固其所也，何害!”乃（烹）〔亨〕石乞。王孙燕奔頯黄氏。

〔沈〕[1] 诸梁兼二事，国宁。乃使宁为令尹，使宽为司马，而老于叶。

卫侯占梦。嬖人求酒于大叔僖子，不得；与卜人比而告公曰：“君有大臣在西南隅，弗去，惧害。”乃逐大叔遗。遗奔晋。

卫侯谓浑良夫曰：“吾继先君而不得其器，若之何?”良夫代执火者，而言曰：“疾与亡君，皆君之子也。召之，而择材焉可也；若不材，器可得也。”竖告大子。大子使五人舆豭从己，劫公而强盟之，且请杀良夫。公曰：“其盟免三死。”曰：“请三之后有罪杀之。”公曰：“诺哉!”

十七年传

十七年春，卫侯为虎幄于藉圃，成，求令名者而与之始食焉。大子请使良夫。良夫乘衷甸两牡，紫衣狐裘；至，袒裘，不释剑而食。大子使牵以退，数之以三罪而杀之。

三月，越子伐吴，吴子御之笠泽，夹水而陈。越子为左右句卒，使夜或左或右，鼓噪而进；吴师分以御之。越子以三军潜涉，当吴中军而鼓之；吴师大乱。遂败之。

晋赵鞅使告于卫曰：“君之在晋也，志父为主。请君若大子来，以免志父。不然，寡君其曰‘志父之为也’。”卫侯辞以难，大子又使椓之。夏六月，赵鞅围卫。齐国观、陈瓘救卫，得晋人之致师者。子玉使服而见之，曰：“国子实执齐柄，而命瓘曰：‘无辟晋师!’岂敢废命？子又何辱?”简子曰：“我卜伐卫，未卜与齐战。”乃还。

① 据阮元《校勘记》补入。

楚白公之乱，陈人恃其聚而侵楚。楚既宁，将取陈麦。楚子问帅于大师子穀与叶公诸梁，子穀曰：“右领差车与左史老，皆相令尹、司马以伐陈，其可使也。”子高曰：“率贱，民慢之，惧不用命焉。”子穀曰：“观丁父，鄀俘也；武王以为军率，是以克州、蓼，服随、唐，大启群蛮。彭仲爽，申俘也；文王以为令尹，实县申、息，朝陈、蔡，封畛于汝。唯其任也，何贱之有？”子高曰：“天命不（谄）〔谣〕[1]。令尹有憾于陈，天若亡之，其必令尹之子是与，君盍舍焉？臣惧右领与左史有二俘之贱而无其令德也！”王卜之，武城尹吉；使帅师取陈麦。陈人御之，败。遂围陈。秋七月己卯，楚公孙朝帅师灭陈。

王与叶公枚卜子良以为令尹。沈尹朱曰：“吉！过于其志。”叶公曰：“王子而相国，过将何为？”他日，改卜子国，而使为令尹。

卫侯梦于北宫，见人登昆吾之观，被发北面而噪曰：“登此昆吾之虚，绵绵生之瓜。余为浑良夫，叫天无辜！”公亲筮之。胥弥赦占之，曰：“不害。”与之邑，置之；而逃奔宋。卫侯贞卜，其繇曰：“如鱼竀尾，衡流而方羊。裔焉大国，灭之将亡。阖门塞窦，乃自后逾。”

冬十月，晋复伐卫，入其郛。将入城，简子曰：“止！叔向有言曰：‘怙乱灭国者无后。’”卫人出庄公而与晋平。晋立襄公之孙般师而还。

十一月，卫侯自鄄入，般师出。

初，公登城以望，见戎州，问之；以告。公曰：“我姬姓也，何戎之有焉？”剪之。公使匠久。公欲逐石圃，未及而难作。辛巳，石圃因匠氏攻公。公阖门而请，弗许；逾于北方而队，折股。戎州人攻之。大子疾、公子青逾从公，戎州人杀之。公入于戎州己氏。——初，公自城上见己氏之妻发美，使髡之，以为吕姜

---

① 依阮元《校勘记》改正。

髦。——既入焉，而示之璧，曰：“活我，吾与女璧。”己氏曰：“杀女，璧其焉往？”遂杀之而取其璧。

卫人复公孙般师而立之。十二月，齐人伐卫，卫人请平。立公子起，执般师以归，舍诸潞。

公会齐侯，盟于蒙。孟武伯相。齐侯稽首，公拜。齐人怒。武伯曰：“非天子，寡君无所稽首。”武伯问于高柴曰：“诸侯盟，谁执牛耳？”季羔曰：“鄫衍之役，吴公子姑曹。发阳之役，卫石魋。”武伯曰：“然则彘也。”

宋皇瑗之子麇，有友曰田丙，而夺其兄酁般邑以与之。酁般愠而行，告桓司马之臣子仪克。子仪克适宋，告夫人曰：“麇将纳桓氏。”公问诸子仲。初，子仲将以杞姒之子非我为子，麇曰：“必立伯也，是良材。”子仲怒，弗从；——故对曰：“右师则老矣。不识麇也。”公执之。皇瑗奔晋。召之。

十八年传

十八年春，宋杀皇瑗。公闻其情，复皇氏之族，使皇缓为右师。

巴人伐楚，围鄾。初，右司马子国之卜也，观瞻曰：“如志。”故命之。及巴师至，将卜帅，王曰：“宁如志，何卜焉？”使帅师而行。请承，王曰：“寝尹、工尹，勤先君者也。”三月，楚公孙宁、吴由于、薳固败巴师于鄾，故封子国于析。君子曰：“惠王知志。《夏书》曰：‘官占：唯能蔽志，昆命于元龟。’其是之谓乎！《志》曰：‘圣人不烦卜筮。’惠王其有焉。”

夏，卫石圃逐其君起，起奔齐。卫侯辄自齐复归，逐石圃，而复石魋与大叔遗。

十九年传

十九年春，越人侵楚，以误吴也。夏，楚公子庆、公孙宽追越师，至冥，不及乃还。

秋，楚沈诸梁伐东夷，三夷男女及楚师盟于敖。

冬，叔青如京师，敬王崩故也。

二十年传

二十年春，齐人来徵会。夏，会于廪丘，为郑故，谋伐晋。郑人辞诸侯。秋，师还。

吴公子庆忌骤谏吴子，曰："不改，必亡！"弗听。出居于艾，遂适楚；闻越将伐吴。冬，请归平越，遂归，欲除不忠者以说于越；吴人杀之。

十一月，越围吴。赵孟降于丧食，楚隆曰："三年之丧，亲昵之极也。主又降之，无乃有故乎？"赵孟曰："黄池之役，先主与吴王有质，曰：'好恶同之。'今越围吴，嗣子不废旧业而敌之，非晋之所能及也，吾是以为降。"楚隆曰："若使吴王知之，若何？"赵孟曰："可乎？"隆曰："请尝之。"乃往。

先造于越军，曰："吴犯间上国多矣。闻君亲讨焉，诸夏之人莫不欣喜。唯恐君志之不从，请入视之。"许之。告于吴王曰："寡君之老无恤，使陪臣隆敢展谢其不共：黄池之役，君之先臣志父得承齐盟，曰：'好恶同之。'今君在难，无恤不敢惮劳，非晋国之所能及也，使陪臣敢展布之！"王拜稽首，曰："寡人不佞，不能事越，以为大夫忧，拜命之辱！"与之一箪珠，使问赵孟，曰："句践将生忧寡人，寡人死之不得矣！"王曰："溺人必笑。吾将有问也：史黯何以得为君子？"对曰："黯也进不见恶，退无谤言。"王曰："宜哉！"

二十一年传

二十一年夏五月，越人始来。

秋八月，公及齐侯、邾子盟于顾。齐人责稽首，因歌之，曰：

“鲁人之皋，数年不觉，使我高蹈。唯其儒书，以为二国忧。”是行也，公先至于阳穀，齐闾丘息曰：“君辱举玉趾以在寡君之军，群臣将传遽以告寡君。比其复也，君无乃勤？为仆人之未次，请除馆于舟道。”辞曰：“敢勤仆人？”

二十二年传

二十二年夏四月，邾隐公自齐奔越，曰：“吴为无道，执父立子。”越人归之，大子革奔越。

冬十一月丁卯，越灭吴，请使吴王居甬东。辞曰：“孤老矣，焉能事君？”乃缢。越人以归。

二十三年传

二十三年春，宋景曹卒。季康子使冉有吊且送葬，曰：“敝邑有社稷之事，使肥与有职竞焉，是以不得助执绋，使求从舆人，曰：‘以肥之得备弥甥也，有不腆先人之产马，使求荐诸夫人之宰，其可以称旌繁乎！’”

夏六月，晋荀瑶伐齐。高无丕帅师御之。知伯视齐师，马骇，遂驱之，曰：“齐人知余旗，其谓余畏而反也？”及垒而还。将战，长武子请卜，知伯曰：“君告于天子，而卜之以守龟于宗祧，吉矣；吾又何卜焉？且齐人取我英丘；君命瑶，非敢耀武也，治英丘也。以辞伐罪足矣，何必卜？”壬辰，战于犁丘。齐师败绩，知伯亲禽颜庚。

秋八月，叔青如越，始使越也。越诸鞅来聘，报叔青也。

二十四年传

二十四年夏四月，晋侯将伐齐，使来乞师，曰：“昔臧文仲以楚师伐齐，取穀；宣叔以晋师伐齐，取汶阳。寡君欲徼福于周公，愿乞灵于臧氏。”臧石帅师会之，取廪丘。军吏令缮，将进，莱章曰：“君卑政暴；往岁克敌，今又胜都，天奉多矣，又焉能进？是躗言也。役将班矣！”晋师乃还。饩臧石牛，大史谢之，曰：“以寡君之在行，牢礼不度，敢展谢之！”

邾子又无道，越人执之以归，而立公子何。何亦无道。

公子荆之母嬖，将以为夫人，使宗人衅夏献其礼。对曰：“无之。”公怒，曰：“女为宗司；立夫人，国之大礼也，何故无之？”对曰：“周公及武公娶于薛，孝、惠娶于商，自桓以下娶于齐，此礼也则有。若以妾为夫人，则固无其礼也。”公卒立之，而以荆为大子，国人始恶之。

闰月，公如越，得大子适郢，将妻公而多与之地。公孙有山使告于季孙。季孙惧，使因大宰嚭而纳赂焉，乃止。

二十五年传

二十五年夏五月庚辰，卫侯出奔宋。

卫侯为灵台于藉圃，与诸大夫饮酒焉。褚师声子袜而登席，公怒；辞曰：“臣有疾，异于人；若见之，君将（殸）〔瞉〕[①] 之。是以不敢。”公愈怒。大夫辞之，不可；褚师出。公戟其手，曰：“必断而足！”闻之。褚师与司寇亥乘，曰：“今日幸而后亡！”

公之入也，夺南氏邑，而夺司寇亥政。公使侍人纳公文懿子之车于池。

初，卫人剪夏丁氏，以其帑赐彭封弥子。弥子饮公酒，纳夏戊之女。嬖，以为夫人。其弟期，大叔疾之从孙甥也；少畜于公，以为司徒。夫人宠衰，期得罪。公使三匠久。公使优狡盟拳弥，而甚近信之。

故褚师比、公孙弥牟、公文要、司寇亥、司徒期因三匠与拳

① 依《说文解字》引《春秋传》文改正。

弥以作乱。皆执利兵，无者执斤。使拳弥入于公宫，而自大子疾之宫噪以攻公。鄄子士请御之，弥援其手，曰："子则勇矣，将若君何？不见先君乎？君何所不逞欲？且君尝在外矣，岂必不反？当今不可，众怒难犯。休而易间也。"乃出。

将适蒲，弥曰："晋无信，不可。"将适鄄，弥曰："齐、晋争我，不可。"将适泠，弥曰："鲁不足与。请适城钼以钩越，越有君。"乃适城钼。弥曰："卫盗不可知也。请速自我始。"乃载宝以归。

公为支离之卒，因祝史挥以侵卫。卫人病之。懿子知之，见子之，请逐挥。文子曰："无罪。"懿子曰："彼好专利而妄。夫见君之入也，将先道焉。若逐之，必出于南门而适君所。夫越新得诸侯，将必请师焉。"挥在朝，使吏遣诸其室。挥出，信，弗内。五日，乃馆诸外里，遂有宠；使如越请师。

六月，公至自越，季康子、孟武伯逆于五梧。郭重仆，见二子，曰："恶言多矣，君请尽之！"公宴于五梧，武伯为祝；恶郭重，曰："何肥也？"季孙曰："请饮彘也！以鲁国之密迩仇雠，臣是以不获从君，克免于大行。又谓重也肥？"公曰："是食言多矣，能无肥乎？"饮酒不乐。公与大夫始有恶。

二十六年传

二十六年夏五月，叔孙舒帅师会越皋如、（后）〔舌〕[①] 庸、宋乐茷纳卫侯。文子欲纳之，懿子曰："君愎而虐。少待之，必毒于民，乃睦于子矣。"师侵外州，大获。出御之，大败。掘褚师定子之墓，焚之于平庄之上。

文子使王孙齐私于皋如，曰："子将大灭卫乎？抑纳君而已乎？"皋如曰："寡君之命无他，纳卫君而已。"文子致众而问焉，

① 此"后"当作"舌"，阮元《校勘记》详之。

曰："君以蛮夷伐国，国几亡矣，请纳之。"众曰："勿纳！"曰："弥牟亡而有益，请自北门出。"众曰："勿出！"重赂越人；申开守陴而纳公，公不敢入。师还。

立悼公，南氏相之。以城钼与越人，公曰："期则为此。"令苟有怨于夫人者报之。司徒期聘于越，公攻而夺之币。期告王；王命取之，期以众取之。公怒，杀期之甥之为大子者，遂卒于越。

宋景公无子，取公孙周之子得与启畜诸公宫，未有立焉。于是皇缓为右师，皇非我为大司马，皇怀为司徒，灵不缓为左师，乐茷为司城，乐朱钼为大司寇。六卿三族降听政，因大尹以达。大尹常不告，而以其欲称君命以令；国人恶之。司城欲去大尹，左师曰："纵之，使盈其罪。重而无基，能无敝乎？"

冬十月，公游于空泽。辛巳，卒于连中。大尹兴空泽之士千甲，奉公自空桐入，如沃宫。使召六子，曰："闻下有师，君请六子画。"六子至，以甲劫之，曰："君有疾病，请二三子盟。"乃盟于少寝之庭，曰："无为公室不利！"大尹立启，奉丧殡于大宫，三日而后国人知之。司城茷使宣言于国曰："大尹惑蛊其君而专其利；（令）〔今〕① 君无疾而死，死又匿之。是无他矣，大尹之罪也！"

得梦启北首而寝于卢门之外，己为（鸟）〔乌〕② 而集于其上，咮加于南门，尾加于桐门，曰："余梦美，必立！"

大尹谋曰："我不在盟，无乃逐我？复盟之乎！"使祝为载书。六子在唐孟。将盟之，祝襄以载书告皇非我。皇非我因子潞、门尹得、左师谋曰："民与我，逐之乎！"皆归授甲，使徇于国，曰："大尹惑蛊其君，以陵虐公室。与我者，救君者也！"众曰："与之！"大尹徇曰："戴氏、皇氏将不利公室。与我者，无忧不富！"众曰："无别！"戴氏、皇氏欲伐公，乐得曰："不可！彼以

---

① 阮元《校勘记》列举作"今"各本。按：据文意，作"今"是。

② 有作"乌"之本，阮元《校勘记》可证。揆之文意，此不当用泛指之共名，自以作"乌"为是。

陵公有罪。我伐公，则甚焉。”使国人施于大尹，大尹奉启以奔楚。乃立得，司城为上卿。盟曰：“三族共政，无相害也！”

卫出公自城钼使以弓问子赣，且曰：“吾其入乎？”子赣稽首受弓，对曰：“臣不识也。”私于使者曰：“昔成公孙于陈，宁武子、孙庄子为宛濮之盟而君入。献公孙于（卫）齐，子鲜、子展为夷仪之盟而君入。今君再在孙矣，内不闻献之亲，外不闻成之卿，则赐不识所由入也。《诗》曰：‘无竞惟人，四方其顺之。’若得其人，四方以为主，而国于何有？”

二十七年传

二十七年春，越子使（后）〔舌〕庸来聘，且言邾田，封于骀上。二月，盟于平阳，三子皆从。康子病之，言及子赣，曰：“若在此，吾不及此夫！”武伯曰：“然。何不召？”曰：“固将召之。”文子曰：“他日请念。”

夏四月己亥，季康子卒。公吊焉，降礼。

晋荀瑶帅师伐郑，次于桐丘。郑驷弘请救于齐。齐师将兴，陈成子属孤子三日朝，设乘车两马，系五邑焉；召颜涿聚之子晋，曰：“隰之役，而父死焉。以国之多难，未女恤也。今君命女以是邑也，服车而朝，毋废前劳！”乃救郑。及留舒，违穀七里，穀人不知。及濮，雨，不涉。子思曰：“大国在敝邑之宇下，是以告急。今师不行，恐无及也！”成子衣制杖戈，立于阪上；马不出者，助之鞭之。知伯闻之，乃还，曰：“我卜伐郑，不卜敌齐。”使谓成子曰：“大夫陈子，陈之自出。陈之不祀，郑之罪也，故寡君使瑶察陈衷焉，谓大夫‘其恤陈乎’。若利本之颠，瑶何有焉！”成子怒，曰：“多陵人者皆不在。知伯其能久乎？”

中行文子告成子曰：“有自晋师告寅者，将为轻车千乘以厌齐师之门。则可尽也。”成子曰：“寡君命桓曰：‘无及寡，无畏众。’虽过千乘，敢辟之乎？将以子之命告寡君。”文子曰：“吾乃今知所以亡。君子之谋也：始，衷，终，皆举之而后入焉。今我三不知而入之，不亦难乎！”

公患三桓之侈也，欲以诸侯去之；三桓亦患公之妄也：故君臣多间。公游于陵阪，遇孟武伯于孟氏之衢，曰：“请有问于子：余及死乎？”对曰：“臣无由知之。”三问，卒辞不对。

公欲以越伐鲁而去三桓。秋八月甲戌，公如公孙有陉氏；因孙于邾，乃遂如越。国人施公孙有山氏。

悼之四年，晋荀瑶帅师围郑，未至，郑驷弘曰：“知伯愎而好胜。早下之，则可行也。”乃先保南里以待之。知伯入南里，门于桔柣之门。郑人俘酅魁垒，赂之以知政，闭其口而死。

将门，知伯谓赵孟：“入之！”对曰：“主在此。”知伯曰：“恶而无勇，何以为子？”对曰：“以能忍耻，庶无害赵宗乎！”知伯不悛，——赵襄子由是惎知伯，——遂丧之。知伯贪而愎，故韩、魏反而丧之。

春秋公羊传

隐　公

元　年

元年：春，王正月。

元年者何？君之始年也。春者何？岁之始也。王者孰谓？谓文王也。曷为先言王而后言正月？王正月也。何言乎王正月？大一统也。

公何以不言即位？成公意也。何成乎公之意？公将平国而反之桓。曷为反之桓？桓幼而贵，隐长而卑。其为尊卑也微，国人莫知。隐长，又贤。诸大夫扳隐而立之。隐于是焉而辞立，则未知桓之将必得立也；且如桓立，则恐诸大夫之不能相幼君也：故凡隐之立，为桓立也。隐长，又贤，何以不宜立？立嫡以长，不以贤；立子以贵，不以长。桓何以贵？母贵也。母贵则子何以贵？子以母贵，母以子贵。

三月，公及邾娄仪父盟于眛。

及者何？与也。会，及，暨，皆与也。曷为或言会，或言及，或言暨？会犹最也，及犹汲汲也，暨犹暨暨也。及，我欲之；暨，不得已也。

仪父者何？邾娄之君也。何以名？字也。曷为称字？褒之也。曷为褒之？为其与公盟也。与公盟者众矣，曷为独褒乎此？因其可褒而褒之。此其为可褒奈何？渐进也。

眛者何？地期也。

夏，五月，郑伯克段于鄢。

克之者何？杀之也。杀之，则曷为谓之克？大郑伯之恶也。曷为大郑伯之恶？母欲立之，己杀之，〔不〕[1] 如勿与而已矣。

段者何？郑伯之弟也。何以不称弟？当国也。

其地，何？当国也。齐人杀无知何以不地？在内也。在内，虽当国，不地也。不当国，虽在外，亦不地也。

秋，七月，天王使宰咺来归惠公、仲子之赗。

宰者何？官也。咺者何？名也。曷为以官氏？宰，士也。

惠公者何？隐之考也。仲子者何？桓之母也。何以不称夫人？桓未君也。

赗者何？丧事有赗。赗者盖以马，以乘马束帛。车马曰赗，货财曰赙，衣被曰襚。

桓未君，则诸侯曷为来赗之？隐为桓立，故以桓母之丧告于诸侯。然则何言尔？成公意也。其言“来”何？不及事也。其言“惠公、仲子”何？兼之。兼之非礼也。何以不言“及仲子”？仲子微也。

九月，及宋人盟于宿。

孰及之？内之微者也。

冬，十有二月，祭伯来。

祭伯者何？天子之大夫也。何以不称使？奔也。奔则曷为不言奔？王者无外。言奔，则有外之辞也。

公子益师卒。

何以不日？远也。所见异词，所闻异词，所传闻异词。

二　年

二年：春，公会戎于潜。

夏，五月，莒人入向。

---

① 王氏《经义述闻》以为此处脱“不”字，是也。今据文例补入。

入者何？得而不居也。

无骇帅师入极。

无骇者何？展无骇也。何以不氏？贬。曷为贬？疾始灭也。“始灭”，昉于此乎？前此矣。前此，则曷为“始”乎此？托始焉尔。曷为托始焉尔？《春秋》之始也。此灭也，其言“入”何？内大恶，讳也。

秋，八月庚辰，公及戎盟于唐。

九月，纪履緰来逆女。

纪履緰者何？纪大夫也。何以不称使。婚礼不称主人。然则曷称？称诸父兄师友。宋公使公孙寿来纳币，则其称主人何？辞穷也。辞穷者何？无母也。然则纪有母乎？曰：有。有则何以不称母？母不通也。

外逆女不书，此何以书？讥。何讥尔？讥始不亲迎也。“始不亲迎”，昉于此乎？前此矣。前此，则曷为“始”乎此？托始焉尔。曷为托始焉尔？《春秋》之始也。

女曷为或称女，或称妇，或称夫人？女在其国称女，在涂称妇，入国称夫人。

冬，十月，伯姬归于纪。

伯姬者何？内女也。其言归何？妇人谓嫁曰归。

纪子伯、莒子盟于密。

纪子伯者何？无闻焉尔。

十有二月乙卯，夫人子氏薨。

夫人子氏者何？隐公之母也。何以不书葬？成公意也。何成乎公之意？子将不终为君，故母亦不终为夫人也。

郑人伐卫。

三　年

三年：春，王二月。

己巳，日有食之。

何以书？记异也。日食，则曷为或日，或不日，或言朔，或不言朔？曰“某月某日朔”、“日有食之”者，食正朔也。其或日，或不日，或失之前，或失之后，失之前者朔在前也，失之后者朔在后也。

三月庚戌，天王崩。

何以不书“葬”？天子，记“崩”，不记“葬”，必其时也。诸侯，记“卒”，记“葬”，有天子存，不得必其时也。

曷为或言“崩”，或言“薨”？天子，曰“崩”；诸侯，曰“薨”；大夫，曰“卒”；士，曰“不禄”。

夏，四月辛卯，尹氏卒。

尹氏者何？天子之大夫也。其称尹氏何？贬。曷为贬？讥世卿。世卿，非礼也。

外大夫不“卒”，此何以“卒”？天王崩，诸侯之主也。

秋，武氏子来求赙。

武氏子者何？天子之大夫也。其称武氏子何？讥。何讥尔？父卒，子未命也。何以不称使？当丧，未君也。

“武氏子来求赙”，何以书？讥。何讥尔？丧事无求，求赙非礼也。盖通于下。

八月庚辰，宋公和卒。

冬，十有二月，齐侯、郑伯盟于石门。

癸未，葬宋缪公。

葬者曷为或日或不日？不及时而日，渴葬也。不及时而不日，慢葬也。过时而日，隐之也。过时而不日，谓之不能葬也。当时而不日，正也。当时而日，危不得葬也。此当时，何危尔？宣公谓缪公曰：“以吾爱（与夷）〔女〕，则不若爱（女）〔与夷〕[①]。以为社稷宗庙主，则与夷不若女。盍终为君矣！”宣公死，缪公立。缪公逐其二子庄公冯与左师勃，曰：“尔为吾子，生毋相见，

① “与夷”与“女”上下互讹，王氏《经义述闻》已言之。今据正。

死毋相哭!”与夷复曰:“先君之所为不与臣国而纳国乎君者,以君可以为社稷宗庙主也。今君逐君之二子,而将致国乎与夷,此非先君之意也。且使子而可逐,则先君其逐臣矣!”缪公曰:“先君之不尔逐,可知矣。吾立乎此,摄也。”终致国乎与夷。庄公冯弑与夷。故君子大居正。宋之祸,宣公为之也。

四　年

四年:春,王二月,莒人伐杞,取牟娄。

牟娄者何?杞之邑也。外取邑不书,此何以书?疾始取邑也。

戊申,卫州吁弑其君完。

曷为以国氏?当国也。

夏,公及宋公遇于清。

遇者何?不期也。一君出,一君要之也。

宋公、陈侯、蔡人、卫人伐郑。

秋,翚帅师会宋公、陈侯、蔡人、卫人伐郑。

翚者何,公子翚也。何以不称公子?贬。曷为贬?与弑公也。其与弑公奈何?公子翚谄乎隐公,谓隐公曰:“百姓安子,诸侯说子。盍终为君矣?”隐曰:“吾否。吾使修涂裘,吾将老焉。”公子翚恐若其言闻乎桓,于是谓桓曰:“吾为子口隐矣。隐曰:‘吾不反也。’”桓曰:“然则奈何?”曰:“请作难。”弑隐公,于钟巫之祭焉弑隐公也。

九月,卫人杀州吁于濮。

其称人何?讨贼之辞也。

冬,十有二月,卫人立晋。

晋者何?公子晋也。立者何?立者不宜立也。其称人何?众立之之辞也。然则孰立之?石(碏)〔踖〕立之。石(碏)〔踖〕立之,则其称人何?众之所欲立也。众虽欲立之,其立之非也。

五　年

五年：春，公观鱼于棠。

何以书？讥。何讥尔？远也。公曷为远而观鱼？登来之也。百金之鱼，公张之。登来之者何？美大之之辞也。棠者何？济上之邑也。

夏，四月，葬卫桓公。

秋，卫师入盛。

曷为或言率师，或不言率师？将尊师众，称某率师。将尊师少，称将。将卑师众，称师。将卑师少，称人。君将不言率师，书其重者也。

九月，考仲子之宫。

考宫者何？考，犹入室也。始祭仲子也。桓未君，则曷为祭仲子？隐为桓立，故为桓祭其母也。然则何言尔？成公意也。

初献六羽。

初者何？始也。六羽者何？舞也。“初献六羽”，何以书？讥。何讥尔？讥始僭诸公也。六羽之为僭奈何？天子八佾，诸公六，诸侯四。诸公者何？诸侯者何？天子三公称公，王者之后称公；其余大国称侯，小国称伯、子、男。天子三公者何？天子之相也。天子之相则何以三？自陕而东者，周公主之；自陕而西者，召公主之；一相处乎内。“始僭诸公”，昉于此乎？前此矣。前此，则曷为“始”乎此？僭诸公，犹可言也；僭天子，不可言也。

邾娄人、郑人伐宋。

螟。

何以书？记灾也。

冬，十有二月辛巳，公子彄卒。

宋人伐郑，围长葛。

邑不言围，此其言围何？彊也。

六　年

六年：春，郑人来输平。

输平者何？输平犹堕成也。何言乎堕成？败其成也。曰："吾成败矣！吾与郑人末有成也。"吾与郑人则曷为末有成？狐壤之战，隐公获焉。然则何以不言战？讳获也。

夏，五月辛酉，公会齐侯盟于艾。

秋，七月。

此无事，何以书？《春秋》虽无事，首时过则书。首时过，则何以书？《春秋》编年，四时具然后为年。

冬。宋人取长葛。

外取邑不书，此何以书？久也。

七　年

七年：春，王三月，叔姬归于纪。

滕侯卒。

何以不名？微国也。微国，则其称侯何？不嫌也。春秋贵贱不嫌同号，美恶不嫌同辞。

夏，城中丘。

中丘者何？内之邑也。"城中丘"，何以书？以重书也。

齐侯使其弟年来聘。

其称弟何？母弟，称弟；母兄，称兄。

秋，公伐邾娄。

冬，天王使凡伯来聘。戎伐凡伯于楚丘，以归。

凡伯者何？天子之大夫也。此聘也，其言伐之何？执之也。执之，则其言伐之何？大之也。曷为大之？不与夷狄之执中国也。其地何？大之也。

八　年

八年：春，宋公、卫侯遇于垂。

三月，郑伯使宛来归邴。

宛者何？郑之微者也。邴者何？郑汤沐之邑也。天子有事于泰山，诸侯皆从泰山之下，诸侯皆有汤沐之邑焉。

庚寅，我入邴。

其言入何？难也。其日何，难也。其言我何？言我者，非独我也，齐亦欲之。

夏，六月己亥，蔡侯考父卒。辛亥，宿男卒。

秋，七月庚午，宋公、齐侯、卫侯盟于瓦屋。

八月，葬蔡宣公。

卒何以名而葬不名？卒从正，而葬从主人。卒何以日而葬不日？卒赴，而葬不告。

九月辛卯，公及莒人盟于包来。

公曷为与微者盟？称人则从，不疑也。

螟。

冬，十有二月，无骇卒。

此展无骇也，何以不氏？疾始灭也，故终其身不氏。

九　年

九年：春，天王使南季来聘。

三月癸酉，大雨震电。

何以书？记异也。何异尔？不时也。

庚辰，大雨雪。

何以书？记异也。何异尔？俶甚也。

侠卒。

侠者何？吾大夫之未命者也。

夏，城郎。

秋，七月。

冬，公会齐侯于邴。

十 年

十年：春，王二月，公会齐侯、郑伯于中丘。

夏、翚帅师，会齐人、郑人伐宋。

此公子翚也，何以不称公子？贬。曷为贬？隐之罪人也，故终隐之篇贬也。

六月壬戌，公败宋师于菅；辛未，取郜；辛巳，取防。

取邑不日，此何以日？一月而再取也。何言乎“一月而再取”？甚之也。内大恶讳，此其言“甚之”何？《春秋》录内而略外，于外大恶书，小恶不书；于内大恶讳，小恶书。

秋，宋人，卫人入郑。

宋人、蔡人、卫人伐载，郑伯伐取之。

其言“伐取之”何？易也。其易奈何？因其力也。因谁之力？因宋人、蔡人、卫人之力也。

冬，十月壬午，齐人、郑人入盛。

十一年

十有一年：春，滕侯、薛侯来朝。

其言朝何？诸侯来曰朝，大夫来曰聘。其兼言之何？微国也。

夏，五月，公会郑伯于祁黎。

秋，七月壬午，公及齐侯、郑伯入许。

冬，十有一月壬辰，公薨。

何以不书葬？隐之也。何隐尔？弑也。弑则何以不书葬？《春秋》：君弑，贼不讨，不书葬，以为无臣子也。子沈子曰：“君弑，臣不讨贼，非臣也。〔子〕[①] 不复仇，非子也。葬，生者之事也。《春秋》：君弑，贼不讨，不书葬，以为不系乎臣子也。”

“公薨”，何以不地？不忍言也。

隐何以无正月？隐将让乎桓，故不有其正月也。

① 阮元《校勘记》以为此处当有“子”字，是也。

桓　公

元　年

元年：春，王正月，公即位。

继弑君，不言即位。此其言“即位”何？如其意也。

三月，公会郑伯于垂。郑伯以璧假许田。

其言以璧假之何？易之也。易之，则其言假之何？为恭也。曷为为恭？有天子存，则诸侯不得专地也。许田者何？鲁朝宿之邑也。

诸侯时朝乎天子。天子之郊，诸侯皆有朝宿之邑焉。此鲁朝宿之邑也，则曷为谓之许田？讳取周田也。讳取周田，则曷为谓之许田？系之许也。曷为系之许？近许也。此邑也，其称田何？田多邑少称田，邑多田少称邑。

夏，四月丁未，公及郑伯盟于越。

秋，大水。

何以书？记灾也。

冬，十月。

二　年

二年：春，王正月，戊申，宋督弑其君与夷，及其大夫孔父。

及者何？累也。弑君多矣，舍此无累者乎？曰：有。仇牧，荀息，皆累也。舍仇牧、荀息无累者乎？曰：有。有则此何以书？

贤也。何贤乎孔父？孔父可谓义形于色矣。其义形于色奈何？督将弑殇公，孔父生而存，则殇公不可得而弑也，故于是先攻孔父之家。殇公知孔父死，己必死，趋而救之，皆死焉。孔父正色而立于朝，则人莫敢过而致难于其君者，孔父可谓义形于色矣！

滕子来朝。

三月，公会齐侯、陈侯、郑伯于稷，以成宋乱。

内大恶，讳。此其目言之何？远也。所见异辞，所闻异辞，所传闻异辞。隐亦远矣，曷为为隐讳？隐贤而桓贱也。

夏，四月，取郜大鼎于宋。

此取之宋，其谓之郜鼎何？器从名，地从主人。器何以从名？地何以从主人？器之与人，非（有）即〔有〕[①] 尔。宋始以不义取之，故谓之郜鼎。至乎地之与人则不然，俄而可以为其有矣。然则为取可以为其有乎？曰：否。何者？若楚王之妻媦，无时焉可也。

戊申纳于大庙。

何以书？讥。何讥尔？遂乱受赂，纳于大庙非礼也。

秋，七月，纪侯来朝。

蔡侯、郑伯会于邓。

离不言会，此其言会何？盖邓与会尔。

九月，入杞。公及戎盟于唐。

冬，公至自唐。

三　年

三年：春，正月，公会齐侯于嬴。

夏，齐侯、卫侯胥命于蒲。

胥命者何？相命也。何言乎相命？近正也。此其为近正奈何？

---

① 今乙之，说见《经义述闻》。

古者不盟，结言而退。

六月，公会纪侯于盛。

秋，七月壬辰朔，日有食之，既。

既者何？尽也。

公子翚如齐逆女。

九月，齐侯送姜氏于讙。

何以书？讥。何讥尔？诸侯越竟送女，非礼也。此入国矣，何以不称夫人？自我言，齐父母之于子，虽为邻国夫人，犹曰吾姜氏。

公会齐侯于讙，夫人姜氏至自齐。

翚何以不致？得见乎公矣。

冬，齐侯使其弟年来聘。

有年。

“有年”何以书？以喜书也。“大有年”何以书？亦以喜书也。此其曰“有年”何？仅有年也。彼其曰“大有年”何？大丰年也。仅有年，亦足以当喜乎？恃有年也。

四　年

四年：春，正月，公狩于郎。

狩者何？田狩也。春曰苗，秋曰蒐，冬曰狩。常事不书，此何以书？讥。何讥尔？远也。诸侯曷为必田狩？一曰乾豆，二曰宾客，三曰充君之庖。

夏，天王使宰渠伯纠来聘。

宰渠伯纠者何？天子之大夫也。其称宰渠伯纠何？下大夫也。

五　年

五年：春，正月甲戌，己丑，陈侯鲍卒。

曷为以二日卒之？（怴）〔怴〕[①] 也。甲戌之日亡，己丑之日死，而得君子疑焉，故以二日卒之也。

夏，齐侯、郑伯如纪。

外相如不书，此何以书？离不言会也。

天王使仍叔之子来聘。

仍叔之子者何？天子之大夫也。其称仍叔之子何？讥。何讥尔？讥父老子代从政也。

葬陈桓公。城祝丘。

秋，蔡人、卫人、陈人从王伐郑。

其言从王伐郑何？从王正也。

大雩。

大雩者何？旱祭也。则何以不言旱？言雩则旱见，言旱则雩不见。何以书？记灾也。

螺。

何以书？记灾也。

冬，州公如曹。

外相如不书，此何以书？过我也。

六　年

六年：春，正月，寔来。

“寔来”者何？犹曰“是人来”也。孰谓？谓州公也。曷为谓之“寔来”？慢之也。曷为慢之？化我也。

夏，四月，公会纪侯于成。

秋，八月壬午，大阅。

大阅者何？简车（徒）[②] 也。何以书？盖以罕书也。

蔡人杀陈佗。

---

① 怴当作怴，阮元《校勘记》详之。

② “徒”，涉昭十一年传而衍也。说见《经义述闻》。

陈佗者何？陈君也。陈君，则曷为谓之陈佗？绝也。曷为绝之？贱也。其贱奈何？外淫也。恶乎淫？淫于蔡。蔡人杀之。

九月丁卯，子同生。

“子同生”者孰谓？谓庄公也。何言乎“子同生”？喜有正也。未有言“喜有正”者，此其言“喜有正”何？久无正也。子公羊子曰：其诸以病桓与？

冬，纪侯来朝。

七　年

七年：春，二月己亥，焚咸丘。

焚之者何？樵之也。樵之者何？以火攻也。何言乎以火攻？疾始以火攻也。咸丘者何？邾娄之邑也。曷为不系乎邾娄？国之也。曷为国之？君存焉尔。

夏，穀伯绥来朝，邓侯吾离来朝。

皆何以名？失地之君也。其称侯朝何？贵者无后，待之以初也。

八　年

八年：春，正月己卯，烝。

烝者何？冬祭也，春曰祠，夏曰礿，秋曰尝，冬曰烝。常事不书，此何以书？讥。何讥尔？讥亟也。亟则黩，黩则不敬。君子之祭也，敬而不黩。疏则怠，怠则忘。士不及兹四者，则冬不裘，夏不葛。

天王使家父来聘。

夏，五月丁丑，烝。

何以书？讥亟也。

秋，伐邾娄。

冬，十月，雨雪。

何以书？记异也。何异尔？不时也。

祭公来，遂逆王后于纪。

祭公者何？天子之三公也。何以不称使？婚礼不称主人。遂者何？生事也。大夫无遂事，此其言遂何？成使乎我也。其成使乎我奈何？使我为媒可，则因用是往逆矣。女在其国称女，此其称王后何？王者无外，其辞成矣。

九 年

九年：春，纪季姜归于京师。

其辞成矣，则其称纪季姜何？自我言，纪父母之于子，虽为天王后，犹曰吾季姜。京师者何？天子之居也。京者何？大也。师者何？众也。天子之居，必以“众”“大”之辞言之。

夏，四月。

秋，七月。

冬，曹伯使其世子射姑来朝。

“诸侯来曰朝”，此世子也，其言朝何？《春秋》有“讥父老子代从政”者，则未知其在齐与？曹与？

十 年

十年：春，王正月庚申，曹伯终生卒。

夏，五月，葬曹桓公。

秋，公会卫侯于桃丘，弗遇。

会者何？期辞也。其言弗遇何？公不见要也。

冬，十有二月丙午，齐侯、卫侯、郑伯来战于郎。

郎者何？吾近邑也。吾近邑，则其言来战于郎何？近也。恶乎近？近乎围也。此偏战也，何以不言师败绩？内不言战，言战乃败矣。

十一年

十有一年：春，正月，齐人、卫人、郑人盟于恶曹。

夏，五月癸未，郑伯寤生卒。

秋，七月，葬郑庄公。

九月，宋人执郑祭仲。

祭仲者何？郑相也。何以不名？贤也。何贤乎祭仲？以为知权也。其为知权奈何？古者郑国处于留，先郑伯有善于郐公者，通乎夫人，以取其国而迁郑焉，而野留。庄公死，已葬，祭仲将往省于留，涂出于宋。宋人执之，谓之曰："为我出忽而立突！"祭仲不从其言，则君必死、国必亡；从其言，则君可以生易死，国可以存易亡；少辽缓之，则突可故出而忽可故反，是不可得则病，然后有郑国。古人之有权者，祭仲之权是也。权者何？权者反于经，然后有善者也。权之所设，舍死亡无所设。行权有道，自贬损以行权，不害人以行权。杀人以自生，亡人以自存，君子不为也。

突归于郑。

突何以名？挈乎祭仲也。其言归何？顺祭仲也。

郑忽出奔卫。

忽何以名？《春秋》伯子男一也，辞无所贬。

柔会宋公、陈侯、蔡叔盟于折。

柔者何？吾大夫之未命者也。

公会宋公于夫童。

冬，十有二月，公会宋公于阚。

十二年

十有二年：春，正月。

夏，六月壬寅，公会纪侯、莒子盟于殴蛇。

秋，七月丁亥，公会宋公、燕人盟于穀丘。

八月壬辰，陈侯跃卒。公会宋公于郯。

冬，十有一月，公会宋公于龟。丙戌，公会郑伯，盟于武父。丙戌，卫侯晋卒。

十有二月，及郑师伐宋。丁未，战于宋。

战不言伐，此其言伐何？辟嫌也。恶乎嫌？嫌与郑人战也。此偏战也，何以不言师败绩？内不言战，言战乃败矣。

十三年

十有三年：春，二月，公会纪侯、郑伯。己巳，及齐侯、宋公、卫侯、燕人战，齐师、宋师、卫师、燕师败绩。

曷为后日？恃外也。其恃外奈何？得纪侯、郑伯然后能为日也。内不言战，此其言战何？从外也。曷为从外？恃外，故从外也。何以不地？近也。恶乎近？近乎围。郎亦近矣，郎何以地？郎犹可以地也。

三月，葬卫宣公。

夏，大水。

秋，七月。

冬，十月。

十四年

十有四年：春，正月，公会郑伯于曹。

无冰。

何以书？记异也。

夏，五。郑伯使其弟语来盟。

“夏五”者何？无闻焉尔。

秋，八月壬申，御廪灾。

御廪者何？粢盛委之所藏也。“御廪灾”，何以书？记灾也。

乙亥，尝。

常事不书，此何以书？讥。何讥尔？讥尝也。曰：犹尝乎？御廪灾，不如勿尝而已矣。

冬，十有二月丁巳，齐侯禄父卒。

宋人以齐人、卫人、蔡人、陈人伐郑。

“以”者何？行其意也。

十五年

十有五年：春，二月，天王使家父来求车。

何以书？讥。何讥尔？王者无求，求车非礼也。

三月乙未，天王崩。

夏，四月己巳，葬齐僖公。

五月，郑伯突出奔蔡。

突何以名？夺正也。

郑世子忽复归于郑。

其称世子何？复正也。曷为或言归，或言复归？复归者，出恶，归无恶；复入者，出无恶，入有恶；入者，出、入恶；归者，出、入无恶。

许叔入于许。公会齐侯于鄗。

邾娄人、牟人、葛人来朝。

皆何以称人？夷狄之也。

秋，九月，郑伯突入于栎。

栎者何？郑之邑。曷为不言入于郑？末言尔。曷为末言尔？祭仲亡矣。然则曷为不言忽之出奔？言忽为君之微也，祭仲存则存矣，祭仲亡则亡矣。

冬，十有一月，公会齐侯、宋会、卫侯、陈侯于侈，伐郑。

十六年

十有六年：春，正月，公会宋公、蔡侯、卫侯于曹。

夏，四月，公会宋公、卫侯、陈侯、蔡侯，伐郑。

秋，七月，公至自伐郑。

冬，城向。

十有一月，卫侯朔出奔齐。

卫侯朔何以名？绝。曷为绝之？得罪于天子也。其得罪于天子奈何？见使守卫朔，而不能使卫小众，越在岱阴齐，属负兹舍，不即罪尔。

十七年

十有七年：春，正月丙辰，公会齐侯、纪侯盟于黄。

二月丙午，公及邾娄仪父盟于趡。

五月丙午，及齐师战于奚。

六月丁丑，蔡侯封人卒。

秋八月，蔡季自陈归于蔡。癸巳，葬蔡桓侯。

及宋人、卫人伐邾娄。

冬，十月朔，日有食之。

十八年

十有八年：春，王正月，公会齐侯于泺。

公夫人姜氏遂如齐。

公何以不言及夫人？夫人外也。夫人外者何？内辞也。其实夫人、外公也。

夏，四月丙子，公薨于齐。

丁酉，公之丧至自齐。

秋，七月。

冬，十有二月己丑，葬我君桓公。

贼未讨，何以书葬？仇在外也。仇在外，则何以书葬？君子辞也。

庄　公

元　年

元年：春，王正月。

公何以不言即位？《春秋》君弑，子不言即位。君弑则子何以不言即位？隐之也。孰隐？隐子也。

三月，夫人孙于齐。

孙者何？孙犹孙也。内讳奔，谓之孙。夫人固在齐矣，其言孙于齐何？念母也。正月以存君，念母以首事。夫人何以不称“姜氏”？贬。曷为贬？与弑公也。其与弑公奈何？夫人谮公于齐侯：“公曰：‘同非吾子，齐侯之子也。’”齐侯怒，与之饮酒，于其出焉使公子彭生送之；于其乘焉搚幹而杀之。念母者，所善也，则曷为于其念母焉贬？不与念母也。

夏，单伯逆王姬。

单伯者何？吾大夫之命乎天子者也。何以不称使？天子召而使之也。逆之者何？使我主之也。曷为使我主之？天子嫁女于诸侯，必使诸侯同姓者主之。诸侯嫁女于大夫，必使大夫同姓者主之。

秋，筑王姬之馆于外。

何以书？讥。何讥尔？筑之，礼也；于外，非礼也。于外何以非礼？筑于外，非礼也。其筑之何以礼？主王姬者，必为之改筑。主王姬者则曷为必为之改筑？于路寝则不可，小寝则嫌，群公子之舍则以卑矣，其道必为之改筑者也。

冬，十月乙亥，陈侯林卒。

王使荣叔来锡桓公命。

锡者何？赐也。命者何？加我服也。其言桓公何？追命也。

王姬归于齐。

何以书？我主之也。

齐师迁纪郱、鄑、郚。

迁之者何？取之也。取之，则曷为不言取之也？为襄公讳也。外取邑不书，此何以书？大之也。何大尔？自是始灭也。

二　年

二年：春，王二月，葬陈庄公。

夏，公子庆父帅师伐〔于〕馀丘。

“于馀丘”者何？邾娄之邑也。曷为不系乎邾娄？国之也。曷为国之？君存焉尔。

秋，七月，齐王姬卒。

外夫人不“卒”，此何以“卒”？录焉尔。曷为录焉尔？我主之也。

冬，十有二月，夫人姜氏会齐侯于禚。乙酉，宋公冯卒。

三　年

三年：春，王正月，溺会齐师伐卫。

溺者何？吾大夫之未命者也。

夏，四月，葬宋庄公。

五月，葬桓王。

此未有言“崩”者，何以书葬？盖改葬也。

秋，纪季以酅入于齐。

纪季者何？纪侯之弟也。何以不名？贤也。何贤乎纪季？服罪也。其服罪奈何？鲁子曰：请后五庙以存姑姊妹。

冬，公次于郎。

其言次于郎何？刺欲救纪而后不能也。

四　年

四年：春，王二月，夫人姜氏飨齐侯于祝丘。三月，纪伯姬卒。

夏，齐侯、陈侯、郑伯遇于垂。

纪侯大去其国。

大去者何？灭也。孰灭之？齐灭之。曷为不言齐灭之？为襄公讳也。《春秋》为贤者讳，何贤乎襄公？复仇也。何仇尔？远祖也。哀公亨乎周，纪侯谮之。以襄公之为于此焉者，事祖祢之心尽矣。尽者何？襄公将复仇乎纪，卜之曰："师丧分焉，寡人死之，不为不吉也。"远祖者，几世乎？九世矣！九世犹可以复仇乎？虽百世可也。家亦可乎？曰：不可。国何以可？国、君一体也。先君之耻，犹今君之耻也。今君之耻，犹先君之耻也。国、君何以为一体？国君以国为体，诸侯世，故国、君为一体也。今纪无罪，此非怒与？曰：非也。古者有明天子，则纪侯必诛，必无纪（者）[①]。纪侯之不诛，至今有纪者，犹无明天子也。古者诸侯必有会聚之事，相朝聘之道，号辞必称先君以相接，然则齐、纪无说焉，不可以并立乎天下。故将去纪侯者，不得不去纪也。有明天子，则襄公得为若行乎？曰：不得也。不得，则襄公曷为为之？上无天子，下无方伯，缘恩疾者可也。

六月乙丑，齐侯葬纪伯姬。

外夫人不书葬，此何以书？隐之也。何隐尔？其国亡矣，徒葬于齐尔。此复仇也，曷为葬之？灭其可灭，葬其可葬。此其为可葬奈何？复仇者，非将杀之，逐之也；以为虽遇纪侯之殡，亦

---

① 此"者"字衍，王氏《经义述闻》已言之。

将葬之也。

秋，七月。

冬，公及齐人狩于郜。

公曷为与微者狩？齐侯也。齐侯，则其称人何？讳与仇狩也。前此者有事矣，后此者有事矣，则曷为独于此焉讥？于仇者，将壹讥而已，故择其重者而讥焉，莫重乎其与仇狩也。于仇者则曷为将壹讥而已？仇者无时，焉可与通！通则无大讥。不可胜讥，故将壹讥而已，其余从同（同）。

五　年

五年：春，王正月。夏，夫人姜氏如齐师。

秋，倪黎来来朝。

倪者何？小邾娄也。小邾娄则曷为谓之倪？未能以其名通也。黎来者何？名也。其名何？微国也。

冬，公会齐人、宋人、陈人、蔡人伐卫。

此伐卫何？纳朔也。曷为不言纳卫侯朔？辟王也。

六　年

六年：春，王三月，王人子突救卫。

王人者何？微者也。子突者何？贵也。贵则其称人何？系诸人也。曷为系诸人？王人耳。

夏，六月，卫侯朔入于卫。

卫侯朔何以名？绝。曷为绝之？犯命也。其言入何？篡辞也。

秋，公至自伐卫。

曷为或言致会？或言致伐？得意，致会；不得意，致伐。“卫侯朔入于卫”，何以致伐？不敢胜天子也。

螟。

冬，齐人来归卫宝。

此卫宝也，则齐人曷为来归之？卫人归之也。卫人归之，则其称齐人何？让乎我也。其让乎我奈何？齐侯曰：此非寡人之力，鲁侯之力也。

七　年

七年：春，夫人姜氏会齐侯于防。

夏，四月辛卯夜，恒星不见；夜中，星霣如雨。

恒星者何？列星也。列星不见，〔则〕[①] 何以知？夜之中星反也。如雨者何？如雨者，非雨也。非雨，则曷为谓之如雨？《不修春秋》曰："雨星不及地尺而复。"君子修之，曰："星霣如雨。"何以书？记异也。

秋，大水。

无麦苗。

无苗，则曷为先言无麦而后言无苗？一灾不书，待无麦然后书"无苗"。何以书？记灾也。

冬，夫人姜氏会齐侯于穀。

八　年

八年：春，王正月，师次于郎，以俟陈人、蔡人。

次不言俟，此其言俟何？托不得已也。

甲午，(祠)〔治〕兵。

(祠)〔治〕兵者何？出曰（祠）〔治〕兵，入曰振旅，其礼一也，皆习战也。何言乎（祠）〔治〕兵？为久也。曷为为久？吾将以甲午之日，然后（祠）〔治〕[②] 兵于是。

夏，师及齐师围成，成降于齐师。

---

① 据阮元《校勘记》补入。

② 祠当作治，阮元《校勘记》详之。

成者何？盛也。盛则曷为谓之成？讳灭同姓也。曷为不言降吾师？辟之也。

秋，师还。

还者何？善辞也。此灭同姓，何善尔？病之也，曰："师病矣！"曷为病之？非师之罪也。

冬，十有一月癸未，齐无知弑其君诸儿。

九　年

九年：春，齐人杀无知。公及齐大夫盟于暨。

公曷为与大夫盟？齐无君也。然则何以不名？为其讳与大夫盟也，使若众然。

夏，公伐齐纳纠。

纳者何？入辞也。其言伐之何？伐而言纳者，犹不能纳也。纠者何？公子纠也。何以不称公子？君前臣名也。

齐小白入于齐。

曷为以国氏？当国也。其言入何？篡辞也。

秋，七月丁酉，葬齐襄公。

八月庚申，及齐师战于乾时，我师败绩。

内不言败，此其言败何？伐败也。曷为伐败？复仇也。此复仇乎大国，曷为使微者？公也。公则曷为不言公？不与公复仇也。曷为不与公复仇？复仇者在下也。

九月，齐人取子纠杀之。

其〔言〕[①] 取之何？内辞也。胁我，使我杀之也。其称子纠何？贵也。其贵奈何？宜为君者也。

冬，浚洙。

洙者何？水也。浚之者何？深之也。曷为深之？畏齐也。曷

① 据《唐石经》与《公羊传》文例补入。

为畏齐也？辞（役）〔杀〕子纠也。

十　年

十年：春，王正月，公败齐师于长勺。

二月，公侵宋。

曷为或言侵，或言伐？粗者曰侵，精者曰伐；战不言伐，围不言战；入不言围，灭不言入：书其重者也。

三月，宋人迁宿。

迁之者何？不通也，以地还之也。子沈子曰：不通者，盖因而臣之也。

夏，六月，齐师、宋师次于郎，公败宋师于乘丘。

其言次于郎何？伐也。伐则其言次何？齐与伐而不与战，故言伐也。我能败之，故言次也。

秋，九月，荆败蔡师于莘，以蔡侯献舞归。

荆者何？州名也。州不若国，国不若氏，氏不若人，人不若名，名不若字，字不若子。

蔡侯献舞何以名？绝。曷为绝之？获也。曷为不言其获？不与夷狄之获中国也。

冬，十月，齐师灭谭，谭子奔莒。

何以不言出？国已灭矣，无所出也。

十一年

十有一年：春，王正月。

夏，五月戊寅，公败宋师于鄑。

秋，宋大水。

何以书？记灾也。外灾不书，此何以书？及我也。

冬，王姬归于齐。

何以书？过我也。

十二年

十有二年：春，王三月，纪叔姬归于酅。

其言归于酅何？隐之也。何隐尔？其国亡矣，徒归于叔尔也。

夏，四月。

秋，八月甲午，宋万弑其君接，及其大夫仇牧。

及者何？累也。弑君多矣，舍此无累者乎？孔父、荀息皆累也。舍孔父、荀息无累者乎？曰：有。有则此何以书？贤也。何贤乎仇牧？仇牧可谓不畏彊御矣。其不畏彊御奈何？万尝与庄公战，获乎庄公。庄公归，散舍诸宫中；数月，然后归之。归反为大夫于宋。与闵公博，妇人皆在侧。万曰："甚矣，鲁侯之淑，鲁侯之美也！天下诸侯宜为君者，唯鲁侯尔！"闵公矜此妇人，妒其言，顾曰："此虏也！——尔虏焉（故）〔知〕[①] 鲁侯之美恶乎至？"（至）〔致〕[②] 万怒，搏闵公，绝其脰。仇牧闻君弑，趋而至；遇之于门，手剑而叱之。万（臂摋）〔辟杀〕[③] 仇牧，碎其首，齿著乎门阖。仇牧可谓不畏彊御矣。

冬，十月，宋万出奔陈。

十三年

十有三年：春，齐侯、宋人、陈人、蔡人、邾娄人会于北杏。

夏，六月，齐人灭遂。

秋，七月。

冬，公会齐侯盟于柯。

何以不日？易也。其易奈何？桓之盟不日，其会不致，信之

---

① 据《春秋繁露·王道》、《韩诗外传》卷八引文改。

② 据《春秋繁露·王道》、《韩诗外传》卷八引文改。

③ 据《经义述闻》改。阮元《校勘记》亦以为臂当作辟。

也。其不日何以始乎此？庄公将会乎桓，曹子进曰："君之意何如？"庄公曰："寡人之生，则不若死矣！"曹子曰："然则君请当其君，臣请当其臣。"庄公曰："诺！"于是会乎桓。庄公升坛，曹子手剑而从之。管子进曰："君何求乎？"曹子曰："城坏压竟，君不图与？"管子曰："然则君将何求？"曹子曰："愿请汶阳之田。"管子顾曰："君许诺！"桓公曰："诺！"曹子请盟。桓公下，与之盟。已盟，曹子摽剑而去之。要盟可犯，而桓公不欺；曹子可仇，而桓公不怨。桓公之信著乎天下，自柯之盟始焉。

十四年

十有四年：春，齐人、陈人、曹人伐宋。

夏，单伯会伐宋。

其言会伐宋何？后会也。

秋，七月，荆入蔡。

冬，单伯会齐侯、宋公、卫侯、郑伯于鄄。

十五年

十有五年：春，齐侯、宋公、陈侯、卫侯、郑伯会于鄄。

夏，夫人姜氏如齐。

秋，宋人，齐人、邾娄人伐儿。郑人侵宋。

冬，十月。

十六年

十有六年：春，王正月。

夏，宋人、齐人、卫人伐郑。

秋，荆伐郑。

冬，十有二月，（公会）[1] 齐侯、宋公、陈侯、卫侯、郑伯、许男、曹伯、滑伯、滕子同盟于幽。

同盟者何？同欲也。

邾娄子克卒。

十七年

十有七年：春，齐人执郑瞻。

郑瞻者何？郑之微者也。此郑之微者，何言乎齐人执之？书（甚）〔其〕[2] 佞也。

夏，齐人瀸于遂。

瀸者何？瀸，积也，众杀戍者也。

秋，郑瞻自齐逃来。

何以书？书（甚）〔其〕[3] 佞也。曰：佞人来矣，佞人来矣！

冬，多麋。

何以书，记异也。

十八年

十有八年：春，王正月，日有食之。

夏，公追戎于济西。

此未有（言）[4] 伐者，其言追何？大其为中国追也。此未有伐中国者，则其言为中国追何？大其未至而豫御之也。其言“于济西”何？人之也。

秋，有蜮。

---

① 阮元《校勘记》以为“公会”二字衍文，其说是。

② 甚当作其，字之讹也。

③ 甚当作其，字之讹也。

④ 此“言”字衍，说见《经义述闻》。

何以书？记异也。

冬，十月。

十九年

十有九年：春，王正月。

夏，四月。

秋，公子结媵陈人之妇于鄄，遂及齐侯、宋公盟。

媵者何？诸侯娶一国，则二国往媵之，以侄娣从。侄者何？兄之子也。娣者何？〔女〕[①] 弟也。诸侯壹聘九女。诸侯不再娶。

媵不书，此何以书？为其有遂事，书。大夫无遂事，此其言“遂”何？聘礼：大夫受命，不受辞；出竟，有可以安社稷、利国家者，则专之可也。

夫人姜氏如莒。

冬，齐人、宋人、陈人伐我西鄙。

二十年

二十年：春，王二月，夫人姜氏如莒。

夏，齐大灾。

大灾者何？大瘠也。大瘠者何？痢也。何以书？记灾也。外灾不书，此何以书？及我也。

秋，七月。

冬，齐人伐戎。

二十一年

二十有一年：春，王正月。

---

① “女”字脱，说见《经义述闻》。

夏，五月辛酉，郑伯突卒。

秋，七月戊戌，夫人姜氏薨。

冬，十有二月，葬郑厉公。

二十二年

二十有二年：春，王正月，肆大省。

肆者何？跌也。大省者何？灾省也。“肆大省”，何以书？讥。何讥尔？讥始忌省也。

癸丑，葬我小君文姜。

文姜者何？庄公之母也。

陈人杀其公子御寇。

夏，五月。

秋，七月丙申，及齐高傒盟于防。

齐高傒者何？贵大夫也。曷为就吾微者而盟？公也。公则曷为不言公？讳与大夫盟也。

冬，公如齐纳币。

纳币不书，此何以书？讥。何讥尔？亲纳币，非礼也。

二十三年

二十有三年：春，公至自齐。

桓之盟不日，其会不致，信之也。此之桓国何以致？危之也。何危尔？公一陈佗也。

祭叔来聘。

夏，公如齐观社。

何以书？讥。何讥尔？诸侯越竟观社，非礼也。

公至自齐。荆人来聘。

荆何以称人？始能聘也。

公及齐侯遇于穀。

萧叔朝公。

其言朝公何？公在外也。

秋，丹桓宫楹。

何以书？讥。何讥尔？丹桓宫楹，非礼也。

冬，十有一月，曹伯射姑卒。

十有二月甲寅，公会齐侯盟于扈。

桓之盟不日，此何以日？危之也。何危尔？我贰也。鲁子曰：我贰者，非彼然，我然也。

二十四年

二十有四年：春，王三月，刻桓宫桷。

何以书？讥。何讥尔？刻桓宫桷，非礼也。

葬曹庄公。

夏，公如齐逆女。

何以书？亲迎，礼也。

秋，公至自齐。八月丁丑，夫人姜氏入。

其言入何？难也。其言日何？难也。其难奈何？夫人不偻，不可使入，与公有所约然后入。

戊寅，大夫宗妇觌，用币。

宗妇者何？大夫之妻也。觌者何？见也。用者何？用者不宜用也。见用币，非礼也。然则曷用？枣栗云乎？腶脩云乎？

大水。

冬，戎侵曹，曹羁出奔陈。

曹羁者何？曹大夫也。曹无大夫，此何以书？贤也。何贤乎曹羁？戎将侵曹，曹羁谏曰："戎众以无义，君请勿自敌也。"曹伯曰："不可。"三谏不从，遂去之。故君子以为得君臣之义也。

赤归于曹郭公。

赤者何？曹无赤者，盖郭公也。郭公者何？失地之君也。

二十五年

二十有五年：春，陈侯使女叔来聘。

夏，五月癸丑，卫侯朔卒。

六月辛未朔，日有食之，鼓、用牲于社。

日食则曷为鼓、用牲于社？求乎阴之道也。以朱丝营社，或曰胁之，或曰为暗，恐人犯之，故营之。

伯姬归于杞。

秋，大水；鼓，用牲于社、于门。

其言“于社，于门”何？于社，礼也，于门，非礼也。

冬，公子友如陈。

二十六年

二十有六年：〔春，〕[①] 公伐戎。

夏，公至自伐戎。

曹杀其大夫。

何以不名？众也。曷为众杀之？不死于曹君者也。君死乎位曰灭，曷为不言其灭？为曹羁讳也。此盖战也，何以不言战？为曹羁讳也。

秋，公会宋人、齐人伐徐。

冬，十有二月癸亥朔，日有食之。

二十七年

二十有七年：春，公会杞伯姬于洮。

---

① 此处当补入春字，阮元《校勘记》详之。

夏，六月，公会齐侯、宋公、陈侯、郑伯，同盟于幽。

秋，公子友如陈，葬原仲。

原仲者何？陈大夫也。大夫不书葬，此何以书？通乎季子之私行也。何通乎季子之私行？辟内难也。君子辟内难，而不辟外难。内难者何？公子庆父、公子牙、公子友，皆庄公之母弟也。公子庆父、公子牙通乎夫人以胁公。季子起而治之则不得与于国政，坐而视之则亲亲，因不忍见也，故于是复请至于陈而葬原仲也。

冬，杞伯姬来。

其言来何？直来曰来，大归曰来归。

莒庆来逆叔姬。

莒庆者何？莒大夫也。莒无大夫，此何以书？讥。何讥尔？大夫越竟逆女，非礼也。

杞伯来朝。

公会齐侯于城濮。

二十八年

二十有八年：春，王三月甲寅，齐人伐卫。卫人及齐人战，卫人败绩。

伐不日，此何以日？至之日也。战不言伐，此其言伐何？至之日也。《春秋》伐者为客，伐者为主，故使卫主之也。曷为使卫主之？卫未有罪尔。败者称师，卫何以不称师？未得乎师也。

夏，四月丁未，邾娄子琐卒。

秋，荆伐郑，公会齐人、宋人、邾娄人救郑。

冬，筑微。大无麦禾。

冬，既见无麦禾矣，曷为先言筑微而后言无麦禾？讳以凶年造邑也。

臧孙辰告籴于齐。

告籴者何？请籴也。何以不称使？以为臧孙辰之私行也。曷为以臧孙辰之私行？君子之为国也，必有三年之委。一年不熟告籴，讥也。

二十九年

二十有九年：春，新延厩。

新延厩者何？修旧也。修旧不书，此何以书？讥。何讥尔？凶年不修。

夏，郑人侵许。

秋，有蜚。

何以书？记异也。

冬，十有二月，纪叔姬卒。城诸及防。

三十年

三十年：春，王正月。

夏，师次于成。

秋，七月，齐人降鄣。

鄣者何？纪之遗邑也。降之者何？取之也。取之，则曷为不言“取之”？为桓公讳也。外取邑不书，此何以书？尽也。

八月癸亥，葬纪叔姬。

外夫人不书葬，此何以书？隐之也。何隐尔？其国亡矣，徒葬乎叔尔。

九月庚午朔，日有食之，鼓，用牲于社。

冬，公及齐侯遇于鲁济。齐人伐山戎。

此齐侯也，其称人何？贬。曷为贬？子司马子曰：“盖以操之为已（蹙）〔戚〕矣。”此盖战也，何以不言战？《春秋》敌者言战；桓公之与戎狄，驱之尔。

三十一年

三十有一年：春，筑台于郎。

何以书？讥。何讥尔？临民之所漱浣也。

夏，四月，薛伯卒。

筑台于薛。

何以书？讥。何讥尔？远也。

六月，齐侯来献戎捷。

齐，大国也，曷为亲来献戎捷？威我也。其威我奈何？旗获而过我也。

秋，筑台于秦。

何以书？讥。何讥尔？临国也。

冬，不雨。

何以书？记异也。

三十二年

三十有二年：春，城小穀。

夏，宋公、齐侯遇于梁丘。

秋，七月癸巳，公子牙卒。

何以不称弟？杀也。杀则曷为不言刺〔之〕？为季子讳杀也，曷为为季子讳杀？季子之遏恶也，不以为国狱。缘季子之心而为之讳。季子之遏恶奈何？庄公病，将死，以病召季子；季子至而授之以国政，曰："寡人即不起此病，吾将焉致乎鲁国？"季子曰："般也存，君何忧焉！"公曰："庸得若是乎？牙谓我曰：'鲁一生一及，君已知之矣。庆父也存。'"季子曰："夫何敢？是将为乱乎？夫何敢！"俄而牙弑械成，季子和药而饮之，曰："公子从吾言而饮此，则必可以无为天下戮笑，必有后乎鲁国。不从吾言而不饮此，则必为天下戮笑，必无后乎鲁国。"于是从其言而饮之；饮之无傫氏，至乎王堤而死。公子牙今将尔，辞曷为与亲弑者同？君亲无将，将而诛焉。然则善之与？曰：然。杀世子母弟，直称君者，甚之也。季子杀母兄何善尔？诛不得辟兄，君臣之义也。然则曷为不直诛而鸩之？行诛乎兄，隐而逃之，使托若以疾死然，亲亲之道也。

八月癸亥，公薨于路寝。

路寝者何？正寝也。

冬，十月（乙）〔己〕[①] 未，子般卒。

子卒云子卒，此其称子般卒何？君存称世子，君薨称子某，既葬称子，逾年称公。

子般卒，何以不书葬？未逾年之君也。有子则庙，庙葬书葬。无子不庙，不庙则不书葬。

公子庆父如齐。

狄伐邢。

① “乙”，《春秋左传》作“己”。据杜氏《春秋长历》，是月无乙未，作己是也。

闵　公

元　年

元年：春，王正月。

公何以不言即位？继弑君，不言即位。孰继？继子般也。孰弑子般？庆父也。杀公子牙，今将尔，季子不免。庆父弑君，何以不诛？将而不免，遏恶也；既而不可及，因狱有所归，不探其情而诛焉，亲亲之道也。

恶乎归狱？归狱仆人邓扈乐。曷为归狱仆人邓扈乐？庄公存之时，乐曾淫于宫中，子般执而鞭之。庄公死，庆父谓乐曰："般之辱尔，国人莫不知。盍（弑）〔杀〕之矣？"使（弑）〔杀〕子般。然后诛邓扈乐而归狱焉，季子至而不变也。

齐人救邢。

夏，六月辛酉，葬我君庄公。

秋，八月，公及齐侯盟于洛姑。

季子来归。

其称季子何？贤也。其言来归何？喜之也。

冬，齐仲孙来。

齐仲孙者何？公子庆父也。公子庆父，则曷为谓之齐仲孙？系之齐也。曷为系之齐？外之也。曷为外之？《春秋》为尊者讳，为亲者讳，为贤者讳。子女子曰："以《春秋》为《春秋》，齐无仲孙，其诸吾仲孙与？"

二 年

二年：春，王正月，齐人迁阳。

夏，五月乙酉，吉禘于庄公。

其言吉何？言吉者，未可以吉也。曷为未可以吉？未三年也。三年矣，曷为谓之未三年？三年之丧，实以二十五月。其言于庄公何？未可以称宫庙也。曷为未可以称宫庙？在三年之中矣。“吉禘于庄公”，何以书？讥。何讥尔？讥始不三年也。

秋，八月辛丑，公薨。

公薨何以不地？隐之也。何隐尔？弑也。孰弑之？庆父也。杀公子牙，今将尔，季子不免。庆父弑二君，何以不诛？将而不免，遏恶也；既而不可及，缓追逸贼，亲亲之道也。

九月，夫人姜氏孙于邾娄。公子庆父出奔莒。

冬，齐高子来盟。

高子者何？齐大夫也。何以不称使？我无君也。然则何以不名？喜之也。何喜尔？正我也。其正我奈何？庄公死，子般弑，闵公弑，此三君死，旷年无君。设以齐取鲁，曾不兴师，徒以言而已矣。桓公使高子将南阳之甲，立僖公而城鲁，或曰自鹿门至于争门者是也，或曰自争门至于吏门者是也。鲁人至今以为美谈，曰：犹望高子也。

十有二月，狄入卫。

郑弃其师。

郑弃其师者何？恶其将也。郑伯恶高克，使之将，逐而不纳，弃师之道也。

僖 公

元 年

元年：春，王正月。

公何以不言即位？继弑君，子不言即位。此非子也，其称子何？臣子一例也。

齐师、宋师、曹师次于聂北，救邢。

救不言次，此其言次何？不及事也。不及事者何？邢已亡矣。孰亡之？盖狄灭之。曷为不言狄灭之？为桓公讳也。曷为为桓公讳？上无天子，下无方伯，天下诸侯有相灭亡者，桓公不能救，则桓公耻之。

曷为先言次而后言救？君也。君则其称师何？不与诸侯专封也。曷为不与？实与而文不与。文曷为不与？诸侯之义不得专封也。诸侯之义不得专封，则其曰实与之何？上无天子，下无方伯，天下诸侯有相灭亡者，力能救之，则救之可也。

夏，六月，邢迁于陈仪。

迁者何？其意也。迁之者何？非其意也。

齐师、宋师、曹师城邢。

此一事也，曷为复言齐师、宋师、曹师？不复言师，则无以知其为一事也。

秋，七月戊辰，夫人姜氏薨于夷，齐人以归。

夷者何？齐地也。齐地，则其言“齐人以归”何？夫人薨于夷，则齐人以归。夫人薨于夷，则齐人曷为以归？桓公召而缢杀之。

楚人伐郑。

八月，公会齐侯、宋公、郑伯、曹伯、邾娄人于柽。九月，公败邾娄师于缨。

冬，十月壬午，公子友帅师，败莒师于犁，获莒挐。

莒挐者何？莒大夫也。莒无大夫，此何以书？大季子之获也。何大乎季子之获？季子治内难以正，御外难以正。其御外难以正奈何？公子庆父弑闵公，走而之莒，莒人逐之；将由乎齐，齐人不纳；却反舍于汶水之上，使公子奚斯入请。季子曰："公子不可以入。入则杀矣！"奚斯不忍反命于庆父，自南涘北面而哭。庆父闻之，曰："嘻！此奚斯之声也。诺，已！"曰："吾不得入矣！"于是抗辀经而死。莒人闻之，曰："吾已得子之贼矣。"以求赂乎鲁，鲁人不与。为是兴师而伐鲁，季子待之以偏战。

十有二月丁巳，夫人氏之丧至自齐。

夫人何以不称姜氏？贬。曷为贬？与弑公也。然则曷为不于弑焉贬？贬必于〔其〕① 重者，莫重乎其以丧至也。

二　年

二年：春，王正月，城楚丘。

孰城〔之〕？城卫也。曷为（不言）城卫？灭也。孰灭之？盖狄灭之。曷为不言狄灭之？为桓公讳也。曷为为桓公讳？上无天子，下无方伯，天下诸侯有相灭亡者，桓公不能救，则桓公耻之也。然则孰城之？桓公城之。曷为不言桓公城之？不与诸侯专封也。曷为不与？实与而文不与。文曷为不与？诸侯之义不得专封。诸侯之义不得专封，则其曰实与之何？上无天子，下无方伯，天下诸侯有相灭亡者，力能救之则救之可也。

① 据阮元《校勘记》补入。

夏，五月辛巳，葬我小君哀姜。

哀姜者何？庄公之夫人也。

虞师晋师灭夏阳。

虞，微国也。曷为序乎大国之上？使虞首恶也。曷为使虞首恶？虞受赂，假灭国者道，以取亡焉。其受赂奈何？献公朝诸大夫而问焉，曰："寡人夜者寝而不寐，其意也何？"诸大夫有进对者曰："寝不安与？其诸侍御有不在侧者与？"献公不应，荀息进曰："虞、郭见与？"献公揖而进之，遂与之入而谋曰："吾欲攻郭，则虞救之；攻虞，则郭救之。如之何？愿与子虑之！"荀息对曰："君若用臣之谋，则今日取郭而明日取虞尔。君何忧焉？"献公曰："然则奈何？"荀息曰："请以屈产之乘与垂棘之白璧往，必可得也。则宝出之内藏，藏之外府；马出之内厩，系之外厩尔：君何丧焉！"献公曰："诺！虽然，宫之奇存焉，如之何？"荀息曰："宫之奇知则知矣，虽然，虞公贪而好宝，见宝必不从其言，请终以往！"于是终以往，虞公见宝，许诺。宫之奇果谏："《记》曰：'唇亡则齿寒。'虞、郭之相救，非相为赐。——则晋今日取郭，而明日虞从而亡尔。君请勿许也！"虞公不从其言，终假之道以取郭还。四年，反取虞。虞公抱宝牵马而至，荀息见曰："臣之谋何如？"献公曰："子之谋则已行矣，宝则吾宝也；虽然，吾马之齿亦已长矣。"盖戏之也。

夏阳者何？郭之邑也。曷为不系于郭？国之也。曷为国之？君存焉尔。

秋，九月，齐侯、宋公、江人、黄人盟于贯泽。"江人、黄人"者何？远国之辞也。远国至矣，则中国曷为独言齐、宋至尔？大国言齐、宋，远国言江、黄，则以其余为莫敢不至也。

冬，十月，不雨。

何以书？记异也。

楚人侵郑。

三　年

三年：春，王正月，不雨。夏，四月，不雨。

何以书？记异也。

徐人取舒。

其言取之何？易也。

六月，雨。

其言“六月，雨”何？上雨而不甚也。

秋，齐侯、宋公、江人、黄人会于阳穀。

此大会也，曷为末言尔？桓公曰：“无障谷。无贮粟。无易树子。无以妾为妻。”

冬，公子友如齐莅盟。

莅盟者何？往盟乎彼也。其言来盟者何？来盟于我也。

楚人伐郑。

四　年

四年：春，王正月，公会齐侯、宋公、陈侯、卫侯、郑伯、许男、曹伯侵蔡。蔡溃。

溃者何？下叛上也。国曰溃，邑曰叛。

遂伐楚，次于陉。

其言次于陉何？有俟也。孰俟？俟屈完也。

夏，许男新臣卒。

楚屈完来盟于师，盟于召陵。

屈完者何？楚大夫也。何以不称使？尊屈完也。曷为尊屈完？以当桓公也。其言“盟于师，盟于召陵”何？师在召陵也。师在召陵，则曷为再言盟？喜服楚也。何言乎喜服楚？楚有王者则后服，无王者则先叛，——夷狄也，而亟病中国。南夷与北狄交，中国不绝若线。桓公救中国而攘夷狄，卒帖荆，以此为王者之事也。

其言来何？与桓为主也。前此者有事矣，后此者有事矣，则曷为独于此焉？与桓公为主，序绩也。

齐人执陈袁涛涂。

涛涂之罪何？辟军之道也。其辟军之道奈何？涛涂谓桓公曰：“君既服南夷矣，何不还师滨海而东，服东夷且归？”桓公曰：“诺！”于是还师，滨海而东，大陷于沛泽之中，顾而执涛涂。

执者曷为或称侯，或称人？称侯而执者，伯讨也；称人而执者，非伯讨也。此执有罪，何以不得为伯讨？古者周公东征则西国怨，西征则东国怨。桓公假涂于陈而伐楚，则陈人不欲其反由己者，师不正故也。不修其师而执涛涂，古人之讨则不然也。

秋，及江人、黄人伐陈。

八月，公至自伐楚。

楚已服矣，何以致伐楚？叛盟也。

葬许缪公。

冬，十有二月，公孙慈帅师，会齐人、宋人、卫人、郑人、许人、曹人侵陈。

五　年

五年：春，晋侯杀其世子申生。

曷为直称晋侯以杀？杀世子、母弟直称君者，甚之也。

杞伯姬来朝其子。

其言“来朝其子”何？内辞也。与其子俱来朝也。

夏，公孙慈如牟。公及齐侯、宋公、陈侯、卫侯、郑伯、许男、曹伯会王世子于首戴。

曷为殊会王世子？世子贵也，世子，犹世世子也。

秋，八月，诸侯盟于首戴。

诸侯何以不序？一事而再见者，前目而后凡也。

郑伯逃归不盟。

其言逃归不盟者何？不可使盟也。不可使盟，则其言逃归何？鲁子曰：盖不以寡犯众也。

楚人灭弦，弦子奔黄。

九月戊申朔，日有食之。

冬，晋人执虞公。

虞已灭矣，其言执之何？不与灭也。曷为不与灭？灭者，亡国之善辞也。灭者，上下之同力者也。

六　年

六年：春，王正月。

夏，公会齐侯、宋公、陈侯、卫侯、曹伯伐郑，围新城。

邑不言围，此其言围何？彊也。

秋，楚人围许，诸侯遂救许。

冬，公至自伐郑。

七　年

七年：春，齐人伐郑。

夏，小邾娄子来朝。

郑杀其大夫申侯。

其称国以杀何？称国以杀者，君杀大夫之辞也。

秋，七月，公会齐侯、宋公、陈世子款、郑世子华盟于宁母。

曹伯般卒。

公子友如齐。

冬，葬曹昭公。

八　年

八年：春，王正月，公会王人、齐侯、宋公、卫侯、许男、曹伯、陈世子款（郑世子华）[①]，盟于洮。

王人者何？微者也。曷为序乎诸侯之上？先王命也。

郑伯乞盟。

乞盟者何？处其所而请与也。其处其所而请与奈何？盖酌之也。

夏，狄伐晋。

秋，七月，禘于太庙，用致夫人。

用者何？用者不宜用也。致者何？致者不宜致也。禘用致夫人，非礼也。

夫人何以不称姜氏？贬。曷为贬？讥以妾为妻也。其言以妾为妻奈何？盖胁于齐媵女之先至者也。

冬，十有二月丁未，天王崩。

九　年

九年：春，王三月丁丑，宋公御说卒。

何以不书葬？为襄公讳也。

夏，公会宰周公、齐侯、宋子、卫侯、郑伯、许男、曹伯于癸丘。

宰周公者何？天子之为政者也。

秋，七月乙酉，伯姬卒。

此未适人，何以“卒”？许嫁矣。妇人许嫁，字而笄之；死，则以成人之丧治之。

九月戊辰，诸侯盟于葵丘。

桓之盟不日，此何以日？危之也。何危尔？贯泽之会，桓公有忧中国之心。不召而至者，江人、黄人也。葵丘之会，桓公震而矜之，叛者九国。震之者何？犹曰振振然。矜之者何？犹曰

① 此四字为衍文，阮元《校勘记》详之。

“莫若我”也。

甲戌，晋侯诡诸卒。

冬，晋里克弒其君之子奚齐。

此未逾年之君，其言弒其君之子奚齐何？（杀）〔弒〕未逾年君之号也。

十　年

十年：春，王正月，公如齐。狄灭温，温子奔卫。

晋里克弒其君卓子，及其大夫荀息。

及者何？累也。弒君多矣，舍此无累者乎？曰：有。孔父、仇牧皆累也。舍孔父、仇牧无累者乎？曰：有。有则此何以书？贤也。何贤乎荀息？荀息可谓不食其言矣。其不食其言奈何？奚齐、卓子者，骊姬之子也，荀息傅焉。骊姬者，国色也。献公爱之甚，欲立其子，于是杀世子申生。申生者，里克傅之。献公病将死，谓荀息曰：“士何如则可谓之信矣？”荀息对曰：“使死者反生，生者不愧乎其言，则可谓信矣。”献公死，奚齐立。里克谓荀息曰：“君杀正而立不正，废长而立幼，如之何？愿与子虑之！”荀息曰：“君尝讯臣矣，臣对曰：‘使死者反生，生者不愧乎其言，则可谓信矣。’”里克知其不可与谋，退，弒奚齐。荀息立卓子，里克弒卓子，荀息死之。荀息可谓不食其言矣！

夏，齐侯、许男伐北戎。晋杀其大夫里克。

里克弒二君，则曷为不以讨贼之辞言之？惠公之大夫也。然则孰立惠公？里克也。里克弒奚齐、卓子，逆惠公而入。里克立惠公，则惠公曷为杀之？惠公曰：“尔既杀夫二孺子矣，又将图寡人，——为尔君者不亦病乎！”于是杀之。然则曷为不言惠公之入？晋之不言出入者，踊为文公讳也。齐小白入于齐，则曷为不为桓公讳？桓公之享国也长，美见乎天下，故不为之讳本恶也。文公之享国也短，美未见乎天下，故为之讳本恶也。

秋，七月。

冬，大雨雹。

何以书？记异也。

十一年

十有一年：春，晋杀其大夫丕郑父。

夏，公及夫人姜氏会齐侯于阳縠。

秋，八月，大雩。

冬，楚人伐黄。

十二年

十有二年：春，王三月庚午，日有食之。夏，楚人灭黄。秋，七月。冬，十有二月丁丑，陈侯处臼卒。

十三年

十有三年：春，狄侵卫。

夏，四月，葬陈宣公。

公会齐侯、宋公、陈侯、卫侯、郑伯、许男、曹伯于咸。

秋，九月，大雩。

冬，公子友如齐。

十四年

十有四年：春，诸侯城缘陵。

孰城之？城杞也。曷为城杞？灭也。孰灭之？盖徐、莒胁之。曷为不言徐、莒胁之，为桓公讳也。曷为为桓公讳？上无天子，下无方伯，天下诸侯有相灭亡者，桓公不能救，则桓公耻之也。

然则孰城之？桓公城之。曷为不言桓公城之？不与诸侯专封也。曷为不与？实与而文不与。文曷为不与？诸侯之义不得专封也。诸侯之义不得专封，则其曰实与之何？上无天子，下无方伯，天下诸侯有相灭亡者，力能救之，则救之可也。

夏，六月，季姬及鄫子遇于防，使鄫子来朝。

鄫子曷为使乎季姬来朝？内辞也。非使来朝，使来请己也。

秋，八月辛卯，沙鹿崩。

沙鹿者何？河上之邑也。此邑也，其言崩何？袭邑也。沙鹿崩何以书？记异也。外异不书，此何以书？为天下记异也。

狄侵郑。

冬，蔡侯肸卒。

十五年

十有五年：春，王正月，公如齐。楚人伐徐。

三月，公会齐侯、宋公、陈侯、卫侯、郑伯、许男、曹伯，盟于牡丘，遂次于匡。公孙敖帅师，及诸侯之大夫救徐。

夏，五月，日有食之。

秋，七月，齐师、曹师伐厉。八月，螺。

九月，公至自会。

桓公之会不致，此何以致？久也。

季姬归于鄫。

己卯，晦，震夷伯之庙。

晦者何？冥也。震之者何？雷电击夷伯之庙者也。夷伯者，曷为者也？季氏之孚也。季氏之孚则微者，其称夷伯何？大之也。曷为大之？天戒之，故大之也。何以书？记异也。

冬，宋人伐曹。楚人败徐于娄林。

十有一月壬戌，晋侯及秦伯战于韩，获晋侯。

此偏战也，何以不言师败绩？君获，不言师败绩也。

十六年

十有六年：春，王正月戊申，朔，陨石于宋，五。是月，六（鹢）〔鶂〕退飞，过宋都。

曷为先言陨而后言石？“陨石”记闻，闻其磌然，视之则石，察之则五。“是月”者何？仅逮是月也。何以不日？晦日也。晦则何以不言晦？《春秋》不书晦也。朔，有事则书；晦，虽有事，不书。曷为先言“六”而后言“（鹢）〔鶂〕”？“六（鹢）〔鶂〕退飞”，记见也：视之则六，察之则（鹢）〔鶂〕，徐而察之则退飞。五石六（鹢）〔鶂〕何以书？记异也。外异不书，此何以书？为王者之后，记异也。

三月壬申，公子季友卒。

其称季友何？贤也。

夏，四月丙申，鄫季姬卒。

秋，七月甲子，公孙慈卒。

冬，十有二月，公会齐侯、宋公、陈侯、卫侯、郑伯、许男、邢侯、曹伯于淮。

十七年

十有七年：春，齐人、徐人伐英氏。

夏，灭项。

孰灭之？齐灭之。曷为不言齐灭之？为桓公讳也。《春秋》为贤者讳，此灭人之国，何贤尔？君子之恶恶也疾始，善善也乐终。桓公尝有继绝存亡之功，故君子为之讳也。

秋，夫人姜氏会齐侯于卞。九月，公至自会。

〔冬，〕十有二月乙亥，齐侯小白卒。

十八年

十有八年：春，王正月，宋公会曹伯、卫人，邾娄人伐齐。

夏，师救齐。

五月戊寅，宋师及齐师战于甗，齐师败绩。

战不言伐，此其言伐何？宋公与伐而不与战，故言伐。《春秋》伐者为客，伐者为主，曷为不使齐主之？与襄公之征齐也。曷为与襄公之征齐？桓公死，竖刁、易牙争权不葬，为是故伐之也。

狄救齐。

秋，八月丁亥，葬齐桓公。

冬，邢人、狄人伐卫。

十九年

十有九年：春，王三月，宋人执滕子婴齐。

夏，六月，宋人、曹人、邾娄人盟于曹南。

鄫子会〔盟〕于邾娄。

其言会盟何？后会也。

己酉，邾娄人执鄫子，用之。

恶乎用之？用之社也。其用之社奈何？盖叩其鼻以（血）〔衈〕社也。

秋，宋人围曹。卫人伐邢。

冬，公会陈人、蔡人、楚人、郑人盟于齐。

梁亡。

此未有伐者，其言梁亡何？自亡也。其自亡奈何？鱼烂而亡也。

二十年

二十年：春，新作南门。

何以书？讥。何讥尔？门有古常也。

夏，郜子来朝。

郜子者何？失地之君也。何以不名？兄弟辞也。

五月乙巳，西宫灾。

西宫者何？小寝也。小寝则曷为谓之西宫？有西宫则有东宫矣。鲁子曰：以有西宫，亦知诸侯之有三宫也。“西宫灾”何以书？记（异）〔灾〕也。

郑人入滑。

秋，齐人、狄人盟于邢。

冬，楚人伐随。

二十一年

二十有一年：春，狄侵卫。宋人、齐人、楚人盟于鹿上。

夏，大旱。

何以书？记灾也。

秋，宋公、楚子、陈侯、蔡侯、郑伯、许男、曹伯会于霍，执宋公以伐宋。

孰执之？楚子执之。曷为不言楚子执之？不与夷狄之执中国也。

冬，公伐邾娄。

楚人使宜申来献捷。

此楚子也。其称人何？贬。曷为贬？为执宋公贬。曷为为执宋公贬？宋公与楚子期以乘车之会，公子目夷谏曰：“楚，夷国也，彊而无义。请君以兵车之会往。”宋公曰：“不可！吾与之约以乘车之会，自我为之，自我堕之？”曰：“不可！”终以乘车之会往。楚人果伏兵车，执宋公以伐宋。宋公谓公子目夷曰："子归守国矣。国，子之国也。吾不从子之言以至乎此！"公子目夷复曰："君虽不言（国），国固臣之国也。"于是归设守械而守国。楚人谓宋人曰："子不与我国，吾将杀子君矣！"宋人应之曰："吾赖社稷之神灵，吾国已有君矣！"楚人知虽杀宋公，犹不得宋国，于是释宋公。宋公释乎执，走之卫。公子目夷复曰："国为君守之，君曷为不入？"然后逆襄公归。

恶乎捷，捷乎宋，曷为不言捷乎宋？为襄公讳也。此围辞也，曷为不言其围？为公子目夷讳也。

十有二月癸丑，公会诸侯盟于薄。

释宋公。

执未有言释之者，此其言释之何？公与为尔也。公与为尔奈何？公与议尔也。

二十二年

二十有二年：春，公伐邾娄，取须朐。

夏，宋公、卫侯、许男、滕子伐郑。

秋，八月丁未，及邾娄人战于升陉。

冬，十有一月己巳朔，宋公及楚人战于泓，宋师败绩。

偏战者日尔，此其言朔何？《春秋》辞繁而不杀者，正也。何正尔？宋公与楚人期战于泓之阳。楚人济泓而来。有司复曰："请迨其未毕济而击之。"宋公曰："不可！吾闻之也：君子不厄人。吾虽丧国之余，寡人不忍行也。"既济，未毕陈，有司复曰："请迨其未毕陈而击之。"宋公曰："不可！吾闻之也：君子不鼓不成列。"已陈，然后襄公鼓之，宋师大败。故君子大其不鼓不成列，临大事而不忘大礼，——有君而无臣。——以为虽文王之战，亦不过此也。

二十三年

二十有三年：春，齐侯伐宋，围缗。

邑不言围，此其言围何？疾重故也。

夏，五月庚寅，宋公慈父卒。

何以不书葬？盈乎讳也。

秋，楚人伐陈。

冬，十有一月，杞子卒。

二十四年

二十有四年：春，王正月。

夏，狄伐郑。

秋，七月。

冬，天王出居于郑。

王者无外，此其言出何？不能乎母也。鲁子曰：是王也。不能乎母者，其诸此之谓与？

晋侯夷吾卒。

二十五年

二十有五年：春，王正月丙午，卫侯燬灭刑。

卫侯燬何以名？绝。曷为绝之？灭同姓也。

夏，四月癸酉，卫侯燬卒。

宋荡伯姬来逆妇。

宋荡伯姬者何？荡氏之母也。其言来逆妇何？兄弟辞也。其称妇何？有姑之辞也。

宋杀其大夫。

何以不名？宋三世无大夫，三世内娶也。

秋，楚人围陈，纳顿子于顿。

何以不言遂？两之也。

葬卫文公。

冬，十有二月癸亥，公会卫子莒庆盟于洮。

二十六年

二十有六年：春，王正月己未，公会莒子、卫宁遬盟于向。

齐人侵我西鄙。公追齐师至巂，弗及。

其言“至巂弗及”何？侈也。

夏，齐人伐我北鄙。卫人伐齐。

公子遂如楚乞师。

乞（师）者何？卑辞也。曷为以外内同若辞？重师也。曷为重师？师出不正反，战不正胜也。

秋，楚人灭隗，以隗子归。

冬，楚人伐宋，围缗。

邑不言围，此其言围何？刺道用师也。

公以楚师伐齐，取穀。会至自伐齐。

此已取穀矣，何以致伐？未得乎取穀也。曷为未得乎取穀？曰：患之起，必自此始也。

二十七年

二十〔有〕七年：春，杞子来朝。

夏，六月庚寅，齐侯昭卒。

秋，八月乙未，葬齐孝公。乙巳，公子遂帅师入杞。

冬，楚人、陈侯、蔡侯、郑伯、许男围宋。

此楚子也，其称人何？贬。曷为贬？为执宋公贬，故终僖之篇贬也。

十有二月甲戌，公会诸侯盟于宋。

二十八年

二十有八年：春，晋侯侵曹，晋侯伐卫。

曷为再言晋侯？非两之也。然则何以不言遂？未侵曹也。未侵曹，则其言侵曹何？致其意也。其意侵曹，则曷为伐卫？晋侯将侵曹，假涂于卫；卫曰："不可得。"则固将伐之也。

公子买戍卫，不卒戍，刺之。

不卒戍者何？不卒戍者，内辞也，不可使往也。不可使往，则其言戍卫何？遂公意也。

刺之者何？杀之也。杀之则曷为谓之刺之？内讳杀大夫，谓之刺之也。

楚人救卫。

三月丙午，晋侯入曹，执曹伯畀宋人。

畀者何？与也。其言畀宋人何？与，使听之也。曹伯之罪何？甚恶也。其甚恶奈何？不可以一罪言也。

夏，四月己巳，晋侯、齐师、宋师、秦师及楚人战于城濮。楚师败绩。

此大战也。曷为使微者？子玉得臣也。子玉得臣，则其称人何？贬。曷为贬？大夫不敌君也。

楚杀其大夫得臣。卫侯出奔楚。

五月癸丑，公会晋侯、齐侯、宋公、蔡侯、郑伯、卫子、莒子盟于践土。陈侯如会。

其言如会何？后会也。

公朝于王所。

曷为不言公如京师？天子在是也。天子在是，则曷为不言天子在是？不与致天子也。

六月，卫侯郑自楚复归于卫。卫元咺出奔晋。陈侯款卒。

秋，杞伯姬来。公子遂如齐。

冬，公会晋侯、齐侯、宋公、蔡侯、郑伯、陈子、莒子、邾娄子、秦人于温。

天王狩于河阳。

狩不书，此何以书？不与再致天子也。鲁于曰：温近而践土远也。

壬申，公朝于王所。

其日何？录乎内也。

晋人执卫侯，归之于京师。

“归之于”者何？“归于”者何？“归之于”者，罪已定矣。“归于”者，罪未定也。罪未定，则何以得为伯（讨）〔执〕[①]？“归之于”者，执之于天子之侧者也，罪定不定已可知矣。“归于”者，非执之于天子之侧者也，罪定不定未可知也。

卫侯之罪何？杀叔武也。何以不书？为叔武讳也。《春秋》为贤者讳，何贤乎叔武？让国也。其让国奈何？文公逐卫侯而立叔武，叔武辞立而他人立，则恐卫侯之不得反也，故于是己立；然后为践土之会，治反卫侯。卫侯得反，曰：“叔武篡我！”元咺争之，曰：“叔武无罪。”终杀叔武。元咺走而出。

此晋人也，其称人何？贬。曷为贬？卫之祸，文公为之也。文公为之奈何？文公逐卫侯而立叔武，使人兄弟相疑。放乎杀母弟者，文公为之也。

卫元咺自晋复归于卫。

“自”者何？有力焉者也。此执其君，其言“自”何？为叔武争也。

诸侯遂围许。

曹伯襄复归于曹。

遂会诸侯围许。

① 据下文，阮元《校勘记》以为讨当作执，今从之。

二十九年

二十有九年：春，介葛卢来。

介葛卢者何？夷狄之君也。何以不言朝？不能乎朝也。

公至自围许。

夏，六月，公会王人、晋人、宋人、齐人、陈人、蔡人、秦人盟于狄泉。

秋，大雨雹。

冬，介葛卢来。

三十年

三十年：春，王正月。

夏，狄侵齐。

秋，卫杀其大夫元咺，及公子瑕。

卫侯未至，其称国以杀何？道杀也。

卫侯郑归于卫。

此杀其大夫，其言归何？归恶乎元咺也。曷为归恶乎元咺？元咺之事君也，君出则己入，君入则己出：以为不臣也。

晋人、秦人围郑。介人侵萧。

冬，天王使宰周公来聘。

公子遂如京师，遂如晋。

大夫无遂事，此其言遂何？公不得为政尔。

三十一年

三十有一年：春，取济西田。

恶乎取之？取之曹也。曷为不言取之曹？讳取同姓之田也。此未有伐曹者，则其言取之曹何？晋侯执曹伯，班其所取侵地于诸侯也。晋侯执曹伯，班其所取侵地于诸侯，则何讳乎取同姓之田？久也。

公子遂如晋。

夏，四月，四卜郊，不从，乃免牲，犹三望。

曷为或言三卜，或言四卜？三卜，礼也。四卜，非礼也。三卜何以礼？四卜何以非礼？求吉之道三。禘尝不卜，郊何以卜？卜郊，非礼也。卜郊何以非礼？鲁郊，非礼也。鲁郊何以非礼？天子祭天，诸侯祭土。天子有方望之事，无所不通。诸侯：山川有不在其封内者，则不祭也。曷为或言免牲，或言免牛？免牲，礼也；免牛，非礼也。免牛何以非礼？伤者曰牛。

三望者何？望祭也。然则曷祭？祭（泰）〔大〕山河海。曷为祭（泰）〔大〕山河海？山川有能润于百里者，天子秩而祭之。触石而出，肤寸而合，不崇朝而遍雨乎天下者，唯（泰）〔大〕山尔。河海润于千里。"犹"者何？通可以已也。何以书？讥不郊而望祭也。

秋，七月。

冬，杞伯姬来求妇。

其言来求妇何？兄弟辞也。其称妇何？有姑之辞也。

狄围卫。十有二月，卫迁于帝丘。

三十二年

三十有二年：春，王正月。

夏，四月己丑，郑伯接卒。

卫人侵狄。

秋，卫人及狄盟。

冬，十有二月己卯，晋侯重耳卒。

三十三年

三十有三年：春，王二月，秦人入滑。齐侯使国归父来聘。

夏，四月辛巳，晋人及姜戎败秦于殽。

其谓之秦何？夷狄之也。曷为夷狄之？秦伯将袭郑，百里子与蹇叔子谏曰："千里而袭人，未有不亡者也。"秦伯怒曰："若尔之年者，宰上之木拱矣，尔曷知！"师出，百里子与蹇叔子送其子而戒之曰："尔即死，必于殽之嵚岩，是文王之所辟风雨者也。吾将尸尔焉！"子揖师而行。百里子与蹇叔子从其子而哭之，秦伯怒曰："尔曷为哭吾师？"对曰："臣非敢哭君师，哭臣之子也！"弦高者，郑商也。遇之殽。矫以郑伯之命而犒师焉。或曰"（往）〔反〕矣"，或曰"（反）〔往〕[①]矣"。然而晋人与姜戎要之殽而击之，匹马〔踦〕（只）轮无反者。

其言及姜戎何？姜戎，微也。称人，亦微者也。何言乎姜戎之微？先轸也。或曰：襄公亲之。襄公亲之，则其称人何？贬。曷为贬？君在乎殡而用师，危不得葬也。诈战不日，此何以日？尽也。

癸巳，葬晋文公。

狄侵齐。

公伐邾娄，取丛。

秋，公子遂率师伐邾娄。晋人败狄于箕。

冬，十月，公如齐。十有二月，公至自齐。乙巳，公薨于小寝。

陨霜不杀草，李梅实。

何以书？记异也。何异尔？不时也。

晋人、陈人、郑人伐许。

---

① 王氏《经义述闻》据何注以为"往""反"当互易，今从之。

文　公

元　年

元年：春，王正月，公即位。

二月癸亥（朔）[1]，日有食之。

天王使叔服来会葬。

其言来会葬何？会葬，礼也。

夏，四月丁巳，葬我君僖公。

天王使毛伯来锡公命。

锡者何？赐也。命者何？加我服也。

晋侯伐卫。叔孙得臣如京师。卫人伐晋。

秋，公孙敖会晋侯于戚。

冬，十月丁未，楚世子商臣弑其君髡。公孙敖如齐。

二　年

二年：春，王二月甲子，晋侯及秦师战于彭衙。秦师败绩。

丁丑，作僖公主。

作僖公主者何？为僖公作主也。主者曷用？虞主用桑，练主用栗。用栗者，藏主也。

---

① “朔”字衍，《春秋左传》、《春秋穀梁传》可证。

作僖公主何以书？讥。何讥尔？不时也。其不时奈何？欲久丧而后不能也。

三月乙巳，及晋处父盟。

此晋阳处父也，何以不氏？讳与大夫盟也。

夏，六月，公孙敖会宋公、陈侯、郑伯、晋士縠盟于垂敛。

自十有二月不雨，至于秋七月。

何以书？记异也。大旱以灾书；此亦旱也，曷为以异书？大旱之日短而云灾，故以灾书；此不雨之日长而无灾，故以异书也。

八月丁卯，大事于大庙，跻僖公。

大事者何？大祫也。大祫者何？合祭也。其合祭奈何？毁庙之主，陈于大祖；未毁庙之主皆升，合食于大祖；五年而再殷祭。跻者何？升也。何言乎升僖公？讥。何讥尔？逆祀也。其逆祀奈何？先祢而后祖也。

冬，晋人、宋人、陈人、郑人伐秦。

公子遂如齐纳币。

纳币不书，此何以书？讥。何讥尔？讥丧娶也。娶在三年之外，则何讥乎丧娶？三年之内不图婚。“吉禘于庄公”，讥，然则曷为不于祭焉讥？三年之恩疾矣，非虚加之也，以人心为皆有之。以人心为皆有之，则曷为独于娶焉讥？娶者大吉也，非常吉也。其为吉者主于己。以为有人心焉者，则宜于此焉变矣。

三　年

三年：春，王正月，叔孙得臣会晋人、宋人、陈人、卫人、郑人伐沈，沈溃。

夏，五月，王子虎卒。

王子虎者何？天子之大夫也。外大夫不“卒”，此何以“卒”？新使乎我也。

秦人伐晋。

秋，楚人围江。

雨螽于宋。

雨螽者何？死而坠也。何以书？记异也。外异不书，此何以书？为王者之后记异也。

冬，公如晋。十有二月己巳，公及晋侯盟。

晋阳处父帅师伐楚救江。

此伐楚也，其言救江何？为谖也。其为谖奈何？伐楚为救江也。

四　年

四年：春，公至自晋。

夏，逆妇姜于齐。

其谓之“逆妇姜于齐”何？略之也。高子曰：娶乎大夫者，略之也。

狄侵齐。

秋，楚人灭江。晋侯伐秦。卫侯使宁（俞）〔速〕[①] 来聘。

冬，十有一月壬寅，夫人风氏薨。

五　年

五年：春，王正月，王使荣叔归含且赗。

含者何？口实也。其言“归含且赗”何？兼之。兼之非礼也。

三月辛亥，葬我小君成风。

成风者何？僖公之母也。

王使召伯来会葬。

夏，公孙敖如晋。秦人入鄀。

秋，楚人灭六。

---

① 俞当作速，阮元《校勘记》详之。

冬，十月甲申，许男业卒。

六　年

六年：春，葬许僖公。

夏，季孙行父如陈。

秋，季孙行父如晋。

八月乙亥，晋侯讙卒。

冬，十月，公子遂如晋。葬晋襄公。

晋杀其大夫阳处父。晋狐射姑出奔狄。

晋杀其大夫阳处父，则狐射姑曷为出奔？射姑杀也。射姑杀，则其称国以杀何？君漏言也。其漏言奈何？君将使射姑将。阳处父谏曰："射姑民众不说，不可使将。"于是废将。阳处父出，射姑入，君谓射姑曰："阳处父言曰：'射姑民众不说，不可使将。'"射姑怒，出，刺阳处父于朝而走。

闰月，不告月，犹朝于庙。

不告月者何？不告朔也。曷为不告朔？天无是月也。闰月矣，何以谓之天无是月？非常月也。"犹"者何？通可以已也。

七　年

七年：春，公伐邾娄。三月甲戌，取须朐。

取邑不日，此何以日？内辞也，使若他人然。

遂城部。

夏，四月，宋公王臣卒。

宋人杀其大夫。

何以不名？宋三世无大夫，三世内娶也。

戊子，晋人及秦人战于令狐。晋先（眛）〔眜〕以师奔秦。

此偏战也。何以不言师败绩？敌也。此晋先（眛）〔眜〕也，其称人何？贬。曷为贬？外也。其外奈何？以师外也。何以不言出？遂在外也。

狄侵我西鄙。

秋，八月，公会诸侯、晋大夫盟于扈。

诸侯何以不序？大夫何以不名？公失序也。公失序奈何？诸侯不可使与公盟，（眣）〔昳〕晋大夫使与公盟也。

冬，徐伐莒。公孙敖如莒莅盟。

八　年

八年：春，王正月。夏，四月。秋，八月戊申，天王崩。

冬，十月壬午，公子遂会晋赵盾，盟于衡雍。乙酉，公子遂会伊雒戎，盟于暴。

公孙敖如京师，不至复，丙戌奔莒。

不至复者何？不至复者，内辞也，不可使往也。不可使往，则其言如京师何？遂公意也。何以不言出？遂在外也。

螺。

宋人杀其大夫司马。宋司城来奔。

司马者何？司城者何？皆官举也。曷为皆官举？宋三世无大夫，三世内娶也。

九　年

九年：春，毛伯来求金。

毛伯者何？天子之大夫也。何以不称使？当丧，未君也。逾年矣，何以谓之未君？即位矣，而未称王也。未称王，何以知其即位？以诸侯之逾年即位，亦知天子之逾年即位也。以天子三年然后称王，亦知诸侯于其封内三年称子也。逾年称公矣，则曷为于其封内三年称子？缘民臣之心，不可一日无君；缘终始之义，一年不二君，不可旷年无君；缘孝子之心，则三年不忍当也。

“毛伯来求金”，何以书？讥。何讥尔？王者无求，求金非礼也。然则是王者与？曰：非也。非王者，则曷为谓之王者？王者无求，曰：是子也，继文王之体，守文王之法度，文王之法无求而求，故讥之也。

夫人姜氏如齐。

二月，叔孙得臣如京师。辛丑，葬襄王。

王者不书葬，此何以书？不及时，书；过时，书；我有往者，则书。

晋人杀其大夫先都。

三月，夫人姜氏至自齐。

晋人杀其大夫士縠，及箕郑父。楚人伐郑。

公子遂会晋人、宋人、卫人、许人救郑。

夏，狄侵齐。

秋，八月，曹伯襄卒。

九月癸酉，地震。

地震者何？动地也。何以书？记异也。

冬，楚子使椒来聘。

椒者何？楚大夫也。楚无大夫，此何以书？始有大夫也。始有大夫，则何以不氏？许夷狄者不一而足也。

秦人来归僖公、成风之襚。

其言“僖公、成风”何？兼之。兼之非礼也。曷为不言“及成风”？成风尊也。

葬曹共公。

十　年

十年：春，王三月辛卯，臧孙辰卒。

夏，秦伐晋。楚杀其大夫宜申。

自正月不雨，至于秋七月。及苏氏盟于女栗。

冬，狄侵宋。楚子、蔡侯次于屈貉。

十一年

十有一年：春，楚子伐圈。

夏，叔彭生会晋郤缺于承匡。

秋，曹伯来朝。公子遂如宋。狄侵齐。

冬，十月甲午，叔孙得臣败狄于咸。

狄者何？长狄也。兄弟三人：一者之齐，一者之鲁，一者之晋。其之齐者，王子成父杀之；其之鲁者，叔孙得臣杀之；则未知其之晋者也。其言败何？大之也。其日何？大之也。其地何？大之也。何以书？记异也。

十二年

十有二年：春，王正月，盛伯来奔。

盛伯者何？失地之君也。何以不名？兄弟辞也。

杞伯来朝。

二月庚子，子叔姬卒。

此未适人，何以"卒"？许嫁矣。妇人许嫁，字而笄之，死则以成人之丧治之。其称子何？贵也。其贵奈何？母弟也。

夏，楚人围巢。

秋，滕子来朝。

秦伯使遂来聘。

遂者何？秦大夫也。秦无大夫，此何以书？贤缪公也。何贤乎缪公？以为能变也。其为能变奈何？"惟诐诐善竫言，俾君子易怠，而况乎我多有之!""惟一介断断焉无他技，其心休休，能有容"：是难也!

冬：十有二月戊午，晋人、秦人战于河曲。

此偏曲也，何以不言师败绩？敌也。曷为以水地？河曲（疏）〔流〕矣，河千里而一曲也。

季孙行父帅师，城诸及运。

十三年

十有三年：春，王正月。

夏，五月壬午，陈侯朔卒。

邾娄子蘧蒢卒。

自正月不雨，至〔于〕秋七月。

世室屋坏。

世室者何？鲁公之庙也。周公，称大庙；鲁公，称世室；群公，称宫。此鲁公之庙也，曷为谓之世室？世室，犹世室也，世世不毁也。周公何以称大庙于鲁？封鲁公以为周公也，——周公拜乎前，鲁〔公〕拜乎后，——曰："生以养周公，死以为周公主！"然则周公之鲁乎？曰："不之鲁也。封鲁公以为周公(主)[①]。"然则周公曷为不之鲁？欲天下之一乎周也。

鲁祭周公，何以为牲？周公用白（牲）〔牡〕，鲁公用骍犅，群公不毛。鲁祭周公，何以为盛？周公盛，鲁公焘，群公廪。

"世室屋坏"，何以书？讥。何讥尔？久不修也。

冬，公如晋，卫侯会于沓。狄侵卫。

十有二月己丑，公及晋侯盟。还自晋，郑伯会公于斐。

还者何？善辞也。何善尔？往党，卫侯会公于沓，至得与晋侯盟；反党，郑伯会公于斐：故善之也。

十四年

十有四年：春，王正月，公至自晋。邾娄人伐我南鄙。叔彭生帅师伐邾娄。

---

① 此"主"字涉上文而衍，说见《经义述闻》。

夏，五月乙亥，齐侯潘卒。六月，公会宋公、陈侯、卫侯、郑伯、许男、曹伯、晋赵盾；癸酉，同盟于新城。

秋，七月，有星孛入于北斗。

孛者何？彗星也。其言入于北斗何？北斗有中也。何以书？记异也。

公至自会。

晋人纳接菑于邾娄，弗克纳。

纳者何？入辞也。其言“弗克纳”何？大其弗克纳也。何大乎其弗克纳？晋郤缺帅师，革车八百乘，以纳接菑于邾娄，力沛若有余。而纳之，邾娄人言曰：“接菑，晋出也。貜且，齐出也。子以其指，则接菑也四，貜且也六。子以大国压之，则未知齐晋孰有之也。贵则皆贵矣，虽然，貜且也长。”郤缺曰：“非吾力不能纳也，义实不尔克也。”引师而去之。故君子大其弗克纳也。

此晋郤缺也，其称人何？贬。曷为贬？不与大夫专废置君也。曷为不与？实与而文不与。文曷为不与？大夫之义，不得专废置君也。

九月甲申，公孙敖卒于齐。

齐公子商人弑其君舍。

此未逾年之君也，其言“弑其君舍”何？己立之，己杀之，成死者而贱生者也。

宋子哀来奔。

宋子哀者何？无闻焉尔。

冬，单伯如齐，齐人执单伯。齐人执子叔姬。

执者曷为或称行人？或不称行人？称行人而执者，以其事执也。不称行人而执者，以己执也。

单伯之罪何？道淫也。恶乎淫？淫于子叔姬。然则曷为不言齐人执单伯及子叔姬？内辞也，使若异罪然。

十五年

十有五年：春，季孙行父如晋。三月，宋司马华孙来盟。

夏，曹伯来朝。

齐人归公孙敖之丧。

何以不言“来”？内辞也。胁我而归之，筍将而来也。

六月辛丑朔，日有食之，鼓，用牲于社。

单伯至自齐。

晋郤缺帅师伐蔡，戊申入蔡。

入不言伐，此其言伐何？至之日也。其日何？至之日也。

秋，齐人侵我西鄙。季孙行父如晋。

冬，十有一月，诸侯盟于扈。

十有二月，齐人来归子叔姬。

其言来何？闵之也。此有罪，何闵尔？父母之于子，虽有罪，犹若其不欲服罪然。

齐侯侵我西鄙，遂伐曹，入其郛。

郛者何？恢郭也。入郛书乎？曰：不书。入郛不书，此何以书？动我也。动我者何？内辞也。其实我动焉尔。

十六年

十有六年：春，季孙行父会齐侯于阳穀。齐侯弗及盟。

其言弗及盟何？不见与盟也。

夏，五月，公四不视朔。

公曷为四不视朔？公有疾也。何言乎公有疾不视朔？自是公无疾不视朔也。然则曷为不言公无疾不视朔？有疾，犹可言也；无疾，不可言也。

六月戊辰，公子遂及齐侯盟于（犀）〔蓾〕丘。

秋，八月辛未，夫人姜氏薨。

毁泉台。

泉台者何？郎台也。郎台则曷为谓之泉台？未成，为郎台；既成，为泉台。毁泉台何以书？讥。何讥尔？筑之，讥；毁之，讥。先祖为之，己毁之，不如勿居而已矣。

楚人、秦人、巴人灭庸。

冬，十有一月，宋人弑其君处臼。

弑君者曷为或称名氏，或不称名氏？大夫弑君称名氏，贱者穷诸人。大夫相杀称人，贱者穷诸盗。

十七年

十有七年：春，晋人、卫人、陈人、郑人伐宋。

夏，四月癸亥，葬我小君圣姜。

圣姜者何？文公之母也。

齐侯伐我西鄙。

六月癸未，公及齐侯盟于穀。

诸侯会于扈。

秋，公至自穀。

〔冬,〕公子遂如齐。

十八年

十有八年：春，王二月丁丑，公薨于台下。

秦伯罃卒。

夏，五月戊戌，齐人弑其君商人。六月癸酉，葬我君文公。

秋，公子遂、叔孙得臣如齐。

冬，十月，子卒。

子卒者孰谓？谓子赤也。何以不日？隐之也。何隐尔？弑也。弑则何以不日？不忍言也。

夫人姜氏归于齐。季孙行父如齐。

莒弑其君庶其。

称国以弑何？称国以弑者，众弑君之辞。

宣　公

元　年

元年：春，王正月，公即位。

继弑君不言即位，此其言“即位”何？〔如〕[1] 其意也。

公子遂如齐逆女。

三月，遂以夫人妇姜至自齐。

遂何以不称公子？一事而再见者，卒名也。

夫人何以不称姜氏？贬。曷为贬？讥丧娶也。丧娶者公也，则曷为贬夫人？内无贬于公之道也。内无贬于公之道，则曷为贬夫人？夫人与公一体也。其称妇何？有姑之辞也。

夏，季孙行父如齐。

晋放其大夫胥甲父于卫。

放之者何？犹曰无去是云尔。然则何言尔？近正也。此其为近正奈何？古者大夫已去，三年待放。君放之，非也。大夫待放，正也。古者臣有大丧，则君三年不呼其门；已练，可以弁冕；服金革之事，君使之非也，臣行之礼也。闵子要绖而服事，既而曰：“若此乎古之道不即人心！”退而致仕。孔子盖善之也。

公会齐侯于平州。公子遂如齐。

六月，齐人取济西田。

---

① 此处脱“如”字。当与桓元年传文同一例。《经义述闻》已言之。

外取邑不书，此何以书？所以赂齐也。曷为赂齐？为弑子赤之赂也。

秋，邾娄子来朝。楚子、郑人侵陈，遂侵宋。

晋赵盾帅师救陈。宋公、陈侯、卫侯、曹伯会晋师于斐林，伐郑。

此晋赵盾之师也，曷为不言赵盾之师？君不会大夫之辞也。

冬，晋赵穿帅师侵柳。

柳者何？天子之邑也。曷为不系乎周？不与伐天子也。

晋人、宋人伐郑。

二　年

二年：春，王二月壬子，宋华元帅师，及郑公子归生（帅师）[①] 战于大棘。宋师败绩。获宋华元。

秦师伐晋。

夏，晋人、宋人、卫人、陈人侵郑。

秋，九月乙丑，晋赵盾弑其君夷獆。

冬，十月乙亥，天王崩。

三　年

三年：春，王正月，郊牛之口伤，改卜牛。牛死，乃不郊。犹三望。

其言之何？缓也。曷为不复卜？养牲养二卜。帝牲不吉，则扳稷牲而卜之。帝牲在于涤三月。于稷者，唯具是视。郊则曷为必祭稷？王者必以其祖配。王者则曷为必以其祖配？自内出者，无匹不行；自外至者，无主不止。

---

① 此“帅师”二字衍，说见哀公二年传阮元《校勘记》。

葬匡王。

楚子伐贲浑戎。

夏，楚人侵郑。

秋，赤狄侵齐。宋师围曹。

冬，十月丙戌，郑伯兰卒。

葬郑缪公。

四　年

四年：春，王正月，公及晋侯平莒及郯，莒人不肯。公伐莒，取向。

此平莒也。其言不肯何？辞取向也。

秦伯稻卒。

夏，六月乙酉，郑公子归生弑其君夷。

赤狄侵齐。

秋，公如齐。公至自齐。

冬，楚子伐郑。

五　年

五年：春，公如齐。

夏，公至自齐。

秋，九月，齐高固来逆子叔姬。

叔孙得臣卒。

冬，齐高固及子叔姬来。

何言乎高固之来？言叔姬之来，而不言高固之来，则不可。子公羊子曰：其诸为其双双而俱至者与？

楚人伐郑。

六　年

六年：春，晋赵盾、卫孙免侵陈。

赵盾弑君，此其复见何？亲弑君者，赵穿也。亲弑君者赵穿，则曷为加之赵盾？不讨贼也。何以谓之不讨贼？晋史书“贼”曰：“晋赵盾弑其君夷獆。”赵盾曰：“天乎，无辜！吾不弑君，谁谓吾弑君者乎！”史曰：“尔为仁为义，人弑尔君，而复国不讨贼，此非弑君如何？”

赵盾之“复国”奈何？

灵公为无道，使诸大夫皆内朝，然后处乎台上，引弹而弹之，——己趋而辟丸，——是乐而已矣。

赵盾已朝而出，与诸大夫立于朝。有人荷畚，自闺而出者。赵盾曰：“彼何也？夫畚曷为出乎闺？”呼之，不至，曰：“子大夫也，欲视之，则就而视之。”赵盾就而视之，则赫然死人也。赵盾曰：“是何也？”曰：“膳宰也。熊蹯不熟，公怒，以斗摮而杀之，支解，将使我弃之。”赵盾曰：“嘻！”趋而入。灵公望见赵盾，愬而再拜。赵盾逡巡北面，再拜稽首，趋而出。

灵公心怍焉，欲杀之。于是使勇士某者往杀之。勇士入其大门，则无人门焉者；入其闺，则无入闺焉者；上其堂，则无人焉；俯而窥其户，方食鱼飧。勇士曰：“嘻！子诚仁人也！吾入子之大门，则无人焉；入子之闺，则无人焉；上子之堂，则无人焉；是子之易也。子为晋国重卿而食鱼飧，是子之俭也。君将使我杀子，吾不忍杀子也。虽然，吾亦不可复见吾君矣！”遂刎颈而死。

灵公闻之，怒滋，欲杀之甚。众莫可使往者。于是伏甲于宫中，召赵盾而食之。赵盾之车右祁弥明者，国之力士也，仡然从乎赵盾而入，放乎堂下而立。赵盾已食，灵公谓盾曰：“吾闻子之剑盖利剑也，子以示我，吾将观焉。”赵盾起，将进剑，祁弥明自下呼之，曰：“盾！食饱则出，何故拔剑于君所?”赵盾知之，（躇）〔辵〕[①] 阶而走。灵公有（周）〔害〕[②] 狗，谓之獒。呼獒而属之，獒亦（躇）〔辵〕阶而从之。祁弥明逆而踆之，绝其颔。赵盾顾曰：“君之獒，不若臣之獒也!”然而宫中甲鼓而起。有起于甲中者，抱赵盾而乘之。赵盾顾曰：“吾何以得此于子?”曰：“子某时所食活我于暴桑下者也。”赵盾曰：“子名为谁?”曰：“吾君孰为介？子之乘矣，何问吾名!”赵盾驱而出，众无留之者。

赵穿缘民众不说，起弑灵公；然后迎赵盾而入，与之立于朝，而立成公黑臀。

夏，四月。

秋，八月，螺。

冬，十月。

七　年

七年：春，卫侯使孙良夫来盟。

夏，公会齐侯伐莱。

秋，公至自伐莱。大旱。

冬，公会晋侯、宋公、卫侯、郑伯、曹伯于黑壤。

八　年

八年：春，公至自会。

夏，六月，公子遂如齐，至黄乃复。

其言至黄乃复何？有疾也。何言乎有疾乃复？讥。何讥尔？大夫以君命出，闻丧，徐行而不反。

辛巳，有事于太庙。

---

① 此躇当作辵，见《说文》。

② 周者害之形讹，阮元《校勘记》详之。

仲遂卒于垂。

仲遂者何？公子遂也。何以不称公子？贬。曷为贬？为弑子赤贬。然则曷为不于其弑焉贬？于文则无罪，于子则无年。

壬午，犹绎，万入去籥。

绎者何？祭之明日也。万者何？干舞也。籥者何？籥舞也。其言万入去籥何？去其有声者，废其无声者，存其心焉尔。存其心焉尔者何？知其不可而为之也。犹者何？通可以已也。

戊子，夫人熊氏薨。

晋师、白狄伐秦。楚人灭舒蓼。

秋，七月甲子，日有食之，既。

冬，十月己丑，葬我小君顷熊，雨，不克葬。庚寅，日中而克葬。

顷熊者何？宣公之母也。而者何？难也。乃者何？难也。曷为或言而，或言乃？乃难乎而也。

城平阳。

楚师伐陈。

九　年

九年：春，王正月，公如齐。公至自齐。

夏，仲孙蔑如京师。齐侯伐莱。

秋，取根牟。

根牟者何？邾娄之邑也。曷为不系乎邾娄？讳亟也。

八月，滕子卒。

九月，晋侯、宋公、卫侯、郑伯、曹伯会于扈。晋荀林父帅师伐陈。

辛酉，晋侯黑臀卒于扈。

扈者何？晋之邑也。诸侯卒其封内不地，此何以地？卒于会，故地也。未出其地，故不言会也。

冬，十月癸酉，卫侯郑卒。

宋人围滕。楚子伐郑。晋郤缺帅师救郑。陈杀其大夫泄冶。

十　年

十年：春，公如齐。公至自齐。齐人归我济西田。

齐已取之矣，其言“我”何？言我者，未绝于我也。曷为未绝于我？齐已言取之矣，其实未之齐也。

夏，四月丙辰，日有食之。

己巳，齐侯元卒。

齐崔氏出奔卫。

崔氏者何？齐大夫也。其称崔氏何？贬。曷为贬？讥世卿。世卿非礼也。

公如齐。

五月，公至自齐。癸巳，陈夏征舒弑其君平国。

六月，宋师伐滕。公孙归父如齐，葬齐惠公。晋人、宋人、卫人、曹人伐郑。

秋，天王使王季子来聘。

王季子者何？天子之大夫也。其称王季子何？贵也。其贵奈何？母弟也。

公孙归父帅师伐邾娄，取蘱。

大水。

季孙行父如齐。

冬，公孙归父如齐。齐侯使国佐来聘。

饥。

何以书？以重书也。

楚子伐郑。

十一年

十有一年：春，王正月。

夏，楚子、陈侯、郑伯盟于辰陵。公孙归父会齐人伐莒。

秋，晋侯会狄于欑函。

冬，十月，楚人杀陈夏征舒。

此楚子也，其称人何？贬。曷为贬？不与外讨也。不与外讨者，因其讨乎外而不与也，虽内讨亦不与也。曷为不与？实与而文不与。文曷为不与？诸侯之义不得专讨也。诸侯之义不得专讨，则其曰实与之何？上无天子，下无方伯，天下诸侯有为无道者，臣弑君，子弑父；力能讨之，则讨之可也。

丁亥，楚子入陈。纳公孙宁、仪行父于陈。

此皆大夫也，其言纳何？纳公党与也。

十二年

十有二年：春，葬陈灵公。

讨此贼者，非臣子也，何以书葬？君子辞也。楚已讨之矣，臣子虽欲讨之而无所讨也。

楚子围郑。

夏，六月乙卯，晋荀林父帅师，及楚子战于邲。晋师败绩。

大夫不敌君，此其称名氏以敌楚子何？不与晋而与楚子为礼也。曷为不与晋而与楚子为礼也？

庄王伐郑，胜乎皇门，放乎路衢。郑伯肉袒，左执茅旌，右执鸾刀，以逆庄王，曰："寡人无良，边垂之臣以干天祸，是以使君主沛焉，辱到敝邑。君如矜此丧人，锡之不毛之地，使帅一二耋老而绥焉，请唯君王之命！"庄王曰："君之不令臣，交易为言，是以使寡人得见君之玉面而微至乎此！"庄王亲自手旌，左右㧑军退舍七里。将军子重谏曰："南郢之与郑，相去数千里。诸大夫死者数人，厮役扈养死者数百人。今君胜郑而不有，无乃失民臣之力乎？"庄王曰："古者杅不穿，皮不蠹，则不出于四方。是以君子笃于礼而薄于利，要其人而不要其土。告从，不赦，不详。吾以不详道民，灾及吾身，何日之有！"

既则晋师之救郑者至，曰："请战！"庄王许诺。将军子重谏曰："晋，大国也。王师淹病矣。君请勿许也！"庄王曰："弱者，吾威之；彊者，吾辟之：是以使寡人无以立乎天下！"令之还师而逆晋寇，庄王鼓之。晋师大败。晋众之走者，舟中之指可掬矣。庄王曰："嘻！吾两君不相好，百姓何罪？"令之还师而佚晋寇。

秋，七月。

冬，十有二月戊寅，楚子灭萧。

晋人、宋人、卫人、曹人同盟于清丘。宋师伐陈，卫人救陈。

十三年

十有三年：春，齐师伐卫。

夏，楚子伐宋。

秋，螽。

冬，晋杀其大夫先縠。

十四年

十有四年：春，卫杀其大夫孔达。

夏，五月壬申，曹伯寿卒。

晋侯伐郑。

秋，九月，楚子围宋。葬曹文公。

冬，公孙归父会齐侯于穀。

十五年

十有五年：春，公孙归父会楚子于宋。

夏，五月，宋人及楚人平。

外平不书，此何以书？大其平乎己也。

何大乎其平乎己？庄王围宋，军有七日之粮尔，尽此不胜，将去而归尔，于是使司马子反乘堙而窥宋城。宋华元亦乘堙而出，见之。司马子反曰："子之国何如?"华元曰："惫矣!"曰："何如?"曰："易子而食之，析骸而炊之。"司马子反曰："嘻！甚矣惫！虽然，吾闻之也：围者（柑）〔拑〕马而秣之，使肥者应客，是何子之情也?"华元曰："吾闻之：君子见人之厄则矜之，小人见人之厄则幸之。吾见子之君子也，是以告情于子也。"司马子反曰："诺！勉之矣！吾军亦有七日之粮尔，尽此不胜，将去而归尔。"揖而去之，反于庄王。庄王曰："何如?"司马子反曰："惫矣!"曰："何如?"曰："易子而食之，析骸而炊之。庄王曰："嘻！甚矣惫！虽然，吾今取此然后而归尔。"司马子反曰："不可。臣已告之矣：军有七日之粮尔。"庄王怒，曰："吾使子往视之，子曷为告之?"司马子反曰："以区区之宋，犹有不欺人之臣，可以楚而无乎？是以告之也。"庄王曰："诺！舍而止。虽然，吾犹取此然后归尔。"司马子反曰："然则君请处于此，臣请归尔。"庄王曰："子去我而归，吾孰与处于此？吾亦从子而归尔!"引使而去之。故君子大其平乎已也。

此皆大夫也，其称人何？贬。曷为贬？平者在下也。

六月癸卯，晋师灭赤狄潞氏，以潞子婴儿归。

潞何以称子？潞子之为善也，躬足以亡尔。虽然，君子不可不记也。离于夷狄，而未能合于中国；晋师伐之，中国不救，狄人不有：是以亡也。

秦人伐晋。

王札子杀召伯、毛伯。

王札子者何？长庶之号也。

秋，螽。仲孙蔑会齐高固于牟娄。

初税亩。

初者何？始也。税亩者何？履亩而税也。"初税亩"，何以书？讥。何讥尔？讥始履亩而税也。何讥乎始履亩而税？古者什一而藉。古者曷为什一而藉？什一者，天下之中正也。多乎什一，大桀小桀。寡乎什一，大貉小貉。什一者，天下之中正也，什一行而颂声作矣。

冬，蝝生。

未有言蝝生者，此其言蝝生何？蝝生不书，此何以书？幸之也。幸之者何？犹曰受之云尔。受之云尔者何？上变古易常，应是而有天灾，其诸则宜于此焉变矣。

饥。

十六年

十有六年：春，王正月，晋人灭赤狄甲氏，及留吁。

夏，成周宣谢灾。

成周者何？东周也。宣谢者何？宣宫之谢也。何言乎“成周宣谢灾”？乐器藏焉尔。“成周宣谢灾”何以书？记灾也。外灾不书，此何以书？新周也。

秋，郯伯姬来归。

冬，大有年。

十七年

十有七年：春，王正月庚子，许男锡我卒。丁未，蔡侯申卒。

夏，葬许昭公。葬蔡文公。

六月癸卯，日有食之。

己未，公会晋侯、卫侯、曹伯、邾娄子，同盟于断道。

秋，公至自会。

冬，十有一月壬午，公弟叔肸卒。

十八年

十有八年：春，晋侯、卫世子臧伐齐。公伐杞。

夏，四月。

秋，七月，邾娄人戕鄫子于鄫。

戕鄫子于鄫者何？残贼而杀之也。

甲戌，楚子旅卒。

何以不书葬？吴楚之君不书葬，辟其号也。

公孙归父如晋。

冬，十月壬戌，公薨于路寝。

归父还自晋，至柽，遂奔齐。

还者何？善辞也。何善尔？归父使于晋，还自晋，至柽，闻君薨家遣，埠帷，哭君成踊，反命乎介，自是走之齐。

成　公

元　年

元年：春，王正月，公即位。

二月辛酉，葬我君宣公。

无冰。

三月，作丘甲。

何以书？讥。何讥尔？讥始丘使也。

夏，臧孙许及晋侯盟于赤棘。

秋，王师败绩于贸戎。

孰败之？盖晋败之，或曰贸戎败之。然则曷为不言晋败之？王者无敌，莫敢当也。

冬，十月。

二　年

二年：春，齐侯伐我北鄙。

夏，四月丙戌，卫孙良夫帅师，及齐师战于新筑。卫师败绩。

六月癸酉，季孙行父、臧孙许、叔孙侨如、公孙婴齐帅师会晋郤克、卫孙良夫、曹公子手，及齐侯战于鞌。齐师败绩。

曹无大夫，“公子手”何以书？忧内也。

秋，七月，齐侯使国佐如师；己酉，及国佐盟于袁娄。

君不〔行〕[1] 使乎大夫，此其行使乎大夫何？佚获也。其佚获奈何？师还齐侯，晋郤克投戟逡巡，再拜稽首马前。逢丑父者，顷公之车右也，面目与顷公相似，衣服与顷公相似。代顷公当左，使顷公取饮；顷公操饮而至。曰："革取清者。"顷公用是佚而不反。逢丑父曰："吾赖社稷之神灵，吾君已免矣！"郤克曰："欺三军者，其法奈何？"曰："法斮！"于是斮逢丑父。

"己酉，及齐国佐盟于袁娄"，曷为不盟于师而盟于袁娄？前此者，晋郤克与臧孙许同时而聘于齐。萧同侄子者，齐君之母也；踊于棓而窥客，则客或跛或眇。于是使跛者迓跛者，使眇者迓眇者。二大夫出，相与踦闾而语，移日然后相去。齐人皆曰："患之起，必自此始。"二大夫归，相与率师为鞌之战。齐师大败，齐侯使国佐如师。郤克曰："与我纪侯之甗，反鲁卫之侵地，使耕者东亩，且以萧同侄子为质，则吾舍子矣！"国佐曰："'与我纪侯之甗'，请诺。'反鲁卫之侵地'，请诺。'使耕者东亩'，是则土齐也；'萧同侄子'者，齐君之母也，齐君之母犹晋君之母也，——不可！请战！壹战不胜，请再。再战不胜，请三。三战不胜，则齐国尽子之有也，何必以萧同侄子为质！"揖而去之。郤克眣鲁卫之使，使以其辞而为之请。然后许之，逮于袁娄而与之盟。

八月壬午，宋公鲍卒。庚寅，卫侯遬卒。

取汶阳田。

汶阳田者何？鞌之赂也。

冬，楚师、郑师侵卫。

十有一月，公会楚公子婴齐于蜀。丙申，公及楚人、秦人、宋人、陈人、卫人、郑人、齐人、曹人、邾娄人、薛人、鄫人盟于蜀。

此楚公子婴齐也，其称人何？得一贬焉尔。

---

① 据文例及阮元《校勘记》补入。

三　年

三年：春，王正月，公会晋侯、宋公、卫侯、曹伯伐郑。

辛亥，葬卫缪公。

二月，公至自伐郑。

甲子，新宫灾。三日哭。

新宫者何？宣公之宫也。宣宫，则曷为谓之新宫？不忍言也。其言三日哭何？庙灾，三日哭，礼也。“新宫灾”，何以书？记灾也。

乙亥，葬宋文公。

夏，公如晋。郑公子去疾率师伐许。公至自晋。

秋，叔孙侨如率师围棘。

棘者何？汶阳之不服邑也。其言围之何？不听也。

大雩。

晋郤克、卫孙良夫伐将咎如。

冬，十有一月，晋侯使荀庚来聘。卫侯使孙良夫来聘。丙午，及荀庚盟。丁未，及孙良夫盟。

此聘也，其言盟何？聘而言盟者，寻旧盟也。

郑伐许。

四　年

四年：春，宋公使华元来聘。

三月壬申，郑伯坚卒。

杞伯来朝。

夏，四月甲寅，臧孙许卒。

公如晋。

葬郑襄公。

秋，公至自晋。

冬，城运。郑伯伐许。

五　年

五年：春，王正月，杞叔姬来归。仲孙蔑如宋。

夏，叔孙侨如会晋荀秀于穀。

梁山崩。

梁山者何？河上之山也。“梁山崩”何以书？记异也。何异尔？大也。何大尔？梁山崩，壅河三日不沵。外异不书，此何以书？为天下记异也。

秋，大水。

冬，十有一月己酉，天王崩。

十有二月己丑，公会晋侯、齐侯、宋公、卫侯、郑伯、曹伯、邾娄子、杞伯，同盟于虫牢。

六　年

六年：春，王正月，公至自会。

二月辛巳，立武宫。

武宫者何？武公之宫也。立者何？立者不宜立也。立武宫，非礼也。

取鄟。

鄟者何？邾娄之邑也。曷为不系于邾娄？讳亟也。

卫孙良夫率师侵宋。

夏，六月，邾娄子来朝。公孙婴齐如晋。壬申，郑伯费卒。

秋，仲孙蔑、叔孙侨如率师侵宋。楚公子婴齐率师伐郑。

冬，季孙行父如晋。晋栾书率师侵郑。

七　年

七年：春，王正月，鼷鼠食郊牛角；改卜牛，鼷鼠又食其角；乃免牛。

吴伐郯。

夏，五月，曹伯来朝。

不郊，犹三望。

秋，楚公子婴齐率师伐郑。公会晋侯、齐侯、宋公、卫侯、曹伯、莒子、邾娄子、杞伯救郑。八月戊辰，同盟于马陵。

公至自会。吴入州来。

冬，大雩。

卫孙林父出奔晋。

八　年

八年：春，晋侯使韩穿来言汶阳之田，归之于齐。

来言者何？内辞也。胁我，使我归之也。曷为使我归之？鞌之战，齐师大败，齐侯归，吊死视疾，七年不饮酒、不食肉。晋侯闻之，曰："嘻！奈何使人之君七年不饮酒、不食肉？"请皆反其所取侵地。

晋栾书帅师侵蔡。公孙婴齐如莒。宋公使华元来聘。

夏，宋公使公孙寿来纳币。

纳币不书，此何以书？录伯姬也。

晋杀其大夫赵同、赵括。

秋，七月，天子使召伯来锡公命。

其称天子何？"元年，春，王正月"，正也；其余皆通矣。

冬，十月癸卯，杞叔姬卒。

晋侯使士燮来聘。叔孙侨如会晋士燮。

齐人、邾娄人伐郯。

卫人来媵。

媵不书，此何以书？录伯姬也。

九　年

九年：春，王正月，杞伯来逆叔姬之丧以归。

杞伯曷为来逆叔姬之丧以归？内辞也。胁而归之也。

公会晋侯、齐侯、宋公、卫侯、郑伯、曹伯、莒子、杞伯，同盟于蒲。

公至自会。

二月，伯姬归于宋。

夏，季孙行父如宋致女。

未有言致女者，此其言致女何？录伯姬也。

晋人来媵。

媵不书，此何以书？录伯姬也。

秋，七月丙子，齐侯无野卒。

晋人执郑伯。晋栾书帅师伐郑。

冬，十有一月，葬齐顷公。

楚公子婴齐帅师伐莒，庚申莒溃。楚人入运。

秦人、白狄伐晋。郑人围许。

城中城。

十　年

十年：春，卫侯之弟黑背率师侵郑。

夏，四月，五卜郊；不从，乃不郊。

其言“乃不郊”何？不免牲，故言“乃不郊”也。

五月，公会晋侯、齐侯、宋公、卫侯、曹伯伐郑。

齐人来媵。

媵不书，此何以书？录伯姬也。三国来媵，非礼也，曷为皆以“录伯姬”之辞言之？妇人以众多为侈也。

丙午，晋侯獳卒。

秋，七月。

公如晋。

十一年

十有一年：春，王三月，公至自晋。

晋侯使郤州来聘。己丑，及郤州盟。

夏，季孙行父如晋。

秋，叔孙侨如如齐。

冬，十月。

十二年

十有二年：春，周公出奔晋。

周公者何？天子之三公也。王者无外，此其言出何？自其私土而出也。

夏，公会晋侯、卫侯于沙泽。

秋，晋人败狄于交刚。

冬，十月。

十三年

十有三年：春，晋侯使郤锜来乞师。三月，公如京师。

夏，五月，公自京师，遂会晋侯、齐侯、宋公、卫侯、郑伯、曹伯、邾娄人、滕人伐秦。

其言“自京师”何？公凿行也。公凿行奈何？不敢过天子也。

曹伯庐卒于师。

秋，七月，公至自伐秦。

冬，葬曹宣公。

十四年

十有四年：春，王正月，莒子朱卒。

夏，卫孙林父自晋归于卫。

秋，叔孙侨如如齐逆女。郑公子喜率师伐许。

九月，侨如以夫人妇姜氏至自齐。

冬，十月庚寅，卫侯臧卒。

秦伯卒。

十五年

十有五年：春，王二月，葬卫定公。

三月乙巳，仲婴齐卒。

仲婴齐者何？公孙婴齐也。公孙婴齐，则曷为谓之仲婴齐？为兄后也。为兄后，则曷为谓之仲婴齐？为人后者，为之子也。为人后者为其子，则其称仲何？孙以王父字为氏也。

然则婴齐孰后？后归父也。归父使于晋而未反，何以后之？叔仲惠伯，傅子赤者也。文公死，子幼，公子遂谓叔仲惠伯曰："君幼，如之何？愿与子虑之。"叔仲惠伯曰："吾子相之，老夫抱之，何幼君之有？"公子遂知其不可与谋，退而杀叔仲惠伯，弑子赤而立宣公。宣公死，成公幼。臧宣（公）〔叔〕[①] 者相也，君死不哭，聚诸大夫而问焉，曰："昔者叔仲惠伯之事，孰为之？"诸大夫皆杂然曰："仲氏也。其然乎！"于是遣归父之家，然后哭君。归父使乎晋，还自晋，至柽，闻君薨家遣，埠帷，哭君成踊，反命于介，自是走之齐。鲁人徐伤归父之无后也，于是使婴齐后

① 阮元《校勘记》以为臧宣公当作臧宣叔，是也。今从之。

之也。

癸丑，公会晋侯、卫侯、郑伯、曹伯、宋世子成、齐国佐、邾娄人，同盟于戚。

晋侯执曹伯归（之）于京师。

公至自会。

夏，六月，宋公固卒。

楚子伐郑。

秋，八月庚辰，葬宋共公。

宋华元出奔晋。宋华元自晋归于宋。

宋杀其大夫山。宋鱼石出奔楚。

冬，十有一月，叔孙侨如会晋士燮、齐高无咎、宋华元、卫孙林父、郑公子鳝、邾娄人，会吴于钟离。

曷为殊会吴？外吴也。曷为外也？《春秋》内其国而外诸夏，内诸夏而外夷狄。王者欲一乎天下，曷为以外内之辞言之？言自近者始也。

许迁于叶。

十六年

十有六年：春，王正月，雨木冰。

“雨木冰”者何？雨而木冰也。何以书？记异也。

夏，四月辛未，滕子卒。

郑公子喜帅师侵宋。

六月丙寅朔，日有食之。

晋侯使栾黡来乞师。

甲午，晦。

晦者何？冥也。何以书？记异也。

晋侯及楚子、郑伯战于鄢陵。楚子、郑师败绩。

败者称师，楚何以不称师？王痍也。王痍者何？伤乎矢也。然则何以不言“师败绩”？末言尔。

楚杀其大夫公子侧。

秋，公会晋侯、齐侯、卫侯、宋华元、邾娄人于沙随。不见公，公至自会。

“不见公”者何？公不见见也。公不见见，大夫执，何以致会？不耻也。曷为不耻？公幼也。

公会尹子、晋侯、齐国佐、邾娄人伐郑。

曹伯归自京师。

执而归者，名；曹伯何以不名？而不言复归于曹何？易也。其易奈何？公子喜时在内也。公子喜时在内，则何以易？公子喜时者，仁人也，内平其国而待之，外治诸京师而免之。其言自京师何？言甚易也。舍是无难矣。

九月，晋人执季孙行父，舍之于招丘。

执未可言舍之者，此其言舍之何？仁之也，曰在招丘悕矣。执未有言仁之者，此其言仁之何？代公执也。其代公执奈何？前此者，晋人来乞师而不与；公会晋侯，将执公，季孙行父曰：“此臣之罪也。”于是执季孙行父。成公将会〔晋〕厉公，会不当期，将执公；季孙行父曰：“臣有罪，执其君；子有罪，执其父：此听失之大者也。今此臣之罪也，舍臣之身而执臣之君，吾恐听失之为宗庙羞也。”于是执季孙行父。

冬，十月乙亥，叔孙侨如出奔齐。

十有二月乙丑，季孙行父及晋郤州盟于扈。

公至自会。

乙酉，刺公子偃。

十七年

十有七年：春，卫北宫结率师侵郑。

夏，公会尹子、单子、晋侯、齐侯、宋公、卫侯、曹伯、邾娄人伐郑。六月乙酉，同盟于柯陵。

秋，公至自会。齐高无咎出奔莒。

九月辛丑，用郊。

用者何？用者不宜用也，九月非所用郊也。然则郊曷用？郊用正月上辛。或曰：用然后郊。

晋侯使荀罃来乞师。

冬，公会单子、晋侯、宋公、卫侯、曹伯、齐人、邾娄人伐郑。

十有一月，公至自伐郑。

壬申，公孙婴齐卒于狸轸。

非此月日也，曷为以此月日“卒”之？待君命然后卒大夫。曷为待君命然后卒大夫？前此者，婴齐走之晋。公会晋侯，将执公，婴齐为公请，公许之反为大夫。归，至于狸轸而卒。无君命，不敢“卒”大夫。公至，曰：“吾固许之反为大夫！”然后“卒”之。

十有二月丁巳朔，日有食之。

邾娄子貜且卒。晋杀其大夫郤锜、郤州、郤至。楚人灭舒庸。

十八年

十有八年：春，王正月，晋杀其大夫胥童。庚申，晋弑其君州蒲。

齐杀其大夫国佐。

公如晋。

夏，楚子、郑伯伐宋。宋鱼石复入于彭城。

公至自晋。晋侯使士匄来聘。

秋，杞伯来朝。八月，邾娄子来朝。

筑鹿囿。

何以书？讥。何讥尔？有囿矣，又为也。

己丑，公薨于路寝。

冬，楚人、郑人侵宋。

晋侯使士彭来乞师。

十有二月，仲孙蔑会晋侯、宋公、卫侯、邾娄子、齐崔杼，同盟于虚朾。

丁未，葬我君成公。

襄　公

元　年

元年：春，王正月，公即位。

仲孙蔑会晋栾黡、宋华元、卫宁殖、曹人、莒人、邾娄人、滕人、薛人，围宋彭城。

宋华元曷为与诸侯围宋彭城？为宋诛也。其为宋诛奈何？鱼石走之楚，楚为之伐宋，取彭城以封鱼石。鱼石之罪奈何？以入是为罪也。楚已取之矣，曷为系之宋？不与诸侯专封也。

夏，晋韩屈帅师伐郑。仲孙蔑会齐崔杼、曹人、邾娄子、杞人，次于合。

秋，楚公子壬夫帅师侵宋。

九月辛酉，天王崩。

邾娄子来朝。

冬，卫侯使公孙剽来聘。晋侯使荀罃来聘。

二　年

二年：春，王正月，葬简王。

郑师伐宋。

夏，五月庚寅，夫人姜氏薨。

六月庚辰，郑伯睔卒。

晋师、宋师、卫宁殖侵郑。

秋，七月，仲孙蔑会晋荀罃、宋华元、卫孙林父、曹人、邾娄人于戚。

己丑，葬我小君齐姜。

齐姜者何？齐姜与缪姜。则未知其为宣夫人与？成夫人与？

叔孙豹如宋。

冬，仲孙蔑会晋荀罃、齐崔杼、宋华元、卫孙林父、曹人、邾娄人、滕人、薛人、小邾娄人于戚，遂城虎牢。

虎牢者何？郑之邑也。其言城之何？取之也。取之，则曷为不言取之？为中国讳也。曷为为中国讳？讳伐丧也。曷为不系乎郑？为中国讳也。大夫无遂事，此其言遂何？归恶乎大夫也。

楚杀其大夫公子申。

三　年

三年：春，楚公子婴齐帅师伐吴。公如晋。

夏，四月壬戌，公及晋侯盟于长樗。

公至自晋。

六月，公会单子、晋侯、宋公、卫侯、郑伯、莒子、邾娄子、齐世子光；己未，同盟于鸡泽。

陈侯使袁侨如会。

其言如会何？后会也。

戊寅，叔孙豹及诸侯之大夫，及陈袁侨盟。

曷为殊及陈袁侨？为其与袁侨盟也。

秋，公至自会。

冬，晋荀罃帅师伐许。

四　年

四年：春，王三月己酉，陈侯午卒。

夏，叔孙豹如晋。

秋，七月戊子，夫人弋氏薨。

葬陈成公。

八月辛亥，葬我小君定弋。

定弋者何？襄公之母也。

冬，公如晋。陈人围顿。

五　年

五年：春，公至自晋。

夏，郑伯使公子发来聘。

叔孙豹、鄫世子巫如晋。

外相如不书，此何以书？为叔孙豹率而与之俱也。叔孙豹则曷为率而与之俱？盖舅出也。莒将灭之，故相与往殆乎晋也。莒将灭之，则曷为相与往殆乎晋？取后乎莒也。其取后乎莒奈何？（莒）〔鄫〕女有为（鄫）〔莒〕[①] 夫人者，盖欲立其出也。

仲孙蔑、卫孙林父会吴于善稻。

秋，大雩。

楚杀其大夫公子壬夫。

公会晋侯、宋公、陈侯、卫侯、郑伯、曹伯、莒子、邾娄子、滕子、薛伯、齐世子光、吴人、鄫人于戚。

吴何以称人？"吴、鄫人"云则不辞。

公至自会。

冬，戍陈。

孰戍之？诸侯戍之。曷为不言诸侯戍之？离至不可得而序，故言我也。

楚公子贞帅师伐陈。

公会晋侯、宋公、卫侯、郑伯、曹伯、莒子、邾娄子、滕子、

① "莒"、"鄫"互讹，据文意可知。《经义述闻》已言之。

薛伯、齐世子光，救陈。

十有二月，公至自救陈。辛未，季孙行父卒。

六　年

六年：春，王三月壬午，杞伯姑容卒。

夏，宋华弱来奔。

秋，葬杞桓公。滕子来朝。莒人灭鄫。

冬，叔孙豹如邾娄。季孙宿如晋。

十有二月，齐侯灭莱。

曷为不言莱君出奔？国灭君死之，正也。

七　年

七年：春，郯子来朝。

夏，四月，三卜郊；不从，乃免牲。

小邾娄子来朝。

城费。

秋，季孙宿如卫。

八月，螺。

冬，十月，卫侯使孙林父来聘。壬戌，及孙林父盟。

楚公子贞帅师围陈。

十有二月，公会晋侯、宋公、陈侯、卫侯、曹伯、莒子、邾娄子于邬。郑伯髡原如会，未见诸侯，丙戌卒于操。

操者何？郑之邑也。诸侯卒其封内不地，此何以地？隐之也。何隐尔？弑也。孰弑之？其大夫弑之。曷为不言其大夫弑之？为中国讳也。曷为为中国讳？郑伯将会诸侯于邬，其大夫谏曰："中国不足归也，则不若与楚。"郑伯曰："不可！"其大夫曰："以中国为义，则伐我丧。以中国为彊，则不若楚。"于是弑之。

郑伯髡原何以名？伤而反，未至乎舍而卒也。未见诸侯，其言如会何？致其意也。

陈侯逃归。

八　年

八年：春，王正月，公如晋。

夏，葬郑僖公。

贼未讨，何以书葬？为中国讳也。

郑人侵蔡，获蔡公子燮。

此侵也，其言获何？侵而言获者，适得之也。

季孙宿会晋侯、郑伯、齐人、宋人、卫人、邾娄人于邢丘。

公至自晋。莒人伐我东鄙。

秋，九月，大雩。

冬，楚公子贞帅师伐郑。

晋侯使士匄来聘。

九　年

九年：春，宋火。

曷为或言灾，或言火？大者曰灾，小者曰火。然则内何以不言火？内不言火者，甚之也。

何以书？记灾也。外灾不书，此何以书？为王者之后记灾也。

夏，季孙宿如晋。

五月辛酉，夫人姜氏薨。

秋，八月癸未，葬我小君缪姜。

冬，公会晋侯、宋公、卫侯、曹伯、莒子、邾娄子、滕子、薛伯、杞伯、小邾娄子、齐世子光，伐郑。十有二月己亥，同盟于戏。

楚子伐郑。

十　年

十年：春，公会晋侯、宋公、卫侯、曹伯、莒子、邾娄子、滕子、薛伯、杞伯、小邾娄子、齐世子光，会吴于柤。

夏，五月甲午，遂灭偪阳。

公至自会。

楚公子贞、郑公孙辄帅师伐宋。晋师伐秦。

秋，莒人伐我东鄙。

公会晋侯、宋公、卫侯、曹伯、莒子、邾娄子、齐世子光、滕子、薛伯、杞伯、小邾娄子，伐郑。

冬，盗杀郑公子斐、公子发、公孙辄。

戍郑虎牢。

孰戍之？诸侯戍之。曷为不言诸侯戍之？离至不可得而序，故言我也。诸侯已取之矣，曷为系之郑？诸侯莫之主有，故反系之郑。

楚公子贞帅师救郑。

公至自伐郑。

十一年

十有一年：春，王正月，作三军。

三军者何？三卿也。“作三军”何以书？讥。何讥尔？古者上卿、下卿、上士、下士。

夏，四月，四卜郊；不从，乃不郊。

郑公孙舍之帅师侵宋。

公会晋侯、宋公、卫侯、曹伯、齐世子光、莒子、邾娄子、滕子、薛伯、杞伯、小邾娄子，伐郑。

秋，七月己未，同盟于京城北。

公至自伐郑。

楚子、郑伯伐宋。

公会晋侯、宋公、卫侯、曹伯、齐世子光、莒子、邾娄子、滕子、薛伯、杞伯、小邾娄子，伐郑；会于萧鱼。此伐郑也，其言会于萧鱼何？盖郑与会尔。

公至自会。

楚人执郑行人良霄。

冬，秦人伐晋。

十二年

十有二年：春，王三月，莒人伐我东鄙，围台。

邑不言围，此其言围何？伐而言围者，取邑之辞也。“伐”而不言“围”者，非取邑之辞也。

季孙宿帅师救台，遂入运。

大夫无遂事，此其言遂何？公不得为政尔。

夏，晋侯使士（彭）〔鲂〕来聘。

秋，九月，吴子乘卒。

冬，楚公子贞帅师侵宋。

公如晋。

十三年

十有三年：春，公至自晋。

夏，取诗。

诗者何？邾娄之邑也。曷为不系乎邾娄？讳亟也。

秋，九月庚辰，楚子审卒。

冬，城防。

十四年

十有四年：春，王正月，季孙宿、叔老会晋士匄、齐人、宋人、卫人、郑公孙囆、曹人、莒人、邾娄人、滕人、薛人、杞人、小邾娄人，会吴于向。

二月乙未朔，日有食之。

夏，四月，叔孙豹会晋荀偃、齐人、宋人、卫北宫结、郑公孙囆、曹人、莒人、邾娄人、滕人、薛人、杞人、小邾娄人，伐秦。

己未，卫侯衎出奔齐。

莒人侵我东鄙。

秋，楚公子贞帅师伐吴。

冬，季孙宿会晋士匄、宋华阅、卫孙林父、郑公孙囆、莒人、邾娄人于戚。

十五年

十有五年：春，宋公使向戌来聘。

二月己亥，及向戌盟于刘。

刘夏逆王后于齐。

刘夏者何？天子之〔下〕大夫也。刘者何？邑也。其称刘何？以邑氏也。外逆女不书，此何以书？过我也。

夏，齐侯伐我北鄙，围成。公救成，至遇。

其言至遇何？不敢进也。

季孙宿、叔孙豹帅师城成郛。

秋，八月丁巳，日有食之。

邾娄人伐我南鄙。

冬，十有一月癸亥，晋侯周卒。

十六年

十有六年：春，王正月，葬晋悼公。

三月，公会晋侯、宋公、卫侯、郑伯、曹伯、莒子、邾娄子、薛伯、杞伯、小邾娄子于溴梁。

戊寅，大夫盟。

诸侯皆在是，其言大夫盟何？信在大夫也。何言乎信在大夫？遍刺天下之大夫也。曷为遍刺天下之大夫？君若赘旒然。

晋人执莒子、邾娄子以归。齐侯伐我北鄙。

夏，公至自会。

五月甲子，地震。

叔老会郑伯、晋荀偃、卫宁殖、宋人伐许。

秋，齐侯伐我北鄙，围成。

大雩。

冬，叔孙豹如晋。

十七年

十有七年：春，王二月庚午，邾娄子瞷卒。

宋人伐陈。

夏，卫石买帅师伐曹。

秋，齐侯伐我北鄙，围洮。齐高厚帅师伐我北鄙，围防。

九月，大雩。

宋华臣出奔陈。

冬，邾娄人伐我南鄙。

十八年

十有八年：春，白狄来。

白狄者何？夷狄之君也。何以不言朝？不能朝也。

夏，晋人执卫行人石买。

秋，齐师伐我北鄙。

冬，十月，公会晋侯、宋公、卫侯、郑伯、曹伯、莒子、邾娄子、滕子、薛伯、杞伯、小邾娄子，同围齐。曹伯负刍卒于师。

楚公子午帅师伐郑。

十九年

十有九年：春，王正月，诸侯盟于祝阿。

晋人执邾娄子。

公至自伐齐。

此同围齐也，何以致伐？未围齐也。未围齐，则其言围齐何？抑齐也。曷为抑齐？为其亟伐也。或曰：为其骄蹇，使其世子处乎诸侯之上也。

取邾娄田，自漷水。

其言自漷水何？以漷为竟也。何言乎以漷为竟？漷移也。

季孙宿如晋。

葬曹成公。

夏，卫孙林父帅师伐齐。

秋，七月辛卯，齐侯瑗卒。

晋士匄帅师侵齐，至榖，闻齐侯卒，乃还。

还者何？善辞也。何善尔？大其不伐丧也。此受命乎君而伐齐，则何大乎其不伐丧？大夫以君命出，进退在大夫也。

八月丙辰，仲孙蔑卒。

齐杀其大夫高厚。郑杀其大夫公子喜。

冬，葬齐灵公。

城西郛。

叔孙豹会晋士匄于柯。

城武城。

二十年

二十年：春，王正月辛亥，仲孙遬会莒人，盟于向。

夏，六月庚申，公会晋侯、齐侯、宋公、卫侯、郑伯、曹伯、莒子、邾娄子、滕子、薛伯、杞伯、小邾娄子，盟于澶渊。

秋，公至自会。

仲孙遬帅师伐邾娄。

蔡杀其大夫公子燮。蔡公子履出奔楚。

陈侯之弟光出奔楚。

叔老如齐。

冬，十月丙辰朔，日有食之。

季孙宿如宋。

二十一年

二十有一年：春，王正月，公如晋。

邾娄庶其以漆闾丘来奔。

邾娄庶其者何？邾娄大夫也。邾娄无大夫，此何以书？重地也。

夏，公至自晋。

秋，晋栾盈出奔楚。

九月庚戌朔，日有食之。

冬，十月庚辰朔，日有食之。

曹伯来朝。公会晋侯、齐侯、宋公、卫侯、郑伯、曹伯、莒子、邾娄子于商任。

十（有一）[①] 月庚子，孔子生。

---

① 阮元《校勘记》引齐召南说，以为“十有一月”当作十月，今从之。

二十二年

二十有二年：春，王正月，公至自会。

夏，四月。

秋，七月辛酉，叔老卒。

冬，公会晋侯、齐侯、宋公、卫侯、郑伯、曹伯、莒子、邾娄子、滕子、薛伯、杞伯、小邾娄子于沙随。公至自会。

楚杀其大夫公子追舒。

二十三年

二十有三年：春，王二月癸酉朔，日有食之。

三月己巳，杞伯匄卒。

夏，邾娄鼻我来奔。

邾娄鼻我者何？邾娄大夫也。邾娄无大夫，此何以书？以近书也。

葬杞孝公。

陈杀其大夫庆虎及庆寅。陈侯之弟光自楚归于陈。

晋栾盈复入于晋，入于曲沃。

曲沃者何？晋之邑也。其言“入于晋，入于曲沃”何？栾盈将入晋，晋人不纳，由乎曲沃而入也。

秋，齐侯伐卫，遂伐晋。八月，叔孙豹帅师救晋，次于雍渝。

曷为先言救而后言次？先通君命也。

己卯，仲逊遬卒。

冬，十月乙亥，臧孙纥出奔邾娄。

晋人杀栾盈。

曷为不言杀其大夫？非其大夫也。

齐侯袭莒。

二十四年

二十有四年：春，叔孙豹如晋。仲孙羯帅师侵齐。

夏，楚子伐吴。

秋，七月甲子朔，日有食之，既。

齐崔杼帅师伐莒。

大水。

八月癸巳朔，日有食之。

公会晋侯、宋公、卫侯、郑伯、曹伯、莒子、邾娄子、滕子、薛伯、杞伯、小邾娄子于陈仪。

冬，楚子、蔡侯、陈侯、许男伐郑。

公至自会。

陈咸宜咎出奔楚。

叔孙豹如京师。

大饥。

二十五年

二十有五年：春，齐崔杼帅师伐我北鄙。

夏，五月乙亥，齐崔杼弑其君光。

公会晋侯、宋公、卫侯、郑伯、曹伯、莒子、邾娄子、滕子、薛伯、杞伯、小邾娄子于陈仪。

六月壬子，郑公孙舍之帅师入陈。

秋，（八）〔七〕[1] 月己巳，诸侯同盟于重丘。

公至自会。

卫侯入于陈仪。

---

① 据本年《春秋左传》及杜注改。

陈仪者何？卫之邑也。曷为不言入于卫？谖君以弑也。

楚屈建帅师灭舒鸠。

冬，郑公孙嗟帅师伐陈。

十有二月，吴子谒伐楚，门于巢，卒。

“门于巢，卒”者何？入门乎巢而卒也。入门乎巢而卒者何？入巢之门而卒也。

“吴子谒”何以名？伤而反，未至乎舍而卒也。

二十六年

二十有六年：春，王二月辛卯，卫宁喜弑其君剽。

卫孙林父入于戚以叛。

甲午，卫侯衎复归于卫。

此谖君以弑也，其言复归何？恶剽也。曷为恶剽？剽之立，于是未有说也。然则曷为不言剽之立？不言剽之立者，以恶卫侯也。

夏，晋侯使荀吴来聘。

公会晋人、郑良霄、宋人、曹人于澶渊。

秋，宋公杀其世子痤。

晋人执卫宁喜。

此执有罪，何以不得为伯讨？不以其罪执之也。

八月壬午，许男宁卒于楚。

冬，楚子、蔡侯、陈侯伐郑。

葬许灵公。

二十七年

二十有七年：春，齐侯使庆封来聘。

夏，叔孙豹会晋赵武、楚屈建、蔡公孙归生、卫石恶、陈孔瑗、郑良霄、许人、曹人于宋。

卫杀其大夫宁喜。卫侯之弟鱄出奔晋。

卫杀其大夫宁喜，则卫侯之弟鱄曷为出奔晋？为杀宁喜出奔也。曷为为杀宁喜出奔？

卫宁殖与孙林父逐卫侯而立公孙剽。宁殖病将死，谓喜曰："黜公者非吾意也，孙氏为之。我即死，女能固纳公乎？"喜曰："诺！"宁殖死。喜立为大夫，使人谓献公曰："黜公者非宁氏也，孙氏为之。吾欲纳公，何如？"献公曰："子苟〔欲〕[①] 纳我，吾请与子盟。"喜曰："无所用盟。请使公子鱄约之。"

献公谓公子鱄曰："宁氏将纳我，吾欲与之盟，其言曰：'无所用盟。请使公子鱄约之。'子固为我与之约矣！"公子鱄辞曰："夫负羁絷，执鈇锧，从君东西南北，则是臣仆庶孽之事也。若夫约言为信，则非臣仆庶孽之所敢与也。"献公怒，曰："黜我者非宁氏与孙氏，凡在尔！"公子鱄不得已而与之约。

已约，归至，杀宁喜。公子鱄挈其妻子而去之，将济于河，携其妻子而与之盟，曰："苟有履卫地、食卫粟者，昧雉彼视！"

秋，七月辛巳，豹及诸侯之大夫盟于宋。

曷为再言豹？殆诸侯也。曷为殆诸侯？为卫石恶在是也，曰："恶人之徒在是矣！"

冬，十有二月乙亥朔，日有食之。

二十八年

二十有八年：春，无冰。

夏，卫石恶出奔晋。

邾娄子来朝。

秋，八月，大雩。

仲孙羯如晋。

---

① 此处脱"欲"字，阮元《校勘记》详之。

冬，齐庆封来奔。

十有一月，公如楚。

十有二月甲寅，天王崩。(乙)〔己〕[①] 未，楚子昭卒。

二十九年

二十有九年：春，王正月，公在楚。

何言乎公在楚？正月以存君也。

夏，五月，公至自楚。庚午，卫侯衎卒。

阍弑吴子余祭。

阍者何？门人也，刑人也。刑人则曷为谓之阍？刑人非其人也。君子不近刑人，近刑人则轻死之道也。

仲孙羯会晋荀盈、齐高止、宋华定、卫世叔齐、郑公孙段、曹人、莒人、邾娄人、滕人、薛人、小邾娄人，城杞。

晋侯使士鞅来聘。杞子来盟。

吴子使札来聘。

吴无君无大夫，此何以有君有大夫？贤季子也。何贤乎季子？让国也。其让国奈何？

谒也，余祭也，夷昧也，与季子同母者四。季子弱而才，兄弟皆爱之，同欲立之以为君。谒曰："今若是迮而与季子国，季子犹不受也。请无与子而与弟，弟兄迭为君，而致国乎季子。"皆曰："诺！"故诸为君者皆轻死为勇，饮食必祝，曰："天苟有吴国，尚速有悔于予身！"故谒也死，余祭也立；余祭也死，夷昧也立；夷昧也死，则国宜之季子者也。季子使而亡焉。僚者，长庶也，即之。季子使而反，至而君之尔。

阖庐曰："先君之所以不与子国而与弟者，凡为季子故也。将从先君之命与？则国宜之季子者也。如不从先君之命与？则我宜

---

① 此"乙"字，《春秋》三传同。据《春秋左传》杜注："日误。"王氏《经义述闻》以为乙当作己，今从之。

立者也。僚焉得为君乎！”于是使专诸刺僚，而致国乎季子。季子不受，曰：“尔杀吾君，吾受尔国，是吾与尔为篡也。尔杀吾兄，吾又杀尔，是父子兄弟相杀终（身）[1] 无已也。”去，之延陵，终身不入吴国。故君子以其不受为义，以其不杀为仁。

贤季子，则吴何以有君有大夫？以季子为臣，则宜有君者也。札者何？吴季子之名也。《春秋》贤者不名，此何以名？许夷狄者不壹而足也。季子者，所贤也，曷为不足乎季子？许人臣者必使臣，许人子者必使子也。

秋，九月，葬卫献公。

齐高止出奔北燕。

冬，仲孙羯如晋。

三十年

三十年：春，王正月，楚子使薳颇来聘。

夏，四月，蔡世子般弑其君固。

五月甲午，宋灾，伯姬卒。

天王杀其弟年夫。王子瑕奔晋。

秋，七月，叔弓如宋，葬宋共姬。

外夫人不书葬，此何以书？隐之也。何隐尔？宋灾，伯姬卒焉。其称谥何？贤也。何贤尔？宋灾，伯姬存焉，有司复曰：“火至矣，请出！”伯姬曰：“不可！吾闻之也：妇人夜出，不见傅、母不下堂。”傅至矣，母未至也，逮乎火而死。

郑良霄出奔许，自许入于郑。郑人杀良霄。

冬，十月，葬蔡景公。

贼未讨，何以书葬？君子辞也。

晋人、齐人、宋人、卫人、郑人、曹人、莒人、邾娄人、滕

---

[1] “身”字涉下文而衍，《经义述闻》已言之。

人、薛人、杞人、小邾娄人会于澶渊，宋灾故。

“宋灾故”者何？诸侯会于澶渊，凡为宋灾故也。会未有言其所为者，此言所为何？录伯姬也。诸侯相聚而更宋之所丧，曰：“死者不可复生，尔财复矣！”

此大事也，曷为使微者？卿也。卿则其称“人”何？贬。曷为贬？卿不得忧诸侯也。

三十一年

三十有一年：春，王正月。

夏，六月辛巳，公薨于楚宫。

秋，九月癸巳，子野卒。己亥，仲孙羯卒。

冬，十月，滕子来会葬。癸酉，葬我君襄公。

十有一月，莒人弑其君密州。

昭　公

元　年

元年：春，王正月，公即位。

叔孙豹会晋赵武、楚公子围、齐国酌、宋向戌、卫石恶、陈公子招、蔡公孙归生、郑轩虎、许人、曹人于漷。

此陈侯之弟招也，何以不称弟？贬。曷为贬？为杀世子偃师贬。曰："陈侯之弟招，杀陈世子偃师。"大夫相杀称人，此其称名氏以杀何？言将自是弑君也。今将尔，词曷为与亲弑者同？君亲无将，将而必诛焉。然则曷为不于其弑焉贬？以亲者弑，然后其罪恶甚。《春秋》不待贬绝而罪恶见者，不贬绝以见罪恶也；贬绝然后罪恶见者，贬绝以见罪恶也。今招之罪已重矣，曷为复贬乎此？著招之有罪也。何著乎招之有罪？言楚之托乎讨招以灭陈也。

三月，取运。

运者何？内之邑也。其言取之何？不听也。

夏，秦伯之弟鍼出奔晋。

秦无大夫，此何以书？仕诸晋也。曷为仕诸晋？有千乘之国而不能容其母弟，故君子谓之出奔也。

六月丁巳，邾娄子华卒。

晋荀吴帅师，败狄于大原。

此大卤也，曷为谓之大原？地、物从中国，邑人名从主人。原者何？上平曰原，下平曰隰。

秋，莒去疾自齐入于宫。莒展出奔吴。

叔弓帅师疆运田。

疆运田者何？与莒为竟也。与莒为竟，则曷为帅师而往？畏莒也。

葬邾娄悼公。

冬，十有一月己酉，楚子卷卒。

楚公子比出奔晋。

二　年

二年：春，晋侯使韩起来聘。

夏，叔弓如晋。

秋，郑杀其大夫公孙黑。

冬，公如晋，至河乃复。

其言至河乃复何？不敢进也。

季孙宿如晋。

三　年

三年：春，王正月丁未，滕子泉卒。

夏，叔弓如滕。五月，葬滕成公。

秋，小邾娄子来朝。

八月，大雩。

冬，大雨雹。

北燕伯款出奔齐。

四　年

四年：春，王正月，大雨雪。

夏，楚子、蔡侯、陈侯、郑伯、许男、徐子、滕子、顿子、胡子、沈子、小邾娄子、宋世子佐、淮夷会于申。

楚人执徐子。

秋，七月，楚子、蔡侯、陈侯、许男、顿子、胡子、沈子、淮夷伐吴，执齐庆封，杀之。

此伐吴也，其言执齐庆封何？为齐诛也。其为齐诛奈何？庆封走之吴，吴封之于防。然则曷为不言伐防？不与诸侯专封也。庆封之罪何？胁齐君而乱齐国也。

遂灭厉。

九月，取鄫。

其言取之何？灭之也。灭之，则其言取之何？内大恶，讳也。

冬，十有二月乙卯，叔孙豹卒。

五　年

五年：春，王正月，舍中军。

舍中军者何？复古也。然则曷为不言三卿？五亦有中，三亦有中。

楚杀其大夫屈申。

公如晋。

夏，莒牟夷以牟娄及防兹来奔。

莒牟夷者何？莒大夫也。莒无大夫，此何以书？重地也。其言及防兹来奔何？不以私邑累公邑也。

秋，七月，公至自晋。

戊辰，叔弓帅师，败莒师于濆泉。

濆泉者何？直泉也。直泉者何？涌泉也。

秦伯卒。

何以不名？秦者，夷也，匿嫡之名也。其名何？嫡得之也。

冬，楚子、蔡侯、陈侯、许男、顿子、沈子、徐人、越人伐吴。

六　年

六年：春，王正月，杞伯益姑卒。

葬秦景公。

夏，季孙宿如晋。

葬杞文公。

宋华合比出奔卫。

秋，九月，大雩。

楚薳颇帅师伐吴。

冬，叔弓如楚。齐侯伐北燕。

七　年

七年：春，王正月，暨齐平。

三月，公如楚。叔孙舍如齐莅盟。

夏，四月甲辰朔，日有食之。

秋，八月戊辰，卫侯恶卒。

九月，公至自楚。

冬，十有一月癸未，季孙宿卒。

十有二月癸亥，葬卫襄公。

八　年

八年：春，陈侯之弟招，杀陈世子偃师。

夏，四月辛丑，陈侯溺卒。

叔弓如晋。

楚人执陈行人于徵师，杀之。陈公子留出奔郑。

秋，蒐于红。

蒐者何？简（车）[①] 徒也。何以书？盖以罕书也。

陈人杀其大夫公子过。

大雩。

冬，十月壬午，楚师灭陈；执陈公子招，放之于越；杀陈孔瑗。

葬陈哀公。

九　年

九年：春，叔弓会楚子于陈。许迁于夷。

夏，四月，陈火。

陈已灭矣，其言“陈火”何？存陈也。曰“存陈”，悕矣。曷为存陈？灭人之国，执人之罪人；杀人之贼，葬人之君：若是，则陈存悕矣。

秋，仲孙貜如齐。

冬，筑郎囿。

十　年

十年：春，王正月。

夏，（晋）〔齐〕[②] 栾施来奔。

秋，七月，季孙隐如、叔弓、仲孙貜帅师伐莒。

戊子，晋侯彪卒。

九月，叔孙舍如晋。葬晋平公。

十有二月甲子，宋公戌卒。

---

① “车”，涉昭十一年传而衍也。说见《经义述闻》。

② “晋”，《春秋左传》、《春秋穀梁传》皆作“齐”。按作“齐”是也。阮元《校勘记》已言及。

十一年

十有一年：春，王正月，叔弓如宋。葬宋平公。

夏，四月丁巳，楚子虔诱蔡侯般，杀之于申。

楚子虔何以名？绝。曷为绝之？为其诱讨也。此讨贼也，虽诱之，则曷为绝之？怀恶而讨不义，君子不予也。

楚公子弃疾帅师围蔡。

五月甲申，夫人归氏薨。

大蒐于比蒲。

大蒐者何？简车徒也。何以书？盖以罕书也。

仲孙貜会邾娄子，盟于侵羊。

秋，季孙隐如会晋韩起、齐国酌、宋华亥、卫北宫佗、郑轩虎、曹人、杞人于屈银。

九月己亥，葬我小君齐归。

齐归者何？昭公之母也。

冬，十有一月丁酉，楚师灭蔡，执蔡世子有以归，用之。

此未逾年之君也，其称世子何？不君灵公，不成其子也。不君灵公，则曷为不成其子？诛君之子不立，非怒也，无继也。恶乎用之？用之防也。其用之防奈何？盖以筑防也。

十二年

十有二年：春，齐高偃帅师，纳北燕伯于阳。

“伯于阳”者何？公子阳生也。子曰：“我乃知之矣！”在侧者曰：“子苟知之，何以不革？”曰：“如尔所不知何？”《春秋》之信史也，其序则齐桓、晋文，其会则主会者为之也，其词则“丘有罪焉尔”。

三月壬申，郑伯嘉卒。

夏，宋公使华定来聘。公如晋，至河乃复。

五月，葬郑简公。

楚杀其大大成然。

秋，七月。

冬，十月，公子整出奔齐。楚子伐徐。晋伐鲜虞。

十三年

十有三年：春，叔弓帅师围费。

夏，四月，楚公子比自晋归于楚，弑其君虔于乾溪。

此弑其君，其言归何？归无恶于弑立也。归无恶于弑立者何？灵王为无道，作乾溪之台，三年不成，楚公子弃疾胁比而立之，然后令于乾溪之役，曰："比已立矣。后归者不得复其田里！"众罢而去之。灵王经而死。

楚公子弃疾弑公子比。

比已立矣，其称公子何？其意不当也。其意不当，则曷为加弑焉尔？比之义宜乎效死不立。大夫相杀称人，此其称名氏以弑何？言将自是为君也。

秋，公会刘子、晋侯、齐侯、宋公、卫侯、郑伯、曹伯、莒子、邾娄子、滕子、薛伯、杞伯、小邾娄子于平丘。

八月甲戌同盟于平丘，公不与盟。

晋人执季孙隐如以归。公至自会。

公不与盟者何？公不见与盟也。公不见与盟，大夫执，何以致会？不耻也。曷为不耻？诸侯遂乱，反陈蔡，君子不耻不与焉。

蔡侯庐归于蔡，陈侯吴归于陈。

此皆灭国也，其言归何？不与诸侯专封也。

冬，十月，葬蔡灵公。

公如晋，至河乃复。

吴灭州来。

十四年

十有四年：春，隐如至自晋。

三月，曹伯滕卒。

夏，四月。

秋，葬曹武公。

八月，莒子去疾卒。

冬，莒杀其公子意恢。

十五年

十有五年：春，王正月，吴子夷昧卒。

二月癸酉，有事于武宫，籥入。叔弓卒，去乐卒事。

其言去乐卒事何？礼也。君有事于庙，闻大夫之丧，去乐卒事。大夫闻君之丧，摄主而往。大夫闻大夫之丧，尸事毕而往。

夏，蔡昭吴奔郑。

六月丁巳朔，日有食之。

秋，晋荀吴帅师，伐鲜虞。

冬，公如晋。

十六年

十有六年：春，齐侯伐徐。楚子诱戎曼子杀之。

楚子何以不名？夷狄相诱，君子不疾也。曷为不疾？若不疾，乃疾之也。

夏，公至自晋。

秋，八月己亥，晋侯夷卒。

九月，大雩。季孙隐如如晋。

冬，十月，葬晋昭公。

十七年

十有七年：春，小邾娄子来朝。

夏，六月甲戌朔，日有食之。

秋，郯子来朝。

八月，晋荀吴帅师，灭贲浑戎。

冬，有星孛于大辰。

孛者何？彗星也。其言“于大辰”何？在大辰也。大辰者何？大火也。大火为大辰，伐为大辰，北辰亦为大辰。何以书？记异也。

楚人及吴战于长岸。

诈战不言战，此其言战何？敌也。

十八年

十有八年：春，王三月，曹伯须卒。

夏，五月壬午，宋、卫、陈、郑灾。

何以书？记异也。何异尔？异其同日而俱灾也。外异不书，此何以书？为天下记异也。

六月，邾娄人入鄅。

秋，葬曹平公。

冬，许迁于白羽。

十九年

十有九年：春，宋公伐邾娄。

夏，五月戊辰，许世子止弑其君买。

己卯，地震。

秋，齐高发帅师伐莒。

冬，葬许悼公。

贼未讨，何以书葬？不成于弑也。曷为不成于弑？止进药而药杀也。止进药而药杀，则曷为加弑焉尔？讥子道之不尽也。其讥子道之不尽奈何？曰：乐正子春之视疾也，复加一饭则脱然逾，复损一饭则脱然逾，复加一衣则脱然逾，复损一衣则脱然逾。止进药而药杀，是以君子加弑焉尔。曰：许世子止弑其君买，是君子之听止也。葬许悼公，是君子之赦止也。赦止者，免止之罪辞也。

二十年

二十年：春，王正月。

夏，曹公孙会自鄸出奔宋。

奔未有言自者，此其言自何？畔也。畔则曷为不言其畔？为公子喜时之后讳也。《春秋》为贤者讳，何贤乎公子喜时？让国也。其让国奈何？曹伯庐卒于师，则未知公子喜时从与？公子负刍从与？或为主于国，或为主于师。公子喜时见公子负刍之当主也，逡巡而退。贤公子喜时，则曷为为会讳？君子之善善也长，恶恶也短；恶恶止其身，善善及子孙。贤者子孙，故君子为之讳也。

秋，盗杀卫侯之兄辄。

母兄称兄，兄何以不立？有疾也。何疾尔？恶疾也。

冬，十月，宋华亥、向宁、华定出奔陈。

十有一月辛卯，蔡侯庐卒。

二十一年

二十有一年：春，王二月，葬蔡平公。

夏，晋侯使士鞅来聘。

宋华亥、向宁、华定自陈入于宋南里以畔。

宋南里者何？若曰因诸者然。

秋，七月壬午朔，日有食之。

八月乙亥，叔痤卒。

冬，蔡侯朱出奔楚。公如晋，至河乃复。

二十二年

二十有二年：春，齐侯伐莒。

宋华亥、向宁、华定自宋南里出奔楚。

大蒐于昌姦。

夏，四月乙丑，天王崩。

六月，叔鞅如京师。葬景王。

王室乱。

何言乎王室乱？言不及外也。

刘子、单子以王猛居于皇。

其称王猛何？当国也。

秋，刘子、单子以王猛入于王城。

王城者何？西周也。其言入何？篡辞也。

冬，十月，王子猛卒。

此未逾年之君也，其称“王子猛卒”何？不与当也。“不与当”者，不与当“父死子继、兄死弟及”之辞也。

十有二月癸酉朔，日有食之。

二十三年

二十〔有〕三年：春，王正月，叔孙舍如晋。癸丑，叔鞅卒。

晋人执我行人叔孙舍。

晋人围郊。

郊者何？天子之邑也。曷为不系于周？不与伐天子也。

夏，六月，蔡侯东国卒于楚。

秋，七月，莒子庚舆来奔。

戊辰，吴败顿、胡、沈、蔡、陈、许之师于鸡父。胡子髡、沈子楹灭。获陈夏啮。

此偏战也，曷为以诈战之辞言之？不与夷狄之主中国也。然则曷为不使中国主之？中国亦新夷狄也。其言“灭”、“获”何？别君臣也。君死于位曰灭，生得曰获；大夫生、死皆曰获。不与夷狄之主中国，则其言“获陈夏啮”何？吴少进也。

天王居于狄泉。

此未三年，其称天王何？著有天子也。

尹氏立王子朝。

八月乙未，地震。

冬，公如晋，至河，公有疾乃复。何言乎公有疾乃复？杀耻也。

二十四年

二十有四年：春，王二月丙戌，仲孙貜卒。

(叔孙)① 舍至自晋。

夏，五月乙未朔，日有食之。

秋，八月，大雩。丁酉，杞伯郁釐卒。

冬，吴灭巢。

葬杞平公。

二十五年

二十有五年：春，叔孙舍如宋。

夏，叔倪会晋赵鞅、宋乐世心、卫北宫喜、郑游吉、曹人、

---

① 此二字衍，说见《经义述闻》。

邾娄人、滕人、薛人、小邾娄人于黄父。

有鸜鹆来巢。

何以书？记异也。何异尔？非中国之禽也，宜穴又巢也。

秋，七月上辛，大雩。季辛又雩。

又雩者何？又雩者，非雩也，聚众以逐季氏也。

九月己亥，公孙于齐，次于杨州。

齐侯唁公于野井。

唁公者何？昭公将弑季氏，告子家驹曰："季氏为无道，僭于公室久矣。吾欲弑之，何如？"子家驹曰："诸侯僭（于）天子，大夫僭（于）诸侯，久矣！"昭公曰："吾何僭矣哉？"子家驹曰："设两观，乘大路，朱干、玉戚以舞《大夏》，八佾以舞《大武》，此皆天子之礼也。且夫牛马，维娄委己者也而柔焉；季氏得民众久矣，君无多辱焉！"昭公不从其言，终弑〔之〕而败焉，走之齐。

齐侯唁公于野井，曰："奈何君去鲁国之社稷？"昭公曰："丧人不佞，失守鲁国之社稷，执事以羞！"再拜颡。庆子家驹，曰："庆子免君于大难矣！"子家驹曰："臣不佞，陷君于大难。君不忍加之以铁锧，赐之以死。"再拜颡。

高子执箪食与四脡脯，国子执壶浆，曰："吾寡君闻君在外，馂饔未就，敢致糗于从者。"昭公曰："君不忘吾先君，延及丧人，锡之以大礼！"再拜稽首，以衽受。高子曰："有夫不祥，君无所辱大礼！"昭公盖祭而不尝。

景公曰："寡人有不腆先君之服，未之敢服；有不腆先君之器，未之敢用。敢以请！"昭公曰："丧人不佞，失守鲁国之社稷，执事以羞，敢辱大礼？敢辞！"

景公曰："寡人有不腆先君之服，未之敢服；有不腆先君之器，未之敢用。敢固以请！"昭公曰："以吾宗庙之在鲁也，有先君之服，未之能以服；有先君之器，未之能以出：敢固辞！"

景公曰："寡人有不腆先君之服，未之敢服；有不腆先君之器，未之敢用。请以飨乎从者！"

昭公曰："丧人其何称？"景公曰："孰君而无称？"昭公于是嗷然而哭，诸大夫皆哭。既哭，以人为菑，以幦为席，以鞌为几，以遇礼相见。

孔子曰：其礼与其辞足观矣！

冬，十月戊辰，叔孙舍卒。

十有一月己亥，宋公佐卒于曲棘。

曲棘者何？宋之邑也。诸侯卒其封内不地，此何以地？忧内也。

十有二月，齐侯取运。

外取邑不书，此何以书？为公取之也。

二十六年

二十有六年：春，王正月，葬宋元公。

三月，公至自齐，居于运。

夏，公围成。

秋，公会齐侯、莒子、邾娄子、杞伯，盟于剸陵。公至自会，居于运。

九月庚申，楚子居卒。

冬，十月，天王入于成周。

成周者何？东周也。其言入何？不嫌也。

尹氏、召伯、毛伯以王子朝奔楚。

二十七年

二十有七年：春，公如齐。公至自齐，居于运。

夏，四月，吴弑其君僚。

楚杀其大夫郤宛。

秋，晋士鞅、宋乐祁犁、卫北宫喜、曹人、邾娄人、滕人会于扈。

冬，十月，曹伯午卒。

邾娄快来奔。

邾娄快者何？邾娄之大夫也。邾娄无大夫，此何以书？以近书也。

公如齐。公至自齐，居于运。

二十八年

二十有八年：春，王三月，葬曹悼公。

公如晋，次于乾侯。

夏，四月丙戌，郑伯宁卒。

六月，葬郑定公。

秋，七月癸巳，滕子宁卒。

冬，葬滕悼公。

二十九年

二十有九年：春，公至自乾侯，居于运。齐侯使高张来唁公。

公如晋，次于乾侯。

夏，四月庚子，叔倪卒。

秋，七月。

冬，十月，运溃。

邑不言溃，此其言溃何？郛之也。曷为郛之？君存焉尔。

三十年

三十年：春，王正月，公在乾侯。

夏，六月庚辰，晋侯去疾卒。

秋，八月，葬晋顷公。

冬，十有二月，吴灭徐。徐子章禹奔楚。

三十一年

三十有一年：春，王正月，公在乾侯。季孙隐如会晋荀栎于适历。

夏，四月丁巳，薛伯穀卒。

晋侯使荀栎唁公于乾侯。

秋，葬薛献公。

冬，黑弓以滥来奔。

文何以无邾娄？通滥也。曷为通滥？贤者子孙宜有地也。贤者孰谓？谓叔术也。何贤乎叔术？让国也。其让国奈何？

当邾娄颜之时，邾娄女有为鲁夫人者，则未知其为武公与？懿公与？孝公幼，颜淫九公子于宫中，因以纳贼，则未知其为鲁公子与？邾娄公子与？臧氏之母，养公者也。君幼则宜有养者，——大夫之妾，士之妻，则未知臧氏之母者曷为者也。——养公者必以其子入养。臧氏之母闻有贼，以其子易公，抱公以逃。贼至，凑公寝而弑之。

臣有鲍广父与梁买子者，闻有贼，趋而至。臧氏之母曰："公不死也，在是。吾以吾子易公矣。"于是负孝公之周诉天子，天子为之诛颜而立叔术，反孝公于鲁。

颜夫人者，妪盈女也，国色也。其言曰："有能为我杀杀颜者，吾为其妻！"叔术为之杀杀颜者，而以为妻。有子焉，谓之盱。夏父者，其所为有于颜者也。盱幼，而皆爱之。食必坐二子于其侧而食之。有珍怪之食，盱必先取足焉；夏父曰："以来！人未足而盱有余！"叔术觉焉，曰："嘻！此诚尔国也夫！"起而致国于夏父，夏父受而中分之，叔术曰："不可！"三分之，叔术曰："不可！"四分之，叔术曰："不可。"五分之，然后受之。

公扈子者，邾娄之父兄也，习乎邾娄之故。其言曰："恶有言人之国贤若此者乎？诛颜之（时）[1] 天子死，叔术起而致国于夏父。当此之时，邾娄人常被兵于周，曰："何故死吾天子？"

通滥，则文何以无邾娄？天下未有滥也。天下未有滥，则其言"以滥来奔"何？叔术者，贤大夫也。绝之则为叔术，不欲绝、不绝则世大夫也。大夫之义不得世，故于是推而通之也。

十有二月辛亥朔，日有食之。

三十二年

三十有二年：春，王正月，公在乾侯。

取阚。

阚者何？邾娄之邑也。曷为不系乎邾娄？讳亟也。

夏，吴伐越。

秋，七月。

冬，仲孙何忌会晋韩不信、齐高张、宋仲幾、卫世叔申、郑国参、曹人、莒人、邾娄人、薛人、杞人、小邾娄人，城成周。

十有二月己未，公薨于乾侯。

---

① 阮元《校勘记》疑此"时"字衍，揆之文意，是也。

定　公

元　年

元年：春，王。

定何以无正月？正月者，正即位也。定无正月者，即位后也。即位何以后？昭公在外，得入不得入未可知也。曷为未可知？在季氏也。定、哀多微辞，主人习其读而问其传，则未知己之有罪焉尔。

三月，晋人执宋仲幾于京师。

仲幾之罪何？不（蓑）〔衰〕城也。其言于京师何？伯讨也。伯讨，则其称人何？贬。曷为贬？不与大夫专执也。曷为不与？实与而文不与。文曷为不与？大夫之义，不得专执也。

夏，六月癸亥，公之丧至自乾侯。

戊辰，公即位。

癸亥公之丧至自乾侯，则曷为以戊辰之日然后即位？正棺于两楹之间，然后即位。子沈子曰：定君乎国，然后即位。

即位不日，此何以日？录乎内也。

秋，七月癸巳，葬我君昭公。

九月，大雩。

立炀宫。

炀宫者何？炀公之宫也。立者何？立者不宜立也。立炀宫，非礼也。

冬，十月，陨霜杀菽。

何以书？记异也。此灾菽也，曷为以异书？异大乎灾也。

二　年

二年：春，王正月。

夏，五月壬辰，雉门及两观灾。

其言雉门及两观灾何？两观微也。然则曷为不言雉门灾及两观？主灾者两观也。（时）〔主〕[①] 灾者两观，则曷为后言之？不以微及大也。何以书？记灾也。

秋，楚人伐吴。

冬，十月，新作雉门及两观。

其言新作之何？修大也。修旧不书，此何以书？讥。何讥尔？不务乎公室也。

三　年

三年：春，王正月，公如晋，至河乃复。

（三）〔二〕[②] 月辛卯，邾娄子穿卒。

夏，四月。

秋，葬邾娄庄公。

冬，仲孙何忌及邾娄子盟于（枝）〔拔〕。

四　年

四年：春，王二月癸巳，陈侯吴卒。

三月，公会刘子、晋侯、宋公、蔡侯、卫侯、陈子、郑伯、许男、曹伯、莒了、邾娄子、顿子、胡子、滕子、薛伯、杞伯、

---

① 此“时”涉上文注而误，当依文例改作“主”。阮元《校勘记》所说是也。

② 三，《春秋左传》作二。据推算，此年三月无辛卯，作二是也。

小邾娄子、齐国夏于召陵，侵楚。

夏，四月庚辰，蔡公孙归姓帅师灭沈，以沈子嘉归，杀之。

五月，公及诸侯盟于浩油。杞伯戊卒于会。

六月，葬陈惠公。

许迁于容城。

秋，七月，公至自会。

刘卷卒。

刘卷者何？天子之大夫也。外大夫不“卒”，此何以“卒”？我主之也。

葬杞悼公。

楚人围蔡。晋士鞅、卫礼圄帅师伐鲜虞。

葬刘文公。

外大夫不书葬，此何以书？录我主也。

冬，十有一月庚午，蔡侯以吴子及楚人战于伯莒。楚师败绩。

吴何以称子？夷狄也，而忧中国。其忧中国奈何？

伍子胥父诛乎楚，挟弓而去楚，以干阖庐。阖庐曰：“士之甚！勇之甚！”将为之兴师而复仇于楚，伍子胥复，曰：“诸侯不为匹夫兴师。且臣闻之：事君犹事父也。亏君之义，复父之雠，臣不为也。”于是止。

蔡昭公朝乎楚。有美裘焉，囊瓦求之，昭公不与。为是拘昭公于南郢，数年然后归之。于其归焉，用事乎河，曰：“天下诸侯苟有能伐楚者，寡人请为之前列！”楚子闻之，怒；为是兴师，使囊瓦将而伐蔡。蔡请救于吴。伍子胥复曰：“蔡非有罪也，楚人为无道。君如有忧中国之心，则若时可矣！”于是兴师而救蔡。

曰“事君犹事父也”，此其为可以复仇奈何？曰：父不受诛，子复仇可也。父受诛，子复仇，推刃之道也。复仇不除害，朋友相卫而不相迿，古之道也。

楚囊瓦出奔郑。

庚辰，吴入楚。

吴何以不称子？反夷狄也。其反夷狄奈何？君舍于君室，——大夫舍于大夫室，——盖妻楚王之母也。

五 年

五年：春，王（正）〔三〕[①] 月辛亥朔，日有食之。

夏，归粟于蔡。

孰归之？诸侯归之。曷为不言诸侯归之？离至不可得而序，故言我也。

於越入吴。

於越者何？越者何？於越者，未能以其名通也。越者，能以其名通也。

六月丙申，季孙隐如卒。

秋，七月壬子，叔孙不敢卒。

冬，晋士鞅帅师围鲜虞。

六 年

六年：春，王正月癸亥，郑游遬帅师灭许，以许男斯归。

二月，公侵郑。公至自侵郑。

夏，季孙斯、仲孙何忌如晋。

秋，晋人执宋行人乐祈犁。

冬，城中城。

季孙斯、仲孙忌帅师围运。

此仲孙何忌也，曷为谓之仲孙忌？讥二名，二名非礼也。

七 年

七年：春，王正月。

---

① “正月”，《春秋左传》作“三月”。以历法推之，作“三月”是也。

夏，四月。

秋，齐侯、郑伯盟于咸。

齐人执卫行人北宫结以侵卫。齐侯、卫侯盟于沙泽。

大雩。

齐国夏帅师伐我西鄙。

九月，大雩。

冬，十月。

八　年

八年：春，王正月，公侵齐。公至自侵齐。

二月，公侵齐。三月，公至自侵齐。

曹伯露卒。

夏，齐国夏帅师伐我西鄙。

公会晋师于瓦。公至自瓦。

秋，七月戊辰，陈侯柳卒。

晋赵鞅帅师侵郑，遂侵卫。

葬曹竫公。

九月，葬陈怀公。

季孙斯、仲孙何忌帅师侵卫。

冬，卫侯、郑伯盟于曲濮。

从祀先公。

从祀者何？顺祀也。文公逆祀，去者三人。定公顺祀，叛者五人。

盗窃宝玉、大弓。

盗者孰谓？谓阳虎也。阳虎者，曷为者也？季氏之宰也。季氏之宰则微者也，恶乎得国宝而窃之？阳虎专季氏，季氏专鲁国。阳虎拘季孙，孟氏与叔孙氏迭而食之。（睋）〔俄〕而锓其板，曰："某月某日将杀我于蒲圃，力能救我则于是。"至乎日若时而出。临南者，阳虎之出也，御之。于其乘焉，季孙谓临南曰："以季氏之世世有子，子可以不免我死乎？”临南曰：“有力不足，臣何敢不勉？”阳越者，阳虎之从弟也，为右。诸阳之从者，车数十乘。至于孟衢，临南投策而坠之；阳越下取策，临南辣马而由乎孟氏。阳虎从而射之，矢著于庄门；然而甲起于琴如。弑不成，却，反舍于郊，皆说然息。或曰：“弑千乘之主而不克，舍此可乎？”阳虎曰：“夫孺子得国而已，如丈夫何？”（睋）〔俄〕而曰：“彼哉彼哉！”趣驾。既驾，公敛处父帅师而至。慬然后得免，自是走之晋。

宝者何？璋判白，弓绣质，龟青纯。

九　年

九年：春，王正月。

夏，四月戊申，郑伯虿卒。

得宝玉、大弓。

何以书？国宝也。丧之，书；得之，书。

六月，葬郑献公。

秋，齐侯、卫侯次于五氏。秦伯卒。

冬，葬秦哀公。

十　年

十年：春，王三月，及齐平。

夏，公会齐侯于颊谷。公至自颊谷。

晋赵鞅帅师围卫。

齐人来归运、讙、龟阴田。

齐人曷为来归运、讙、龟阴田？孔子行乎季孙，三月不违，齐人为是来归之。

叔孙州仇、仲孙何忌帅师围郈。

秋，叔孙州仇、仲孙何忌帅师围费。

宋乐世心出奔曹。宋公子池出奔陈。

冬，齐侯、卫侯、郑游遬会于鞌。

叔孙州仇如齐。

宋公之弟辰暨宋仲佗、石彄出奔陈。

十一年

十有一年：春，宋公之弟辰及仲佗、石彄、公子池自陈入于萧以叛。

夏，四月。

秋，宋乐世心自曹入于萧。

冬，及郑平。叔还如郑莅盟。

十二年

十有二年：春，薛伯定卒。

夏，葬薛襄公。

叔孙州仇帅师堕郈。

卫公孟彄帅师伐曹。

季孙斯、仲孙何忌帅师堕费。

曷为帅师堕郈、帅师堕费？孔子行乎季孙，三月不违，曰："家不藏甲，邑无百雉之城。"于是帅师堕郈，帅师堕费。雉者何？五板而堵，五堵而雉，百雉而城。

秋，大雩。

冬，十月癸亥，公会（晋）〔齐〕[1]侯，盟于黄。

十有一月丙寅朔，日有食之。

公至自黄。

---

① 此晋当作齐，阮元《校勘记》详之。

十有二月，公围成。公至自围成。

十三年

十有三年：春，齐侯、卫侯次于垂瑕。

夏，筑蛇渊囿。大蒐于比蒲。

卫公孟彄帅师伐曹。

秋，晋赵鞅入于晋阳以叛。

冬，晋荀寅及士吉射入于朝歌以叛。晋赵鞅归于晋。

此叛也，其言归何？以地正国也。其以地正国奈何？晋赵鞅取晋阳之甲以逐荀寅与士吉射。荀寅与士吉射者，曷为者也？君侧之恶人也。此逐君侧之恶人，曷为以叛言之？无君命也。

薛弑其君比。

十四年

十有四年：春，卫公叔戌来奔。(晋)〔卫〕[①] 赵阳出奔宋。

(三)〔二〕[②] 月辛巳，楚公子结、陈公子佗人帅师灭顿，以顿子牄归。

夏，卫北宫结来奔。

五月，於越败吴于醉李。

吴子光卒。

公会齐侯、卫侯于坚。公至自会。

秋，齐侯、宋公会于洮。

天王使石尚来归脤。

石尚者何？天子之士也。脤者何？俎实也。腥曰脤，熟曰燔。

卫世子蒯聩出奔宋。卫公孟彄出奔郑。

---

① “晋”，《春秋左传》作“卫”。看杜注孔疏，作“卫”有据。

② 依阮元《校勘记》改。《春秋左传》《春秋穀梁传》皆作二。

宋公之弟辰自萧来奔。

大蒐于比蒲。

邾娄子来会公。

城莒父及霄。

十五年

十有五年：春，王正月，邾娄子来朝。

鼷鼠食郊牛，牛死；改卜牛。

曷为不言其所食？漫也。

二月辛丑，楚子灭胡，以胡子豹归。

夏，五月辛亥，郊。

曷为以夏五月郊？三卜之运也。

壬申，公薨于高寝。

郑轩达帅师伐宋。齐侯、卫侯次于蘧篨。

邾娄子来奔丧。

其言来奔丧何？奔丧非礼也。

秋，七月壬申，姒氏卒。

姒氏者何？哀公之母也。何以不称夫人？哀未君也。

八月庚辰朔，日有食之。

九月，滕子来会葬。丁巳，葬我君定公；雨不克葬。戊午，日下昃，乃克葬。

辛巳，葬定姒。

定姒何以书葬？未逾年之君也。有子则庙，庙则书葬。

冬，城漆。

哀　公

元　年

元年：春，王正月，公即位。

楚子、陈侯、随侯、许男围蔡。

鼷鼠食郊牛。改卜牛。

夏，四月辛巳，郊。

秋，齐侯、卫侯伐晋。

冬，仲孙何忌帅师伐邾娄。

二　年

二年：春，王二月，季孙斯、叔孙州仇、仲孙何忌帅师伐邾娄，取漷东田及沂西田。癸巳，叔孙州仇、仲孙何忌及邾娄子盟于句绎。

夏，四月丙子，卫侯元卒。

滕子来朝。

晋赵鞅帅师，纳卫世子蒯聩于戚。

戚者何？卫之邑也。曷为不言入于卫？父有子，子不得有父也。

秋，八月甲戌，晋赵鞅帅师，及郑轩达（帅师）[①] 战于栗。郑师败绩。

冬，十月，葬卫灵公。

十有一月，蔡迁于州来。蔡杀其大夫公子驷。

三　年

三年：春，齐国夏、卫石曼姑帅师围戚。

齐国夏曷为与卫石曼姑帅师围戚？伯讨也。此其为伯讨奈何？曼姑受命乎灵公而立辄，以曼姑之义为固可以距之也。

辄者曷为者也？蒯聩之子也。然则曷为不立蒯聩而立辄？蒯聩为无道，灵公逐蒯聩而立辄。然则辄之义可以立乎？曰：可。其可奈何？不以父命辞王父命；以王父命辞父命，是父之行乎子也。不以家事辞王事；以王事辞家事，是上之行乎下也。

夏，四月甲午，地震。

五月辛卯，桓宫、僖宫灾。

此皆毁庙也，其言灾何？复立也。曷为不言其复立？《春秋》见者不复见也。何以不言及？敌也。何以书？记灾也。

季孙斯、叔孙州仇帅师城（开）〔启〕[②] 阳。

宋乐髡帅师伐曹。

秋，七月丙子，季孙斯卒。

蔡人放其大夫公孙猎于吴。

冬，十月癸卯，秦伯卒。

叔孙州仇、仲孙何忌帅师围邾娄。

---

① 此“帅师”二字衍，阮元《校勘记》所云是也。

② “开”者，为汉景帝讳也。当据《春秋左传》《春秋穀梁传》改作“启”。此依阮元说。

四　年

四年：春，王（三）〔二〕[1] 月庚戌，盗杀蔡侯申。

弑君，贱者穷诸人，此其称盗以弑何？贱乎贱者也。贱乎贱者孰谓？谓罪人也。

蔡公孙辰出奔吴。

葬秦惠公。

宋人执小邾娄子。

夏，蔡杀其大夫公孙归姓、公孙霍。

晋人执戎曼子赤归于楚。

赤者何？戎曼子之名也。其言归于楚何？子北宫子曰：辟伯晋而京师楚也。

城西郛。

六月辛丑，蒲社灾。

蒲社者何？亡国之社也。社者封也，其言灾何？亡国之社盖掩之，掩其上而柴其下。蒲社灾，何以书？记灾也。

秋，八月甲寅，滕子结卒。

冬，十有二月，葬蔡昭公。葬滕顷公。

五　年

五年：春，城比。

夏，齐侯伐宋。晋赵鞅帅师伐卫。

秋，九月癸酉，齐侯处臼卒。

冬，叔还如齐。

闰月，葬齐景公。

---

① “三”，《春秋左传》《春秋穀梁传》皆作“二”。据推算，此年三月无庚戌，作“二”是也。

闰不书，此何以书？丧以闰数也。丧曷为以闰数？丧数略也。

六　年

六年：春，城邾娄葭。

晋赵鞅帅师伐鲜虞。吴伐陈。

夏，齐国夏及高张来奔。叔还会吴于柤。

秋，七月庚寅，楚子轸卒。

齐阳生入于齐。

齐陈乞弑其君舍。

弑而立者，不以当国之辞言之。此其以当国之辞言之何？为谖也。此其为谖奈何？

景公谓陈乞曰："吾欲立舍，何如？"陈乞曰："所乐乎为君者，欲立之则立之，不欲立则不立。君如欲立之，则臣请立之。"

阳生谓陈乞曰："吾闻子盖将不欲立我也。"陈乞曰："夫千乘之主将废正而立不正，必杀正者。吾不立子者，所以生子者也：走矣！"与之玉节而走之。

景公死而舍立。陈乞使人迎阳生，于诸其家。除景公之丧，诸大夫皆在朝。陈乞曰："常之母有鱼菽之祭，愿诸大夫之化我也。"诸大夫皆曰："诺！"于是皆之陈乞之家坐。陈乞曰："吾有所为甲，请以示焉。"诸大夫皆曰："诺！"于是使力士举巨囊而至于中霤。诸大夫见之，皆色然而骇。开之，则闯然公子阳生也。陈乞曰："此君也已！"诸大夫不得已，皆逡巡，北面，再拜稽首而君之尔。

自是往弑舍。

冬，仲孙何忌帅师伐邾娄。宋向巢帅师伐曹。

七　年

七年：春，宋皇瑗帅师侵郑。晋魏曼多帅师侵卫。

夏，公会吴于鄫。

秋，公伐邾娄。八月己酉，入邾娄。以邾娄子益来。

入不言伐，此其言伐何？内辞也，若使他人然。邾娄子益何以名？绝。曷为绝之？获也。曷为不言其获？内大恶讳也。

宋人围曹。

冬，郑驷弘帅师救曹。

八　年

八年：春，王正月，宋公入曹，以曹伯阳归。

曹伯阳何以名？绝。曷为绝之？灭也。曷为不言其灭？讳同姓之灭也。何讳乎同姓之灭？力能救之而不救也。

吴伐我。

夏，齐人取讙及僤。

外取邑不书，此何以书？所以赂齐也。曷为赂齐？为“以邾娄子益来”也。

归邾娄子益于邾娄。

秋，七月。

冬，十有二月癸亥，杞伯过卒。

齐人归讙及僤。

九　年

九年：春，王二月，葬杞僖公。

宋皇瑗帅师，取郑师于雍丘。

其言取之何？易也。其易奈何？诈之也。

夏，楚人伐陈。

秋，宋公伐郑。

冬，十月。

十　年

十年：春，王二月，邾娄子益来奔。公会吴伐齐。

三月戊戌，齐侯阳生卒。

夏，宋公伐郑。晋赵鞅帅师侵齐。

五月，公至自伐齐。

葬齐悼公。

卫公孟弫自齐归于卫。

薛伯寅卒。

秋，葬薛惠公。

冬，楚公子结帅师伐陈。吴救陈。

十一年

十有一年：春，齐国书帅师伐我。

夏，陈袁颇出奔郑。

五月，公会吴伐齐。甲戌，齐国书帅师，及吴战于艾陵。齐师败绩。获齐国书。

秋，七月辛酉，滕子虞母卒。

冬，十有一月，葬滕隐公。

卫世叔齐出奔宋。

十二年

十有二年：春，用田赋。

何以书？讥。何讥尔？讥始用田赋也。

夏，五月甲辰，孟子卒。

孟子者何？昭公之夫人也。其称孟子何？讳娶同姓。盖吴女也。

公会吴于橐皋。

秋，公会卫侯、宋皋瑗于运。宋向巢帅师伐郑。

冬，十有二月，螺。

何以书？记异也。何异尔？不时也。

十三年

十有三年：春，郑轩达帅师，取宋师于嵒。

其言取之何？易也。其易奈何？诈反也。

夏，许男戍卒。

公会晋侯及吴子于黄池。

吴何以称子？吴主会也。吴主会，则曷为先言晋侯？不与夷狄之主中国也。其言“及吴子”何？会两伯之辞也。不与夷狄之主中国，则曷为以会两伯之辞言之？重吴也。曷为重吴？吴在是，则天下诸侯莫敢不至也。

楚公子申帅师伐陈。於越入吴。

秋，公至自会。

晋魏多帅师侵卫。

此晋魏曼多也，曷为谓之晋魏多？讥二名，二名非礼也。

葬许元公。

九月，螺。

冬，十有一月，有星孛于东方。

孛者何？彗星也。其言“于东方”何？见于旦也。何以书？记异也。

盗杀陈夏彄夫。

十有二月，螺。

十四年

十有四年：春，西狩获麟。

何以书？记异也。何异尔？非中国之兽也。然则孰狩之？薪采者也。薪采者则微者也？曷为以狩言之？大之也。曷为大之？为获麟大之也。曷为为获麟大之？麟者仁兽也，有王者则至，无王者则不至。有以告者，曰："有麕而角者。"孔子曰："孰为来哉？孰为来哉！"反袂拭面，涕沾（袍）〔衿〕[①]。颜渊死，子曰："噫！天丧予！"子路死，子曰："噫！天祝予！"西狩获〔死〕[②]麟，孔子曰："吾道穷矣！"

《春秋》何以始乎隐？祖之所逮闻也。所见异辞，所闻异辞，所传闻异辞。何以终乎哀十四年？曰：备矣！

君子曷为为《春秋》？拨乱世，反诸正，莫近诸《春秋》，则未知其为是与？其诸君子乐道尧舜之道与？末不亦乐乎，尧舜之知君子也！制《春秋》之义以俟后圣，以君子之为亦有乐乎此也。

---

① 袍当作衿，阮元《校勘记》详之。

② 脱"死"字，阮元《校勘记》详之。

春秋穀梁传

隐　公

元　年

元年：春，王正月。

虽无事，必举正月，谨始也。公何以不言即位？成公志也。焉成之？言君之不取为公也。君之不取为公何也？将以让桓也。让桓正乎？曰：不正。《春秋》成人之美，不成人之恶。隐不正而成之，何也？将以恶桓也。其恶桓何也？隐将让而桓弑之，则桓恶矣。桓弑而隐让，则隐善矣。善则其不正焉何也？《春秋》贵义而不贵惠，信道而不信邪。孝子扬父之美，不扬父之恶。先君之欲与桓，非正也，邪也。虽然，既胜其邪心以与隐矣，已探先君之邪志而遂以与桓，则是成父之恶也。兄弟，天伦也。为子受之父，为诸侯受之君，已废天伦而忘君父以行小惠，曰小道也。若隐者，可谓轻千乘之国，蹈道则未也。

三月，公及邾仪父盟于眛。

及者何？内为志焉尔。仪，字也。父，犹傅也，男子之美称也。其不言邾子何也？邾之上古微，未爵命于周也。不日，其盟渝也。眛，地名也。

夏，五月，郑伯克段于鄢。

克者何？能也。何能也？能杀也。何以不言杀？见段之有徒众也。

段，郑伯弟也。何以知其为弟也？杀世子母弟目君，以其目君，知其为弟也。“段”，弟也而弗谓弟，公子也而弗谓公子，贬之也。

段失子弟之道矣，贱段而甚郑伯也。何甚乎郑伯？甚郑伯之处心积虑成于杀也。

“于鄢”，远也。犹曰取之其母之怀中而杀之云尔，甚之也。然则为郑伯者宜奈何？缓追逸贼，亲亲之道也。

秋，七月，天王使宰咺来归惠公、仲子之赗。

母以子氏，仲子者何？惠公之母，孝公之妾也。礼：赗人之母则可，赗人之妾则不可。君子以其可辞。受之，其志不及事也。

赗者何也？乘马曰赗，衣衾曰襚，贝玉曰含，钱财曰赙。

九月，及宋人盟于宿。

“及”者何？内卑者也。“宋人”，外卑者也。卑者之名不日。“宿”，邑名也。

冬，十有二月，祭伯来。

“来”者，来朝也。其弗谓“朝”何也？寰内诸侯非有天子之命，不得出会诸侯。不正其外交，故弗与“朝”也。聘弓鍭矢不出竟埸，束脩之肉不行竟中，有至尊者不贰之也。

公子益师卒。

大夫日“卒”，正也。不日“卒”，恶也。

二　年

二年：春，公会戎于潜。

“会”者，外为主焉尔。知者虑，义者行，仁者守，有此三者然后可以出会。“会戎”，危公也。

夏，五月，莒人入向。

入者，内弗受也。向，我邑也。

无侅帅师入极。

入者，内弗受也。极，国也。苟焉以入人为志者，人亦入之矣。不称氏者，灭同姓，贬也。

秋，八月庚辰，公及戎盟于唐。

九月，纪履緰来逆女。

逆女，亲者也。使大夫，非正也。以国氏者，为其来交接于我，故君子进之也。

冬，十月，伯姬归于纪。

礼：妇人谓嫁曰归，反曰来归，从人者也。妇人在家制于父，既嫁制于夫，夫死从长子。妇人不专行，必有从也。“伯姬归于纪”，此其如专行之辞何也？曰：非专行也。吾伯姬归于纪，故志之也。其不言“使”，何也？逆之道微，无足道焉尔。

纪子伯、莒子盟于密。

或曰：纪子伯莒子而与之盟。或曰：年同爵同，故纪子以伯先也。

十有二月乙卯，夫人子氏薨。

夫人薨不地。夫人者，隐之妻也。卒而不书葬，夫人之义从君者也。

郑人伐卫。

三　年

三年：春，王二月己巳，日有食之。

言日不言朔，食晦日也。其日有食之何也？吐者外壤，食者内壤。阙然不见其壤，有食之者也。“有”，内辞也，或，外辞也。“有食之”者，内于日也。其不言“食之”者何也？知其不可知，知也。

三月庚戌，天王崩。

高曰崩，厚曰崩，尊曰崩。天子之崩，以尊也。其“崩”之何也？以其在民上，故“崩”之。其不名何也？大上，故不名也。

夏，四月辛卯，尹氏卒。

尹氏者何也？天子之大夫也。外大夫不“卒”，此何以“卒”之也？于天子之崩为鲁主，故隐而“卒”之。

秋，武氏子来求赙。

武氏子者何也？天子之大夫也。天子之大夫，其称“武氏子”何也？未毕丧，孤未爵。未爵使之，非正也。其不言“使”何也？无君也。归死者曰赗，归生者曰赙。曰归之者，正也。求之者，非正也。周虽不求，鲁不可以不归。鲁虽不归，周不可以求之。求之为言，得不得未可知之辞也。交讥之。

八月庚辰，宋公和卒。

诸侯日卒，正也。

冬，十有二月，齐侯、郑伯盟于石门。

癸未，葬宋缪公。

日葬，故也，危不得葬也。

四　年

四年：春，王二月，莒人伐杞，取牟娄。

《传》曰：言“伐”，言“取”，所恶也。诸侯相伐取地于是始，故谨而志之也。

戊申，卫祝吁弑其君完。

大夫弑其君，以国氏者，嫌也，弑而代之也。

夏，公及宋公遇于清。

及者，内为志焉尔。遇者，志相得也。

宋公、陈侯、蔡人、卫人伐郑。

秋，翚帅师会宋公、陈侯、蔡人、卫人伐郑。

翚者何也？公子翚也。其不称公子何也？贬之也。何为贬之也？与于弑公，故贬也。

九月，卫人杀祝吁于濮。

称人以杀，杀有罪也。祝吁之挈，失嫌也。其“月”，谨之也。“于濮”者，讥失贼也。

冬，十有二月，卫人立晋。

卫人者，众辞也。立者，不宜立者也。晋之名，恶也。其称人以立之，何也？得众也。得众则是贤也。贤，则其曰“不宜立”何也?《春秋》之义，诸侯与正而不与贤也。

五　年

五年：春，公观鱼于棠。

《传》曰：常事曰视，非常曰观。礼：尊不亲小事，卑不尸大功。鱼，卑者之事也；公观之，非正也。

夏，四月，葬卫桓公。

月葬，故也。

秋，卫师入郕。

入者，内弗受也。郕，国也。将卑师众，曰“师”。

九月，考仲子之宫。

考者，何也?考者，成之也，成之为夫人也。礼：庶子为君，为其母筑宫，使公子主其祭也。于子祭，于孙止。仲子者，惠公之母；隐孙而修之，非隐也。

初献六羽。

初，始也。穀梁子曰：舞《夏》，天子八佾，诸公六佾，诸侯四佾。“初献六羽”，始僭乐矣。《尸子》曰：舞《夏》，自天子至诸侯皆用八佾。“初献六羽”，始厉乐矣。

邾人、郑人伐宋。

螟。

虫灾也。甚则月，不甚则时。

冬，十有二月辛巳，公子彄卒。

隐不爵命大夫，其曰“公子彄”何也?先君之大夫也。

宋人伐郑，围长葛。

伐国不言围邑，此其言围何也?久之也。

伐不逾时，战不逐奔，诛不填服。苞人民，殴牛马，曰“侵”。斩树木，坏宫室，曰“伐”。

六　年

六年：春，郑人来输平。

输者堕也。平之为言，以道成也。“来输平”者，不果成也。

夏，五月辛酉，公会齐侯，盟于艾。

秋，七月。

冬，宋人取长葛。

外取邑不志，此其志何也？久之也。

七　年

七年：春，王三月，叔姬归于纪。

其不言“逆”何也？逆之道微，无足道焉尔。

滕侯卒。

滕侯无名，少曰世子，长曰君，狄道也。其不正者名也。

夏，城中丘。

城为保民为之也。民众城小则益城。益城无极。凡城之志，皆讥也。

齐侯使其弟年来聘。

诸侯之尊，弟兄不得以属通。“其弟”云者，以其来接于我，举其贵者也。

秋，公伐邾。

冬，天王使凡伯来聘。戎伐凡伯于楚丘以归。

凡伯者何也？天子之大夫也。国而曰“伐”，此一人而曰“伐”何也？大天子之命也。戎者卫也。“戎”卫者，为其伐天子之使，贬而“戎”之也。楚丘，卫之邑也。“以归”，犹愈乎执也。

八　年

八年：春，宋公、卫侯遇于垂。

不期而会曰遇。遇者，志相得也。

三月，郑伯使宛来归邴。

名宛，所以贬郑伯，恶与地也。

庚寅，我入邴。

入者，内弗受也。日入，恶入者也。邴者，郑伯所受命于天子而祭泰山之邑也。

夏，六月己亥，蔡侯考父卒。

诸侯日卒，正也。

辛亥，宿男卒。

宿，微国也。未能同盟，故“男卒”也。

秋，七月庚午，宋公、齐侯、卫侯盟于瓦屋。

外盟不日，此其日何也？诸侯之参盟于是始，故谨而日之也。诰誓不及五帝，盟诅不及三王，交质子不及二伯。

八月，葬蔡宣公。

月葬，故也。

九月辛卯，公及莒人盟于包来。

可言公及人，不可言公及大夫。

螟。

冬，十有二月，无侅卒。

无侅之名，未有闻焉。或曰：隐不爵大夫也。或（说）曰：（故）[1] 贬之也。

---

① “说”“故”二字衍，《经义述闻》详言之。

九 年

九年：春，天王使南季来聘。

南，氏姓也。季，字也。聘，问也。聘诸侯，非正也。

三月癸酉，大雨，震，电。

震，雷也。电，霆也。

庚辰，大雨雪。

志疏数也。八日之间再有大变，阴阳错行，故谨而日之也。雨月，志正也。

侠卒。

侠者，所侠也。弗大夫者，隐不爵大夫也。隐之不爵大夫何也？曰：不成为君也。

夏，城郎。

秋，七月。

无事焉，何以书？不遗时也。

冬，公会齐侯于防。

会者，外为主焉尔。

十 年

十年：春，王二月，公会齐侯、郑伯于中丘。

夏，翚帅师会齐人、郑人伐宋。

六月壬戌，公败宋师于菅。

内不言战，举其大者也。

辛未取郜，辛巳取防。

取邑不日，此其日何也？不正其乘败人而深为利、取二邑，故谨而日之也。

秋，宋人、卫人入郑。

宋人、蔡人、卫人伐载。郑伯伐取之。

不正其因人之力而易取之，故主其事也。

冬，十月壬午，齐人、郑人入郕。

入者，内弗受也。日入，恶入者也。郕，国也。

十一年

十有一年：春，滕侯、薛侯来朝。

天子无事，诸侯相朝，正也。考礼修德，所以尊天子也。诸侯来朝：时，正也；特言，同时也；累数，皆至也。

夏，五月，公会郑伯于时来。

秋，七月壬午，公及齐侯、郑伯入许。

冬，十有一月壬辰，公薨。

公薨不地，故也。隐之，不忍地也。其不言葬何也？君弑，贼不讨，不书葬，以罪下也。

隐十年无正，隐不自正也。元年有正，所以正隐也。

桓　公

元　年

元年：春，王——

桓无王，其曰“王”何也？谨始也。

其曰“无王”何也？桓弟弑兄，臣弑君，天子不能定，诸侯不能救，百姓不能去。以为无王之道，遂可以至焉尔。元年有“王”，所以治桓也。

正月，公即位。

继故不言“即位”，正也。继故不言“即位”之为正何也？曰：先君不以其道终，则子弟不忍即位也。继故而言“即位”，则是与闻乎弑也。继故而言“即位”，是为与闻乎弑何也？曰：先君不以其道终，已正即位之道而即位，是无恩于先君也。

三月，公会郑伯于垂。

会者，外为主焉尔。

郑伯以璧假许田。

“假”，不言“以”。言“以”非“假”也。非“假”而曰“假”，讳易地也。礼：天子在上，诸侯不得以地相与也。无田则无许可知矣，不言许，不与许也。许田者，鲁朝宿之邑也。邴者，郑伯之所受命而祭泰山之邑也。用见鲁之不朝于周而郑之不祭泰山也。

夏，四月丁未，公及郑伯盟于越。

及者，内为志焉尔。越，盟地之名也。

秋，大水。

高下有水灾，曰大水。

冬，十月。

无事焉，何以书？不遗时也。《春秋》编年，四时具而后为年。

二 年

二年：春，王正月戊申，宋督弑其君与夷。

桓无王，其曰“王”何也？正与夷之卒也。

及其大夫孔父。

孔父先死，其曰“及”何也？书尊及卑，《春秋》之义也。

孔父之先死何也？督欲弑君而恐不立，于是乎先杀孔父，孔父闲也。何以知其先杀孔父也？曰：子既死，父不忍称其名；臣既死，君不忍称其名。以是知君之累之也。“孔（氏）[①] 父”，字谥也。或曰：其不称名，盖为祖讳也，孔子故宋也。

滕子来朝。

三月，公会齐侯、陈侯、郑伯于稷，以成宋乱。

“以”者，内为志焉尔，公为志乎成是乱也。此成矣，取不成事之辞而加之焉。于内之恶，而君子无遗焉尔。

夏，四月，取郜大鼎于宋，戊申纳于大庙。

桓内弑其君，外成人之乱，受赂而退，以事其祖，非礼也。其道以周公为弗受也。

郜鼎者，郜之所为也。曰“宋”，取之宋也，以是为讨之鼎也。孔子曰：名从主人，物从中国，故曰“郜大鼎”也。

秋，七月，纪侯来朝。

朝，时；此其“月”何也？桓内弑其君，外成人之乱，于是

① 阮元《校勘记》引段玉裁云：“氏字衍。”今从之。

为齐侯、陈侯、郑伯（讨）〔计〕[1] 数日以赂。己即是事而朝之。恶之，故谨而月之也。

蔡侯、郑伯会于邓。

九月，入杞。

我入之也。

公及戎盟于唐。

冬，公至自唐。

桓无会，而其致何也？远之也。

三　年

三年：春，正月，公会齐侯于嬴。

夏，齐侯、卫侯胥命于蒲。

胥之为言，犹相也。相命而信谕，谨言而退，以是为近古也。是必一人先。其以相言之何也？不以齐侯命卫侯也。

六月，公会杞侯于郕。

秋，七月壬辰朔，日有食之，既。

言日言朔，食正朔也。既者尽也，有继之辞也。

公子翚如齐逆女。

逆女，亲者也。使大夫，非正也。

九月，齐侯送姜氏于讙。

礼：送女，父不下堂，母不出祭门，诸母兄弟不出阙门。父戒之曰："谨慎从尔舅之言！"母戒之曰："谨慎从尔姑之言！"诸母般，申之曰："谨慎从尔父母之言！"送女逾竟，非礼也。

公会齐侯于讙。

无讥乎？曰：为礼也。齐侯来也，公之逆而会之可也。

夫人姜氏至自齐。

---

① 讨者计之形讹也，王氏《经义述闻》详之。按：石经正作计，丛书集成本亦作计。

其不言翚之以来何也？公亲受之于齐侯也。子贡曰："冕而亲迎，不已重乎？"孔子曰："合二姓之好，以继万世之后，何谓已重乎？"

冬，齐侯使其弟年来聘。

有年。

五谷皆熟为有年也。

四　年

四年：春，正月，公狩于郎。

四时之田，皆为宗庙之事也。春曰田，夏曰苗，秋曰蒐，冬曰狩。四时之田用三焉，唯其所先得：一为乾豆，二为宾客，三为充君之庖。

夏，天王使宰渠伯纠来聘。

五　年

五年：春，正月甲戌、己丑，陈侯鲍卒。

"鲍卒"，何为以二日"卒"之？《春秋》之义，信以传信，疑以传疑。陈侯以甲戌之日出，己丑之日得。不知死之日，故举二日以包也。

夏，齐侯、郑伯如纪。

天王使任叔之子来聘。

任叔之子者，录父以使子也。故微其君臣而著其父子，不正父在子代仕之辞也。

葬陈桓公。

城祝丘。

秋，蔡人、卫人、陈人从王伐郑。

举从者之辞也。其举从者之辞何也？为天王讳伐郑也。郑，同姓之国也，在乎冀州。于是不服，为天子病矣。

大雩。

螽。

螽，虫灾也。甚则月，不甚则时。

冬，州公如曹。

外相如不书，此其书何也？过我也。

六　年

六年：春，正月，寔来。

寔来者，是来也。何谓是来？谓州公也。其谓之是来何也？以其画我，故简言之也。诸侯不以过相朝也。

夏，四月，公会纪侯于郕。

秋，八月壬午，大阅。

大阅者何？阅兵车也。修教明谕，国道也。平而修戎事，非正也。其日，以为崇武，故谨而日之，盖以观妇人也。

蔡人杀陈佗。

陈佗者，陈君也。其曰“陈佗”何也？匹夫行，故匹夫称之也。其匹夫行奈何？陈侯憙猎，淫猎于蔡，与蔡人争禽。蔡人不知其是陈君也，而杀之。何以知其是陈君也？两下相杀，不道。其不地，于蔡也。

九月丁卯，子同生。

疑，故志之。时曰：同乎人也。

冬，纪侯来朝。

七　年

七年：春，二月己亥，焚咸丘。

其不言邾咸丘何也？疾其以火攻也。

夏，穀伯绥来朝。邓侯吾离来朝。

其名何也？失国也。失国，则其以朝言之何也？尝以诸侯与之接矣，虽失国，弗损吾异日也。

八　年

八年：春，正月己卯，烝。

烝，冬事也；春兴之，志不时也。

天王使家父来聘。

夏，五月丁丑，烝。

烝，冬事也。春夏兴之，黩祀也。志不敬也。

秋，伐邾。

冬，十月，雨雪。

祭公来，遂逆王后于纪。

其不言使焉何也？不正其以宗庙之大事，即谋于我，故弗与使也。

“遂”，继事之辞也。其曰“遂逆王后”，故略之也。或曰：天子无外，王命之则成矣。

九　年

九年：春，纪季姜归于京师。

为之中者归之也。

夏，四月。

秋，七月。

冬，曹伯使其世子射姑来朝。

朝不言使，言使非正也。使世子伉诸侯之礼而来朝，曹伯失正矣。诸侯相见曰朝。以待人父之道待人之子，以内为失正矣。内失正，曹伯失正，世子可以已矣，则是故命也。《尸子》曰：“夫已，多乎道。”

十　年

十年：春，王正月庚申，曹伯终生卒。

桓无王，其曰“王”何也？正终生之卒也。

夏，五月，葬曹桓公。

秋，公会卫侯于桃丘，弗遇。

弗遇者，志不相得也。弗，内辞也。

冬，十有二月丙午，齐侯、卫侯、郑伯来战于郎。

来战者，前定之战也。内不言战，言战则败也。不言其人，以吾败也。不言“及”者，为内讳也。

十一年

十有一年：春，正月，齐人、卫人、郑人盟于恶曹。

夏，五月癸未，郑伯寤生卒。

秋，七月，葬郑庄公。

九月，宋人执郑祭仲。

宋人者，宋公也。其曰“人”何也？贬之也。

突归于郑。

曰“突”，贱之也。曰“归”，易辞也。祭仲易其事，权在祭仲也。死君难，臣道也。今立恶而黜正，恶祭仲也。

郑忽出奔卫。

郑忽者，世子忽也。其名，失国也。

柔会宋公、陈侯、蔡叔，盟于折。

柔者何？吾大夫之未命者也。

公会宋公于夫钟。

冬，十有二月，公会宋公于阚。

十二年

十有二年：春，正月。

夏，六月壬寅，公会纪侯、莒子，盟于曲池。

秋，七月丁亥，公会宋公、燕人，盟于穀丘。

八月壬辰，陈侯跃卒。

公会宋公于虚。

冬，十有一月，公会宋公于龟。丙戌，公会郑伯，盟于武父。

丙戌，卫侯晋卒。

再称日，决日义也。

十有二月，及郑师伐宋。丁未，战于宋。

非与所与伐战也。不言与郑战，耻不和也。于伐与战，败也。内讳败，举其可道者也。

十三年

十有三年：春，二月，公会纪侯、郑伯。己巳，及齐侯、宋公、卫侯、燕人战，齐师、宋师、卫师、燕师败绩。

其言“及”者，由内及之也。其曰“战”者，由外言之也。战称“人”，败称“师”，重众也。其不地，于纪也。

三月，葬卫宣公。

夏，大水。

秋，七月。

冬，十月。

十四年

十有四年：春，正月，公会郑伯于曹。

无冰。

无冰，时燠也。

夏，五。郑伯使其弟御来盟。

诸侯之尊，弟兄不得以属通。“其弟”云者，以其来我举其贵者也。“来盟”，前定也。不日，前定之盟不日。

孔子曰：听远音者，闻其疾而不闻其舒。望远者，察其貌而不察其形。立乎定、哀以指隐、桓，隐、桓之日远矣。“夏五”，传疑也。

秋，八月壬申，御廪灾。乙亥，尝。

御廪之灾不志，此其志何也？以为唯未易灾之余而尝可也。志不敬也。天子亲耕以共粢盛，王后亲蚕以共祭服，国非无良农工女也，以为人之所尽事其祖祢，不若以己所自亲者也。

何用见其未易灾之余而尝也？曰：甸粟而内之三宫，三宫米而藏之御廪。夫尝，必有兼甸之事焉。“壬申，御廪灾。乙亥，尝。”以为未易灾之余而尝也。

冬，十有二月丁巳，齐侯禄父卒。

宋人以齐人、蔡人、卫人、陈人伐郑。

“以”者，不以者也。民者，君之本也。使人以其死，非正也。

十五年

十有五年：春，二月，天王使家父来求车。

古者诸侯时献于天子，以其国之所有；故有辞让而无徵求。求车非礼也，求金甚矣。

三月乙未，天王崩。

夏，四月己巳，葬齐僖公。

五月，郑伯突出奔蔡。

讥夺正也。

郑世子忽复归于郑。

反正也。

许叔入于许。

许叔，许之贵者也。莫宜乎许叔，其曰“入”何也？其归之道，非所以归也。

公会齐侯于蒿。

邾人、牟人、葛人来朝。

秋，九月，郑伯突入于栎。

冬，十有一月，公会宋公、卫侯、陈侯于袲，伐郑。

地而后伐，疑辞也。非其疑也。

十六年

十有六年：春，正月，公会宋公、蔡侯、卫侯于曹。

夏，四月，公会宋公、卫侯、陈侯、蔡侯伐郑。

秋，七月，公至自伐郑。

桓无会，其致何也？危之也。

冬，城向。

十有一月，卫侯朔出奔齐。

朔之名，恶也。天子召而不往也。

十七年

十有七年：春，正月丙辰，公会齐侯、纪侯，盟于黄。

二月丙午，公及邾仪父盟于趡。

夏，五月丙午，及齐师战于郎。

内讳败，举其可道者也。不言其人，以吾败也。不言及之者，为内讳也。

六月丁丑，蔡侯封人卒。

秋，八月，蔡季自陈归于蔡。

蔡季，蔡之贵者也。“自陈”，陈有奉焉尔。

癸巳，葬蔡桓侯。

及宋人、卫人伐郑。

冬，十月朔，日有食之。

言朔不言日，食既朔也。

十八年

十有八年：春，（王）[①] 正月，公会齐侯于泺。公与夫人姜氏遂如齐。

泺之会，不言“及夫人”何也？以夫人之伉，弗称数也。

夏，四月丙子，公薨于齐。

其地，于外也。薨称公，举上也。

丁酉，公之丧至自齐。

秋，七月。

冬，十有二月己丑，葬我君桓公。

“葬我君”，接上下也。君弑贼不讨，不书葬；此其言葬何也？不责逾国而讨于是也。

“桓公”，葬而后举谥，谥所以成德也，于卒事乎加之矣。知者虑，义者行，仁者守；有此三者备，然后可以会矣。

---

① 此“王”字衍，察文例可知，《经义述闻》所言是也。

庄 公

元 年

元年：春，王正月。

继弑君不言即位，正也。继弑君不言即位之为正何也？曰：先君不以其道终，则子不忍即位也。

三月，夫人孙于齐。

孙之为言，犹孙也。讳奔也。接练时，录母之变，始人之也。不言氏姓，贬之也。人之于天也，以道受命；于人也，以言受命。不若于道者，天绝之也。不若于言者，人绝之也。臣子大受命。

夏，单伯逆王姬。

单伯者何？吾大夫之命乎天子者也。命大夫，故不名也。其不言“如”何也？其义不可受于京师也。其义不可受于京师何也？曰：（躬）君〔躬〕① 弑于齐，使之主婚姻，与齐为礼，其义固不可受也。

秋，筑王姬之馆于外。

筑，礼也。于外，非礼也。筑之为礼何也？主王姬者必自公门出。于庙则已尊，于寝则已卑，为之筑节矣。筑之外，变之正也。筑之外，变之为正何也？仇雠之人，非所以接婚姻也；衰麻，非所以接弁冕也。

---

① 据范注，“躬君”当作“君躬”。《经义述闻》已言之。

其不言齐侯之来逆何也？不使齐侯得与吾为礼也。

冬，十月乙亥，陈侯林卒。

诸侯日卒，正也。

王使荣叔来锡桓公命。

礼有受命，无来锡命。锡命非正也。生服之，死行之，礼也。生不服，死追锡之，不正甚矣！

王姬归于齐。

为之中者归之也。

齐师迁纪、郱鄑郚。

纪，国也；郱鄑郚，国也。或曰：迁纪于郱鄑郚。

二　年

二年：春，王二月，葬陈庄公。

夏，公子庆父帅师伐于馀丘。

国而曰“伐”。“于馀丘”，邾之邑也，其曰“伐”何也？公子贵矣，师重矣，而敌人之邑，公子病矣。病公子，所以讥乎公也。其一曰：君在而重之也。

秋，七月，齐王姬卒。

为之主者“卒”之也。

冬，十有二月，夫人姜氏会齐侯于禚。

妇人既嫁不逾竟，逾竟非正也。妇人不言“会”，言“会”非正也。“飨”，甚矣！

乙酉，宋公冯卒。

三　年

三年：春，王正月，溺会齐（侯）〔师〕[①] 伐卫。

---

① 阮元《校勘记》以为“侯”当作“师”，今从之。

溺者何也？公子溺也。其不称“公子”何也？恶其会仇雠而伐同姓，故贬而名之也。

夏，四月，葬宋庄公。

月葬，故也。

五月，葬桓王。

《传》曰：改葬也。改葬之礼：缌，举下，缅也。或曰：却尸以求诸侯。

天子志崩不志葬，必其时也，何必焉？举天下而葬一人，其义不疑也。志葬，故也，危不得葬也。曰：近不失崩。不志崩，失天下也。

独阴不生，独阳不生，独天不生，三合然后生。故曰母之子也可，天之子也可。尊者取尊称焉，卑者取卑称焉。其曰“王”者，民之所归往也。

秋，纪季以酅入于齐。

酅，纪之邑也。入于齐者，以酅事齐也。入者，内弗受也。

冬，公次于郎。

次，止也，有畏也。欲救纪而不能也。

四　年

四年：春，王二月，夫人姜氏飨齐侯于祝丘。

飨，甚矣！飨齐侯，所以病齐侯也。

三月，纪伯姬卒。

外夫人不“卒”，此其言“卒”何也？吾女也，适诸侯则尊同，以吾为之变，“卒”之也。

夏，齐侯、陈侯、郑伯遇于垂。

纪侯大去其国。

大去者，不遗一人之辞也。言民之从者，四年而后毕也。纪侯贤而齐侯灭之，不言“灭”而曰“大去其国”者，不使小人加乎君子。

六月乙丑，齐侯葬纪伯姬。

外夫人不书葬，此其书葬何也？吾女也，失国，故隐而葬之。

秋，七月。

冬，公及齐人狩于郜。

齐人者，齐侯也。其曰“人”何也？卑公之敌，所以卑公也。何为卑公也？不复仇而怨不释，刺释怨也。

五　年

五年：春，王正月。

夏，夫人姜氏如齐师。

师而曰“如”，众也，妇人既嫁不逾竟，逾竟非礼也。

秋，郳黎来来朝。

郳，国也。黎来，微国之君，未爵命者也。

冬，公会齐人、宋人、陈人、蔡人伐卫。

是齐侯、宋公也，其曰“人”何也？“人”诸侯，所以“人”公也。其“人”公何也？逆天王之命也。

六　年

六年：春，王三月，王人子突救卫。

王人，卑者也。称名，贵之也。善救卫也。救者善，则伐者不正矣。

夏，六月，卫侯朔入于卫。

其不言伐卫纳朔何也？不逆天王之命也。入者，内弗受也。何用弗受也？为以王命绝之也。朔之名，恶也。朔入逆则出顺矣。朔出入名，以王命绝之也。

秋，公至自伐卫。

恶事不致，此其致何也？不致，则无用见公之恶事之成也。

螟。

冬，齐人来归卫宝。

以“齐”首之，分恶于齐也。使之如下齐而来我然，恶战则杀矣。

七　年

七年：春，夫人姜氏会齐侯于防。

妇人不会，会非正也。

夏，四月辛卯昔，恒星不见。

恒星者，经星也。日入至于星出，谓之昔。不见者，可以见也。

夜中星陨如雨。

其陨也如雨，是夜中与？《春秋》著以传著，疑以传疑。中之几也，而曰“夜中”，著焉尔。何用见其中也？失变而录其时，则夜中矣。其不曰恒星之陨何也？我知恒星之不见，而不知其陨也；我见其陨而接于地者，则是雨说也。著于上，见于下，谓之雨；著于下，不见于上，谓之陨：岂“雨说”哉？

秋，大水。

高下有水灾，曰“大水”。

无麦、苗。

麦，苗，同时也。

冬，夫人姜氏会齐侯于穀。

妇人不会，会非正也。

八　年

八年：春，王正月，师次于郎，以俟陈人、蔡人。

次，止也。俟，待也。

甲午，治兵。

出曰治兵，习战也。入曰振旅，习战也。治兵而陈、蔡不至矣，兵事以严终，故曰：善陈者不战，此之谓也。善为国者不师，善师者不陈，善陈者不战，善战者不死，善死者不亡。

夏，师及齐师围郕。郕降于齐师。

其曰“降于齐师”何？不使齐师加威于郕也。

秋，师还。

还者，事未毕也，遁也。

冬，十有一月癸未，齐无知弑其君诸儿。

大夫弑其君以国氏者，嫌也，弑而代之也。

九　年

九年：春，齐人杀无知。

无知之挈，失嫌也。称“人”以杀（大夫）[①]，杀有罪也。

公及齐大夫盟于暨。

公不及大夫。大夫不名，无君也。“盟”，纳子纠也。不日，其盟渝也。当齐无君，制在公矣。当可纳而不纳，故恶内也。

夏，公伐齐纳纠。

当可纳而不纳，齐变而后伐，故乾时之战不讳败，恶内也。

齐小白入于齐。

大夫出奔，反以好曰“归”，以恶曰“入”。齐公孙无知弑襄公，公子纠、公子小白不能存，出亡。齐人杀无知而迎公子纠于鲁。公子小白不让公子纠，先入；又杀之于鲁。故曰“齐小白入于齐”，恶之也。

秋，七月丁酉，葬齐襄公。

八月庚申，及齐师战于乾时，我师败绩。

九月，齐人取子纠杀之。

外不言取；言取，病内也。取，易辞也，犹曰取其子纠而杀

---

① “大夫”二字衍，《经义述闻》详之。

之云尔。十室之邑，可以逃难；百室之邑，可以隐死。以千乘之鲁而不能存子纠，以公为病矣。

冬，浚洙。

浚洙者，深洙也。著力不足也。

十　年

十年：春，王正月，公败齐师于长勺。

不日，疑战也。疑战而曰“败”，胜内也。

二月，公侵宋。

侵，时；此其“月”何也？乃深其怨于齐，又退侵宋以众其敌；恶之，故谨而“月”之。

三月，宋人迁宿。

迁，亡辞也。其不地，宿不复见也。迁者，犹未失其国家以往者也。

夏，六月，齐师、宋师次于郎。

次，止也。畏我也。

公败宋师于乘丘。

不日，疑战也。疑战而曰“败”，胜内也。

秋，九月，荆败蔡师于莘，以蔡侯献武归。

荆者楚也。何为谓之荆？狄之也。何为狄之？圣人立，必后至；天子弱，必先叛：故曰“荆，狄之也”。

蔡侯何以名也？绝之也。何为绝之？获也。中国不言“败”，此其言“败”何也？中国不言“败”，蔡侯其见获乎？其言“败”何也？释蔡侯之获也。“以归”，犹愈乎执也。

冬，十月，齐师灭谭，谭子奔莒。

十一年

十有一年：春，王正月。

夏，五月戊寅，公败宋师于鄑。

内事不言战，举其大者。其日，成败之也。宋万（之）[①]获也。

秋，宋大水。

外灾不书，此何以书？王者之后也。高下有水灾曰“大水”。

冬，王姬归于齐。

其志，过我也。

十二年

十有二年：春，王三月，纪叔姬归于酅。

国而曰“归”；此邑也，其曰“归”何也？吾女也，失国，喜得其所，故言“归”焉尔。

夏，四月。

秋，八月甲午，宋万弑其君捷。

宋万，宋之卑者也。卑者以国氏，及其大夫仇牧，以尊及卑也。仇牧闲也。

冬，十月，宋万出奔陈。

十三年

十有三年：春，齐人、宋人、陈人、蔡人、邾人会于北杏。

是齐侯、宋公也，其曰“人”何也？始疑之。何疑焉？桓非受命之伯也，将以事授之者也。曰：“可矣乎？未乎？”举“人”，众之辞也。

夏，六月，齐人灭遂。

遂，国也。其不日，微国也。

---

① “之”字衍，说见《经义述闻》。

秋，七月。

冬，公会齐侯，盟于柯。

曹刿之盟也，信齐侯也。桓盟虽内与，不日，信也。

十四年

十有四年：春，齐人、陈人、曹人伐宋。

夏，单伯会伐宋。

会，事之成也。

秋，七月，荆入蔡。

荆者，楚也。其曰荆何也？州举之也。州不如国，国不如名，名不如字。

冬，单伯会齐侯、宋公、卫侯、郑伯于鄄。

复同会也。

十五年

十有五年：春，齐侯、宋公、陈侯、卫侯、郑伯会于鄄。

复同会也。

夏，夫人姜氏如齐。

妇人既嫁不逾竟，逾竟非礼也。

秋，宋人、齐人、邾人伐郳。郑人侵宋。

冬，十月。

十六年

十有六年：春，王正月。

夏，宋人、齐人、卫人伐郑。

秋，荆伐郑。

冬，十有二月，会齐侯、宋公、陈侯、卫侯、郑伯、许男、曹伯、滑伯、滕子，同盟于幽。

同者，有同也，同尊周也。不言公，外内寮一疑之也。

郳子克卒。

其曰子，进之也。

十七年

十有七年：春，齐人执郑詹。

“人”者，众辞也。以人执，与之辞也。郑詹，郑之卑者。卑者不志，此其志何也？以其逃来志之也。逃来则何志焉？将有其末，不得不录其本也。郑詹，郑之佞人也。

夏，齐人歼于遂。

歼者尽也。然则何为不言遂人尽齐人也？无遂之辞也。无遂则何为言遂？其犹存遂也。存遂奈何？曰：齐人灭遂，使人戍之。遂之因氏饮戍者酒而杀之，齐人歼焉。此谓狎敌也。

秋，郑詹自齐逃来。

逃义曰逃。

冬，多麋。

十八年

十有八年：春，王三月，日有食之。

不言日，不言朔，夜食也。何以知其夜食也？曰：王者朝日。故虽为天子，必有尊也；贵为诸侯，必有长也。故天子朝日，诸侯朝朔。

夏，公追戎于济西。

其不言戎之伐我何也？以公之追之。不使戎迩于我也。“于济西”者，大之也。何大焉？为公之追之也。

秋，有蜮。

一有一亡曰“有”。蜮，射人者也。

冬，十月。

十九年

十有九年：春，王正月。

夏，四月。

秋，公子结媵陈人之妇于鄄，遂及齐侯、宋公盟。

媵，浅事也，不志；此其志何也？辟要盟也。何以见其辟要盟也？媵，礼之轻者也；盟，国之重也。以轻事遂乎国重，无说。其曰“陈人之妇”，略之也。其不日，数渝，恶之也。

夫人姜氏如莒。

妇人既嫁不逾竟，逾竟非正也。

冬，齐人、宋人、陈人伐我西鄙。

其曰鄙，远之也。其远之何也？不以难迩我国也。

二十年

二十年：春，王二月，夫人姜氏如莒。

妇人既嫁不逾竟，逾竟非正也。

夏，齐大灾。

其志，以甚也。

秋，七月。

冬，齐人伐（我）〔戎〕[①]。

二十一年

二十有一年：春，王正月。

① “我”者“戎”之误也，《春秋左传》、《春秋公羊传》可证。

夏，五月辛酉，郑伯突卒。

秋，七月戊戌，夫人姜氏薨。

妇人弗目也。

冬，十有二月，葬郑厉公。

二十二年

二十有二年：春，王正月，肆大眚。

肆，失也。眚，灾也。灾，纪也；失，故也。为嫌天子之葬也。

癸丑，葬我小君文姜。

小君，非君也。其曰“君”何也？以其为公配，可以言小君也。

陈人杀其公子御寇。

言“公子”而不言大夫，公子未命为大夫也。其曰“公子”何也？公子之重视大夫，命以执公子。

夏，五月。

秋，七月丙申，及齐高傒盟于防。

不言公，高傒伉也。

冬，公如齐纳币。

纳币，大夫之事也。礼有纳采，有问名，有纳徵，有告期：四者备而后娶，礼也。公之亲纳币，非礼也，故讥之。

二十三年

二十有三年：春，公至自齐。

祭叔来聘。

其不言“使”何也？天子之内臣也。不正其外交，故不与“使”也。

夏，公如齐观社。

常事曰“视”，非常曰“观”。“观”，无事之辞也，以是为尸女也。无事不出竟。

公至自齐。

公如：往时，正也；致月，故也。（如）[1] 往月、致月，有惧焉尔。

荆人来聘。

善累而后进之。其曰“人”何也？举道不待再。

公及齐侯遇于穀。

“及”者，内为志焉尔。遇者，志相得也。

萧叔朝公。

微国之君未爵命者。其不言“来”，于外也。朝于庙，正也；于外，非正也。

秋，丹桓宫楹。

礼：天子、诸侯黝垩，大夫仓，士黈。丹楹，非礼也。

冬，十有一月，曹伯射姑卒。

十有二月甲寅，公会齐侯，盟于扈。

二十四年

二十有四年：春，王三月，刻桓宫桷。

礼：天子之桷，斲之砻之，加密石焉。诸侯之桷，斲之砻之。大夫斲之。士斲本。刻桷，非正也。夫人，所以崇宗庙也，取非礼与非正而加之于宗庙，以饰夫人，非正也。

“刻桓宫桷”，“丹桓宫楹”，斥言“桓宫”以恶庄也。

葬曹庄公。

夏，公如齐逆女。

亲迎，恒事也，不志。此其志何也？不正其亲迎于齐也。

---

① 此“如”字衍，王氏《经义述闻》所言是也。

秋，公至自齐。

迎者，行见诸，舍见诸。先至，非正也。

八月丁丑，夫人姜氏入。

“入”者，内弗受也。日入，恶入者也。何用不受也？以宗庙弗受也。其以宗庙弗受何也？娶仇人子弟，以荐舍于前，其义不可受也。

戊寅，大夫、宗妇觌用币。

觌，见也。礼：大夫不见夫人，不言及不正。其行妇道，故列数之也。男子之贽：羔、雁、雉、腒。妇人之贽：枣、栗、腶、脩。“用币”，非礼也。“用”者，不宜用者也。大夫，国体也，而行妇道；恶之，故谨而日之也。

大水。

冬，戎侵曹。曹羁出奔陈。

赤归于曹。

郭公。

赤盖郭公也。何为名也？礼：诸侯无外归之义，外归非正也。

二十五年

二十有五年：春，陈侯使女叔来聘。

其不名何也？天子之命大夫也。

夏，五月癸丑，卫侯朔卒。

六月辛未朔，日有食之。

言日言朔，食正朔也。

鼓、用牲于社。

鼓，礼也。用牲，非礼也。天子救日，置五麾，陈五兵、五鼓；诸侯置三麾，陈三鼓、三兵；大夫击门；士击柝：言充其阳也。

伯姬归于杞。

其不言逆何也？逆之道微，无足道焉尔。

秋，大水。鼓，用牲于社、于门。

高下有水灾，曰大水。既戒鼓而骇众，用牲可以已矣。

救日以鼓兵，救水以鼓众。

冬，公子友如陈。

二十六年

二十有六年：春，公伐戎。

夏，公至自伐戎。

曹杀其大夫。

言“大夫”而不称名姓，无命大夫也。无命大夫而曰“大夫”，贤也，为曹羁崇也。

秋，公会宋人、齐人伐徐。

冬，十有二月癸亥朔，日有食之。

二十七年

二十有七年：春，公会杞伯姬于洮。

夏，六月，公会齐侯、宋公、陈侯、郑伯，同盟于幽。

同者有同也，同尊周也，于是而后授之诸侯也。其授之诸侯何也？齐侯得众也。桓会不致，安之也。桓盟不日，信之也。信其信，仁其仁。衣裳之会十有一，未尝有歃血之盟也，信厚也。兵车之会四，未尝有大战也，爱民也。

秋，公子友如陈葬原仲。

言葬不言卒，不葬者也。不葬而曰葬，讳出奔也。

冬，杞伯姬来。

莒庆来逆叔姬。

诸侯之嫁子于大夫，主大夫以与之。“来”者，接内也。不正其接内，故不与夫妇之称也。

杞伯来朝。

公会齐侯于城濮。

二十八年

二十有八年：春，王三月甲寅，齐人伐卫。卫人及齐人战，卫人败绩。

于伐与战，安战也。战卫，战则是师也。其曰“人”何也？微之也。何为微之也？今授之诸侯，而后有侵伐之事，故微之也。其“人”卫何也？以其“人”齐，不可不“人”卫也。卫小齐大，其以卫“及”之何也？以其微之，可以言“及”也。其称“人”以败何也？不以师败于人也。

夏，四月丁未，邾子琐卒。

秋，荆伐郑。

荆者楚也。其曰“荆”，州举之也。

公会齐人、宋人救郑。

善救郑也。

冬，筑微。

山林薮泽之利，所以与民共也。虞之，非正也。

大无麦，禾。

大者，有顾之辞也，于无禾及无麦也。

臧孙辰告籴于齐。

国无三年之畜，曰国非其国也。一年不升，告籴诸侯。告，请也。籴，籴也。不正，故举臧孙辰以为私行也。

国无九年之畜，曰不足。无六年之畜，曰急。无三年之畜，曰国非其国也。诸侯无粟，诸侯相归粟，正也。“臧孙辰告籴于齐”，告然后与之。言内之无外交也。

古者税什一，丰年补败，不外求而上下皆足也。虽累凶年，民弗病也。一年不艾而百姓饥，君子非之。

不言“如”，为内讳也。

二十九年

二十〔有〕九年：春，新延厩。

延厩者，法厩也。其言“新”，有故也。有故则何为书也？古之君人者，必时视民之所勤：民勤于力，则功筑罕；民勤于财，则贡赋少；民勤于食，则百事废矣。冬筑微，春新延厩，以其用民力为已悉矣。

夏，郑人侵许。

秋，有蜚。

一有一亡曰有。

冬，十有二月，纪叔姬卒。

城诸及防。

可城也，以大及小也。

三十年

三十年：春，王正月。

夏，师次于成。

次，止也，有畏也。欲救鄣而不能也。不言公，耻不能救鄣也。

秋，七月，齐人降鄣。

降犹下也。鄣，纪之遗邑也。

八月癸亥，葬纪叔姬。

不曰卒而曰葬，闵纪之亡也。

九月庚午朔，日有食之。鼓，用牲于社。

冬，公及齐侯遇于鲁济。

“及”者，内为志焉尔。遇者，志相得也。

齐人伐山戎。

“齐人”者，齐侯也。其曰“人”何也？爱齐侯乎山戎也。

其爱之何也？桓内无因国，外无从诸侯，而越千里之险北伐山戎，危之也。则非之乎？善之也。何善乎尔？燕，周之（分）〔别〕[①]子也，贡职不至，山戎为之伐矣。

三十一年

三十有一年：春，筑台于郎。

夏，四月，薛伯卒。

筑台于薛。

六月，齐侯来献戎捷。

齐侯来献捷者，内齐侯也。不言使〔何也〕[②]？内与同，不言使也。“献戎捷”：军得曰捷；戎，菽也。

秋，筑台于秦。

不正罢民三时，虞山林薮泽之利，且财尽则怨，力尽则怼，君子危之，故谨而志之也。

或曰：倚诸桓也。桓外无诸侯之变，内无国事，越千里之险，北伐山戎，为燕辟地。鲁外无诸侯之变，内无国事，一年罢民三时，虞山林薮泽之利，恶内也。

冬，不雨。

三十二年

三十有二年：春，城小榖。

夏，宋公、齐侯遇于梁丘。

遇者，志相得也。梁丘，在曹、邾之间，去齐八百里。非不能从诸侯而往也，辞所遇，遇所不遇，大齐桓也。

秋，七月癸巳，公子牙卒。

---

① 阮元《校勘记》引姚鼐说，以为分当作别，今从之。

② 据文例补入。

八月癸亥，公薨于路寝。

路寝，正寝也。寝疾居正寝，正也。男子不绝于妇人之手，以齐终也。

冬，十月（乙）〔己〕[1] 未，子般卒。

子卒日，正也；不日，故也。有所见则日。

公子庆父如齐。

此奔也，其曰“如”何也？讳莫如深，深则隐。苟有所见，莫如深也。

狄伐邢。

---

① “乙”，《春秋左传》作“己”。据杜氏《春秋长历》，是月无乙未，作己是也。

闵　公

元　年

元年：春，王正月。

继弑君不言“即位”，正也。亲之非父也，尊之非君也，继之如君父也者，受国焉尔。

齐人救邢。

善救邢也。

夏，六月辛酉，葬我君庄公。

庄公葬而后举谥，谥所以成德也，于卒事乎加之矣。

秋，八月，公及齐侯盟于洛姑。

盟纳季子也。

季子来归。

其曰“季子”，贵之也。其曰“来归”，喜之也。

冬，齐仲孙来。

其曰“齐仲孙”，外之也。其不目而曰“仲孙”，疏之也。其言“齐”，以累桓也。

二　年

二年：春，王正月，齐人迁阳。

夏，五月乙酉，吉禘于庄公。

吉禘者，不吉者也。丧事未毕而举吉祭，故非之也。

秋，八月辛丑，公薨。

不地，故也。其不书葬，不以讨母葬了也。

九月，夫人姜氏孙于邾。

孙之为言犹孙也。讳奔也。

公子庆父出奔莒。

其曰“出”，绝之也。庆父不复见矣。

冬，齐高子来盟。

其曰“来”，喜之也。其曰“高子”，贵之也。盟立僖公也。不言使何也？不以齐侯使高子也。

十有二月，狄入卫。

郑弃其师。

恶其长也。兼不反其众，则是弃其师也。

僖　公

元　年

元年：春，王正月。

继弑君不言即位，正也。

齐师、宋师、曹师次于聂北，救邢。

救不言“次”，言“次”非救也。非救而曰“救”何也？遂齐侯之意也。

是齐侯与？齐侯也。何用见其是齐侯也？曹无师，“曹师”者曹伯也。其不言曹伯何也？以其不言齐侯，不可言曹伯也。其不言齐侯何也？以其不足乎扬，不言齐侯也。

夏，六月，邢迁于夷仪。

迁者，犹得其国家以往者也。其地，邢复见也。

齐师、宋师、曹师城邢。

是向之师也，使之如改事然，美齐侯之功也。

秋，七月戊辰，夫人姜氏薨于夷。

夫人薨不地；地，故也。

齐人以归。

不言“以丧归”，非以丧归也。加丧焉，讳以夫人归也，其以归薨之也。

楚人伐郑。

八月，公会齐侯、宋公、郑伯、曹伯、邾人于柽。

九月，公败邾师于偃。

不日，疑战也。疑战而曰："败"，胜内也。

冬，十月壬午，公子友帅师败莒师于丽，获莒挐。

莒无大夫，其曰"莒挐"何也？以吾获之目之也。内不言获，此其言获何也？恶公子之绐。绐者奈何？公子友谓莒挐曰："吾二人不相说，士卒何罪？"屏左右而相搏，公子友处下；左右曰："孟劳！"孟劳者，鲁之宝刀也。公子友以杀之。然则何以恶乎绐也？曰：弃师之道也。

十有二月丁巳，夫人氏之丧至自齐。

其不言姜，以其杀二子，贬之也。或曰：为齐桓讳杀同姓也。

二　年

二年：春，王正月，城楚丘。

楚丘者何？卫邑也。国而曰城；此邑也，其曰城何也？封卫也。则其不言城卫何也？卫未迁也。其不言卫之迁焉何也？不与齐侯专封也。其言城之者，专辞也。故非天子不得专封诸侯。诸侯（不得）① 专封诸侯，虽通其仁以义而不与也。故曰：仁不胜道。

夏，五月辛巳，葬我小君哀姜。

虞师、晋师灭夏阳。

非国而曰"灭"，重夏阳也。虞无师，其曰"师"何也？以其先晋，不可以不言"师"也。其先晋何也？为主乎灭夏阳也。夏阳者，虞虢之塞邑也。灭夏阳而虞虢举矣。

虞之为主乎灭夏阳何也？晋献公欲伐虢，荀息曰："君何不以屈产之乘、垂棘之璧而借道乎虞也？"公曰："此晋国之宝也，如受吾币而不借吾道，则如之何？"荀息曰："此小国之所以事大国也。彼不借吾道，必不敢受吾币。如受吾币而借吾道，则是我取

① 此"不得"二字涉上文而衍，王氏《经义述闻》所言极是。

之中府而藏之外府，取之中厩而置之外厩也。”公曰：“宫之奇存焉，必不使受之也。”荀息曰：“宫之奇之为人也，达心而懦，又少长于君；达心则其言略，懦则不能强谏，少长于君则君轻之。且夫玩好在耳目之前，而患在一国之后，此中知以上乃能虑之；臣料虞君中知以下也。”公遂借道而伐虢。宫之奇谏曰：“晋国之使者，其辞卑而币重，必不便于虞。”虞公弗听，遂受其币而借之道。宫之奇（谏）[①] 曰：“语曰：‘唇亡则齿寒。’其斯之谓与!”挈其妻子以奔曹。献公亡虢，五年而后举虞。荀息牵马操璧而前曰：“璧则犹是也，而马齿加长矣!”

秋，九月，齐侯、宋公、江人、黄人盟于贯。

贯之盟，不期而至者，江人、黄人也。江人、黄人者，远国之辞也。中国称齐、宋，远国称江、黄，以为诸侯皆来至也。

冬，十月，不雨。

不雨者，勤雨也。

楚人侵郑。

三　年

三年：春，王正月，不雨。

不雨者，勤雨也。

夏，四月，不雨。

一时言“不雨”者，闵雨也。闵雨者，有志乎民者也。

徐人取舒。

六月，雨。

“雨”云者，喜雨也。喜雨者，有志乎民者也。

秋，齐侯、宋公、江人、黄人会于阳穀。

阳穀之会，桓公委、端、搢笏而朝诸侯，诸侯皆谕乎桓公

---

① “谏”字衍，《经义述闻》详之。

之志。

冬，公子季友如齐莅盟。

莅者位也。其不日，前定也。不言“及”者，以国与之也。不言其人，亦以国与之也。

楚人伐郑。

四　年

四年：春，王正月，公会齐侯、宋公、陈侯、卫侯、郑伯、许男、曹伯侵蔡。蔡溃。

溃之为言，上下不相得也。侵，浅事也。侵蔡而蔡溃，以桓公为知所侵也。不土其地，不分其民，明正也。

遂伐楚，次于陉。

“遂”，继事也。次，止也。

夏，许男新臣卒。

诸侯死于国，不地；死于外，地。死于师，何为不地？内桓师也。

楚屈完来盟于师，盟于召陵。

楚无大夫，其曰屈完何也？以其来会桓，成之为大夫也。其不言使，权在屈完也。则是正乎？曰：非正也。以其来会诸侯，重之也。

“来”者何？内桓师也。“于师”，前定也。“于召陵”，得志乎桓公也。得志者，不得志也，以桓公得志为仅矣。屈完曰：“大国之以兵向楚何也？”桓公曰：“昭王南征不反。菁茅之贡不至，故周室不祭。”屈完曰：“菁茅之贡不至，则诺。昭王南征不反，我将问诸江！”

齐人执陈袁涛涂。

“齐人”者，齐侯也。其“人”之何也？于是哆然外齐侯也，不正其逾国而执也。

秋，及江人、黄人伐陈。

不言其人及之者何？内师也。

八月，公至自伐楚。

有二事偶，则以后事致；后事小，则以先事致。其以伐楚致，大伐楚也。

葬许穆公。

冬，十有二月，公孙兹帅师会齐人、宋人、卫人、郑人、许人、曹人侵陈。

五 年

五年：春，晋侯杀其世子申生。

目晋侯，斥杀，恶晋侯也。

杞伯姬来朝其子。

妇人既嫁不逾竟，逾竟非正也。（诸侯相见曰朝）[①] 伯姬为志乎朝其子也。伯姬为志乎朝其子，则是杞伯失夫之道矣。诸侯相见曰朝；以待人父之道待人之子，非正也。故曰："杞伯姬来朝其子"，参讥也。

夏，公孙兹如牟。

公及齐侯、宋公、陈侯、卫侯、郑伯、许男、曹伯会王世子于首戴。

及以会，尊之也。何尊焉？"王世子"云者，唯王之贰也。云可以重之存焉，尊之也。何重焉？天子世子，世天下也。

秋，八月，诸侯盟于首戴。

无中事而复举诸侯何也？尊王世子而不敢与盟也。尊则其不敢与盟何也？盟者不相信也，故谨信也，不敢以所不信而加之尊者。

桓，诸侯也；不能朝天子，是不臣也。王世子，子也；块然

① 此句涉下文而衍，说见《经义述闻》。

受诸侯之尊己而立乎其位，是不子也。桓不臣，王世子不子，则其所善焉何也？是则变之正也。天子微，诸侯不享觐。桓控大国，扶小国，统诸侯，不能以朝天子；亦不敢致天王。尊王世子于首戴，乃所以尊天王之命也。世子含王命会齐桓，亦所以尊天王之命也。世子受之可乎？是亦变之正也。天子微，诸侯不享觐。世子受诸侯之尊己，而天王尊矣，世子受之可也。

郑伯逃归，不盟。

以其去诸侯，故逃之也。

楚人灭弦。弦子奔黄。

弦，国也。其不日，微国也。

九月戊申朔，日有食之。

冬，晋人执虞公。

执不言所，于地缊于晋也。其曰公何也？犹曰其下执之之辞也。其犹下执之之辞何也？晋命行乎虞民矣。虞虢之相救，非相为赐也，今日亡虢而明日亡虞矣。

六　年

六年：春，王正月。

夏，公会齐侯、宋公、陈侯、卫侯、曹伯伐郑，围新城。

伐国不言围邑，此其言“围”何也？病郑也，著郑伯之罪也。

秋，楚人围许，诸侯遂救许。

善救许也。

冬，公至自伐郑。

其不以救许致何也？大伐郑也。

七　年

七年：春，齐人伐郑。

夏，小邾子来朝。

郑杀其大夫申侯。

称国以杀大夫，杀无罪也。

秋，七月，公会齐侯、宋公、陈世子款、郑世子华，盟于宁母。

衣裳之会也。

曹伯班卒。

公子友如齐。

冬，葬曹昭公。

八　年

八年：春，王正月，公会王人、齐侯、宋公、卫侯、许男、曹伯、陈世子款，盟于洮。

王人之先诸侯何也？贵王命也。朝服虽敝，必加于上；弁冕虽旧，必加于首；周室虽衰，必先诸侯。兵车之会也。

郑伯乞盟。

以向之逃归乞之也。乞者，重辞也，重是盟也。乞者，处其所而请与也。盖汋之也。

夏，狄伐晋。

秋，七月，禘于大庙，用致夫人。

用者，不宜用者也。致者，不宜致者也。言夫人，必以其氏姓。言夫人而不以氏姓，非夫人也，立妾之辞也，非正也。“夫人”之，我可以不“夫人”之乎？夫人卒葬之，我可以不卒葬之乎？一则以宗庙临之，而后贬焉；一则以外之弗“夫人”，而见正焉。

冬，十有二月丁未，天王崩。

九　年

九年：春，王三月丁丑，宋公御说卒。

夏，公会宰周公、齐侯、宋子、卫侯、郑伯、许男、曹伯于葵丘。

天子之宰，通于四海。宋其称子何也？未葬之辞也。礼：柩在堂上，孤无外事。今背殡而出会，以宋子为无哀矣。

秋，七月乙酉，伯姬卒。

内女也，未适人不“卒”，此何以“卒”也？许嫁笄而字之，死则以成人之丧治之。

九月戊辰，诸侯盟于葵丘。

桓盟不日，此何以日？美之也。为见天子之禁，故备之也。

葵丘之盟，陈牲而不杀，读书加于牲上，壹明天子之禁，曰：毋雍泉，毋讫籴，毋易树子，毋以妾为妻，毋使妇人与国事！

甲子，晋侯诡诸卒。

冬，晋里克杀其君之子奚齐。

“其君之子”云者，国人不子也。国人不子何也？不正其杀世子申生而立之也。

十　年

十年：春，王正月，公如齐。

狄灭温，温子奔卫。

晋里克弑其君卓，及其大夫荀息。

以尊及卑也，荀息闲也。

夏，齐侯、许男伐北戎。

晋杀其大夫里克。

称国以杀，罪累上也。里克弑二君与一大夫，其以“累上”之辞言之何也？其杀之不以其罪也。其杀之不以其罪奈何？里克所为弑者，为重耳也。夷吾曰：“是又将杀我乎？”故杀之，不以其罪也。其为重耳弑奈何？

晋献公伐虢，得丽姬。献公私之，有二子，长曰奚齐，稚曰卓子。丽姬欲为乱，故谓君曰：“吾夜者梦夫人趋而来，曰：‘吾苦畏！’胡不使大夫将卫士而卫冢乎？”公曰：“孰可使？”曰：“臣莫尊于世子，则世子可。”故君谓世子曰：“丽姬梦夫人趋而来，曰：‘吾苦畏！’女其将卫士而往卫冢乎！”世子曰：“敬诺！”筑宫，宫成。

丽姬又曰：“吾夜者梦夫人趋而来，曰：‘吾苦饥！’世子之宫已成，则何为不使祠也？”故献公谓世子曰：“其祠！”世子祠。

已祠，致福于君。君田而不在。丽姬以鸩为酒，药脯以毒。献公田来，丽姬曰：“世子已祠，故致福于君。”君将食，丽姬跪曰：“食自外来者，不可不试也。”覆酒于地而地贲。以脯与犬，犬死。丽姬下堂而啼呼，曰：“天乎天乎！国，子之国也，子何迟于为君？”君喟然叹曰：“吾与女未有过切，是何与我之深也！”使人谓世子曰：“尔其图之！”

世子之傅里克谓世子曰：“入自明！入自明则可以生，不入自明则不可以生。”世子曰：“吾君已老矣，已昏矣！吾若此而入自明，则丽姬必死；丽姬死，则吾君不安。所以使吾君不安者，吾不若自死。吾宁自杀以安吾君，以重耳为寄矣！”刎脰而死。

故里克所为弑者，为重耳也；夷吾曰“是又将杀我”也。

秋，七月。

冬，大雨雪。

十一年

十有一年：春，晋杀其大夫丕郑父。

称国以杀，罪累上也。

夏，公及夫人姜氏会齐侯于阳穀。

秋，八月，大雩。

雩，月，正也。雩：得雨曰雩，不得雨曰旱。

冬，楚人伐黄。

十二年

十有二年：春，王（正）〔三〕[1] 月庚午，日有食之。

夏，楚人灭黄。

贯之盟，管仲曰："江、黄远齐而近楚。楚，为利之国也。若伐而不能救，则无以宗诸侯矣。"桓公不听，遂与之盟。管仲死，楚伐江灭黄，桓公不能救，故君子闵之也。

秋，七月。

冬，十有二月丁丑，陈侯杵臼卒。

十三年

十有三年：春，狄侵卫。

夏，四月，葬陈宣公。

公会齐侯、宋公、陈侯、卫侯、郑伯、许男、曹伯于咸。

兵车之会也。

秋，九月，大雩。

冬，公子友如齐。

十四年

十有四年：春，诸侯城缘陵。

其曰"诸侯"，散辞也。聚而曰散何也？"诸侯城"，有散辞也，桓德衰矣。

夏，六月，季姬及缯子遇于防，使缯子来朝。

遇者，同谋也。来朝者，来请己也。朝不言使，言使非正也。

---

① "正"，《春秋左传》《春秋公羊传》作"三"。据杜氏《春秋长历》，作"三"是也。

以病缯子也。

秋，八月辛卯，沙鹿崩。

林属于山为鹿。沙，山名也。无崩道而崩，故志之也。其日，重其变也。

狄侵郑。

冬，蔡侯肸卒。

诸侯时卒，恶之也。

十五年

十有五年：春，王正月，公如齐。

楚人伐徐。

三月，公会齐侯、宋公、陈侯、卫侯、郑伯、许男、曹伯，盟于牡丘。

兵车之会也。

遂次于匡。

遂，继事也。次，止也，有畏也。

公孙敖帅师及诸侯之大夫救徐。

善救徐也。

夏，五月，日有食之。

秋，七月，齐师、曹师伐厉。

八月，螽。

螽，虫灾也。甚则月，不甚则时。

九月，公至自会。季姬归于缯。

己卯晦，震夷伯之庙。

晦，冥也。震，雷也。夷伯，鲁大夫也。因此以见天子至于士皆有庙：天子七庙，诸侯五，大夫三，士二。故德厚者流光，德薄者流卑。是以贵始，德之本也；始封必为祖。

冬，宋人伐曹。

楚人败徐于娄林。

夷狄相败，志也。

十有一月壬戌，晋侯及秦伯战于韩。获晋侯。

韩之战，晋侯失民矣，以其民未败而君获也。

十六年

十有六年：春，王正月戊申朔，陨石于宋五。

先“陨”而后“石”何也？陨而后石也。于宋四竟之内曰宋。后数，散辞也。耳治也。

是月，六（鹢）〔鹢〕退飞过宋都。

“是月”者，决不日而月也。“六鹢退飞过宋都”，先数，聚辞也，目治也。子曰：石无知之物，鹢微有知之物。石无知，故日之；鹢微有知之物，故月之。君子之于物，无所苟而已。石、鹢且犹尽其辞，而况于人乎？故五石六（鹢）〔鹢〕之辞不设，则王道不亢矣。

民所聚曰“都”。

三月壬申，公子季友卒。

大夫日卒，正也。称公弟叔仲，贤也。大夫不言“公子”、“公孙”，疏之也。

夏，四月丙申，缯季姬卒。

秋，七月甲子，公孙兹卒。

大夫日卒，正也。

冬，十有二月，公会齐侯、宋公、陈侯、卫侯、郑伯、许男、邢侯、曹伯于淮。

兵车之会也。

十七年

十有七年：春，齐人、徐人伐英氏。

夏，灭项。

孰灭之？桓公也。何以不言桓公也？为贤者讳也。项，国也，不可灭而灭之乎？桓公知项之可灭也，而不知己之不可以灭也。既灭人之国矣，何贤乎？君子恶恶疾其始，善善乐其终。桓公尝有存亡继绝之功，故君子为之讳也。

秋，夫人姜氏会齐侯于卞。

九月，公至自会。

冬，十有二月乙亥，齐侯小白卒。

此不正，其日之何也？其不正，前见矣。其不正之前见何也？以不正入虚国，故称嫌焉尔。

十八年

十有八年：春，王正月，宋公、曹伯、卫人、邾人伐齐。

非伐丧也。

夏，师救齐。

善救齐也。

五月戊寅，宋师及齐师战于甗。齐师败绩。

“战”不言“伐”，“客”不言“及”；言“及”，恶宋也。

狄救齐。

善救齐也。

秋，八月丁亥，葬齐桓公。

冬，邢人、狄人伐卫。

狄其称“人”何也？善累而后进之。伐卫，所以救齐也，功近而德远矣。

十九年

十有九年：春，王三月，宋人执滕子婴齐。

夏，六月，宋公、曹人、邾人盟于曹南。缯子会盟于邾。

己酉，邾人执缯子，用之。

微国之君，因邾以求与之盟。人因已以求与之盟，已迎而执之。恶之，故谨而日之也。

“用之”者，叩其鼻以衈社也。

秋，宋人围曹。卫人伐邢。

冬，会陈人、蔡人、楚人、郑人盟于齐。

梁亡。

自亡也：湎于酒，淫于色，心昏耳目塞，上无正长之治，大臣背叛，民为寇盗。梁亡，自亡也。如加力役焉，湎不足道也。

梁亡，郑弃其师，我无加损焉，正名而已矣。梁亡，出恶正也。郑弃其师，恶其长也。

二十年

二十年：春，新作南门。

作，为也。有加其度也。言新，有故也，非作也。南门者，法门也。

夏，郜子来朝。

五月乙巳，西宫灾。

谓之新宫，则近为祢宫。以谥言之，则如疏之然，以是为闵宫也。

郑人入滑。

秋，齐人、狄人盟于邢。

邢为主焉尔。邢小，其为主何也？(其)[1] 为主乎救齐。

冬，楚人伐随。

随，国也。

---

① 此“其”字涉上文而衍，说见《经义述闻》。

二十一年

二十有一年：春，狄侵卫。

宋人、齐人、楚人盟于鹿上。

夏，大旱。

旱，时，正也。

秋，宋公、楚子、陈侯、蔡侯、郑伯、许男、曹伯会于雩。执宋公以伐宋。

“以”，重辞也。

冬，公伐邾。

楚人使宜申来献捷。

捷，军得也。其不曰“宋捷”何也？不与楚捷于宋也。

十有二月癸丑，公会诸侯盟于薄。

会者，外为主焉尔。

释宋公。

外释不志，此其志何也？以公之与之盟目之也。不言楚，不与楚专释也。

二十二年

二十〔有〕二年：春，公伐邾，取须句。

夏，宋公、卫侯、许男、滕子伐郑。

秋，八月丁未，及邾人战于升陉。

内讳败，举其可道者也。不言其人，以吾败也。不言及之者，为内讳也。

冬，十有一月己巳朔，宋公及楚人战于泓。宋师败绩。

日事遇朔曰朔。《春秋》三十有四战，未有以尊败乎卑，以“师”败乎“人”者也；以尊败乎卑，以“师”败乎“人”，则骄其敌。襄公以“师”败乎“人”，而不骄其敌何也？责之也：

泓之战，以为复雩之耻也。雩之耻，宋襄公有以自取之：伐齐之丧，执滕子，围曹；为雩之会，不顾其力之不足而致楚成王，成王怒而执之。故曰：礼人而不答，则反其敬；爱人而不亲，则反其仁；治人而不治，则反其知。过而不改，又之，是谓之过：襄公之谓也。古者被甲婴胄，非以兴国也，则以征无道也，岂曰以报其耻哉？

宋公与楚人战于泓水之上。司马子反曰："楚众我少，鼓险而击之，胜无幸焉。"襄公曰："君子不推人危，不攻人厄。须其出。"既出，旌乱于上，陈乱于下。子反曰："楚众我少，击之，胜无幸焉。"襄公曰："不鼓不成列。"须其成列而后击之，则众败而身伤焉，七月而死。

倍则攻，敌则战，少则守。人之所以为人者，言也。人而不能言，何以为人？言之所以为言者，信也。言而不信，何以为言？信之所以为信者，道也。信而不道，何以为（道）〔信〕①？道之贵者时，其行势也。

二十三年

二十有三年：春，齐侯伐宋，围闵。

伐国不言围邑，此其言围何也？不正其以恶报恶也。

夏，五月庚寅，宋公兹父卒。

兹父之不葬何也？失民也。其失民何也？以其不教民战，则是弃其师也。为人君而弃其师，其民孰以为君哉！

秋，楚人伐陈。

冬，十有一月，杞子卒。

---

① 据文例，此处"道"当作"信"。

二十四年

二十有四年：春，王正月。

夏，狄伐郑。

秋，七月。

冬，天王出居于郑。

天子无出；出，失天下也。居者，居其所也。虽失天下，莫敢有也。

晋侯夷吾卒。

二十五年

二十〔有〕五年：春，王正月丙午，卫侯燬灭邢。

燬之名何也？不正其伐本而灭同姓也。

夏，四月癸酉，卫侯燬卒。

宋荡伯姬来逆妇。

妇人既嫁不逾竟。宋荡伯姬来逆妇，非正也。其曰妇何也？缘姑言之之辞也。

宋杀其大夫。

其不称名姓，以其在祖之位，尊之也。

秋，楚人围陈，纳顿子于顿。

纳者，内弗受也。围，一事也。纳，一事也。而遂言之，盖纳顿子者陈也。

葬卫文公。

冬，十有二月癸亥，公会卫子、莒庆，盟于洮。

莒无大夫，其曰莒庆何也？以公之会目之也。

二十六年

二十有六年：春，王正月己未，公会莒子、卫宁速，盟于向。

公不会大夫，其曰“宁速”何也？以其随莒子，可以言会也。

齐人侵我西鄙。公追齐师，至嶲，弗及。

人，微者也。侵，浅事也。公之追之，非正也。“至嶲”，急辞也。“弗及”者，弗与也，可以及而不敢及也。其侵也曰“人”，其追也曰“师”，以公之“弗及”大之也。“弗及”，内辞也。

夏，齐人伐我北鄙。卫人伐齐。

公子遂如楚乞师。

“乞”，重辞也。何重焉？重人之死也，非所乞也。师出不必反，战不必胜，故重之也。

秋，楚人灭夔，以夔子归。

夔，国也。不日，微国也。“以归”，犹愈乎执也。

冬，楚人伐宋，围闵。

伐国不言围邑，此其言围何也？以吾用其师目其事也，非道用师也。

公以楚师伐齐，取穀。

以者，不以者也。民者，君之本也。使民以其死，非其正也。

公至自伐齐。

恶事不致，此其致之何也？危之也。

二十七年

二十有七年：春，杞子来朝。

夏，六月庚寅，齐侯昭卒。

秋，八月乙未，葬齐孝公。乙巳，公子遂帅师入杞。

冬，楚人、陈侯、蔡侯、郑伯、许男围宋。

楚人者，楚子也。其曰“人”何也？“人”楚子，所以“人”诸侯也。其“人”诸侯何也？不正其信夷狄而伐中国也。

十有二月甲戌，公会诸侯盟于宋。

二十八年

二十有八年：春，晋侯侵曹。晋侯伐卫。

再称“晋侯”，忌也。

公子买戍卫。不卒戍，刺之。

先名后刺，杀有罪也。公子启曰：不卒戍者，可以卒也。可以卒而不卒，讥在公子也，刺之可也。

楚人救卫。

三月丙午，晋侯入曹；执曹伯，畀宋人。

入者，内弗受也。日入，恶入者也。以晋侯而斥“执曹伯”，恶晋侯也。畀，与也。其曰“人”何也？不以晋侯畀宋公也。

夏，四月己巳，晋侯、齐师、宋师、秦师及楚人战于城濮。楚师败绩。

楚杀其大夫得臣。

卫侯出奔楚。

五月癸丑，公会晋侯、齐侯、宋公、蔡侯、郑伯、卫子、莒子，盟于践土。

讳会天王也。

陈侯如会。

如会，外乎会也，于会受命也。

公朝于王所。

朝不言所；言所者，非其所也。

六月，卫侯郑自楚复归于卫。

“自楚”，楚有奉焉尔。复者，复中国也。归者，归其所也。“郑”之名，失国也。

卫元咺出奔晋。

陈侯款卒。

秋，杞伯姬来。公子遂如齐。

冬，公会晋侯、宋公、蔡侯、郑伯、陈子、莒子、邾子、秦人于温。

讳会天王也。

天王守于河阳。

全天王之行也。为若将守而遇诸侯之朝也，为天王讳也。水北为阳，山南为阳。温，河阳也。

壬申，公朝于王所。

朝于庙，礼也；于外，非礼也。独公朝与？诸侯尽朝也。

其日，以其再致天子，故谨而日之。

主善以内，目恶以外。言曰“公朝”，逆辞也，而尊天子。会于温，言小诸侯。温，河北地；以“河阳”言之，大天子也。

日系于月，月系于时。“壬申，公朝于王所”，其不月，失其所系也。以为晋文公之行事为已傎矣！

晋人执卫侯，归之于京师。

此入而执，其不言“人”何也？不外王命于卫也。“归之于京师”，缓辞也，断在京师也。

卫元咺自晋复归于卫。

“自晋”，晋有奉焉尔。复者，复中国也。归者，归其所也。

诸侯遂围许。

“遂”，继事也。

曹伯襄复归于曹。

复者，复中国也。天子免之，因与之会。其曰“复”，通王命也。

遂会诸侯围许。

遂，继事也。

二十九年

二十有九年：春，介葛卢来。

介，国也。葛卢，微国之君未爵者也。其曰“来”，卑也。

公至自围许。

夏，六月，公会王人、晋人、宋人、齐人、陈人、蔡人、秦人，盟于翟泉。

秋，大雨雹。

冬，介葛卢来。

三十年

三十年：春，王正月。

夏，狄侵齐。

秋，卫杀其大夫元咺。

称国以杀，罪累上也，以是为讼君也。卫侯在外，其以“累上”之辞言之何也？待其杀而后入也。

及公子瑕。

“公子瑕”，累也，以尊及卑也。

卫侯郑归于卫。

晋人、秦人围郑。介人侵萧。

冬，天王使宰周公来聘。

天子之宰，通于四海。

公子遂如京师，遂如晋。

以尊遂乎卑，此言不敢叛京师也。

三十一年

三十有一年：春，取济西田。

公子遂如晋。

夏，四月，四卜郊，不从，乃免牲，犹三望。

“夏，四月”，不时也。四卜，非礼也。

“免牲”者，为之缁衣熏裳，有司玄端，奉送至于南郊。免牛亦然。“乃”者，亡乎人之辞也。“犹”者，可以已之辞也。

秋，七月。

冬，杞伯姬来求妇。

妇人既嫁不逾竟。“杞伯姬来求妇”，非正也。

狄围卫。十有二月，卫迁于帝丘。

三十二年

三十有二年：春，王正月。

夏，四月己丑，郑伯捷卒。

卫人侵狄。

秋，卫人及狄盟。

冬，十有二月己卯，晋侯重耳卒。

三十三年

三十有三年：春，王二月，秦人入滑。

滑，国也。

齐侯使国归父来聘。

夏，四月辛巳，晋人及姜戎败秦师于殽。

不言战而言“败”何也？狄秦也。其狄之何也？秦越千里之险，入虚国，（进）[①] 不能守，退败其师徒，乱人子女之教，无男女之别，——秦之为狄，自殽之战始也。

---

① 此“进”字衍，说见《经义述闻》。

秦伯将袭郑，百里子与蹇叔子谏曰："千里而袭人，未有不亡者也。"秦伯曰："子之冢木已拱矣，何知！"

师行，百里子与蹇叔子送其子而戒之，曰："女死，必于殽之岩唫之下。我将尸女于是！"师行，百里子与蹇叔子随其子而哭之。秦伯怒曰："何为哭吾师也？"二子曰："非敢哭师也。哭吾子也。我老矣！彼不死，则我死矣！"

晋人与姜戎要而击之殽，匹马倚轮无反者。晋人者，晋子也。其曰"人"何也？微之也。何为微之？不正其释殡而主乎战也。

癸巳，葬晋文公。

日葬，危不得葬也。

狄侵齐。

公伐邾，取訾楼。

秋，公子遂帅师伐邾。

晋人败狄于箕。

冬，十月，公如齐。

十有二月，公至自齐。乙巳，公薨于小寝。

小寝，非正也。

陨霜不杀草。

未可杀而杀，举重也。可杀而不杀，举轻也。

李梅实。

实之为言，犹实也。

晋人、陈人、郑人伐许。

文　公

元　年

元年：春，王正月，公即位。

继正即位，正也。

二月癸亥，日有食之。

天王使叔服来会葬。

葬曰会，其志重天子之礼也。

夏，四月丁巳，葬我君僖公。

薨称“公”，举上也。“葬我君”，接上下也。“僖公”，葬而后举谥，谥所以成德也，于卒事乎加之矣。

天王使毛伯来锡公命。

礼有受命，无来锡命，锡命非正也。

晋侯伐卫。

叔孙得臣如京师。

卫人伐晋。

秋，公孙敖会晋侯于戚。

冬，十月丁未，楚世子商臣弑其君髡。

日髡之卒，所以谨商臣之弑也。夷狄不言“正”、“不正”。

公孙敖如齐。

二 年

二年：春，王二月甲子，晋侯及秦师战于彭衙。秦师败绩。

丁丑，作僖公主。

作，为也。为僖公主也。立主：丧主于虞，吉主于练。“作僖公主”，讥其后也。作主、坏庙有时日。于练焉坏庙。坏庙之道，易檐可也，改涂可也。

三月乙巳，及晋处父盟。

不言公，处父伉也，为公讳也。何以知其与公盟？以其日也。何以不言公之如晋？所耻也。出不书，反不致也。

夏，六月，公孙敖会宋公、陈侯、郑伯、晋士縠，盟于垂敛。

内大夫可以会外诸侯。

自十有二月不雨，至于秋七月。

历时而言“不雨”，文不忧雨也。不忧雨者，无志乎民也。

八月丁卯，大事于大庙，跻僖公。

大事者何？大是事也，著祫、尝。祫祭者：毁庙之主，陈于大祖；未毁庙之主，皆升合祭于大祖。

跻，升也；先亲而后祖也，逆祀也。逆祀，则是无昭穆也。无昭穆，则是无祖也。无祖，则无天也。故曰：文无天。无天者，是无天而行也。君子不以亲亲害尊尊，此《春秋》之义也。

冬，晋人、宋人、陈人、郑人伐秦。

公子遂如齐纳币。

三 年

三年：春，王正月，叔孙得臣会晋人、宋人、陈人、卫人、郑人伐沈。沈溃。

夏，五月，王子虎卒。

叔服也，此不“卒”者也，何以“卒”之？以其来会葬，我

“卒”之也。或曰：以其尝执重以守也。

秦人伐晋。

秋，楚人围江。

雨螽于宋。

外灾不志，此何以志也？曰：灾甚也。其甚奈何？茅茨尽矣。著于上，见于下，谓之雨。

冬，公如晋。十有二月己巳，公及晋侯盟。

晋阳处父帅师伐楚救江。

此伐楚，其言救江何也？江远楚近，伐楚所以救江也。

四　年

四年：春，公至自晋。

夏，逆妇姜于齐。

其曰“妇姜”，为其礼成乎齐也。其逆者谁也？亲逆而称“妇”，或者公与？何其速妇之也？曰：公也。其不言公何也？非成礼于齐也。曰“妇”，有姑之辞也。其不言“氏”何也？贬之也。何为贬之也？夫人与有贬也。

狄侵齐。

秋，楚人灭江。晋侯伐秦。

卫侯使宁俞来聘。

冬，十有一月壬寅，夫人风氏薨。

五　年

五年：春，王正月，王使荣叔归含且賵。

含，一事也。賵，一事也。兼归之，非正也。其曰“且”，志兼也。其不言“来”，不周事之用也。賵以早，而含（已）〔以〕晚。

三月辛亥，葬我小君成风。王使毛伯来会葬。

会葬之礼于鄙上。

夏，公孙敖如晋。秦人入鄀。

秋，楚人灭六。

冬，十月甲申，许男业卒。

六　年

六年：春，葬许僖公。

夏，季孙行父如陈。

秋，季孙行父如晋。

八月乙亥，晋侯驩卒。

冬，十月，公子遂如晋。葬晋襄公。

晋杀其大夫阳处父。

称国以杀，罪累上也。襄公已葬，其以“累上”之辞言之何也？君漏言也，——上泄则下暗，下暗则上聋。且暗且聋，无以相通。——（射）〔夜〕姑杀者也。

（射）〔夜〕姑之杀奈何？曰：晋将与狄战，使狐（射）〔夜〕姑为将军，赵盾佐之。阳处父曰：“不可！古者君之使臣也，使仁者佐贤者，不使贤者佐仁者。今赵盾贤，（射）〔夜〕姑仁，其不可乎！”襄公曰：“诺！”谓（射）〔夜〕姑曰：“吾始使盾佐女，今女佐盾矣。”（射）〔夜〕姑曰：“敬诺！”襄公死，处父主竟上〔之〕事，（射）〔夜〕姑使人杀之：君漏言也。故士造（辟）〔膝〕[①] 而言，诡辞而出，曰：“用我则可，不用我则无乱其德。”

晋狐（射）〔夜〕姑出奔狄。

闰月不告月，犹朝于庙。

不告月者何也？不告朔也。不告朔则何为不言朔也？闰月者，

① “造辟”当作“造膝”，说见《经义述闻》。

附月之余日也，积分而成于月者也。天子不以告朔，而丧事不数也。“犹”之为言，可以已也。

七　年

七年：春，公伐邾。三月甲戌，取须句。

取邑不日，此其日何也？不正其再取，故谨而日之也。

遂城郚。

“遂”，继事也。

夏，四月，宋公壬臣卒。宋人杀其大夫。

称“人”以杀，诛有罪也。

戊子，晋人及秦人战于令狐。晋先蔑奔秦。

不言出，在外也。辍战而奔秦，以是为逃军也。

狄侵我西鄙。

秋，八月，公会诸侯、晋大夫，盟于扈。

其曰“诸侯”，略之也。

冬，徐伐莒。

公孙敖如莒莅盟。

莅，位也。其曰位何也？前定也。其不日，前定之盟不日也。

八　年

八年：春，王正月。

夏，四月。

秋，八月戊申，天王崩。

冬，十月壬午，公子遂会晋赵盾，盟于衡雍。乙酉，公子遂会雒戎，盟于暴。

公孙敖如京师，不至而复。丙戌，奔莒。

不言所至，未如也。未如则未复也。未如而曰“如”，不废君命也。未复而曰“复”，不专君命也。其“如”，非如也。其

“复”，非复也。唯“奔莒”之为信，故谨而日之也。

螽。

宋人杀其大夫司马。

司马，官也。其以官称，无君之辞也。

宋司城来奔。

司城，官也。其以官称，无君之辞也。“来奔”者不言出，举其接我也。

九　年

九年：春，毛伯来求金。

求车犹可，求金甚矣！

夫人姜氏如齐。

二月，叔孙得臣如京师。

京，大也。师，众也。言周，必以众与大言之也。

辛丑，葬襄王。

天子志“崩”不志“葬”。举天下而葬一人，其道不疑也。志“葬”，危不得葬也。日之，甚矣，其不葬之辞也！

晋人杀其大夫先都。

三月，夫人姜氏至自齐。

卑以尊致，病文公也。

晋人杀其大夫士縠，及箕郑父。

称人以杀，诛有罪也。“郑父”，累也。

楚人伐郑。

公子遂会晋人、宋人、卫人、许人，救郑。

夏，狄侵齐。

秋，八月，曹伯襄卒。

九月癸酉，地震。

震，动也。地，不震者也。震，故谨而日之也。

冬楚子使萩来聘。

楚无大夫，其曰“萩”何也？以其来我褒之也。

秦人来归僖公、成风之襚。

秦人弗夫人也，即外之弗夫人而见正焉。

葬曹共公。

十　年

十年：春，王三月辛卯，臧孙辰卒。

夏，秦伐晋。

楚杀其大夫宜申。

自正月不雨，至于秋七月。

历时而言“不雨”，文不闵雨也。不闵雨者，无志乎民也。

及苏子盟于女（粟）〔栗〕。

冬，狄侵宋。楚子、蔡侯次于厥貉。

十一年

十有一年：春，楚子伐麇。

夏，叔彭生会晋郤缺于承匡。

秋，曹伯来朝。

公子遂如宋。

狄侵齐。

冬，十月甲午，叔孙得臣败狄于咸。

不言“帅师”而言“败”何也？直败一人之辞也。一人而曰“败”何也？以众焉言之也。《传》曰：长狄也，弟兄三人，佚宕中国，瓦石不能害。叔孙得臣，最善射者也；射其目，身横九亩；断其首而载之，眉见于轼。然则何为不言“获”也？曰：古者不重创，不禽二毛，故不言“获”，为内讳也。其之齐者，王子成父杀之；则未知其之晋者也。

十二年

十有二年：春，王正月，郕伯来奔。杞伯来朝。

二月庚子，子叔姬卒。

其曰“子叔姬”，贵也，公之母姊妹也。其一传曰：许嫁以卒之也。男子二十而冠，冠而列丈夫；三十而娶。女子十五而许嫁，二十而嫁。

夏，楚人围巢。

秋，滕子来朝。秦伯使术来聘。

冬，十有二月戊午，晋人、秦人战于河曲。

不言“及”，秦、晋之战已亟，故略之也。

季孙行父帅师，城诸及郓。

称“帅师”，言有难也。

十三年

十有三年：春，王正月。

夏，五月壬午，陈侯朔卒。

邾子蘧蒢卒。

自正月不雨，至于秋七月。

大室屋坏。

大室屋坏者，有坏道也，讥不修也。大室，犹世室也。周公，曰“大庙”；伯禽，曰“大室”；群公，曰“宫”。礼：宗庙之事，君亲割，夫人亲舂，敬之至也。为社稷之主，而先君之庙坏，极称之，志不敬也。

冬，公如晋。卫侯会公于沓。

狄侵卫。

十有二月己丑，公及晋侯盟。

还自晋。

“还”者，事未毕也。“自晋”，事毕也。

郑伯会公于棐。

十四年

十有四年：春，王正月，公至自晋。

邾人伐我南鄙。叔彭生帅师伐邾。

夏，五月乙亥，齐侯潘卒。

六月，公会宋公、陈侯、卫侯、郑伯、许伯、曹伯、晋赵盾。癸酉，同盟于新城。

同者，有同也，同外楚也。

秋，七月，有星孛入于北斗。

孛之为言，犹茀也。其曰“入北斗”，斗有环域也。

公至自会。

晋人纳捷菑于邾。弗克纳。

是郤克也，其曰“人”何也？微之也。何为微之也？长毂五百乘，绵地千里，过宋、郑、滕、薛，夐入千乘之国，欲变人之主；至城下然后知，何知之晚也！

“弗克纳”，未伐而曰“弗克”何也？弗克其义也。捷菑，晋出也。貜且，齐出也。貜且，正也。捷菑，不正也。

九月甲申，公孙敖卒于齐。

奔大夫不言“卒”，而言“卒”何也？为受其丧，不可不“卒”也。其地，于外也。

齐公子商人弑其君舍。

舍未逾年，其曰“君”何也？成舍之为君，所以重商人之弑也。商人其不以国氏何也？不以嫌代嫌也。舍之不日何也？未成为君也。

宋子哀来奔。

其曰“子哀”，失之也。

冬，单伯如齐。

齐人执单伯。

私罪也。单伯淫于齐，齐人执之。

齐人执子叔姬。

叔姬同罪也。

十五年

十有五年：春，季孙行父如晋。

三月，宋司马华孙来盟。

司马，官也。其以官称，无君之辞也。“来盟”者何？前定也。不言“及”者，以国与之也。

夏，曹伯来朝。齐人归公孙敖之丧。

六月辛丑朔，日有食之。鼓，用牲于社。

单伯至自齐。

大夫执则致，致则名，此其不名何也？天子之命大夫也。

晋郤缺帅师伐蔡，戊申入蔡。

秋，齐人侵我西鄙。

其曰“鄙”，远之也。其远之何也？不以难（介）〔迩〕[①] 我国也。

季孙行父如晋。

冬，十有一月，诸侯盟于扈。

十有二月，齐人来归子叔姬。

其曰“子叔姬”，贵之也。其言“来归”何也？父母之于子，虽有罪，犹欲其免也。

齐侯侵我西鄙，遂伐曹，入其郛。

---

① 依王氏《经义述闻》说改。

十六年

十有六年：春，季孙行父会齐侯于阳穀。齐侯弗及盟。

“弗及”者，内辞也。行父失命矣，齐得内辞也。

夏，五月，公四不视朔。

天子告朔于诸侯，诸侯受乎祢庙，礼也。“公四不视朔”，公不臣也，以公为厌政以甚矣。

六月戊辰，公子遂及齐侯盟于师丘。

复行父之盟也。

秋，八月辛未，夫人姜氏薨。

毁泉台。

丧不贰事；贰事，缓丧也。以文为多失道矣。自古为之，今毁之，不如勿处而已矣。

楚人、秦人、巴人灭庸。

冬，十有一月，宋人弑其君杵臼。

十七年

十有七年：春，晋人、卫人、陈人、郑人伐宋。

夏，四月癸亥，葬我小君声姜。

齐侯伐我西鄙。

六月癸未，公及齐侯盟于穀。

诸侯会于扈。

秋，公至自穀。

冬，公子遂如齐。

十八年

十有八年：春，王二月丁丑，公薨于台下。

台下，非正也。

秦伯罃卒。

夏，五月戊戌，齐人弑其君商人。

六月癸酉，葬我君文公。

秋，公子遂、叔孙得臣如齐。

使，举上客而不称介，不正其同伦而相介，故列而数之也。

冬，十月，子卒。

子卒不日，故也。

夫人姜氏归于齐。

恶宣公也。有不待贬绝而罪恶见者，有待贬绝而恶从之者。侄娣者，不孤子之意也，一人有子，三人缓带。一曰就贤也。

季孙行父如齐。

莒弑其君庶其。

宣　公

元　年

元年：春，王正月，公即位。

继故而言即位，与闻乎故也。

公子遂如齐逆女。三月，遂以夫人妇姜至自齐。

其不言“氏”，丧未毕，故略之也。其曰“妇”，缘姑言之之辞也。遂之挈，由上致之也。

夏，季孙行父如齐。

晋放其大夫胥甲父于卫。

放犹屏也。称国以放，放无罪也。

公会齐侯于平州。公子遂如齐。

六月，齐人取济西田。

内不言“取”。言“取”，授之也，以是为赂齐也。

秋，邾子来朝。

楚子、郑人侵陈，遂侵宋。

遂，继事也。

晋赵盾帅师救陈。

善救陈也。

宋公、陈侯、卫侯、曹伯会晋师于棐林，伐郑。

列数诸侯而会晋赵盾，大赵盾之事也。其曰“师”何也？以其大之也。“于棐林”，地而后伐（郑）[①]，疑辞也。此其地何？则著其美也。

冬，晋赵穿帅师侵崇。晋人、宋人伐郑。

伐郑，所以救宋也。

二　年

二年：春，王二月壬子，宋华元帅师及郑公子归生（帅师）[②]战于大棘。宋师败绩。获宋华元。

“获”者，不与之辞也。言尽其众以救其将也。以三军敌华元，华元虽获，不病矣。

秦师伐晋。

夏，晋人、宋人、卫人、陈人侵郑。

秋，九月乙丑，晋赵盾弑其君夷皋。

穿弑也，盾不弑，而曰“盾弑”何也？以罪盾也。其以罪盾何也？曰：

灵公朝诸大夫，而暴弹之，观其辟丸也。赵盾入谏，不听；出亡，至于郊。赵穿弑公而后反赵盾，史狐书“贼”曰：“赵盾弑公。”盾曰：“天乎天乎！予无罪。孰为盾而忍弑其君者乎？”史狐曰：“子为正卿，入谏不听，出亡不远；君弑，反不讨贼则志同，志同则书重，非子而谁？故书之。”

曰“晋赵盾弑其君夷皋”者，过在下也。曰：于盾也，见忠臣之至；于许世子止，见孝子之至。

冬，十月乙亥，天王崩。

---

① 此“郑”字衍，《经义述闻》所说极是。

② 此“帅师”二字涉上文而衍，说见哀公二年《春秋公羊传》阮元《校勘记》。

三　年

三年：春，王正月，郊牛之口伤。

“之口”，缓辞也。伤自牛作也。

改卜牛。牛死，乃不郊。

事之变也。“乃”者，亡乎人之辞也。

犹三望。

葬匡王。

楚子伐陆浑戎。

夏，楚人侵郑。

秋，赤狄侵齐。宋师围曹。

冬，十月丙戌，郑伯兰卒。

葬郑穆公。

四　年

四年：春，王正月，公及齐侯平莒及郯。莒人不肯。“及”者，内为志焉耳。“平”者，成也。“不肯”者，可以肯也。

公伐莒，取向。

“伐”犹可。“取向”，甚矣！

莒人辞不受治也。伐莒，义兵也。取向，非也，乘义而为利也。

秦伯稻卒。

夏，六月乙酉，郑公子归生弑其君夷。

赤狄侵齐。

秋，公如齐。公至自齐。

冬，楚子伐郑。

五　年

五年：春，公如齐。

夏，公至自齐。

秋，九月，齐高固来逆子叔姬。

诸侯之嫁子于大夫，主大夫以与之。“来”者，接内也。不正其接内，故不与夫妇之称也。

叔孙得臣卒。

冬，齐高固及子叔姬来。

“及”者，及吾子叔姬也。为使来者，不使得归之意也。

楚人伐郑。

六　年

六年：春，晋赵盾、卫孙免侵陈。

此帅师也，其不言帅师何也？不正其败前事，故不与帅师也。

夏，四月。

秋，八月，螽。

冬，十月。

七　年

七年：春，卫侯使孙良夫来盟。

来盟〔者〕，前定也。不言“及”者，以国与之。不言其人，亦以国与之。不日，前定之盟不日。

夏，公会齐侯伐莱。

秋，公至自伐莱。

大旱。

冬，公会晋侯、宋公、卫侯、郑伯、曹伯于黑壤。

八　年

八年：春，公至自会。

夏，六月，公子遂如齐，至黄乃复。

“乃”者，亡乎人之辞也。“复”者，事毕也。不专公命也。

辛巳，有事于大庙。

仲遂卒于垂。

为若反命而后卒也。此公子也，其曰“仲”何也？疏之也。何为疏之也？是不“卒”者也，不疏，则无用见其不卒也。则其“卒”之何也？以讥乎宣也。其讥乎宣何也？闻大夫之丧，则去乐，卒事。

壬午，犹绎。

“犹”者，可以已之辞也。“绎”者，祭之旦日之享宾也。

万入，去籥。

以其为之变，讥之也。

戊子，夫人熊氏薨。

晋师、白狄伐秦。楚人灭舒鄝。

秋，七月甲子，日有食之，既。

冬，十月己丑，葬我小君顷熊；雨，不克葬。

葬既有日，不为雨止，礼也。“雨，不克葬”，丧不以制也。

庚寅，日中而克葬。

“而”，缓辞也。足乎日之辞也。

城平阳。

楚师伐陈。

九　年

九年：春，王正月，公如齐。

公至自齐。

夏，仲孙蔑如京师。齐侯伐莱。

秋，取根牟。

八月，滕子卒。

九月，晋侯、宋公、卫侯、郑伯、曹伯会于扈。晋荀林父帅师伐陈。

辛酉，晋侯黑臀卒于扈。

其地，于外也。其日，未逾竟也。

冬，十月癸酉，卫侯郑卒。

宋人围滕。

楚子伐郑。晋郤缺帅师救郑。

陈杀其大夫泄冶。

称国以杀其大夫，杀无罪也。泄冶之无罪如何？陈灵公通于夏征舒之家，公孙宁、仪行父亦通〔于〕其家。或衣其衣，或衷其襦，以相戏于朝。泄冶闻之，入谏，曰："使国人闻之则犹可，使仁人闻之则不可。"君愧于泄冶，不能用其言而杀之。

十　年

十年：春，公如齐。公至自齐。齐人归我济西田。

公娶齐，齐由以为兄弟，反之。不言"来"，公如齐受之也。

夏，四月丙辰，日有食之。己巳，齐侯元卒。

齐崔氏出奔卫。

"氏"者，举族而出之之辞也。

公如齐。

五月，公至自齐。

癸巳，陈夏征舒弑其君平国。

六月，宋师伐滕。

公孙归父如齐。葬齐惠公。

晋人、宋人、卫人、曹人伐郑。

秋，天王使王季子来聘。

其曰“王季”，王子也。其曰“子”，尊之也。聘，问也。

公孙归父帅师伐邾，取绎。

大水。

季孙行父如齐。

冬，公孙归父如齐。齐侯使国佐来聘。

饥。

楚子伐郑。

十一年

十有一年：春，王正月。

夏，楚子、陈侯、郑伯盟于夷陵。

公孙归父会齐人伐莒。

秋，晋侯会狄于攒函。

不言“及”，外狄也。

冬，十月，楚人杀陈夏征舒。

此入而杀也，其不言“入”何也？外徵舒于陈也。其外徵舒于陈何也？明楚之讨有罪也。

丁亥，楚子入陈。

“入”者，内弗受也。日入，恶入者也。何用弗受也？不使夷狄为中国也。

纳公孙宁、仪行父于陈。

“纳”者，内弗受也。辅人之不能民而讨，犹可；入人之国，制人之上下，使不得其君臣之道，不可。

十二年

十有二年：春，葬陈灵公。

楚子围郑。

夏，六月乙卯，晋荀林父帅师，及楚子战于邲。晋师败绩。

绩，功也。功，事也。日，其事败也。

秋，七月。

冬，十有二月戊寅，楚子灭萧。

晋人、宋人、卫人、曹人同盟于清丘。

宋师伐陈。卫人救陈。

十三年

十有三年：春，齐师伐莒。

夏，楚子伐宋。

秋，螽。

冬，晋杀其大夫先縠。

十四年

十有四年：春，卫杀其大夫孔达。

夏，五月壬申，曹伯寿卒。

晋侯伐郑。

秋，九月，楚子围宋。

葬曹文公。

冬，公孙归父会齐侯于穀。

十五年

十有五年：春，公孙归父会楚子于宋。

夏，五月，宋人及楚人平。

平者成也，善其量力而反义也。“人”者，众辞也。“平”称众，上下欲之也。外平不道，以吾人之存焉道之也。

六月癸卯，晋师灭赤狄潞氏，以潞子婴儿归。

灭国有三术：中国谨日，卑国月，夷狄不日。其（曰）〔日〕[①] 潞子婴儿，贤也。

秦人伐晋。

王札子杀召伯、毛伯。

“王札子”者，当上之辞也。“杀召伯、毛伯”，不言“其”何也？两下相杀也。两下相杀，不志乎《春秋》；此其志何也？矫王命以杀之，非忿怒相杀也，故曰以王命杀也。以王命杀则何志焉？为天下主者天也，继天者君也，君之所存者命也。为人臣而侵其君之命而用之，是不臣也；为人君而失其命，是不君也。君不君，臣不臣，此天下所以倾也。

秋，螽。

仲孙蔑会齐高固于无娄。

初税亩。

初者始也。古者什一，藉而不税。“初税亩”，非正也。古者三百步为里，名曰井田；井田者，九百亩，公田居一。私田稼不善，则非吏；公田稼不善，则非民。“初税亩”者，非公之去公田而履亩十取一也，以公之与民为已悉矣。古者公田为居，井灶葱韭尽取焉。

冬，蝝生。

蝝非灾也。其曰蝝，非税亩之灾也。

饥。

十六年

十有六年：春，王正月，晋人灭赤狄甲氏，及留吁。

夏，成周宣榭灾。

周灾不志也，其曰宣榭何也？以乐器之所藏目之也。

---

① 阮元《校勘记》引惠栋说，以为曰当作日，是也。

秋，郯伯姬来归。

冬，大有年。

五谷大熟为大有年。

十七年

十有七年：春，王正月庚子，许男锡我卒。丁未，蔡侯申卒。

夏，葬许昭公。葬蔡文公。

六月癸卯，日有食之。

己未，公会晋侯、卫侯、曹伯、邾子，同盟于断道。

“同”者有同也，同外楚也。

秋，公至自会。

冬，十有一月壬午，公弟叔肸卒。

其曰“公弟叔肸”，贤之也。其贤之何也？宣（弑）〔杀〕而非之也。非之，则胡为不去也？曰：兄弟也，何去而之？与之财，则曰：“我足矣。”织屦而食，终身不食宣公之食。君子以是为通恩也，以取贵乎《春秋》。

十八年

十有八年：春，晋侯、卫世子臧伐齐。

公伐杞。

夏，四月。

秋，七月，邾人戕缯子于缯。

戕犹残也，（捝）〔棁〕[①] 杀也。

甲戌，楚子吕卒。

夷狄不“卒”；“卒”，少进也。“卒”而不日；日，少进也。

---

① 据阮元《校勘记》改。

日而不言“正”“不正”，简之也。

公孙归父如晋。

冬，十月壬戌，公薨于路寝。

路寝，正寝也。

归父还自晋。

“还”者，事未毕也。“自晋”，事毕也。与人之子守其父之殡，捐殡而奔其父之使者，是亦奔父也。

至柽，遂奔齐。

“遂”，继事也。

成　公

元　年

元年：春，王正月，公即位。

二月辛酉，葬我君宣公。

无冰。

终时无冰则志，此未终时而言“无冰”何也？终无冰矣，加之寒之辞也。

三月，作丘甲。

作，为也。丘为甲也。丘甲，国之事也。丘作甲，非正也。丘作甲之为非正何也？古者立国家，百官具，农工皆有职以事上。古者有四民：有士民，有商民，有农民，有工民。夫甲，非人人之所能为也。丘作甲，非正也。

夏，臧孙许及晋侯盟于赤棘。

秋，王师败绩于贸戎。

不言战，莫之敢敌也。为尊者讳敌不讳败，为亲者讳败不讳敌，尊尊亲亲之义也。然则孰败之？晋也。

冬，十月。

（季孙行父秃，晋郤克眇，卫孙良夫跛，曹公子手偻，同时而聘于齐。齐使秃者御秃者，使眇者御眇者，使跛者御跛者，使偻者御偻者。萧同侄子处台上而笑之，闻于客。客不说而去，相与立胥闾而语，移日不解。齐人有知之者，曰：“齐之患，必自此始矣!”)①

二　年

二年：春，齐侯伐我北鄙。

夏，四月丙戌，卫孙良夫帅师及齐师战于新筑，卫师败绩。

六月癸酉，季孙行父、臧孙许、叔孙侨如、公孙婴齐帅师，会晋郤克、卫孙良夫、曹公子手，及齐侯战于鞌。齐师败绩。

其日：或曰日其战也，或曰日其悉也。曹无大夫，其曰“公子”何也？以吾之四大夫在焉，举其贵者也。

〔季孙行父秃，晋郤克眇，卫孙良夫跛，曹公子手偻，同时而聘于齐。齐使秃者御秃者，使眇者御眇者，使跛者御跛者，使偻者御偻者。萧同侄子处台上而笑之，闻于客。客不说而去，相与立胥闾而语，移日不解。齐人有知之者，曰：“齐之患，必自此始矣!”〕②

秋，七月，齐侯使国佐如师。己酉，及国佐盟于爰娄。

鞌去国五百里，爰娄去国五十里。壹战绵地五百里，焚雍民之茨，侵车东至海。君子闻之，曰：夫甚，甚之辞焉，齐有以取之也。齐之有以取之何也？败卫师于新筑，侵我北鄙，敖郤献子：齐有以取之也。

爰娄在师之外。郤克曰：“反鲁、卫之侵地，以纪侯之甗来，以萧同侄子之母为质，使耕者皆东其亩，然后与子盟。”国佐曰：“‘反鲁、卫之侵地，以纪侯之甗来’，则诺。‘以萧同侄子之母为质’，则是齐侯之母也，齐侯之母犹晋君之母也，晋君之母犹齐侯之母也；‘使耕者尽东其亩’，则是终土齐也：不可！请壹战！壹战不克，请再；再不克，请三；三不克，请四；四不克，请五；

---

① 范甯尝疑于此传无所为而发，王引之则疑为错简。其说是，今从之。

② 王引之以为上年传错简当在本年战于鞌传之末，说见《经义述闻》。今从之。

五不克，举国而授！”于是而与之盟。

八月壬午，宋公鲍卒。庚寅，卫侯速午。

取汶阳田。

冬，楚师、郑师侵卫。

十有一月，公会楚公子婴齐于蜀。

楚无大夫，其曰“公子”何也？婴齐亢也。

丙申，公及楚人、秦人、宋人、陈人、卫人、郑人、齐人、曹人、邾人、薛人、缯人盟于蜀。

楚其称“人”何也？于是而后公得其所也。

会与盟同月，则地会不地盟；不同月，则地会地盟。此其地会地盟何也？以公得其所，申其事也。今之屈，向之骄也。

三　年

三年：春，王正月，公会晋侯、宋公、卫侯、曹伯伐郑。

辛亥，葬卫穆公。

二月，公至自伐郑。

甲子，新宫灾，三日哭。

新宫者，祢宫也。三日哭。哀也。其哀，礼也。迫近不敢称谥，恭也。其辞恭且哀，以成公为无讥矣。

乙亥，葬宋文公。

夏，公如晋。郑公子去疾帅师伐许。

公至自晋。

秋，叔孙侨如帅师围棘。

大雩。

晋郤克、卫孙良夫伐墙咎如。

冬，十有一月，晋侯使荀庚来聘。卫侯使孙良夫来聘。丙午，及荀庚盟。丁未，及孙良夫盟。

其日，公也。来聘而求盟，不言及者，以国与之也。不言其人，亦以国与之也。不言求，两欲之也。

郑伐许。

四　年

四年：春，宋公使华元来聘。

三月壬申，郑伯坚卒。

杞伯来朝。

夏，四月甲寅，臧孙许卒。

公如晋。

葬郑襄公。

秋，公至自晋。

冬，城郓。郑伯伐许。

五　年

五年：春，王正月，杞叔姬来归。

妇人之义：嫁曰归，反曰来归。

仲孙蔑如宋。

夏，叔孙侨如会晋荀首于穀。

梁山崩。

不日，何也？高者有崩道也。有崩道，则何以书也？曰：

梁山崩，壅遏河三日不流。晋君召伯尊而问焉。伯尊来，遇辇者；辇者不辟。使车右下而鞭之。辇者曰："所以鞭我者，其取道远矣。"伯尊下车而问焉，曰："子有闻乎？"对曰："梁山崩，壅遏河三日不流。"伯尊曰："君为此召我也。为之奈何？"辇者曰："天有山，天崩之。天有河，天壅之。虽召伯尊如之何？"伯尊由忠问焉，辇者曰："君亲素缟，帅群臣而哭之，既而祠焉，斯流矣。"

伯尊至。君问之，曰："梁山崩，壅遏河三日不流。为之奈何？"伯尊曰："君亲素缟，帅群臣而哭之，既而祠焉，斯流矣。"

孔子闻之，曰："伯尊其无绩乎，攘善也!"

秋，大水。

冬，十有一月己酉，天王崩。

十有二月己丑，公会晋侯、齐侯、宋公、卫侯、郑伯、曹伯、邾子、杞伯，同盟于虫牢。

六　年

六年：春，王正月，公至自会。

二月辛巳，立武宫。

立者，不宜立也。

取鄟。

鄟，国也。

卫孙良夫帅师侵宋。

夏，六月，邾子来朝。公孙婴齐如晋。

壬申，郑伯费卒。

秋，仲孙蔑、叔孙侨如帅师侵宋。楚公子婴齐帅师伐郑。

冬，季孙行父如晋。晋栾书帅师救郑。

七　年

七年：春，王正月，鼷鼠食郊牛角。

不言日，急辞也，过有司也。郊牛日展（斛）〔觓〕角而知伤，展道尽矣，其所以备灾之道不尽也。

改卜牛，鼷鼠又食其角。

"又"，有继之辞也。"其"，缓辞也。曰：亡乎人矣，非人之所能也，所以免有司之过也。

乃免牛。

"乃"者，亡乎人之辞也。免牲者，为之缁衣纁裳，有司玄端，奉送至于南郊；免牛亦然。免牲不曰"不郊"，免牛亦然。

吴伐郯。

夏，五月，曹伯来朝。

不郊，犹三望。

秋，楚公子婴齐帅师伐郑。

公会晋侯、齐侯、宋公、卫侯、曹伯、莒子、邾子、杞伯救郑。八月戊辰，同盟于马陵。

公至自会。

吴入州来。

冬，大雩。

雩，不月而时，非之也。冬无为雩也。

卫孙林父出奔晋。

八　年

八年：春，晋侯使韩穿来言汶阳之田，归之于齐。

“于齐”，缓辞也，不使尽我也。

晋栾书帅师侵蔡。

公孙婴齐如莒。

宋公使华元来聘。

夏，宋公使公孙寿来纳币。

晋杀其大夫赵同、赵括。

秋，七月，天子使召伯来锡公命。

礼有受命，无来锡命；锡命非正也。曰“天子”何也？曰见一称也。

冬，十月癸卯，杞叔姬卒。

晋侯使士燮来聘。

叔孙侨如会晋士燮、齐人、邾人伐郯。

卫人来媵。

媵，浅事也，不志；此其志何也？以伯姬之不得其所，故尽其事也。

九 年

九年：春，王正月，杞伯来逆叔姬之丧以归。

《传》曰：夫无逆出妻之丧而为之也。

公会晋侯、齐侯、宋公、卫侯、郑伯、曹伯、莒子、杞伯，同盟于蒲。

公至自会。

二月，伯姬归于宋。

夏，季孙行父如宋致女。

“致”者，不致者也。妇人在家制于父，既嫁制于夫。“如宋致女”，是以我尽之也。不正，故不与内称也。逆者微，故致女。详其事，贤伯姬也。

晋人来媵。

媵，浅事也，不志；此其志何也？以伯姬之不得其所，故尽其事也。

秋，七月丙子，齐侯无野卒。

晋人执郑伯。晋栾书帅师伐郑。

不言“战”，以郑伯也。为尊者讳耻，为贤者讳过，为亲者讳疾。

冬，十有一月，葬齐顷公。

楚公子婴齐帅师伐莒。庚申，莒溃。

其日，莒虽夷狄，犹中国也。大夫溃莒而之楚，是以（知）〔叛〕[①] 其上为事也。恶之，故谨而日之也。

楚人入郓。

秦人、白狄伐晋。

郑人围许。

---

① 王氏《经义述闻》据范注以为此“知”当作“叛”，是也。

城中城。

“城中城”者，非外民也。

十　年

十年：春，卫侯之弟黑背帅师侵郑。

夏，四月，五卜郊；不从，乃不郊。

“夏，四月”，不时也。“五卜”，强也。“乃”者，亡乎人之辞也。

五月，公会晋侯、齐侯、宋公、卫侯、曹伯，伐郑。

齐人来媵。

丙午，晋侯獳卒。

秋，七月，公如晋。

（冬，十月。）

十一年

十有一年：春，王三月，公至自晋。

晋侯使郤犨来聘。己丑，及郤犨盟。

夏，季孙行父如晋。

秋，叔孙侨如如齐。

冬，十月。

十二年

十有二年：春，周公出奔晋。

周有入无出。其曰“出”，上下一见之也。言其上下之道无以存也。上虽失之，下孰敢有之？今上下皆失之矣。

夏，公会晋侯、卫侯于琐泽。

秋，晋人败狄于交刚。

中国与夷狄不言“战”，皆曰“败之”。夷狄不日。

冬，十月。

十三年

十有三年：春，晋侯使郤锜来乞师。

“乞”，重辞也。古之人重师，故以“乞”言之也。

三月，公如京师。

公如京师不“月”，“月”非如也。非如而曰“如”，不叛京师也。

夏，五月，公〔至〕自京师，遂会晋侯、〔齐侯、〕[①] 宋公、卫侯、郑伯、曹伯、邾人、滕人伐秦。

言受命，不敢叛周也。

曹伯庐卒于师。

《传》曰：闵之也。公、大夫，在师曰师，在会曰会。

秋，七月，公至自伐秦。

冬，葬曹宣公。

葬时，正也。

十四年

十有四年：春，王正月，莒子朱卒。

夏，卫孙林父自晋归于卫。

秋，叔孙侨如如齐逆女。

郑公子喜帅师伐许。

九月，侨如以夫人妇姜氏至自齐。

大夫不以夫人，“以夫人”非正也。刺不亲迎也。侨如之挈，

---

① “至”，“齐侯”，据阮元《校勘记》补入。

由上致之也。

冬，十月庚寅，卫侯臧卒。

秦伯卒。

十五年

十有五年：春，王二月，葬卫定公。

三月乙巳，仲婴齐卒。

此公孙也，其曰“仲”何也？子由父疏之也。

癸丑，公会晋侯、卫侯、郑伯、曹伯、宋世子成、齐国佐、邾人，同盟于戚。晋侯执曹伯归于京师。

以晋侯而斥执曹伯，恶晋侯也。不言之，急辞也。断在晋侯也。

公至自会。

夏，六月，宋公固卒。

楚子伐郑。

秋，八月庚辰，葬宋共公。

月卒日葬，非葬者也；此其言“葬”何也？以其葬共姬，不可不葬共公也。葬共姬，则其不可不葬共公何也？夫人之义不逾君也，为贤者崇也。

宋华元出奔晋。宋华元自晋归于宋。

宋杀其大夫山。宋鱼石出奔楚。

冬，十有一月，叔孙侨如会晋士燮、齐高无咎、宋华元、卫孙林父、郑公子鳝、邾人，会吴于钟离。

会又会，外之也。

许迁于叶。

迁者，犹得其国家以往者也。其地，许复见也。

十六年

十有六年：春，王正月，雨木冰。

雨而木冰也。志异也。《传》曰：根枝折。

夏，四月辛未，滕子卒。

郑公孙喜帅师侵宋。

六月丙寅朔，日有食之。

晋侯使栾黡来乞师。

甲午晦，晋侯及楚子、郑伯战于鄢陵。楚子、郑师败绩。

日事遇晦曰“晦”。四体偏断曰“败”，此其败则目也。楚不言“师”，君重于师也。

楚杀其大夫公子侧。

秋，公会晋侯、齐侯、卫侯、宋华元、邾人于沙随。不见公。

“不见公”者，可以见公也。可以见公而不见公，讥在诸侯也。

公至自会。

公会尹子、晋侯、齐国佐、邾人伐郑。

曹伯归自京师。

不言所归，归之善者也。出入不名，以为不失其国也。“归”为善，“自某归”次之。

九月，晋人执季孙行父，舍之于苕丘。

执者不舍；而舍，公所也。执者致；而不致，公在也。何其执而辞也？犹存公也。存意，公亦存也？公存也。

冬，十月乙亥，叔孙侨如出奔齐。

十有二月乙丑，季孙行父及晋郤犨盟于扈。

公至自会。

乙酉，刺公子偃。

大夫日“卒”，正也。先刺后名，杀无罪也。

十七年

十有七年：春，卫北宫括帅师侵郑。

夏，公会尹子、单子、晋侯、齐侯、宋公、卫侯、曹伯、邾人，伐郑。六月乙酉，同盟于柯陵。

柯陵之盟，谋复伐郑也。

秋，公至自会。

不曰“至自伐郑”也，公不周乎伐郑也。何以知公之不周乎伐郑？以其以会致也。何以知其盟复伐郑也？以其后会之人尽盟者也。不周乎伐郑，则何为日也？言公之不背柯陵之盟也。

齐高无咎出奔莒。

九月辛丑，用郊。

夏之始，可以承春。以秋之末承春之始，盖不可矣。九月用郊，用者不宜用也。宫室不设，不可以祭；衣服不修，不可以祭；车马器械不备，不可以祭；有司一人不备其职，不可以祭。祭者荐其时也，荐其敬也，荐其（美）〔义〕[①] 也，非享味也。

晋侯使荀罃来乞师。

冬，公会单子、晋侯、宋公、卫侯、曹伯、齐人、邾人伐郑。

言公不背柯陵之盟也。

十有一月，公至自伐郑。

壬申，公孙婴齐卒于狸蜃。

十一月无壬申；壬申，乃十月也。致公而后录，臣子之义也。其地，未逾竟也。

十有二月丁巳朔，日有食之。

邾子貜且卒。

晋杀其大夫郤锜、郤犨、郤至。

---

① “美”与“义”之繁体“義”形近。王念孙以为当作“義”，说见《经义述闻》。今从之。

自祸于是起矣。

楚人灭舒庸。

十八年

十有八年：春，王正月，晋杀其大夫胥童。

庚申，晋弑其君州蒲。

称国以弑其君，君恶甚矣。

齐杀其大夫国佐。

公如晋。

夏，楚子、郑伯伐宋。宋鱼石复入于彭城。

公至自晋。

晋侯使士匄来聘。

秋，杞伯来朝。八月，邾子来朝。

筑鹿囿。

筑不志，此其志何也？山林薮泽之利，所以与民共也；虞之，非正也。

己丑，公薨于路寝。

路寝，正也。男子不绝妇人之手，以齐终也。

冬，楚人、郑人侵宋。

晋侯使士鲂来乞师。

十有二月，仲孙蔑会晋侯、宋公、卫侯、邾子、齐崔杼，同盟于虚朾。

丁未，葬我君成公。

襄　公

元　年

元年：春，王正月，公即位。

继正即位，正也。

仲孙蔑会晋栾黡、宋华元、卫宁殖、曹人、莒人、邾人、滕人、薛人，围宋彭城。

系彭城于宋者，不与鱼石，正也。

夏，晋韩厥帅师伐郑。

仲孙蔑会齐崔杼、曹人、邾人、杞人，次于鄫。

秋，楚公子壬夫帅师侵宋。

九月辛酉，天王崩。

邾子来朝。

冬，卫侯使公孙剽来聘。晋侯使荀罃来聘。

二　年

二年：春，王正月，葬简王。

郑师伐宋。

夏，五月庚寅，夫人姜氏薨。

六月庚辰，郑伯睔卒。

晋师、宋师、卫宁殖侵郑。

其曰“卫宁殖”，如是而称于前事也。

秋，七月，仲孙蔑会晋荀罃、宋华元、卫孙林父、曹人、邾人于戚。

己丑，葬我小君齐姜。

叔孙豹如宋。

冬，仲孙蔑会晋荀罃、齐崔杼、宋华元、卫孙林父、曹人、邾人、滕人、薛人、小邾人于戚，遂城虎牢。

若言中国焉，内郑也。

楚杀其大夫公子申。

三年

三年：春，楚公子婴齐帅师伐吴。

公如晋。

夏，四月壬戌，公及晋侯盟于长樗。

公至自晋。

六月，公会单子、晋侯、宋公、卫侯、郑伯、莒子、邾子、齐世子光。己未，同盟于鸡泽。

“同”者，有同也，同外楚也。

陈侯使袁侨如会。

“如会”，外乎会也。于会受命也。

戊寅，叔孙豹及诸侯之大夫及陈袁侨盟。

“及”以“及”，与之也。诸侯以为可与则与之，不可与则释之。诸侯盟，又大夫相与私盟，是大夫（张）〔强〕[①] 也。故鸡泽之会，诸侯始失正矣，大夫执国权。曰袁侨，异之也。

秋，公至自晋。

冬，晋荀罃帅师伐许。

---

① 据杨疏，“张”当作“彊”。今作“强”。

四　年

四年：春，王三月己酉，陈侯午卒。

夏，叔孙豹如晋。

秋，七月戊子，夫人姒氏薨。

葬陈成公。

八月辛亥，葬我小君定姒。

冬，公如晋。陈人围顿。

五　年

五年：春，公至自晋。

夏，郑伯使公子发来聘。

叔孙豹、缯世子巫如晋。

外不言“如”而言“如”，为我事往也。

仲孙蔑、卫孙林父会吴于善稻。

吴谓善伊，谓稻缓。号从中国，名从主人。

秋，大雩。

楚杀其大夫公子壬夫。

公会晋侯、宋公、陈侯、卫侯、郑伯、曹伯、莒子、邾子、滕子、薛伯、齐世子光、吴人、缯人于戚。公至自会。

冬，戍陈。

内辞也。

楚公子贞帅师伐陈。

公会晋侯、宋公、卫侯、郑伯、曹伯、莒子、邾子、滕子、薛伯、齐世子光，救陈。

十有二月，公至自救陈。

善救陈也。

辛未，季孙行父卒。

六　年

六年：春，王三月壬午，杞伯姑容卒。

夏，宋华弱来奔。

秋，葬杞桓公。滕子来朝。

莒人灭缯。

非灭也。中国日，卑国月，夷狄时。缯，中国也；而时，非灭也。家有既亡，国有既灭。灭而不自知，由别之而不别也。莒人灭缯，非灭也；非立异姓以莅祭祀，灭亡之道也。

冬，叔孙豹如邾。季孙宿如晋。

十有二月，齐侯灭莱。

七　年

七年：春，郯子来朝。

夏，四月，三卜郊；不从，乃免牲。

“夏，四月”，不时也。“三卜”，礼也。“乃”者，亡乎人之辞也。

小邾子来朝。

城费。

秋，季孙宿如卫。

八月，螽。

冬，十月，卫侯使孙林父来聘。壬戌，及孙林父盟。

楚公子贞帅师围陈。

十有二月，公会晋侯、宋公、陈侯、卫侯、曹伯、莒子、邾子于郧。

郑伯髡原如会，未见诸侯；丙戌，卒于操。

“未见诸侯”，其曰“如会”何也？致其志也。礼：诸侯不生名。此其生名何也？卒之名也。卒之名，则何为加之“如会”之上？见以如会卒也。其见以如会卒何也？郑伯将会中国，其臣欲从楚；不胜，其臣弑而死。其不言弑，何也？不使夷狄之民加乎中国之君也。

其地，于外也。其日，未逾竟也。日卒，时葬，正也。

陈侯逃归。

以其去诸侯，故逃之也。

八　年

八年：春，王正月，公如晋。

夏，葬郑僖公。

郑人侵蔡，获蔡公子湿。

“人”，微者也。“侵”，浅事也。而获公子，公子病矣。

季孙宿会晋侯、郑伯、齐人、宋人、卫人、邾人于邢丘。

见鲁之失正也，公在而大夫会也。

公至自晋。莒人伐我东鄙。

秋，九月，大雩。

冬，楚公子贞帅师伐郑。

晋侯使士匄来聘。

九　年

九年：春，宋灾。

外灾不志，此其志何也？故宋也。

夏，季孙宿如晋。

五月辛酉，夫人姜氏薨。

秋，八月癸未，葬我小君穆姜。

冬，公会晋侯、宋公、卫侯、曹伯、莒子、邾子、滕子、薛伯、小邾子、齐世子光，伐郑。十有二月己亥，同盟于戏。

不异言郑，善得郑也。不致，耻不能据郑也。

楚子伐郑。

十　年

十年：春，公会晋侯、宋公、卫侯、曹伯、莒子、邾子、滕子、薛伯、杞伯、小邾子、齐世子光，会吴于柤。

“会”又“会”，外之也。

夏，五月甲午，遂灭傅阳。

“遂”，直遂也。其曰“遂”何？不以中国从夷狄也。

公至自会。

会夷狄不致，恶事不致，此其致何也？存中国也。中国有善事则并焉，无善事则异之，存之也。（汲）〔没〕① 郑伯，逃归陈侯，致柤之会，存中国也。

楚公子贞、郑公孙辄帅师伐宋。晋师伐秦。

秋，莒人伐我东鄙。

公会晋侯、宋公、卫侯、曹伯、莒子、邾子、齐世子光、滕子、薛伯、杞伯、小邾子，伐郑。

冬，盗杀郑公子斐、公子发、公孙辄。

称盗以杀大夫，弗以上下道，恶上也。

戍郑虎牢。

其曰“郑虎牢”，决郑乎虎牢也。

楚公子贞帅师救郑。

公至自伐郑。

十一年

十有一年：春，王正月，作三军。

---

① 《经义述闻》以为“汲”当作“没”，形似而误。今从之。

作，为也。古者天子六师，诸侯一军。“作三军”，非正也。

夏，四月，四卜郊；不从，乃不郊。

“夏，四月”，不时也。“四卜”，非礼也。

郑公孙舍之帅师侵宋。

公会晋侯、宋公、卫侯、曹伯、齐世子光、莒子、邾子、滕子、薛伯、杞伯、小邾子，伐郑。

秋，七月己未，同盟于京城北。

公至自伐郑。

不以后致，盟后复伐郑也。

楚子、郑伯伐宋。

公会晋侯、宋公、卫侯、曹伯、齐世子光、莒子、邾子、滕子、薛伯、杞伯、小邾子伐郑，会于萧鱼。公至自会。

伐而后会，不以伐郑致，得郑伯之辞也。

楚人执郑行人良霄。

“行人”者，挈国之辞也。

冬，秦人伐晋。

十二年

十有二年：春，王三月，莒人伐我东鄙，围郃。

伐国不言围邑，举重也。取邑不书围。安足书也?

季孙宿帅师救郃，遂入郓。

“遂”，继事也。受命而救郃，不受命而入郓，恶季孙宿也。

夏，晋侯使士鲂来聘。

秋，九月，吴子乘卒。

冬，楚公子贞帅师侵宋。

公如晋。

十三年

十有三年：春，公至自晋。

夏，取邿。

秋，九月庚辰，楚子审卒。

冬，城防。

十四年

十有四年：春，王正月，季孙宿、叔老会晋士匄、齐人、宋人、卫人、郑公孙虿、曹人、莒人、邾人、滕人、薛人、杞人、小邾人，会吴于向。

二月乙未朔，日有食之。

夏，四月，叔孙豹会晋荀偃、齐人、宋人、卫北宫括、郑公孙虿、曹人、莒人、邾人、滕人、薛人、杞人、小邾人，伐秦。

己未，卫侯出奔齐。

莒人侵我东鄙。

秋，楚公子贞帅师伐吴。

冬，季孙宿会晋士匄、宋华阅、卫孙林父、郑公孙虿、莒人、邾人于戚。

十五年

十有五年：春，宋公使向戌来聘。二月己亥，及向戌盟于刘。

刘夏逆王后于齐。

过我，故志之也。

夏，齐侯伐我北鄙，围成。公救成，至遇。季孙宿、叔孙豹帅师城成郛。

秋，八月丁巳，日有食之。

邾人伐我南鄙。

冬，十有一月癸亥，晋侯周卒。

十六年

十有六年：春，王正月，葬晋悼公。

三月，公会晋侯、宋公、卫侯、郑伯、曹伯、莒子、邾子、薛伯、杞伯、小邾子于湨梁。戊寅，大夫盟。

湨梁之会，诸侯失正矣。诸侯会而曰“大夫盟”，正在大夫也。诸侯在而不曰“诸侯之大夫”，大夫不臣也。

晋人执莒子、邾子以归。

齐侯伐我北鄙。

夏，公至自会。

五月甲子，地震。

叔老会郑伯、晋荀偃、卫宁殖、宋人，伐许。

秋，齐侯伐我北鄙，围成。

大雩。

冬，叔孙豹如晋。

十七年

十有七年：春，王二月庚午，邾子瞷卒。

宋人伐陈。

夏，卫石买帅师伐曹

秋，齐侯伐我北鄙，围桃。齐高厚帅师伐我北鄙，围防。

九月，大雩。

宋华臣出奔陈。

冬，邾人伐我南鄙。

十八年

十有八年：春，白狄来。

夏，晋人执卫行人石买。

称“行人”，怨接于上也。

秋，齐侯伐我北鄙。

冬，十月，公会晋侯、宋公、卫侯、郑伯、曹伯、莒子、邾子、滕子、薛伯、杞伯、小邾子，同围齐。

非围而曰“围齐”，有大焉，亦有病焉。非大而足同（焉）〔与〕[①]？诸侯同罪之也，亦病矣。

曹伯负刍卒于师。

闵之也。

楚公子午帅师伐郑。

十九年

十有九年：春，王正月，诸侯盟于祝柯。晋人执邾子。

公至自伐齐。

《春秋》之义：已伐而盟复伐者则以伐致，盟不复伐者则以会致。祝柯之盟，盟复伐齐与？曰：非也。然则何为以伐致也？曰：与人同事，或执其君，或取其地。

取邾田自漷水。

轧辞也。其不日，恶盟也。

季孙宿如晋。

葬曹成公。

夏，卫孙林父帅师伐齐。

---

① 焉当作与，阮元《校勘记》详之。

秋，七月辛卯，齐侯环卒。

晋士匄帅师侵齐，至穀，闻齐侯卒，乃还。

“还”者，事未毕之辞也。受命而诛生；死，无所知其怒。不伐丧，善之也。善之则何为未毕也？君不尸小事；臣不专大名，善则称君，过则称己：则民作让矣。士匄外专君命，故非之也。然则为士匄者宜奈何？宜墠帷而归命乎介。

八月丙辰，仲孙蔑卒。

齐杀其大夫高厚。郑杀其大夫公子嘉。

冬，葬齐灵公。

城西郛。叔孙豹会晋士匄于柯。

城武城。

二十年

二十年：春，王正月辛亥，仲孙速会莒人，盟于向。

夏，六月庚申，公会晋侯、齐侯、宋公、卫侯、郑伯、曹伯、莒子、邾子、滕子、薛伯、杞伯、小邾子，盟于澶渊。

秋，公至自会。仲孙速帅师伐邾。

蔡杀其大夫公子湿。蔡公子履出奔楚。

陈侯之弟光出奔楚。

诸侯之尊，弟兄不得以属通。其“弟”云者，亲之也。亲而奔之，恶也。

叔老如齐。

冬，十月丙辰朔，日有食之。

季孙宿如宋。

二十一年

二十有一年：春，王正月，公如晋。

邾庶其以漆闾丘来奔。

“以”者，不以者也。“来奔”者不言出，举其接我者也。“漆闾丘”不言“及”，小大敌也。

夏，公至自晋。

秋，晋栾盈出奔楚。

九月庚戌朔，日有食之。

冬，十月庚辰朔，日有食之。

曹伯来朝。

公会晋侯、齐侯、宋公、卫侯、郑伯、曹伯、莒子、邾子于商任。

庚子，孔子生。

二十二年

二十有二年：春，王正月，公至自会。

夏，四月。

秋，七月辛酉，叔老卒。

冬，公会晋侯、齐侯、宋公、卫侯、郑伯、曹伯、莒子、邾子、滕子、薛伯、杞伯、小邾子于沙随。公至自会。

楚杀其大夫公子追舒。

二十三年

二十有三年：春，王二月癸酉朔，日有食之。

三月己巳，杞伯匄卒。

夏，邾畀我来奔。

葬杞孝公。

陈杀其大夫庆虎及庆寅。

称国以杀，罪累上也。“及庆寅”，庆寅累也。

陈侯之弟光自楚归于陈。

晋栾盈复入于晋，入于曲沃。

秋，齐侯伐卫，遂伐晋。

八月，叔孙豹帅师救晋，次于雍渝。

言“救”后“次”，非救也。

己卯，仲孙速卒。

冬，十月乙亥，臧孙纥出奔邾。

其日，正臧孙纥之出也。蘧伯玉曰：不以道事其君者，其出乎！

晋人杀栾盈。

恶之，弗有也。

齐侯袭莒。

二十四年

二十有四年：春，叔孙豹如晋。

仲孙羯帅师侵齐。

夏，楚子伐吴。

秋，七月甲子朔，日有食之，既。

齐崔杼帅师伐莒。

大水。

八月癸巳朔，日有食之。

公会晋侯、宋公、卫侯、郑伯、曹伯、莒子、邾子、滕子、薛伯、杞伯、小邾子于夷仪。

冬，楚子、蔡侯、陈侯、许男伐郑。

公至自会。

陈鍼宜咎出奔楚。

叔孙豹如京师。

大饥。

五谷不升为大饥。一谷不升谓之嗛，二谷不升谓之饥，三谷不升谓之馑，四谷不升谓之康，五谷不升谓之大侵。大侵之礼：君食不兼味，台榭不涂，弛侯，廷道不除，百官布而不制，鬼神祷而不祀，此大侵之礼也。

二十五年

二十有五年：春，齐崔杼帅师伐我北鄙。

夏，五月乙亥，齐崔杼弑其君光。

庄公失言，淫于崔氏。

公会晋侯、宋公、卫侯、郑伯、曹伯、莒子、邾子、滕子、薛伯、杞伯、小邾子于夷仪。

六月壬子，郑公孙舍之帅师入陈。

秋，（八）〔七〕① 月己巳，诸侯同盟于重丘。

公至自会。

卫侯入于夷仪。

楚屈建帅师灭舒鸠。

冬，郑公孙夏帅师伐陈。

十有二月，吴子谒伐楚，门于巢，卒。

以伐楚之事“门于巢，卒”也。“于巢”者，外乎楚也。“门于巢”，乃伐楚也。诸侯不生名；取卒之名加之“伐楚”之上者，见以伐楚卒也。其见以伐楚卒何也？古者大国过小邑，小邑必饰城而请罪，礼也。吴子谒伐楚至巢，入其门，门人射吴子；有矢创，反舍而卒。古者虽有文事，必有武备，非巢之不饰城而请罪，非吴子之自轻也。

二十六年

二十有六年：春，王二月辛卯，卫宁喜弑其君剽。

此不正，其日何也？殖也立之，喜也君之，正也。

---

① 据本年《春秋左传》及杜注改。

卫孙林父入于戚以叛。

甲午，卫侯衎复归于卫。

日归，见知弑也。

夏，晋侯使荀吴来聘。

公会晋人、郑良霄、宋人、曹人于澶渊。

秋，宋公杀其世子痤。晋人执卫宁喜。

八月壬午，许男宁卒于楚。

冬，楚子、蔡侯、陈侯伐郑。

葬许灵公。

二十七年

二十有七年：春，齐侯使庆封来聘。

夏，叔孙豹会晋赵武、楚屈建、蔡公孙归生、卫石恶、陈孔奂、郑良霄、许人、曹人于宋。

卫杀其大夫宁喜。

称国以杀，罪累上也。宁喜弑君，其以“累上”之辞言之何也？尝为大夫，与之涉公事矣。宁喜由君弑君，而不以弑君之罪罪之者，恶献公也。

卫侯之弟专出奔晋。

专，喜之徒也。专之为喜之徒何也？己虽急纳其兄，与人之臣谋弑其君，是亦弑君者也。

专其曰“弟”何也？专有是信者。君赂不入乎喜而杀喜，是君不直乎喜也。故出奔晋，织绚邯郸，终身不言卫。专之去，合乎《春秋》。

秋，七月辛巳，豹及诸侯之大夫盟于宋。

湨梁之会，诸侯在而不曰“诸侯之大夫”，大夫不臣也。晋赵武耻之。“豹”云者，恭也。

诸侯不在而曰“诸侯之大夫”，大夫臣也。其臣恭也，晋赵武为之会也。

冬，十有二月乙亥朔，日有食之。

二十八年

二十有八年：春，无冰。

夏，卫石恶出奔晋。

邾子来朝。

秋，八月，大雩。

仲孙羯如晋。

冬，齐庆封来奔。

十有一月，公如楚。

十有二月甲寅，天王崩。(乙)〔己〕[①] 未，楚子昭卒。

二十九年

二十有九年：春，王正月，公在楚。

闵公也。

夏，五月，公至自楚。

喜之也。致君者，殆其往而喜其反，此致君之意义也。

庚午，卫侯衎卒。

阍弑吴子余祭。

阍，门者也，寺人也。不称名姓，阍不得齐于人。不称“其君”，阍不得君其君也。礼：君不使无耻，不近刑人，不狎敌，不迩怨。贱人，非所贵也；贵人，非所刑也；刑人，非所近也。举至贱而加之吴子，吴子近刑人也。“阍弑吴子余祭”，仇之也。

仲孙羯会晋荀盈、齐高止、宋华定、卫世叔仪、郑公孙段、曹人、莒人、邾人、滕人、薛人、小邾人、城杞。

---

① 此“乙”字，《春秋》三传同。《春秋左传》杜注：“日误。”王氏《经义述闻》以为乙当作己，今从之。

古者天子封诸侯，其地足以容其民，其民足以满城以自守也。杞危而不能自守，故诸侯之大夫相帅以城之，此变之正也。

晋侯使士鞅来聘。杞子来盟。

吴子使札来聘。

吴其称“子”何也？善使延陵季子，故进之也。身贤，贤也；使贤，亦贤也。延陵季子之贤，尊君也。其名，成尊于上也。

秋，九月，葬卫献公。

齐高止出奔北燕。

其曰“北燕”，从史文也。

冬，仲孙羯如晋。

三十年

三十年：春，王正月，楚子使薳罢来聘。

夏，四月，蔡世子般弑其君固。

其不日，子夺父政，是谓夷之。

五月甲午，宋灾。伯姬卒。

取卒之日，加之“灾”上者，见以灾卒也。其见以灾卒奈何？伯姬之舍失火，左右曰：“夫人少辟火乎？”伯姬曰：“妇人之义，傅母不在，宵不下堂。”左右又曰：“夫人少辟火乎？”伯姬曰：“妇人之义，保母不在，宵不下堂。”遂逮乎火而死。妇人以贞为行者也，伯姬之妇道尽矣。详其事，贤伯姬也。

天王杀其弟佞夫。

《传》曰：诸侯（目）〔且〕[①] 不首恶，况于天子乎？君无忍亲之义。天子、诸侯所亲者，唯长子、母弟耳。“天王杀其弟佞夫”，甚之也。

王子瑕奔晋。

---

① 据阮元《校勘记》及文法改。

秋，七月，叔弓如宋，葬共姬。

外夫人不书葬，此其言“葬”何也？吾女也；卒灾，故隐而葬之也。

郑良宵出奔许，自许入于郑；郑人杀良霄。

不言“大夫”，恶之也。

冬，十月，葬蔡景公。

不日卒而月葬，不“葬”者也。卒而葬之，不忍使父失民于子也。

晋人、齐人、宋人、卫人、郑人、曹人、莒人、邾人、滕人、薛人、杞人、小邾人会于澶渊，宋灾故。

会不言其所为，其曰“宋灾故”何也？不言“灾故”，则无以见其善也。其曰“人”何也？救灾以众。何救焉？更宋之所丧财也。

澶渊之会，中国不侵伐夷狄，夷狄不入中国，无侵伐八年。善之也，晋赵武、楚屈建之力也。

三十一年

三十有一年：春，王正月。

夏，六月辛巳，公薨于楚宫。

“楚宫”，非正也。

秋，九月癸巳，子野卒。

子卒日，正也。

己亥，仲孙羯卒。

冬，十月，滕子来会葬。癸酉，葬我君襄公。

十有一月，莒人弑其君密州。

昭　公

元　年

元年：春，王正月，公即位。

继正即位，正也。

叔孙豹会晋赵武、楚公子围、齐国弱、宋向戌、卫齐恶、陈公子招、蔡公孙归生、郑罕虎、许人、曹人于郭。

三月，取郓。

夏，秦伯之弟鍼出奔晋。

诸侯之尊，弟兄不得以属通。其“弟”云者，亲之也。亲而奔之，恶也。

六月丁巳，邾子华卒。

晋荀吴帅师败狄于大原。

《传》曰：中国曰大原，夷狄曰大卤。号从中国，名从主人。

秋，莒去疾自齐入于莒。莒展出奔吴。

叔弓帅师疆郓田。

疆之为言，犹竟也。

葬邾悼公。

冬，十有一月己酉，楚子卷卒。

楚公子比出奔晋。

二　年

二年：春，晋侯使韩起来聘。

夏，叔弓如晋。

秋，郑杀其大夫公孙黑。

冬，公如晋，至河乃复。

耻如晋，故著有疾也。

季孙宿如晋。

公如晋而不得入，季孙宿如晋而得入，恶季孙宿也。

三　年

三年：春，王正月丁未，滕子原卒。

夏，叔弓如滕。

五月，葬滕成公。

秋，小邾子来朝。

八月，大雩。

冬，大雨雹。

北燕伯款出奔齐。

其曰“北燕”，从史文也。

四　年

四年：春，王正月，大雨雪。

夏，楚子、蔡侯、陈侯、郑伯、许男、徐子、滕子、顿子、胡子、沈子、小邾子、宋世子佐、淮夷会于申。楚人执徐子。

秋，七月，楚子、蔡侯、陈侯、许男、顿子、胡子、沈子、淮夷伐吴。执齐庆封，杀之。

此入而杀，其不言“入”何也？庆封封乎吴钟离。其不言伐钟离何也？不与吴封也。

庆封其以齐氏何也？为齐讨也。灵王使人以庆封令于军中，曰：“有若齐庆封弑其君者乎？”庆封曰：“子一息，我亦且一言。”曰：“有若楚公子围弑其兄之子而代之为君者乎？”军人粲然皆笑。庆封弑其君而不以弑君之罪罪之者，庆封不为灵王服也，不与楚讨也。

《春秋》之义：用贵治贱，用贤治不肖，不以乱治乱也。孔子曰：怀恶而讨，虽死不服，其斯之谓与！

遂灭厉。

“遂”，继事也。

九月，取缯。

冬，十有二月乙卯，叔孙豹卒。

五 年

五年：春，王正月，舍中军。

贵复正也。

楚杀其大夫屈申。

公如晋。

夏，莒牟夷以牟娄及防兹来奔。

“以”者，不以者也。“来奔”者不言出。“及防兹”，以大及小也。

莒无大夫，其曰“牟夷”何也？以其地来也。以地来则何以书也？重地也。

秋，七月，公至自晋。

戊辰，叔弓帅师，败莒师于贲泉。

狄人谓贲泉“失台”，号从中国，名从主人。

秦伯卒。

冬，楚子、蔡侯、陈侯、许男、顿子、沈子、徐人、越人伐吴。

六　年

六年：春，王正月，杞伯益姑卒。

葬秦景公。

夏，季孙宿如晋。

葬杞文公。

宋华合比出奔卫。

秋，九月，大雩。

（冬）〔楚〕薳罢帅师伐吴。

冬，叔弓如楚。齐侯伐北燕。

七　年

七年：春，王正月，暨齐平。

平者成也。暨犹暨暨也，暨者不得已也，以外及内曰暨。

三月，公如楚。

叔孙婼如齐莅盟。

莅，位也。内之前定之辞谓之“莅”，外之前定之辞谓之“来”。

夏，四月甲辰朔，日有食之。

秋，八月戊辰，卫侯恶卒。

乡曰“卫齐（侯）〔恶〕”，今曰“卫侯恶”，此何为君臣同名也？君子不夺人名，不夺人亲之所名，重其所以来也，——王父名子也。

九月，公至自楚。

冬，十有一月癸未，季孙宿卒。

十有二月癸亥，葬卫襄公。

八　年

八年：春，陈侯之弟招杀陈世子偃师。

乡曰“陈公子招”，今曰“陈侯之弟招”何也？曰：尽其亲，所以恶招也。两下相杀，不志乎《春秋》；此其志何也？“世子”云者，唯君之贰也。云可以重之存焉，志之也。诸侯之尊，弟兄不得以属通。其“弟”云者，亲之也。亲而杀之，恶也。

夏，四月辛丑，陈侯溺卒。

叔弓如晋。

楚人执陈行人干徵师，杀之。

称“人”以执大夫，执有罪也。称“行人”，怨接于上也。

陈公子留出奔郑。

秋，蒐于红。

正也。因蒐狩以习用武事，礼之大者也。艾兰以为防，置旃以为辕门，以葛覆质以为槷；流旁握，御轚者不得入。车轨尘，马候蹄，掩禽旅；御者不失其驰，然后射者能中。过防弗逐，不从奔之道也。面伤不献，不成禽不献。禽虽多，天子取三十焉。其余与士众，以习射于射宫：射而中，田不得禽则得禽；田得禽而射不中，则不得禽。是以知古之贵仁义而贱勇力也。

陈人杀其大夫公子过。

大雩。

冬，十月壬午，楚师灭陈。执陈公子招，放之于越。杀陈孔奂。

恶楚子也。

葬陈哀公。

不与楚灭，闵之也。

九　年

九年：春，叔弓会楚子于陈。

许迁于夷。

夏，四月，陈火。

国曰“灾”，邑曰“火”。火不志，此何以志？闵陈而存之也。

秋，仲孙貜如齐。

冬，筑郎囿。

十　年

十年：春，王正月。

夏，齐栾施来奔。

秋，七月，季孙意如、叔弓、仲孙貜帅师伐莒。

戊子，晋侯彪卒。

九月，叔孙婼如晋。葬晋平公。

十有二月甲子，宋公成卒。

十一年

十有一年：春，王二月，叔弓如宋。葬宋平公。

夏，四月丁巳，楚子虔诱蔡侯般，杀之于申。

何为名之也？夷狄之君诱中国之君而杀之，故谨而名之也。称时，称月，称日，称地，谨之也。

楚公子弃疾帅师围蔡。

五月甲申，夫人归氏薨。

大蒐于比蒲。

仲孙貜会邾子盟于祲祥。

秋，季孙意如会晋韩起、齐国弱、宋华亥、卫北宫佗、郑罕虎、曹人、杞人于厥慭。

九月己亥，葬我小君齐归。

冬，十有一月丁酉，楚师灭蔡，执蔡世子友以归，用之。

此子也，其曰“世子”何也？不与楚杀也。一事（注）〔详〕[①] 乎志，所以恶楚子也。

十二年

十有二年：春，齐高偃帅师，纳北燕伯于阳。

纳者，内不受也。燕伯之不名何也？不以高偃挈燕伯也。

三月壬申，郑伯嘉卒。

夏，宋公使华定来聘。

公如晋，至河乃复。

季孙氏不使遂乎晋也。

五月，葬郑简公。

楚杀其大夫成虎。

秋，七月。

冬，十月，公子慭出奔齐。

楚子伐徐。

晋伐鲜虞。

其曰“晋”，狄之也。其狄之何也？不正其与夷狄交伐中国，故狄称之也。

十三年

十有三年：春，叔弓帅师围费。

---

① “注”当作“详”，说见《经义述闻》。

夏，四月，楚公子比自晋归于楚。弑其君虔于乾溪。

“自晋”，晋有奉焉尔。“归”，而弑不言“归”，言“归”非弑也。归一事也，弑一事也；而遂言之，以比之归弑，比不弑也。弑君者日；不日，比不弑也。

楚公子弃疾杀公子比。

当上之辞也。当上之辞者，谓不称人以杀，乃以君杀之也。讨贼以当上之辞，杀，非弑也。

比之不弑有四。取国者称国以弑，“楚公子弃疾杀公子比”，比不嫌也。《春秋》不以嫌代嫌。弃疾主其事，故嫌也。

秋，公会刘子、晋侯、齐侯、宋公、卫侯、郑伯、曹伯、莒子、邾子、滕子、薛伯、杞伯、小邾子于平丘。八月甲戌，同盟于平丘，公不与盟。

“同”者有同也，同外楚也。“公不与盟”者，可以与而不与，讥在公也。其日，善是盟也。

晋人执季孙意如以归。

公至自会。

蔡侯庐归于蔡。陈侯吴归于陈。

善其成之，会而归之，故谨而日之。此未尝有国也，使如失国辞然者，不与楚灭也。

冬，十月，葬蔡灵公。

变之不葬有三：失德不葬，弑君不葬，灭国不葬。然且葬之，不与楚灭，且成诸侯之事也。

公如晋，至河乃复。

吴灭州来。

十四年

十有四年：春，意如至自晋。

大夫执则致，致则名。意如恶，然而致，见君臣之礼也。

三月，曹伯滕卒。

夏，四月。

秋，葬曹武公。

八月，莒子去疾卒。

冬，莒杀其公子意恢。

言“公子”而不言“大夫”，莒无大夫也。莒无大夫而曰“公子意恢”，意恢贤也。

曹、莒皆无大夫。其所以无大夫者，其义异也。

十五年

十有五年：春，王正月，吴子夷末卒。

二月癸酉，有事于武宫，籥入；叔弓卒，去乐卒事。

君在祭乐之中，闻大夫之丧，则去乐卒事，礼也。

君在祭乐之中，大夫有变，以闻可乎？大夫，国体也。古之人重死，君命无所不通。

夏，蔡朝吴，出奔郑。

六月丁巳朔，日有食之。

秋，晋荀吴帅师伐鲜虞。

冬，公如晋。

十六年

十有六年：春，齐侯伐徐。楚子诱戎蛮子杀之。

夏，公至自晋。

秋，八月己亥，晋侯夷卒。

九月，大雩。

季孙意如如晋。

冬，十月，葬晋昭公。

十七年

十有七年：春，小邾子来朝。

夏，六月甲戌朔，日有食之。

秋，郯子来朝。

八月，晋荀吴帅师灭陆浑戎。

冬，有星孛于大辰。

一有一亡曰有。“于大辰”者，滥于大辰也。

楚人及吴战于长岸。

两夷狄曰“败”，中国与夷狄亦曰“败”。“楚人及吴战于长岸”，进楚子，故曰“战”。

十八年

十有八年：春，王三月，曹伯须卒。

夏，五月壬午，宋、卫、陈、郑灾。

其志，以同日也。其日，亦以同日也。或曰：人有谓郑子产，曰“某日有灾”。子产曰：“天者神，子恶知之?”是人也，同日为四国灾也。

六月，邾人入鄅。

秋，葬曹平公。

冬，许迁于白羽。

十九年

十有九年：春，宋公伐邾。

夏，五月戊辰，许世子止弑其君买。

日弑，正卒也。正卒，则止不弑也。不弑而曰弑，责止也。止曰：“我与夫弑者。”不立乎其位，以与其弟虺。哭泣歠饩粥，嗌不容粒，未逾年而死，故君子即止自责而责之也。

己卯，地震。

秋，齐高发帅师伐莒。

冬，葬许悼公。

日卒时葬，不使止为弑父也。曰：子既生，不免乎水火，母之罪也。羁贯成童，不就师傅，父之罪也。就师学问无方，心志不通，身之罪也。心志既通，而名誉不闻，友之罪也。名誉既闻，有司不举，有司之罪也。有司举之，王者不用，王者之过也。许世子止不知尝药，累及许君也。

二十年

二十年：春，王正月。

夏，曹公孙会自梦出奔宋。

“自梦”者，专乎梦也。曹无大夫，其曰“公孙”何也？言其以贵取之，而不以叛也。

秋，盗杀卫侯之兄辄。

盗，贱也。其曰兄，母兄也。目卫侯，卫侯累也。然则何为不为君也？曰：有天疾者，不得入乎宗庙。辄者何也？曰：两足不能相过，齐谓之綦，楚谓之踂，卫谓之辄。

冬，十月，宋华亥、向宁、华定出奔陈。

十有一月辛卯，蔡侯庐卒。

二十一年

二十有一年：春，王三月，葬蔡平公。

夏，晋侯使士鞅来聘。

宋华亥、向宁、华定自陈入于宋南里以叛。

“自陈”，陈有奉焉尔。“入”者，内弗受也。其曰“宋南里”，宋之南鄙也。“以”者，不以者也。“叛”，直叛也。

秋，七月壬午朔，日有食之。

八月乙亥，叔辄卒。

冬，蔡侯东出奔楚。

“东”者，东国也。何为谓之东也？王父诱而杀焉，父执而用焉，奔而又奔之。曰“东”，恶之而贬之也。

公如晋，至河乃复。

二十二年

二十有二年：春，齐侯伐莒。

宋华亥、向宁、华定自宋南里出奔楚。

“自宋南里”者，专也。

大蒐于昌间。

秋而曰“蒐”。此春也，其曰“蒐”何也？以蒐事也。

夏，四月乙丑，天王崩。

六月，叔鞅如京师。葬景王。

王室乱。

“乱”之为言，事未有所成也。

刘子、单子以王猛居于皇。

“以”者，不以者也。王猛嫌也。

秋，刘子、单子以王猛入于王城。

“以”者，不以者也。“入”者，内弗受也。

冬，十月，王子猛卒。

此不“卒”者也；其曰“卒”，失嫌也。

十有二月癸酉朔，日有食之。

二十三年

二十有三年：春，王正月，叔孙婼如晋。

癸丑，叔鞅卒。

晋人执我行人叔孙婼。晋人围郊。

夏，六月，蔡侯东国卒于楚。

秋，七月，莒子庚舆来奔。

戊辰，吴败顿、胡、沈、蔡、陈、许之师于鸡甫。胡子髡、沈子盈灭。

中国不言“败”，此其言“败”，何也？中国不败，胡子髡、沈子盈其灭乎？其言“败”，释其灭也。

获陈夏啮。

“获”者，非与之辞也，上下之称也。

天王居于狄泉。

始王也。其曰“天王”，因其居而王之也。

尹氏立王子朝。

“立”者，不宜立者也。朝之不名何也？别嫌乎尹氏之朝也。

八月乙未，地震。

冬，公如晋；至河，公有疾，乃复。

疾不志，此其志何也？释不得入乎晋也。

二十四年

二十有四年：春，王二月丙戌，仲孙貜卒。

婼至自晋。

大夫执则致，致则挈，由上致之也。

夏，五月乙未朔，日有食之。

秋，八月大雩。

丁酉，杞伯郁釐卒。

冬，吴灭巢，葬杞平公。

二十五年

二十有五年：春，叔孙婼如宋。

夏，叔倪会晋赵鞅、宋乐大心、卫北宫佶、郑游吉、曹人、邾人、滕人、薛人、小邾人于黄父。

有鸜鹆来巢。

一有一亡曰有。“来”者，来中国也。鸜鹆穴者而曰巢，或曰：增之也。

秋，七月上辛，大雩。季辛，又雩。

“季”者，有中之辞也。“又”，有继之辞也。

九月乙亥，公孙于齐。

“孙”之为言，犹孙也。讳奔也。

次于阳州。

次，止也。

齐侯唁公于野井。

吊失国曰唁。唁公不得入于鲁也。

冬，十月戊辰，叔孙婼卒。

十有一月己亥，宋公佐卒于曲棘。

邡公也。

十有二月，齐侯取郓。

“取”，易辞也。内不言取；以其为公取之，故易言之也。

二十六年

二十有六年：春，王正月，葬宋元公。

三月，公至自齐，居于郓。

公次于阳州，其曰“至自齐”何也？以齐侯之见公，可以言“至自齐”也。“居于郓”者，公在外也。“至自齐”，道义不外公也。

夏，公围成。

非国不言“围”。所以言“围”者，以大公也。

秋，公会齐侯、莒子、邾子、杞伯、盟于郇陵。公至自会。居于郓。

公在外也。“至自会”，道义不外公也。

九月庚申，楚子居卒。

冬，十月，天王入于成周。

周，有入无出也。

尹氏、召伯、毛伯以王子朝奔楚。

远矣，非也。“奔”，直奔也。

二十七年

二十有七年：春，公如齐。公至自齐，居于郓。公在外也。

夏，四月，吴弑其君僚。楚杀其大夫郤宛。

秋，晋士鞅、宋乐祁犁、卫北宫喜、曹人、邾人、滕人会于扈。

冬，十月，曹伯午卒。

邾快来奔。

公如齐。公至自齐，居于郓。

二十八年

二十有八年：春，王三月，葬曹悼公。

公如晋，次于乾侯。

公在外也。

夏，四月丙戌，郑伯宁卒。

六月，葬郑定公。

秋，七月癸巳，滕子宁卒。

冬，葬滕悼公。

二十九年

二十有九年：春，公至自乾侯，居于郓。

齐侯使高张来唁公。

唁公不得入于鲁也。

公如晋，次于乾侯。

夏，四月庚子，叔倪卒。

季孙意如曰：叔倪无病而死。此皆无公也，是天命也，非我罪也。

秋，七月。

冬，十月，郓溃。

溃之为言，上下不相得也。上下不相得则恶矣，亦讥公也。昭公出奔，民如释重负。

三十年

三十年：春，王正月，公在乾侯。

中国不存公。存公，故也。

夏，六月庚辰，晋侯去疾卒。

秋，八月，葬晋顷公。

冬，十有二月，吴灭徐。徐子章羽奔楚。

三十一年

三十有一年：春，王正月，公在乾侯。

季孙意如会晋荀栎于适历。

夏，四月丁巳，薛伯穀卒。

晋侯使荀栎唁公于乾侯。

唁公不得入于鲁也，曰："既为君言之矣，不可者意如也。"

秋，葬薛献公。

冬，黑肱以滥来奔。

其不言"邾黑肱"何也？别乎邾也。其不言"滥子"何也？非天子所封也。"来奔"，内不言叛也。

十有二月辛亥朔，日有食之。

三十二年

(二)〔三〕十有二年：春，王正月，公在乾侯，取阚。

夏，吴伐越。

秋，七月。

冬，仲孙何忌会晋韩不信、齐高张、宋仲幾、卫大叔申、郑国参、曹人、莒人、邾人、薛人、杞人、小邾人，城成周。

天子微，诸侯不享觐。天子之在者，惟祭与号。故诸侯之大夫相帅以城之，此变之正也。

十有二月己未，公薨于乾侯。

定 公

元 年

元年：春，王。

不言“正月”，定无正也。定之无正何也？昭公之终非正终也，定之始非正始也。昭无正终，故定无正始。不言“即位”，丧在外也。

三月，晋人执宋幾于京师。

此（其）大夫，其曰“人”何也？微之也。何为微之？不正其执人于尊者之所也，不与大夫之伯讨也。

夏，六月癸亥，公之丧至自乾侯。

戊辰，公即位。

殡然后即位也。定无正，见无以正也。逾年不言即位，是有故公也；言即位，是无故公也。即位，授受之道也。先君无正终，则后君无正始也；先君有正终，则后君有正始也。

“戊辰，公即位”，谨之也。定之即位，不可不察也。公即位，何以日也？戊辰之日，然后即位也。“癸亥，公之丧至自乾侯”，何为戊辰之日然后即位也？正君乎国，然后即位也。沈子曰：正棺乎两楹之间，然后即位也。

内之大事，日。即位，君之大事也：其不日何也？以年决者，不以日决也。此则其日何也？著之也。何著焉？逾年即位，厉也，于厉之中又有义焉。未殡，虽有天子之命犹不敢，况临诸臣乎？

周人有丧，鲁人有丧；周人吊，鲁人不吊。周人曰：“固吾臣也。使人可也。”鲁人曰：“吾君也。亲之者也，使大夫则不可也。”故周人吊，鲁人不吊，以其下成、康为未久也。君至尊也，去父之殡而往吊犹不敢，况未殡而临诸臣乎？

秋，七月癸巳，葬我君昭公。

九月，大雩。

雩月，雩之正也。秋大雩，非正也。冬大雩。非正也。秋大雩（雩）之为非正何也？毛泽未尽，人力未竭，未可以雩也。“雩月，雩之正也”，月之为雩之正何也？其时穷人力尽然后雩，雩之正也。何谓“其时穷人力尽”？是月不雨，则无及矣；是年不艾，则无食矣：是谓“其时穷人力尽”也。

雩之必待其时穷人力尽何也？雩者，为旱求者也。求者请也。古之人重请。何重乎请？人之所以为人者，让也。请道去让也，则是舍其所以为人也，是以重之。焉请哉？请乎应上公。古之神人有应上公者，通乎阴阳；君亲帅诸大夫道之而以请焉。夫请者，非可诒托而往也，必亲之者也，是以重之。

立炀宫。

“立”者，不宜立者也。

冬，十月，陨霜杀菽。

未可以杀而杀，举重。可杀而不杀，举轻。其曰菽，举重也。

二　年

二年：春，王正月。

夏，五月壬辰，雉门及两观灾。

其不曰“雉门灾及两观”何也？灾自两观始也，不以尊者亲灾也。先言雉门，尊尊也。

秋，楚人伐吴。

冬，十月，新作雉门及两观。

言“新”，有旧也。作，为也，有加其度也。此不正，其以尊者亲之何也？虽不正也，于美犹可也。

三　年

三年：春，王正月，公如晋，至河乃复。

（三）〔二〕[①] 月辛卯，邾子穿卒。

夏，四月。

秋，葬邾庄公。

冬，仲孙何忌及邾子盟于拔。

四　年

四年：春，王二月癸巳，陈侯吴卒。

三月，公会刘子、晋侯、宋公、蔡侯、卫侯、陈子、郑伯、许男、曹伯、莒子、邾子、顿子、胡子、滕子、薛伯、杞伯、小邾子、齐国夏于召陵，侵楚。

夏，四月庚辰，蔡公孙姓帅师灭沈，以沈子嘉归，杀之。

五月，公及诸侯盟于皋鼬。

后而再会，公志于后会也。后，志疑也。

杞伯成卒于会。

六月，葬陈惠公。

许迁于容城。

秋，七月，公至自会。

刘卷卒。

此不“卒”而“卒”者，贤之也。寰内诸侯也，非列土诸侯，此何以“卒”也？天王崩，为诸侯主也。

葬杞悼公。

楚人围蔡。晋士鞅、卫孔圉帅师伐鲜虞。

---

① 三，《春秋左传》作二。据推算，此年三月无辛卯，作二是也。

葬刘文公。

冬，十有一月庚午，蔡侯以吴子及楚人战于伯举。楚师败绩。

吴其称“子”何也？以蔡侯之“以”之，举其贵者也。蔡侯之“以”之，则其举贵者何也？吴信中国而攘夷狄，吴进矣。其信中国而攘夷狄奈何？

子胥父诛于楚也，挟弓持矢而干阖庐。阖庐曰：“大之甚，勇之甚！”为是欲兴师而伐楚，子胥谏曰：“臣闻之：君不为匹夫兴师。且事君犹事父也，亏君之义，复父之仇，臣弗为也。”于是止。

蔡昭公朝于楚。有美裘，正是日囊瓦求之，昭公不与。为是拘昭公于南郢，数年然后得归。归乃用事乎汉，曰：“苟诸侯有欲伐楚者，寡人请为前列焉！”楚人闻之而怒，为是兴师而伐蔡。蔡请救于吴。子胥曰：“蔡非有罪，楚无道也。君若有忧中国之心，则若此时可矣！”为是兴师而伐楚。何以不言救也？救大也。

楚囊瓦出奔郑。

庚辰，吴入楚。

日入，易无楚也。易无楚者，坏宗庙，徙陈器，挞平王之墓。何以不言“灭”也？欲存楚也。其欲存楚奈何？昭王之军败而逃，父老送之；曰：“寡人不肖，亡先君之邑。父老反矣，何忧无君？寡人且用此入海矣！”父老曰：“有君如此其贤也！”以众不如吴，以必死不如楚。相与击之，一夜而三败吴人，复立。

何以谓之“吴”也？狄之也。何谓狄之也？君居其君之寝，而妻其君之妻；大夫居其大夫之寝，而妻其大夫之妻。盖有欲妻楚王之母者。不正乘败人之绩而深为利，居人之国，故反其狄道也。

五　年

五年：春，王（正）〔三〕[①] 月辛亥朔，日有食之。

夏，归粟于蔡。

诸侯无粟，诸侯相归粟，正也。孰归之？诸侯也。不言归之者，专辞也，义迩也。

於越入吴。

六月丙申，季孙意如卒。

秋，七月壬子，叔孙不敢卒。

冬，晋士鞅帅师围鲜虞。

六　年

六年：春，王正月癸亥，郑游速帅师灭许，以许男斯归。

二月，公侵郑。公至自侵郑。

夏，季孙斯、仲孙何忌如晋。

秋，晋人执宋行人乐祁犁。

冬，城中城。

“城中城”者，三家张也。或曰：非外民也。

季孙斯、仲孙忌帅师围郓。

七　年

七年：春，王正月。

夏，四月。

秋，齐侯、郑伯盟于咸。

---

① “正月”，《春秋左传》作“三月”。以历法推之，当以作“三月”为是。

齐人执卫行人北宫结以侵卫。

“以”，重辞也。卫人重北宫结。

齐侯、卫侯盟于沙。

大雩。

齐国夏帅师伐我西鄙。

九月，大雩

冬，十月。

八 年

八年：春，王正月，公侵齐。公至自侵齐。

二月，公侵齐。

三月，公至自侵齐。

公如：往时，致月，危致也。往月，致时，危往也。往月，致月，恶之也。

曹伯露卒。

夏，齐国夏帅师伐我西鄙。公会晋师于瓦。公至自瓦。

秋，七月戊辰，陈侯柳卒。

晋士鞅帅师侵郑，遂侵卫。

葬曹靖公。

九月，葬陈怀公。

季孙斯、仲孙何忌帅师侵卫。

冬，卫侯、郑伯盟于曲濮。

从祀先公。

贵复正也。

盗窃宝玉、大弓。

宝玉者，封圭也。大弓者，武王之戎弓也。周公受赐，藏之鲁。非其所以与人而与人，谓之亡；非其所取而取之，谓之盗。

九　年

九年：春，王正月。

夏，四月戊申，郑伯虿卒。

得宝玉、大弓。

其不地何也？宝玉、大弓在家则羞，不目羞也。恶得之？得之堤下。或曰：阳虎以解众也。

六月，葬郑献公。

秋，齐侯、卫侯次于五氏。秦伯卒。

冬，葬秦哀公。

十　年

十年：春，王三月，及齐平。

夏，公会齐侯于颊谷。公至自颊谷。

离会不致，何为致也？危之也。危之，则以地致何也？为危之也。其危奈何？曰：

颊谷之会，孔子相焉。两君就坛，两相相揖。齐人鼓噪而起，欲以执鲁君。孔子历阶而上，不尽一等，而视归乎齐侯，曰："两君合好，夷狄之民何为来为？"命司马止之。齐侯逡巡而谢曰："寡人之过也。"退而属其二三大夫曰："夫人率其君与之行古人之道，二三子独率我而入夷狄之俗，何为？"

罢会，齐人使优施舞于鲁君之幕下。孔子曰："笑君者罪当死！"使司马行法焉，首足异门而出。

"齐人来归郓、讙、龟、阴之田"者，盖为此也。因是以见虽有文事，必在武备，孔子于颊谷之会见之矣。

晋赵鞅帅师围卫。

齐人来归郓、讙、龟、阴之田。

叔孙州仇、仲孙何忌帅师围郈。

秋，叔孙州仇、仲孙何忌帅师围郈。
宋乐大心出奔曹。宋公子地出奔陈。
冬，齐侯、卫侯、郑游速会于安甫。
叔孙州仇如齐。
宋公之弟辰暨宋仲佗、石彄出奔陈。

十一年

十有一年：春，宋公之弟辰。
未失其弟也。
及仲佗、石彄、公子地。
以尊及卑也。
自陈。
陈有奉焉尔。
入于萧以叛。
“入”者，内弗受也。“以”者，不以也。“叛”，直叛也。
夏，四月。
秋，宋乐大心自曹入于萧。
冬，及郑平。叔还如郑莅盟。

十二年

十有二年：春，薛伯定卒。
夏，葬薛襄公。
叔孙州仇帅师堕郈。
堕，犹取也。
卫公孟彄帅师伐曹。
季孙斯、仲孙何忌帅师堕费。
秋，大雩。
冬，十月癸亥，公会齐侯、盟于黄。

十有一月丙寅朔，日有食之。

公至自黄。

十有二月，公围成。

非国〔不〕言围。“围成”，大公也。

公至自围成。

何以致？危之也。何危尔？边乎齐也。

十三年

十有三年：春，齐侯次于垂葭。

夏，筑蛇渊囿。大蒐于比蒲。

卫公孟彄帅师伐曹。

秋，晋赵鞅入于晋阳以叛。

“以”者，不以者也。“叛”，直叛也。

冬，晋荀寅、士吉射入于朝歌以叛。

晋赵鞅归于晋。

此叛也，其以归言之何也？贵其以地反也。贵其以地反，则是大利也？非大利也，许悔过也。许悔过，则何以言叛也？以地正国也。以地正国则何以言叛？其入无君命也。

薛弑其君比。

十四年

十有四年：春，卫公叔戌来奔。（晋）〔卫〕[1] 赵阳出奔宋。

二月辛巳，楚公子结、陈公孙佗人帅师灭顿，以顿子牂归。

夏，卫北宫结来奔。

五月，於越败吴于槜李。吴子光卒。

---

① “晋”，《春秋左传》作“卫”。看杜注孔疏，作“卫”有据。

公会齐侯、卫侯于牵。公至自会。

秋，齐侯、宋公会于洮。

天王使石尚来归脤。

脤者何也？俎实也，祭肉也。生曰脤，熟曰膰。其辞“石尚”，士也。何以知其士也？天子之大夫不名。石尚欲书《春秋》，谏曰：“久矣周之不行礼于鲁也！请行脤。”贵复正也。

卫世子蒯聩出奔宋。卫公孟彄出奔郑。

宋公之弟辰自萧来奔。

大蒐于比蒲。邾子来会公。

城莒父及霄。

十五年

十有五年：春，王正月，邾子来朝。

鼷鼠食郊牛，牛死，改卜牛。

不敬莫大焉。

二月辛丑，楚子灭胡，以胡子豹归。

夏，五月辛亥，郊。

壬申，公薨于高寝。

“高寝”，非正也。

郑罕达帅师伐宋。

齐侯、卫侯次于渠蒢。

邾子来奔丧。

丧急，故以“奔”言之。

秋，七月壬申，弋氏卒。

妾辞也。哀公之母也。

八月庚辰朔，日有食之

九月，滕子来会葬。

丁巳，葬我君定公，雨不克葬。

葬既有日，不为雨止，礼也。“雨不克葬”，丧不以制也。

戊午，日下稷，乃克葬。

“乃”，急辞也，不足乎日之辞也。

辛巳，葬定弋。

冬，城漆。

哀　公

元　年

元年：春，王正月，公即位。

楚子、陈侯、随侯、许男围蔡。

鼷鼠食郊牛角，改卜牛。

夏，四月辛巳郊。

此该〔郊〕[1] 之变而道之也。于变之中又有言焉："鼷鼠食郊牛角，改卜牛"，志不敬也。"郊牛日展斛角而知伤"，展道尽矣。"郊自正月至于三月"，郊之时也。"夏四月郊"，不时也。"五月郊"，不时也。夏之始，可以承春；以秋之末承春之始，盖不可矣。"九月用郊"，"用"者，不宜用者也。"郊三卜"，礼也；"四卜"，非礼也；"五卜"，强也。卜免牲者，吉则免之，不吉则否。牛伤，不言"伤之"者，伤自牛作也，故其辞缓。全曰"牲"；伤曰"牛"，未牲曰"牛"：其牛一也，其所以为牛者异。有变而不郊，故卜免牛也。已"牛"矣，其尚卜免之何也？礼：与其亡也，宁有。尝置之上帝矣，故卜而后免之，不敢专也。卜之不吉则如之何？不免，安置之，系而待六月上甲始庀牲，然后左右之。

子之所言者，牲之变也，而曰我一该郊之变而道之何也？我以六月上甲始庀牲，十月上甲始系牲。十一月、十二月牲虽有变，

---

① 据范甯《集解》及阮元《校勘记》补入。

不道也。待正月然后言牲之变，此乃所以该郊。郊，享道也；贵其时，大其礼，其养牲虽小不备可也。

子不（忘）〔志〕三月卜郊何也？郊自正月至于三月，郊之时也。我以十二月下辛卜正月上辛，如不从，则以正月下辛卜二月上辛；如不从，则以二月下辛卜三月上辛；如不从，则不郊矣。

秋，齐侯、卫侯伐晋。

冬，仲孙何忌帅师伐邾。

二　年

二年：春，王二月，季孙斯、叔孙州仇、仲孙何忌帅师伐邾，取漷东田。

漷东未尽也。

及沂西田。

沂西未尽也。

癸巳，叔孙州仇、仲孙何忌及邾子盟于句绎。

三人伐而二人盟何也？各盟其得也。

夏，四月丙子，卫侯元卒。

滕子来朝。

晋赵鞅帅师纳卫世子蒯聩于戚。

“纳”者，内弗受也。帅师而后纳者，有伐也。何用弗受也？以辄不受也，以辄不受父之命，受之王父也。信父而辞王父，则是不尊王父也。其弗受，以尊王父也。

秋，八月甲戌，晋赵鞅帅师及郑罕达（帅师）战于铁。

郑师败绩。

冬，十月，葬卫灵公。

十有一月，蔡迁于州来。蔡杀其大夫公子驷。

三　年

三年：春，齐国夏、卫石曼姑帅师围戚。

此卫事也，其先国夏何也？子不围父也。不系戚于卫者，子不有父也。

夏，四月甲午，地震。

五月辛卯，桓宫、僖宫灾。

言“及”则祖有尊卑，由我言之则一也。

季孙斯、叔孙州仇帅师城启阳。

宋乐髡帅师伐曹。

秋，七月丙子，季孙斯卒。

蔡人放其大夫公孙猎于吴。

冬，十月癸卯，秦伯卒。

叔孙州仇、仲孙何忌帅师围邾。

四　年

四年：春，王二月庚戌，盗弑蔡侯申。

称“盗”以弑君，不以上下道道也。内其君而外弑者，不以弑道道也。

《春秋》有三盗：微杀大夫谓之盗，非所取而取之谓之盗，辟中国之正道以袭利谓之盗。

蔡公孙辰出奔吴。

葬秦惠公。

宋人执小邾子。

夏，蔡杀其大夫公孙姓、公孙霍。晋人执戎蛮子赤归于楚。

城西郛。

六月辛丑，亳社灾。

亳社者，亳之社也。亳，亡国也。亡国之社以为庙屏，戒也。

其屋，亡国之社不得上达也。

秋，八月甲寅，滕子结卒。

冬，十有二月，葬蔡昭公。葬滕顷公。

五　年

五年：春，成毗。

夏，齐侯伐宋。

晋赵鞅帅师伐卫。

秋，九月癸酉，齐侯杵臼卒。

冬，叔还如齐。

闰月，葬齐景公。

不正其闰也。

六　年

六年：春，城邾瑕。

晋赵鞅帅师伐鲜虞。吴伐陈。

夏，齐国夏及高张来奔。

叔还会吴于柤。

秋，七月庚寅，楚子轸卒。

齐阳生入于齐，齐陈乞弑其君荼。

阳生入而弑其君，以陈乞主之何也？不以阳生君荼也，其不以阳生君荼何也？阳生正，荼不正。不正则其曰君何也？荼虽不正，已受命矣。

“入”者，内弗受也。荼不正，何用弗受？以其受命，可以言弗受也。

阳生其以国氏何也？取国于荼也。

冬，仲孙何忌帅师伐邾。宋向巢帅师伐曹。

七　年

七年：春，宋皇瑗帅师侵郑。晋魏曼多帅师侵卫。

夏，公会吴于缯。

秋，公伐邾。八月己酉，入邾，以邾子益来。

“以”者，不以者也。益之名，恶也。

《春秋》有临天下之言焉，有临一国之言焉，有临一家之言焉。其言“来”者，有外鲁之辞焉。

宋人围曹。

冬，郑驷弘帅师救曹。

八　年

八年：春，王正月，宋公入曹，以曹伯阳归。

吴伐我。

夏，齐人取讙及阐。

恶内也。

归邾子益于邾。

益之名，失国也。

秋，七月。

冬，十有二月癸亥，杞伯过卒。

齐人归讙及阐。

九　年

九年：春，王二月，葬杞僖公。

宋皇瑗帅师取郑师于雍丘。

“取”，易辞也。以师而易取，郑病矣。

夏，楚人伐陈。

秋，宋公伐郑。

冬，十月。

十　年

十年：春，王二月，邾子益来奔。公会吴伐齐。

三月戊戌，齐侯阳生卒。

夏，宋人伐郑。晋赵鞅帅师侵齐。

五月，公至自伐齐。

葬齐悼公。卫公孟彄自齐归于卫。

薛伯夷卒。

秋，葬薛惠公。

冬，楚公子结帅师伐陈，吴救陈。

十一年

十有一年：春，齐国书帅师伐我。

夏，陈辕颇出奔郑。

五月，公会吴伐齐。甲戌，齐国书帅师及吴战于艾陵。齐师败绩。获齐国书。

秋，七月辛酉，滕子虞母卒。

冬，十有一月，葬滕隐公。

卫世叔齐出奔宋。

十二年

十有二年：春，用田赋。

古者公田什一，“用田赋”非正也。

夏，五月甲辰，孟子卒。

“孟子”者何也？昭公夫人也。其不言“夫人”何也？讳取同姓也。

公会吴于橐皋。

秋，公会卫侯、宋皇瑗于郧。

宋向巢帅师伐郑。

冬，十有二月，螽。

十三年

十有三年：春，郑罕达帅师取宋师于嵒。

“取”，易辞也。以师而易取，宋病矣。

夏，许男成卒。

公会晋侯及吴子于黄池。

黄池之会，吴子进乎哉！遂子矣。吴，夷狄之国也，祝发文身，欲因鲁之礼，因晋之权，而请冠、端而袭其藉于成周，以尊天王。吴进矣！吴，东方之大国也，累累致小国以会诸侯，以合乎中国。吴能为之，则不臣乎？吴进矣！

“王”，尊称也。“子”，卑称也。辞尊称而居卑称，以会乎诸侯，以尊天王。吴王夫差曰：“好冠来！”孔子曰：“大矣哉！夫差未能言冠而欲冠也。”

楚公子申帅师伐陈。

於越入吴。

秋，公至自会。

晋魏曼多帅师侵卫。

葬许元公。

九月，螽。

冬，十有一月，有星孛于东方。

盗杀陈夏区夫。

十有二月，螽。

十四年

十有四年：春，西狩获麟。

引取之也。狩，地；不地，不狩也。非狩而曰“狩”，大获麟，故大其适也。

其不言“来”，不外麟于中国也。其不言“有”，不使麟不恒于中国也。

后　记

1986 年，我奉岳麓书社总编辑之命，将朱熹《四书集注》点校一遍。写了一篇文字（初版第一次印刷为前言，第二次印刷改为后记），为《四书》及《四书集注》稍事介绍，并且说明了有关改版、点校的情况。1988 年，又遵命点校了《三礼》（即《周礼》《仪礼》《礼记》）；写了篇《后记》，交代了自己的一些看法以及点校情况。今年五月初，岳麓书社编辑朋友面告："拟出四书五经白文。《四书》和《礼》，就用你已经点校过的本子。还有《易》《书》《诗》《春秋》三传，你都整理出来吧，如何？"我何尝不知道当今之世受重视的只是论文著作，而不是古籍整理；但是朋友盛情难却，而且可以乘此机会改正《四书》《礼记》点校中的少数失误，就欣然应允了。于是加班用功，不敢稍有懈怠，可算是尽力而为。现在终于弄了出来，可以吁一口气了。有关指导思想，请见拙序；有关点校工作的基础及版本依据之类，免不了也要作个交代，或曰说明。

1979 年，郭师晋稀教授招收我为研究生，授业解惑之中，常常贯串太老师杨遇夫（树达）、曾星笠（运乾）两先生的学说。郭师教我多用功治经学。先生曾着力讲授《诗经》以及文字学、音韵学、训诂学即所谓小学，指示我精读曾星笠先生的《尚书正读》、杨遇夫先生的《积微居读书记》及其他著作，还要我对《说文解字》《尔雅》《广雅》《经义述闻》《春秋》内外传、先秦诸子及前四史多下功夫，又云："郑君以礼注诗；其治礼也，采用三家诗说。你若真想治《诗》，何不读《礼》？"师命不可违，我努力照办了，只是都没有真正读懂。但从此似与经学以及小学结下了不解之缘，竟有“皓首穷经终不悔”的气概了。1987 年 2 月至 1989 年 12 月，我有幸从沈师文倬先生游，主要学治礼制，涉及古文字与古器物学、考古学。学习阶段虽已结束，但至今仍然深感不足，恨不能继续在导师左右学习、终生事吾两师也。现在，十三经当中点过十一经，如有可取之处，自是两位导师及其他前辈教诲、启迪之功；而错误之不免，自应归咎于本人疏懒、功力未到了。甚矣，古书之难读也！

五经之点校，皆以阮刻《十三经注疏》本为底本（中华书局 1980 年 10 月版）。过去点校的《四书集注》，今亦将其白文与阮刻本对照一过。注疏之外，陆德明《经典释文》、阮元等学者的《校勘记》、王引之《经义述闻》、杨遇夫先生《积微居读书记》《古书句读释例》诸书，作随时参考之用，旁及俞樾《群经平议》、于鬯《香草校书》。《四书》与《礼记》的参校本前已说明，这里把点校《易》《书》《诗》《春秋》三传的参考书开列于下：

《易》类：李鼎祚《周易集解》（北京中国书店 1984 年版），朱熹《周易本义》（北京中国书店 1984 年版《四书五经》中有），王夫之《周易内传》（岳麓书社 1988 年《船山全书》第一册中有），高亨《周易古经今注》（开明书店 1947 年版），闻一多《周易义证类纂》（生活·读书·新知三联书店 1982 年版《闻一多全集》第二册中有），马王堆三号汉墓出土的帛书《周易》（参见 1984 年第 3 期《文物》）。

《书》类：曾星笠先生《尚书正读》（中华书局 1964 年版），顾颉刚先生主编之《尚书通检》（书目文献出版社 1982 年版），周秉钧先生《尚书易解》（岳麓书社 1984 年版），蔡沈《书集传》（广益书局 1938 年版，北京中国书店 1984 年版《四书五经》中亦有），孙星衍《尚书今古文注疏》（平津馆丛书本，清经解本），孙诒让《尚书骈枝》（齐鲁书社 1988 年版孙氏《大戴礼记斠补》中附有）。

《诗》类：郭师晋稀先生《诗经讲义》（未刊），王力先生《诗经韵读》（上海古籍出版社 1980 年版），朱熹《诗集传》（北京中国书店1984年版《四书五经》中有)，戴震《毛郑诗考正》(清经解本)，段玉裁《诗经小学》、《六书音均表》(清经解木)，陈奂《诗毛氏传疏》(清经解本)，马瑞辰《毛诗传笺通释》(四部备要本)，王先谦《诗三家义集疏》(中华书局1987年版)，于省吾先生《泽螺居诗经新证》(中华书局1982年版)。

《春秋》类：杨伯峻先生《春秋左传注》(中华书局1981年版)，洪亮吉《春秋左传诂》(续清经解本)，《春秋三传》(北京中国书店1984年版《四书五经》下册)，《春秋公羊传》四部备要本，《春秋穀梁传》丛书集成初编本，《春秋左传》四部丛刊本。

点校通例，置于圆括弧中者或讹或衍或倒，置于方括弧中者为正文，这是与《三礼》点校本相同的。少数错字径改，没有用括弧处理，因为用括弧意义不大；其实阮刻本已经采取了这个办法，《校勘记》中指出的错字并没有都在前文中出现。

六笙诗有目无辞，所以这个白文本将它们的位置取消了，也许这样做并不妥当。

限于学力与时间，点校错误难免，请求读者指正。

陈戍国

一九九〇年八月二十三日

重印附记

居今日而此书幸得重印，当赖传统文化精华之不朽。谨奉岳麓书社新任社长夏君之命，将两年前问世的点校本重翻一过，更改了其时点校与印刷的若干失误。疏略肯定还有，敬请读者与专家指正。

陈戍国

图书在版编目(CIP)数据

四书五经/(春秋)孔丘等著;陈戍国点校.—长沙:岳麓书社,2023.4
ISBN 978-7-5538-1743-9

Ⅰ.①四… Ⅱ.①孔…②陈… Ⅲ.①四书②五经 Ⅳ.①B222.1
②Z126.1

中国版本图书馆 CIP 数据核字(2022)第 242656 号

SISHU WUJING
四书五经
作　　者:孔丘等
责任编辑:彭卫才
责任校对:舒　舍
封面设计:胡　颖

岳麓书社出版发行
地址:湖南省长沙市爱民路 47 号
直销电话:0731-88804152　0731-88885616
邮编:410006

版次:2023 年 4 月第 1 版
印次:2023 年 4 月第 1 次印刷
开本:880mm×1230mm　1/32
印张:42.125
字数:1132 千字
印数:1—5 000
ISBN 978-7-5538-1743-9
定价:98.00 元

承印:长沙鸿发印务实业有限公司

如有印装质量问题,请与本社印务部联系
电话:0731-88884129